PONS

Reisewörterbuch
NORWEGISCH

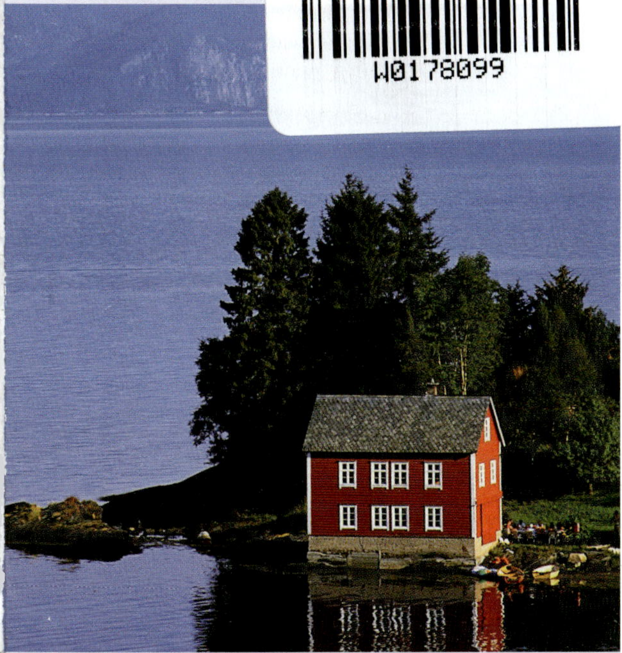

PONS GmbH, Stuttgart

PONS Reisewörterbuch
Norwegisch

Neubearbeitung auf der Basis des PONS Reisewörterbuch Norwegisch (2005): 3-12-518574-2.
Bearbeitet von: Jens Uwe Kumpch

Bildquellen

Die Quellenangaben zu den einzelnen Abbildungen erfolgen von links oben nach rechts unten bzw. von oben nach unten. Sind alle Bilder einer Seite von derselben Quelle, erfolgt die Nennung nur einmal.

1: DuMont Bildarchiv/Ola Roe; DuMont Bildarchiv/Wilkin Spitta; DuMont Bildarchiv/Dr. Christian Nowak. **11:** DuMont Bildarchiv/Wilkin Spitta. **17:** Fotosearch, Foto Disk; Stock disc; Fotosearch, Foto Disk. **21:** DuMont Bildarchiv/Ola Roe. **33:** DuMont Bildarchiv/Ola Roe. **49:** DuMont Bildarchiv/Wilkin Spitta. **58:** Fordwerke AG. **62:** Cycleurope Industries S.A., Romilly sur Seine. **73:** Avenue Images, image 100 (oben u. unten); iStockphoto, Uli Hamacher. **77:** Bundesverband Selbsthilfe Körperbehinderter, Krautheim; Hotel Weisseespitze, Kaunertal; Wendt-Wolter (BSK). **83:** DuMont Bildarchiv/Ola Roe; DuMont Bildarchiv/Dr. Christain Nowak. **95:** DuMont Bildarchiv/Jörg Modrow. **104–110:** Wolpert Fotodesign, Stuttgart. **115:** Klett-Bildarchiv, Lothar Rother, Schwäbisch-Gmünd; MEV. **125:** DuMont Bildarchiv/Ola Roe. **137:** DuMont Bildarchiv/Ola Roe. **143:** DuMont Bildarchiv/Dr. Christian Nowak. **150:** Wolpert Fotodesign, Stuttgart. **167:** Creativ Collection Verlag. **181:** Stock disc.
Umschlag: iStockphoto, Alexander Mertz; Thinkstock (alle restlichen)

Warenzeichen, Marken und gewerbliche Schutzrechte

Wörter, die unseres Wissens eingetragene Warenzeichen oder Marken oder sonstige gewerbliche Schutzrechte darstellen, sind als solche – soweit bekannt – gekennzeichnet. Die jeweiligen Berechtigten sind und bleiben Eigentümer dieser Rechte. Es ist jedoch zu beachten, dass weder das Vorhandensein noch das Fehlen derartiger Kennzeichnungen die Rechtslage hinsichtlich dieser gewerblichen Schutzrechte berührt.

Kostenlose Hördateien zu Ihrem Reisewörterbuch im MP3 Format finden Sie unter: www.pons.de/reisewoerterbuch-norwegisch

1. Auflage 2011 (1,01 - 2011)
© PONS GmbH, Stuttgart 2011
Alle Rechte vorbehalten

Onlinewörterbuch: www.pons.eu
Shop: www.pons.de
E-Mail: info@pons.de

Projektleitung: Christiane Mackenzie und Gabriela Neumann, Stuttgart
Redaktion: Barbara Pflüger, Stuttgart
Umschlaggestaltung: Tanja Haller, Petra Hazer, Stuttgart
Logoentwurf: Erwin Poell, Heidelberg
Logoüberarbeitung: Sabine Redlin, Ludwigsburg
Layout und Satz: Fotosatz Kaufmann, Stuttgart
Druck: L.E.G.O. S.P.A., Lavis
Printed in Italy

ISBN: 978-3-12-518576-0

Aussprache   6
Das norwegische Alphabet   8
Abkürzungen im Reisewörterbuch   9
Allgemeine Abkürzungen   9
Hinweise zur Benutzung des Wörterbuches   10

1 Andere Länder, andere Sitten   11

Interkulturelle Tipps   12
„Fettnäpfchen" und Tabus   15

2 Reisevorbereitungen   🔊 17

Hotelbuchung per E-Mail   18
Mietwagen per E-Mail   18
Allgemeine Fragen   19
Fragen zur Unterkunft   19

3 Allgemeines   🔊 21

Das Wichtigste in Kürze   22
Zahlen – Maße – Gewichte   24
Zeitangaben   26
Wetter   30
Farben   32

4 Zwischenmenschliches   🔊 33

Begrüßung und Verabschiedung   34
Höflichkeit   36
Meinungen und Gefühle   38
Komplimente   42
Smalltalk   43
Verabredung   46
Flirten   47
Verständigungsschwierigkeiten   48

5 Unterwegs   🔊 49

Fragen nach dem Weg   50
An der Grenze   52
Auto, Motorrad, Fahrrad   53
Flugzeug   63
Bahnfahrt   66
Schifffahrt   69
Nahverkehrsmittel   70
Taxi   72

6   Reisen mit Kindern · 73

Nützliche Fragen	74
Unterwegs	74
Im Restaurant	75
Gesundheit	76

7   Unterwegs mit Handicap · 77

Unterwegs	79
Unterkunft	80
Museen, Sehenswürdigkeiten, Theater ...	80

8   Unterkunft · 83

Auskunft	84
Hotel – Pension – Privatzimmer	85
Hütten und Ferienwohnungen	91
Camping	93

9   Gastronomie · 95

Essen gehen	96
Im Restaurant	96
Bestellung	97
Beanstandungen	99
Die Rechnung	99
Café	100
Speisekarte	111
Getränkekarte	114

10   Besichtigungen und Ausflüge · 115

Im Fremdenverkehrsamt	116
Sehenswürdigkeiten – Museen	116
Ausflüge	123

11   Bade-, Aktiv- und Kreativurlaub · 125

Badeurlaub	126
Aktivurlaub und Sport	128
Wellness	134
Kreativurlaub	135

12   Unterhaltung · 137

Theater – Konzert – Kino	138
Nachtleben	141
Feste und Veranstaltungen	142

13 Einkaufen 🎧 143

Fragen	144
Geschäfte	145
Bücher, Zeitschriften und Schreibwaren	147
CDs und Kassetten	148
Drogerieartikel	149
Elektroartikel/Computer	151
Fotoartikel	152
Friseur	153
Haushaltswaren	154
Lebensmittel	155
Mode	160
Optiker	163
Schuhe und Lederwaren	163
Souvenirs	164
Tabakwaren	165
Uhren und Schmuck	165

14 Gesundheit 🎧 167

In der Apotheke	168
Arztbesuch	170
Im Krankenhaus	173
Beim Zahnarzt	179

15 Wichtiges von A bis Z 🎧 181

Bank	182
Filmen und Fotografieren	183
Fundbüro	184
Internetcafé	184
Polizei	185
Post	187
Telefonieren	189
Toilette und Bad	192

Kurzgrammatik	**193**
Wörterbuch Norwegisch – Deutsch	**214**
Wörterbuch Deutsch – Norwegisch	**252**

Die in Klammern angegebene Aussprache weicht bei einigen Lauten von der IPA-Lautschrift ab. Es wurden die norwegische Ligatur æ und für das i nur der Buchstabe i in kurzer und langer Variante gewählt.

ˈ	vor einer Silbe bedeutet, dass die nachfolgende Silbe den Druckakzent erhält (Silbenstruktur und Betonung)		
˅	vor einer Silbe bedeutet, dass die nachfolgenden Silben den musikalischen Akzent erhalten (Silbenstruktur und Betonung)		
ː	bedeutet, dass der vorhergehende Laut lang zu sprechen ist		
[iː]	geschlossener als in Miete	vise	[˅viːsə]
[i]	wie in Mitte	hilse	[˅hilsə]
[eː]	wie in Beet	leve	[˅leːvə]
[e]	wie in engl. bed	enda	[˅enda]
[æː]	offener als [eː], vor [r], [ʃ], [t̩], [d̩], [n̩]	her	[hæːr]
[æ]	wie in engl. ham, vor [r], [ʃ], [t̩], [d̩], [n̩]	herre	[˅hærə]
[ɑː]	wie in engl. father	dag	[dɑːg]
[a]	wie in Mann	mann	[man]
[yː]	geschlossener als in Hüte, zwischen dt. i: und dt. ü: (aber mit gerundeten Lippen)	by	[byː]
[y]	dasselbe kurz, Ypsilon	sykkel	[ˈsykəl]
[øː]	wie in böse	brød	[brøː]
[ø]	kurzes [ø]	grøn	[grøn]
[ʉː]	ähnlich wie dt. ü, jedoch mit den Lippen gerundet	gud	[gʉːd]
[ʉ]	dasselbe kurz	gutt	[gʉt]
[ə]	wie in bitte, nie betont	slutte	[˅ʃlʉtə]
[uː]	wie in Mut	mot	[muːt]
[u]	geschlossener als in Mutter	fort	[fut]
[oː]	wie in Ofen	gård	[goːr]
[ɔ]	wie in offen	tolv	[tɔl]
[p]	wie in Pol	penger	[˅pēər]
[b]	wie in Bohne[1]	bakke	[˅bakə]
[t]	wie in Teller	tid	[tiː(d)]
[d]	wie in Delle[1, 3]	dam	[dam]
[k]	wie in Kahn	kart	[kaʈ]
[g]	wie in Gans[1, 4]	gate	[˅gɑːtə]
[f]	wie in fallen	far	[fɑːr]
[v]	wie in Wasser	vann	[van]
[s]	wie in reißen, lassen	sak	[sɑːk]

[ʃ]	wie in Ti**sch**, die Lippen jedoch nicht gerundet[5]	nasjon	[naˈʃuːn]
		slå	[ʃloː]
[ç]	wie in i**ch**[6]	kjeller	[˅çelər]
[j]	wie in **j**eder[7]	gjerne	[˅jæːɳə]
[h]	wie in **H**alle	hals	[hals]
[l]	wie in **L**uft	lampe	[˅lampə]
[r]	gerolltes Zungenspitzen-r	rulle	[˅rʉlə]
[m]	wie in **M**ut	man	[man]
[n]	wie in **N**ase	nese	[˅neːsə]
[ŋ]	wie in la**ng**	lenge	[˅leŋə]
[ʈ]	t mit zurückgebogener Zungenspitze[2]	ert	[æʈ]
[ɖ]	d mit zurückgebogener Zungenspitze[2]	lørdag	[ˈløːɖag]
[ɳ]	n mit zurückgebogener Zungenspitze[2]	barn	[baːɳ]
[ɭ]	l mit zurückgebogener Zungenspitze[2]	dårlig	[˅doːɭi]

Kommentare zur Aussprache

[1] b, d, g, v werden im Norwegischen auch am Wortende stimmhaft ausgesprochen.

[2] Im westlichen Norwegen stattdessen r+t/d/n/l/s für die Schreibung rt, rd, rn, rl, rs.
Das gilt auch für Verbindungen über Wortgrenzen.
Ostnorwegen: er det [æː ɖe], har du [hɑ dʉ], der nede [dæː ˅ɳeːdə]
Westnorwegen: er det [æːr de], har du [hɑːr dʉ], der nede [dæːr ˅neːdə]

[3] Auslautendes d nach r ist stumm. Beispiele: jord [juːr] (Erde), bord [buːr] (Tisch).
Auslautendes d nach einem Vokal wird in der Regel auch nicht ausgesprochen. Beispiele: med [meː] (mit), ved [veː] (bei), blad [blaː] (Blatt), aber gud [gʉːd] (Gott)

[4] g wird in den Suffixen -ig, -lig nicht ausgesprochen. Beispiele: viktig [˅vikti] (wichtig), virkelig [˅virkeli] (wirklich)

[5] Vor l wird das s im Ostnorwegischen [ʃ] ausgesprochen. Ausnahmen aber bei Namen, wo man beides hören kann. Beispiele:
slå [ʃloː] (schlagen), slik [ʃliːk] (so), aber Oslo [˅uslu] [˅uʃlu], Aslak [˅aslak] [˅aʃlak].
Als [ʃ] werden sonst skj, sj, sk + i, y, ei, øy und -rs ausgesprochen. Beispiele: skjegg [ʃeg] (Bart), sjel [ʃeːl] (Seele), ski [ʃiː] (Ski), sky [ʃyː] (Wolke), skei [ʃæi] (Löffel), skøyter [˅ʃøytər] (Schlittschuhe), vers [væʃ] (Vers).

[6] Als [ç] werden kj, k+i, y, tj ausgesprochen. Beispiele: kjenne [˅çenə] (kennen), kino [ˈçiːnu] (Kino), kyr [çyːr] (Kühe), tjern [çæːɳ] (Teich).

[7] Als j werden j, gj, hj, g+i, y, ei ausgesprochen. Beispiele: jern [jæːɳ] (Eisen), gjerne [˅jæːɳə] (gern), hjerne [˅jæːɳə] (Gehirn), gift [jft], gyldig [˅jyldi] (gültig), geit [jæit] (Ziege).

Silbenstruktur und Betonung

Im Norwegischen sind Silben immer gleich lang, d. h. sie enthalten entweder einen kurzen Vokal und einen langen Konsonanten oder einen langen Vokal und einen kurzen Konsonanten. In der Transkription wird nur die Länge des Vokals angegeben (durch :). Nach kurzen Vokalen sind die Konsonanten also immer lang zu sprechen.

Das Norwegische unterscheidet zwischen dem Druckakzent und dem musikalischen Akzent. Der Druckakzent entspricht der Betonung im Deutschen, den musikalischen Akzent gibt es im Deutschen nicht.

Der Druckakzent (Akzent 1) wird in der Transkription durch ˈ vor der betonten Silbe wiedergegeben.

> dagen [ˈdaːgən]
> potet [puˈteːt]

Der musikalische Akzent (Akzent 2) ist ein zusammengesetzter Akzent mit fallendem Ton auf der Silbe mit Hauptbetonung und fallendem Ton auf der folgenden Silbe. Er wird in der Transkription mit ˅ vor der hauptbetonten Silbe wiedergegeben. Fällt, besonders in zusammengesetzten Wörtern, die Nebenbetonung nicht auf die unmittelbar folgende Silbe, so wird die nebenbetonte Silbe durch vorausgehendes ˈ bezeichnet.

> være [˅væːrə]
> idrettsklubb [˅iːdretsˈklʉb]

Im Satzzusammenhang ordnet sich die Wortbetonung der Satzbetonung unter. Nur die im Satz betonten Wörter behalten ihre Wortbetonung, die übrigen sind unbetont. In der Transkription von Ausdrücken oder Sätzen können deshalb auch einsilbige Wörter ein ˈ erhalten, wenn sie die Satzbetonung tragen, während mehrsilbige Wörter ohne Akzente transkribiert sein können.

Das norwegische Alphabet

A	a	[ɑː]	K	k	[koː]	U	u	[ʉː]
B	b	[beː]	L	l	[el]	V	v	[veː]
C	c	[seː]	M	m	[em]	W	w	[ˈdɔbəl veː]
D	d	[deː]	N	n	[en]	X	x	[eks]
E	e	[eː]	O	o	[uː]	Y	y	[yː]
F	f	[ef]	P	p	[peː]	Z	z	[set]
G	g	[geː]	Q	q	[kʉː]	Æ	æ	[æː]
H	h	[hoː]	R	r	[ær]	ø	ø	[øː]
I	i	[iː]	S	s	[es]	Å	å	[oː]
J	j	[jeː]	T	t	[teː]			

Abkürzungen im Reisewörterbuch

adj	Adjektiv, Eigenschaftswort	adjektiv
adv	Adverb, Umstandswort	adverb
konj	Konjunktion, Bindewort	konjunksjon
el	Elektrizität	elektrisitet
etw	etwas	noe
f	Femininum, weiblich	femininum
jdm	jemandem	noen
jdn	jemanden	noen
m	Maskulinum, männlich	maskulinum
med	Medizin	medisin
n	Neutrum, sächlich	neutrum
pers prn	Personalpronomen	personlig pronomen
pl	Plural, Mehrzahl	pluralis, flerfall
poss prn	Possessivpronomen	possessiv pronomen
prn	Pronomen, Fürwort	pronomen
prp	Präposition, Verhältniswort	preposisjon
rel	kirchlich, geistlich	religiös
s.	sich	seg
sing/sg	Singular, Einzahl	singularis, enfall
tele	Telefon	telefon, telegraf
verb	Verb, Zeitwort	verb

Allgemeine Abkürzungen

ca.	circa, omtrent	cirka, etwa
d d	dags dato, i dag	heute
d m	denne måned	diesen Monat
DNT	Den Norske Turistforening	Norwegischer Wanderverein
d å	dette år	dieses Jahr
f	født	geboren
f eks	for eksempel	zum Beispiel
FN	De Forente Nasjoner	Vereinte Nationen
fr	fru/frøken	Frau/Fräulein
hr	herr	Herr
kr	kroner	Kronen
mm / m.fl.	med mer, med flere	und andere (zählbar/nicht zählbar)
m o h	meter over havet	Meter über dem Meeresspiegel
NAF	Norges Automobilforbund	Norwegischer Automobilverband
n kr	norske kroner	norwegische Kronen
NSB	Norges Statsbaner	Norwegische Staatsbahnen
pga	på grunn av	wegen
SAS	Scandinavian Airlines System	Skandinavische Luftfahrtgesellschaft

Im Wörterbuch steht das Substantiv in der Grundform. An erster Stelle folgt der bestimmte Artikel (**-en**, **-a** oder **-et**), der an den Stamm des Substantivs angehängt wird. Hat der Plural Umlaut oder eine unregelmäßige Form, so ist die vollständige Pluralform angegeben.

kveld ‹-en, -er›	lies:	kveld		Abend
		kvelden	der	Abend
		kvelder		Abende
vise* ‹-a/-en, -er›	lies:	vise		Lied
		visa/visen	das	Lied
		viser		Lieder
bok ‹-a/-en, bøker›	lies:	bok		Buch
		boka/boken	das	Buch
		bøker		Bücher

Bei den schwachen Verben ist jeweils die Endung des Präteritums und des Partizips Perfekt angegeben.

kaste ‹-et, -et/-a, -a›	lies:	kaste	werfen
		kastet/kasta	warf
		kastet/kasta	geworfen
kjøpe ‹-te, -t›	lies:	kjøpe	kaufen
		kjøpte	kaufte
		kjøpt	gekauft
leve ‹-de, -d›	lies:	leve	leben
		levde	lebte
		levd	gelebt
nå ‹-dde, -dd›	lies:	nå	erreichen
		nådde	erreichte
		nådd	erreicht

* Da die bestimmte Form von einigen Substantiven die Varianten **-a** und **-en** hat, werden beide Endungen aufgeführt, jedoch mit der vermutlich gebräuchlichsten Form an erster Stelle.

Andere Länder, andere Sitten

Wussten Sie, dass ...

- sich die 4,8 Millionen Einwohner des Königreichs Norwegen mit den Inselgruppen Svalbard und Jan Mayen ganze 385 155 km^2 teilen, was einer Einwohnerdichte von 12 Personen pro Quadratkilometer entspricht?
- das Land an der schmalsten Stelle nur 6 km breit ist, die Nord-Süd-Ausdehnung allerdings 2650 km und die Küstenlänge des Festlandes wegen der vielen Fjorde 25148 km beträgt?
- Deutschland nach Schweden der wichtigste Handelspartner Norwegens ist?
- im Norden des Landes nicht nur die niedrigsten, sondern oft auch die höchsten Temperaturen gemessen werden? In Karasjok auf der Finnmarksvidda wurden im Juli 2009 24 Grad gemessen, während das Thermometer im Februar des gleichen Jahres auf minus 34 Grad gefallen war.
- Norwegen nach dem Bruttonationalprodukt pro Einwohner (hinter Lichtenstein und Kuwait) an 3. Stelle steht und laut OECD bei der Ausbildung junger Menschen zwischen 25 und 34 Jahren ganz oben steht?
- Computer, Internet und Handy in Norwegen offensichtlich zu den Grundbedürfnissen gehören? 2009 benutzten 4 von 5 Norwegern täglich einen Computer, 86 % alle Haushalte haben einen Internetzugang (78 % davon einen Breitbandanschluss) und fast 4 Millionen Norweger ein Handy. Und es gilt, das Neueste vom Neuesten in der Tasche zu haben: Jedes Jahr werden fast 2 Millionen mobile Telefone verkauft.
- die Norweger rund 18 % des Haushaltseinkommens für Transport ausgeben, es in Norwegen knapp 800 Tunnels mit einer Gesamtlänge von rund 700 km gibt und der Lærdalstunnel in der Region Sogn og Fjordane mit 24,5 km der längste Tunnel der Welt ist?
- dass der erste norwegische König nach der Auflösung der Personalunion mit Schweden 1905 der dänische Prinz Carl war, der dieses Amt jedoch erst annahm, nachdem sich das norwegische Volk mit großer Mehrheit für die Monarchie als Staatsform ausgesprochen hatte?

Sprache

In Norwegen gibt es zwei offizielle Schriftsprachen, *Bokmål* und *Nynorsk*, und auch innerhalb dieser Schriftsprachen noch unterschiedliche Varianten.

Bis ins 19. Jahrhundert wurde die dänische Schriftsprache auch in Norwegen verwendet. Mündlich wurden zwar weiter die norwegischen Dialekte gesprochen, in den Städten bemühte sich die gebildete Oberschicht aber, ihre Umgangssprache der dänischen Schriftsprache anzupassen, wobei die Aussprache jedoch norwegisch blieb. Aus dieser norwegisch-dänischen Mischsprache, aus der die dänischen Elemente immer weiter verdrängt und durch norwegische ersetzt wurden, ist das heutige *Bokmål* entstanden. In der zweiten Hälfte des 19. Jahrhunderts entstand auf der Grundlage rein norwegischer Dialekte die zweite Schriftsprache *Nynorsk*. Seit 1885 sind beide Sprachen gleichberechtigte Schriftsprachen in Norwegen. Durch eine Reihe von Rechtschreibreformen haben sich beide im Laufe des 20. Jahrhunderts immer weiter einander angenähert. Gleichzeitig sind durch diese Reformen innerhalb beider Schriftsprachen verschiedene Varianten entstanden. So kann z. B. „Milch" auf Bokmål *melk* (eher traditionell) oder *mjølk* (dem Nynorsk und den Dialekten angenähert) heißen, auf Nynorsk heißt es immer *mjølk*. „Die Milch" kann auf Bokmål *melka, melken* oder *mjølka* heißen, auf Nynorsk *mjølka* oder *mjølki*.

Alle Norweger lernen in der Schule beide Schriftsprachen, wobei Bokmål im größten Teil des Landes, Nynorsk dagegen vor allem in ländlichen Gebieten Westnorwegens und in den Tälern Zentralnorwegens die Hauptsprache ist. Die mündliche Umgangssprache ist überall stark dialektal gefärbt, wobei in Ostnorwegen eine städtische Umgangssprache entstanden ist, die dem Bokmål nahe steht. Bokmål bildet die Grundlage der im PONS Reisewörterbuch verwendeten Sprachform.

Feste und Feiertage

Wenn Klima und Kalender mitspielen, feiern die Norweger Ostern mit einem sehr langen Wochenende: Viele fahren bereits am Palmwochenende zur Hütte in die Berge, ein noch größerer Teil kommt am Mittwoch und Donnerstag der Osterwoche nach. Am Mittwoch schließen die Geschäfte früher, ab *Skjærtorsdag* (Gründonnerstag) sind Hungrige auf die Tankstellen-Shops angewiesen. Der heiligste aller Ostertage ist *Langfredag* (Karfreitag), an dem beispielsweise auch in Hotels und Restaurants keine Spirituosen verkauft werden dürfen. Eine besondere Bedeutung hat das Osterfest bei den Samen in Nord-Norwegen. Beim samischen Osterfestival in Kautokeino feiert man das Ende des langen Winters mit Hochzeiten und Konfirmationen, Konzerten, Theater, Rentierrennen und einem eigenen samischen Melody Grand Prix.

Der 1. Mai heißt in Norwegen *Arbeidernes dag*. Auch wenn an allen öffentlichen Gebäuden die Flagge gehisst ist, werden die von den Gewerkschaften und Bürgergruppen veranstalteten Umzüge immer kürzer. Bei Regen bleiben die meisten zu Hause, bei schönem Wetter wartet der Garten, die Hütte oder das Boot.

Nasjonaldagen am 17. Mai soll an den Abschluss der verfassungsgebenden Versammlung in Eidsvoll 1814 erinnern und wird von fast allen Einwohnern und besonders den Kindern sehr ernst genommen. Man gratuliert einander, zieht sich einen *Bunad* – die je nach Herkunftsregion unterschiedliche Tracht – oder einen Anzug an und begleitet die Jüngsten, die mit ihrer Klasse oder dem Kindergarten hinter dem Spielmannszug durch die Straßen ziehen. Das anschließende Essen besteht traditionell aus *Rømmegrøt* (Rahmbrei), *Spekekjøtt* (Pökelfleisch) und *Flatbrød* (hauchdünnes Knäckebrot). Am Nachmittag finden dann an den Schulen Kinderfeste mit Sackhüpfen, Lotterie und Clownereien statt, bei dem die Kinder bis zum Umfallen Brause trinken und *Pølser* (Würstchen) essen.

Julaften ist am 24. Dezember und beginnt für viele mit dem Besuch des Friedhofs, auf dem mit einer Kerze auf dem Grab der Angehörigen gedacht wird. Nach dem anschließenden Gottesdienst findet die Bescherung entweder vor oder nach dem großen Essen statt, das je nach Region aus *Pinnekjøtt* (Hammelrippchen), *Torsk* (Dorsch), *Svinestek* (Schweinebraten) oder *Svineribbe* (Dicke Rippen) besteht.

Sofern man nicht über die Feiertage in den Süden geflogen oder zur Hütte gefahren ist, wird am 31. Dezember *Nyttårsaften* zusammen mit Freunden oder Verwandten gefeiert. Ein traditionelles Gericht gibt es am letzten Abend des Jahres nicht.

Ferien

Die Sommerferien an Norwegens Schulen sind lang. Sie beginnen zumeist am Wochenende vor Mittsommernacht und dauern bis Mitte August. In dieser Zeit liegen die drei Wochen *fellesferien*, währenddessen viele norwegische Beschäftigte den größten Teil der durchschnittlich 25 Jahresurlaubstage in Anspruch nehmen. Privatbetriebe und Behörden laufen in dieser Zeit mit halber Kraft, was sich selbst beim Postgang bemerkbar macht. Autoferien im Lande und durch ganz Europa stehen bei Norwegern hoch im Kurs, ebenso der Campingurlaub. Nur zwei der rund fünf Millionen Campingplatzübernachtungen eines Sommers werden von Gästen aus dem Ausland getätigt.

Notruf

Überall im Lande gelten drei Nummern: 110 für *Brann* (Feuer und akute Verschmutzung), 112 für *Politi* und *Redningssentral* und 113 für *Medisinsk nødhjelp* (Medizinische Soforthilfe). Sind Sie unsicher, rufen Sie die Rettungszentrale unter 112 an.

Post

Nicht nur auf dem Lande sind die Postfilialen immer häufiger in den Supermärkten untergebracht. Bei den *Post i butikk* bekommen Sie nicht nur *frimerker* (Briefmarken), sondern geben auch Pakete auf bzw. holen sie ab. Die Briefkästen sind rot, eventuelle gelbe Kästen sind dem Postgang innerhalb eines Ortes bzw. Bezirks vorbehalten.

Im *Postkontor* (Postamt) können Sie zudem Überweisungen vornehmen und – was für viele Angler nützlich ist – die *fiskeritrygd* (Fischereigebühr) für das Angeln in Forellen- und Lachsflüssen bezahlen.

„Fettnäpfchen" und Tabus

Trinken und fahren

Sind Sie mit dem Wagen in Oslo unterwegs, lassen Sie ihn bitte selbst nach der kleinsten Menge Alkohol stehen. Die Blutalkoholgrenze ist 0,2 Promille, die Polizei ist unerbittlich, die Geldbußen sind gigantisch. Beim kleinsten Vorfall kann es sogar Gefängnisstrafen geben.

Aufregung im Verkehr

Es nützt nichts! Viele wechseln die Spur, ohne zu blinken, halten plötzlich an oder überholen mit viel zu kurzen Sicherheitsabständen. Nehmen Sie es hin! Die Zahl der Verkehrstoten und -verletzten in Norwegen ist trotzdem erstaunlich niedrig.

Nicht für alles danken!

Höfliche Norweger bedanken sich eigentlich für alles, sind aber dabei sehr konkret: für das letzte Treffen, den heutigen oder gestrigen Abend, das Essen, die Hilfe und für die Frage nach der Befindlichkeit. Sie danken aber nie alles. Diesen Satz findet man in Nekrologen oder auf Grabsteinen. Bleiben Sie also beim konkreten Dank (siehe S. 22).

Bahnfahren mit NSB

Sollten Sie mit dem Zug unterwegs sein und einen wichtigen Termin oder Flug erreichen wollen: Verlassen Sie sich nicht auf die staatliche Eisenbahngesellschaft NSB. Sie ist notorisch unpünktlich, und in Ostnorwegen steht in regelmäßigen Abständen der ganze Zugverkehr in und um Oslo still.

In Taxiwarteschlangen diskutieren

An Freitagen und Samstagen nach der Polizeistunde bilden sich an den Taxihaltestellen oft Warteschlangen. Vermeiden Sie es, dort zu diskutieren oder sich gar nach vorne zu drängeln.
Immer wieder passiert es, dass die Feststimmung unter den ansonsten ruhigen und friedlichen Norwegern in Schlägereien umschlägt. Überlassen Sie diesen „Sport" den Einheimischen.

In Kritik einstimmen

Wenn Sie mit Norwegern und Norwegerinnen ins Gespräch kommen, werden Sie schon bald mit Kritik überhäuft. An ihrem politischen System finden die Norweger augenscheinlich nicht viel Gutes, und viele meinen auch, das Königshaus sei antiquiert. Beachten Sie bitte: Kritik ist nur gut, solange sie von Landsleuten kommt. Von einem Ausländer verbittet man sich das, und Zustimmung kann hier peinliches Schweigen verursachen.

Preise diskutieren

Norwegen ist teuer, und der Orient ist weit entfernt. Versuchen Sie nicht, über einen Preis zu verhandeln, völliges Unverständnis wäre die Reaktion. Die angezeigten Preise werden bezahlt, so einfach ist das. Vergleichen Sie lieber, denn manche Discountangebote und Kampagnenpreise können selbst im europäischen Vergleich günstig sein.

Fische hamstern

Die seit 2006 geltenden Ausfuhrbeschränkungen für Fisch sollten ernst genommen werden. Die Fischbestände in den Fjorden sind tatsächlich bedroht, beim Zoll kann es Ärger geben, und das Gerede von Anglern, die mit zwei gut gefüllten Kühltruhen auf dem Anhänger ihren Urlaubsort an der Küste wieder verlassen, verursacht Missmut auch unter der Bevölkerung.

Titel sind überflüssig

Seinen Titel zu nennen, wird als arrogant aufgefasst. Selbst der Doktor in der Notaufnahme würde sich nicht mit seinem Titel vorstellen. Eher schon kann man erleben, dass er nur seinen Vornamen nennt.

Sex-Knüller

Es gibt viele Möglichkeiten, seiner Begeisterung Ausdruck zu verleihen. „Das ist ein Knüller!" sollte man aber tunlichst vermeiden, denn damit hat man auf ziemlich vulgäre Art und Weise den Geschlechtsverkehr gepriesen (siehe S. 47). Sagen Sie lieber kurz und bündig *„Så fint!"* oder *„Så flott!"* .

Falsche Freunde im Alltag

Deutsch und Norwegisch sind sich nicht unähnlich, umso größer ist die Gefahr, einem sprachlich falschen Freund über den Weg zu laufen. *Fløte* zum Kaffee ist keine musikalische Begleitung, sondern Sahne, *sau* ist ein Schaf, und *en stund* ist bei weitem keine Stunde, sondern nur eine Weile oder ein Augenblick.

Reisevorbereitungen

Hotelbuchung per E-Mail

Sehr geehrte Damen und Herren,
vom 24. bis 26. Juni hätte ich gern für zwei Nächte ein Einzel-/ Doppel-/Zweibettzimmer. Bitte teilen Sie mir mit, ob Sie ein Zimmer frei haben und was es pro Nacht, einschließlich Frühstück, kostet.
Mit freundlichen Grüßen

Forespørsel ang. overnatting
Vi kommer til å være i .... fra 24. til 26. juni d.å. og ønsker å bestille et enkelt-/dobbelt-/to-sengsroms. Vær vennlig å meddele oss om de har ledige rom i denne perioden og hva overnattingen med frokost vil koste.
Med vennlig hilsen

Dear Sir or Madam,
I would like to book a single/double/twin-bedded room for 2 nights on the 24th and 25th June. Please let me know if you have any vacancies and the cost per night plus breakfast.
Yours faithfully,

Mietwagen per E-Mail

Sehr geehrte Damen und Herren,
für die Zeit vom 20. – 25. Juli möchte ich gern ab Flughafen XXX einen Kleinwagen/einen Mittelklassewagen/einen Geländewagen/einen Kleinbus mieten. Mein Rückflug geht ab YYY und deshalb möchte ich das Auto dort zurückgeben. Bitte teilen Sie mir Ihre Tarife mit und welche Unterlagen ich benötige.
Mit freundlichen Grüßen

Ang. Leiebil i perioden 20.-25. juli
Jeg ønsker å leie en liten bil/middelklassebil/terrengbil/en minibuss i tidsrommet 20.-25. juli. Flyet mitt tilbake går fra ... ... og jeg håper at det er mulig å levere bilen der. Vær vennlig å sende meg en prisoversikt

samt opplysninger om hvilke dokumenter jeg må legge fram.
Med vennlig hilsen

Dear Sir/Madam,
I would like to hire a small/mid-range/luxury saloon car/minibus from
July 20 - 25 from XXX Airport. I depart from YYY Airport so wish to
leave the car there. Please inform me of your rates and what documents
I shall require.
Yours faithfully,

Allgemeine Fragen

Ich habe vor, meinen Urlaub in … zu verbringen.
Jeg planlegger ferie i … [jæi planlegər fe:riə i …]

Können Sie mir bitte Informationen über Unterkünfte in der Gegend
geben?
Kan dere gi meg opplysninger om overnattingsmuligheter i dette området. [kɑn derə ji: mæi uplysninər ɔm o:vərnɑtiŋsmɵlihe:tər i: dætə
umro:də]

An welche Art von Unterkunft haben Sie gedacht?
Hva slags overnatting tenker du på?
[va: slɑks o:vərnɑtiŋ teŋkər dɵ: po:]

  ein Hotel
  et hotell [et hu'tel]
  eine Pension
  et pensjonat [et paŋʃu'na:t]
  eine Hütte
  en hytte [e:n hytə]
  eine Ferienwohnung
  en ferieleilighet [e:n fe:riəlæilihe:t]

Fragen zur Unterkunft

Hotel – Pension – Privatzimmer

Ich suche ein Hotel, jedoch nicht zu teuer – etwas in der mittleren Preis-
lage.
Jeg prøver å finne et hotell med rolig beliggenhet som ikke er altfor dyrt.
[jæi prøvər ɔ fɪnə et hɵtæl me: ruli beligənhe:t sɔm ikə ær alfɔr dyrt]

Ich suche ein Hotel mit Hallenbad/Wellnessabteilung/Alpinhängen in
der Nähe.
Jeg prøver å finne et hotell med svømmebad/velværeavdeling/med al-
pinbakker i nærheten. [jæi prøvər ɔ fɪnə ɛt hutel me: svøməba:d/
vælvæ:rəavdeliŋ/alpi:nbakər i nærrhetən]

Können Sie mir eine schöne Pension mit Frühstück empfehlen?
Kan du anbefale et koselig pensjonat med frokost.
[kan dɵ anbefa:lə et ku:seli paŋʃu'na:t me: fru:kɔst]

Für wie viele Leute soll es sein?
Hvor mange personer skal det være til?
[vur maŋə perʃoːnər skal deː væːrə til]

Sind dort Hunde erlaubt?
Er det tillatt å ha med seg hund? [æːr de tilat ɔ hɑ meː sæi hʉn]

Ist es möglich, ein weiteres Bett in einem der Zimmer aufzustellen?
Er det mulig å sette opp en ekstra seng på rommet?
[æːr de mʉli ɔ setə up eːn ekstrasəŋ]

Wie viel kostet das pro Woche?
Hvor mye koster det pr. uke? [vur myːe kɔstər deː pær ʉkə]

Hütten/Ferienwohnungen

Ich suche eine Ferienwohnung oder eine Hütte.
Jeg vil gjerne leie en ferieleilighet eller en hytte.
[jæi vil jæːrnə læiə en feriəlæiliheːt elər en hytə]

Können Sie eine Hütte am Fjord/mit Blick über den Fjord empfehlen?
Kan du anbefale ei hytte ved fjorden/med utsikt over fjorden?
[kan dʉ ɑːnbefɑːlə en hytə veː fjurən/meː ʉtsikt oːvər fjurən]

Kommt man mit dem Auto bis vor die Hütte?
Kan man kjøre helt fram til hytta? [kan man çøːrə helt fram til hyta]

Gibt es ...?
Er det med ...? [æːr de meː ...]
  ein Kinderbett
  barneseng [bɑːŋəsɛŋ]
  ein Telefon
  telefon [teləfuːn]
  eine Waschmaschine
  vaskemaskin [vaskəmɑːʃiːn]
  ein Boot bei der Hütte
  båt ved hytta [boːt veː hyta]

Sind die Stromkosten im Preis eingeschlossen?
Er strømmen inkkludert i prisen? [æːr strømən iŋklʉːdeʈ i priːsən]

Werden Bettwäsche und Handtücher gestellt?
Er der sengetøy og håndklær? [æːr der sæŋətøy ɔ hoːŋklær]

Wie viel muss ich anzahlen und wann ist die Anzahlung fällig?
Hvor mye må vi betale i forskudd – og når?
[ʊuːr myːe moː vi: betɑːlə iː foːʃkʉd – ɔ noːr]

Wo und wann kann ich die Schlüssel abholen?
Når og hvor får jeg nøklene? [noːr ɔ vuːr foːr jæi nøklənə]

Ein bisschen wie Plattdeutsch?

Bare litt – nur ein bisschen! Das weiter verbreitete *Bokmål* ist im Schriftbild dem Dänischen sehr ähnlich, das Gros der Lehnwörter stammt aus dem Hoch- oder Plattdeutschen. Angeblich verstehen die Norweger ihre skandinavischen Nachbarn besser als umgekehrt, was darauf hindeutet, dass Reisende mit Norwegischkenntnissen in den nordischen Ländern außer Finnland sehr weit kommen. Die Ähnlichkeiten zwischen *tysk* (Deutsch) und *norsk* sollte man allerdings nicht zu sehr strapazieren, denn überall lauern „falsche Freunde": *En stund* beispielsweise sind nicht 60 Minuten – das heißt *time* im Norwegischen –, sondern nur „eine Weile". Eine Brücke ist *en bro*, die *brygge* dagegen ein Anleger auf Pfählen.

Das Wichtigste in Kürze

Ja.
Ja. [jɑː]

Nein.
Nei. [næi]

Bitte.
(als Aufforderung) Vær så snill! [ˈvæːʃɔˈsnil]; *(beim Geben, Anbieten usw. und als Antwort auf Danke)* Vær så god! [ˈvæːʃɔˈguː]; *(nach Entschuldigung)* Ingen årsak! [ˇiŋən ˇoːʃɑːk]; *(bei Nichtverstehen)* Hva sa du? [ˈvɑː ˈsɑː dʉ]; *(Ja, bitte!)* Ja, takk! [ja ˈtɑk]

Danke!
Takk! [tɑk]

Vielen Dank!
Mange takk. [ˇmɑŋə ˈtɑk]

Im Norwegischen sagt man häufig *takk*. Oft fügt man auch hinzu, wofür man sich bedankt, beispielsweise:

Takk for besøket.	Danke für den Besuch.
Takk for lånet.	Danke fürs Ausleihen.
Takk for i går.	Danke für gestern. *(nach einer Einladung)*
Takk for maten.	Danke fürs Essen. *(nach der Mahlzeit)*
Takk for sist.	Danke für neulich.

Danke, gleichfalls!
I like måte. [i liːkə moːtə]

Bitte sehr!
Ingen årsak! [ˇiŋən ˇoːʃɑːk]

Gern geschehen!
Det var da så lite! [de ˈvɑː ɖɑ sɔ ˇliːtə]

Nichts zu danken!
Bare hyggelig! [baːrə hyːgəli]

Wie bitte?
Unnskyld? [ˈʉnʃyl]

Selbstverständlich!
Selvfølgelig! [selˈfølgəli]

Einverstanden!
Enig! [ˇeːni]

Okay!
OK! [ˈoːˈkæi] [ˈuːˈkoː]

In Ordnung!
Det er i orden! [de æːr i ˈordən]

Entschuldigung!
Unnskyld! [ˈʉnʃyl]

Einen Augenblick, bitte!
Et øyeblikk! [et ˇøyəblik]

Das reicht jetzt!
Det er nok! [de æː ˈŋuk]

Vorsicht!
Pass på! [pas pɔ]

Hilfe!
Hjelp! [jelp]

Wer?
Hvem? [vem]

Was?
Hva? [vɑː]

Welcher?/Welche?/Welches?
Hvilken?/Hvilken?/Hvilket?/Hvilke? *(pl)* [ˈvilkən/ˈvilkən/ˈvilkət/ˈvilkə]

Wem?
(Til) hvem? [(til) vem]

Wen?
Hvem? [vem]

Wo? Wohin?
Hvor? [vur]

Woher?
Hvor ... fra? [vur ... frɑː]

Wo ist ...?/Wo sind ...?
Hvor er...? [vur æːr]

Warum?/Weshalb?
Hvorfor? [ˈvurfɔr]

Wozu?
Hva ... til? ['va: til]

Wie?
Hvordan? ['vuɖɑn]

Wie viel?
Hvor mye? [vur ⱽmyːə]

Wie viele?
Hvor mange? [vur ⱽmaŋə]

Wie lange?
Hvor lenge? [vu ⱽɭeŋə]

Wann?
Når? [nɔr]

Um wie viel Uhr?
Når? [nɔr]

Ich hätte gern ...
Jeg vil gjerne ha ... [jæi vil ⱽjæ:ŋə hɑ:]

Gibt es ...?
Er det...? ['æ: ɖe], Fins det...? ['fins de]

0..........................	null [nʉl]
1..........................	en/ett [eːn/et]
2..........................	to [tuː]
3..........................	tre [treː]
4..........................	fire [ⱽfiːrə]
5..........................	fom [fɑm]
6..........................	seks [seks]
7..........................	sju [ʃʉː] (syv [syːv])
8..........................	åtte [ⱽɔtə]
9..........................	ni [niː]
10.........................	ti [tiː]
11	elleve [ⱽelvə]
12.........................	tolv [tɔl]
13.........................	tretten [ⱽtretən]
14.........................	fjorten [ⱽfjuʈən]
15.........................	femten [ⱽfemtən]
16.........................	seksten [ⱽsæistən]
17.........................	sytten [ⱽsøtən/ⱽsytən]
18.........................	atten [ⱽatən]
19.........................	nitten [ⱽnitən]
20	tjue [ⱽçʉːə] (tyve [ⱽtyːvə])
21.........................	tjueen [çʉːəˈen]
22.........................	tjueto [çʉːəˈtu]

Bei den Zahlen ab 21 hört man neben der offiziellen Form *tjueen*, *tjueto* etc. in der Umgangssprache auch noch *enogtjue/enogtyve*, *toogtjue/toogtyve* etc.

23.	tjuetre [ɕʉːəˈtreː]
24.	tjuefire [ɕʉːəˇfiːrə]
25.	tjuefem [ɕʉːəˈfem]
26.	tjueseks [ɕʉːəˈseks]
27.	tjuesju [ɕʉːəˈʃʉː]
28.	tjueåtte [ɕʉːəˇɔtə]
29.	tjueni [ɕʉːəˈniː]
30	tretti [ˈtreti] (tredve [ˇtredvə])
31.	trettien [tretiˈeːn]
32.	trettito [tretiˈtuː]
40.	førti [ˈføʈi]
50.	femti [ˈfemti]
60.	seksti [ˈseksti]
70.	sytti [ˈsøti/ˈsyti]
80.	åtti [ˈɔti]
90.	nitti [ˈniti]
100	hundre [ˇhʉndrə]
101.	hundreogen [hʉndrəɔˈeːn]
200	tohundre [tuːˇhʉndrə]
300	trehundre [treːˇhʉndrə]
1 000.	tusen [ˈtʉːsən]
2 000	totusen [ˈtuːˈtʉːsən]
2 001.	totusenogen [ˈtuːˈtʉːsənɔˈeːn]
10 000	titusen [ˈtiːˈtʉsən]
100 000	hundretusen [ˇhʉndrəˈtʉːsən]
1 000 000	en million [en miliˈuːn]
1.	den *(m, f)*/det *(n)*/de *(pl)* förste [den/deː/diː ˇføʃtə]
2.	den andre [den ˇɑndrə]
3.	den tredje [den ˇtreːdjə]
4.	den fjerde [den ˇfjeːrə]
5.	den femte [den ˇfemtə]
6.	den sjette [den ˇʃetə]
7.	den sjuende [den ˈʃʉəndə]
8.	den åttende [den ˈɔtəndə]
9.	den niende [den ˈniːəndə]
10.	den tiende [den ˈtiːəndə]
1/2.	en halv [en ˈhɑl]
1/3.	en tredjedel [en ˈtreːdjədeːl]
1/4.	en fjerdedel [en ˈfjæːrədeːl]
3/4.	tre fjerdedeler [treː ˈfjæːrədeːlər]
3,5 %.	tre komma fem prosent [treː kɔmɑ fem pruˈsent]

27 °C.....................	tjuesju grader (Celsius)
	[çʉːə'ʃʉː ˇgraːdər ('selsiʉs)]
–5 °C.....................	minus fem grader (Celsius)
	[miːnʉs 'fem ˇgraːdər ('selsiʉs)]
2010	totusenogti [tuː tʉːsen oːg'tiː]
2011.....................	totusenogelleve [tuː tʉːsen oːg'elwə]
Meter	meter ['meːtər]
Kilometer.................	kilometer ['çilumeːtər]
10 Kilometer = 1 norw. Meile .	mil [miːl]
Seemeile..................	nautisk mil [næʉtisk miːl]
Quadratmeter..............	kvadratmeter [kva'draːtmeːtər]
Liter.....................	liter ['liːtər]
Gramm....................	gram [gram]
Kilogramm................	kilogram ['çiːlugram]

Die Uhrzeit

Im Norwegischen gibt es *en dag*, und es gibt *et døgn*. Das letzte Wort beschreibt 24 Stunden, also *en dag* og *en natt*.

Wie viel Uhr ist es bitte?
Hvor mye er klokka? [vur ˇmyə æːr ˇklɔka]

Es ist (genau/ungefähr) ...
Den er (nøyaktig/omtrent) ... [den æːr (nøy'akti/ɔm'trent)]

3 Uhr.
tre. [treː]

5 nach 3.
fem over tre. ['fem oːvə 'treː]

3 Uhr 10.
ti over tre. ['ti oːvə 'treː]

Viertel nach 3.
kvart over tre. ['kvaʈ oːvə 'treː]

halb 4.
halv fire. [hal ˇfiːrə]

Viertel vor 4.
kvart på fire. ['kvaʈ pɔ ˇfiːrə]

5 vor 4.
fem på fire. ['fem pɔ ˇfiːrə]

1 Uhr
ett [et]

12 Uhr Mittag.
tolv om dagen. ['tɔl ɔm 'daːgən]

Mitternacht.
midnatt. ['midnat]

Es ist spät/Es ist zu früh!
Det er seint/for tidlig [de æ: ˈʃæint/fɔ ʈiːdli]

Um wie viel Uhr?/Wann?
Når? [nɔr]

Um 1 Uhr.
Klokka ett. [klɔka ˈet]

Um 2 Uhr.
Klokka to. [klɔka ˈtuː]

Gegen 4 Uhr.
Bortimot klokka fire. [ˈbuʈimuːt klɔka ˅fiːrə]

In einer Stunde.
Om en time. [um en ˅tiːmə]

In zwei Stunden.
Om to timer. [um ˈtuː ˅tiːmər]

Nicht vor 9 Uhr morgens.
Ikke før klokka ni om morgenen. [˅ikə føːr klɔka ˈniː ɔm ˅moːɳən]

Nach 8 Uhr abends.
Etter klokka åtte om kvelden. [˅etər klɔka ˅ɔtə ɔm ˈkvelən]

Zwischen 3 und 4.
Mellom tre og fire. [melɔm ˈtreː ɔ ˅fiːrə]

Wie lange?
Hvor lenge? [vu ˅ɭeŋə]

Zwei Stunden (lang).
To timer. [ˈtuː ˅tiːmər]

Von 10 bis 11.
Fra ti til elleve. [fra ˈtiː til ˅elvə]

Bis 5 Uhr.
Til klokka fem. [til klɔka ˈfem]

Seit wann?
Fra når? [fra ˈnɔr]

Seit 8 Uhr morgens.
Fra klokka åtte i dag tidlig. [fra klɔka ˅ɔtə i daːg tiːdli]

Seit einer halben Stunde.
I en halv time. [i en hal ˅tiːmə]

Seit acht Tagen.
I åtte dager. [i ˅ɔtə ˅daːgər]

ab und zu	av og til [av ɔ til]
abends	om kvelden [ɔm ˈkvelən]
am Sonntag	(på) søndag [(pɔ) ˈsøndag]
am Wochenende	i helgen [i ˈhelgən]
bald	snart [snɑːʈ]
diese Woche	denne uka [denə ˅ʉːkɑ]
früh	tidlig [ˈtidli]
früher	tidligere [ˈtidliærə]
gegen Mittag	bortimot klokka tolv [ˈbuʈimut klɔka ˈtɔl]
gestern	i går [i ˈgoːr]
heute	i dag [i ˈdɑːg]
heute Morgen	i dag tidlig [i ˈdɑːg ˅tiːdli],
	i morges [i ˈmɔres]
heute Abend	i kveld [i ˈkvel]
in 14 Tagen	om fjorten dager [ɔm ˅fjuʈən ˅dɑːgər]
in einer Woche	om ei uke [ɔm æi ˅ʉkə]
jeden Tag	hver dag [væː ɖɑːg]
jetzt	nå [noː]
kürzlich	nylig [˅nyːli], nyss [nys]
letzten Montag	sist mandag [sist ˈmandag]
manchmal	iblant [iˈblant]
mittags	ved middagstid [ve ˈmidagstiː]
morgen	i morgen [i ˈmoːrən]
morgen Früh	i morgen tidlig [i ˅moːɳ ˅tiːdli]
morgen Abend	i morgen kveld [i ˅moːɳ ˈkvel]
morgens	om morgenen [ɔm ˅moːɳən]
nachmittags	om ettermiddagen [ɔm ˅etərmidagən]
nächstes Jahr	neste år [˅nestə ˈoːr]
nachts	om natta [ɔm ˈnata]
spät	sent [ʂeːnt]
später	senere [seːnærə]
stündlich	hver time [væː ˅ʈiːmə]
täglich	daglig [˅dɑːgli]
tagsüber	om dagen [ɔm ˈdɑːgən]
übermorgen	i overmorgen [i ˈoːvərmoːɳ]
um diese Zeit	på denne tiden [pɔ ˅denə ˈtiːdən]
vor zehn Minuten	for ti minutter siden
	[fɔ ˈtiː miˈnʉtə ʃiːdən]
vorgestern	i forgårs [i ˈfɔrgoːʃ]
vormittags/am Vormittag	om formiddagen [ɔm ˅fɔrmidagən]

Montag	mandag [ˈmandag]
Dienstag	tirsdag [ˈtiːʃdag]
Mittwoch	onsdag [ˈunsdag]
Donnerstag	torsdag [ˈtuːʃdag]

Freitag	fredag ['fre:dɑg]
Samstag	lørdag ['lø:dɑg]
Sonntag	søndag ['søndɑg]

Die Monate

Januar	januar [janʉ'ɑ:r]
Februar	februar [febrʉ'ɑ:r]
März	mars [mɑʃ]
April	april [ɑ'pri:l]
Mai	mai ['mɑ:i]
Juni	juni ['jʉ:ni]
Juli	juli ['jʉ:li]
August	august [æʉ'gʉst]
September	september [sep'tembər]
Oktober	oktober [ɔk'to:bər]
November	november [nu'vembər]
Dezember	desember [de'sembər]

Die Jahreszeiten

der Frühling	vår, -en [vo:r]
der Sommer	sommer, -en [ˇsɔmər]
der Herbst	høst, -en [høst]
der Winter	vinter, -en ['vintər]

Feiertage

Neujahr	nyttår ['nyto:r]
Dreikönigstag	trettendedagen [ˇtretəndə'dɑ:gən]
Fastnacht	fastelavn [ˇfastəlavn]
Gründonnerstag	skjærtorsdag [ˇʃæ:ʈu:ʃdɑg]
Karfreitag	langfredag [ˇlaŋfre:dɑg]
Ostern	påske [ˇpo:skə]
Ostermontag	annen påskedag [ˇɑ:ən ˇpo:skədɑ:g]
1. Mai	første mai [ˇføʃtə 'mɑ:i]
Christi Himmelfahrt	Kristi himmelfartsdag ['kristi ˇhiməlfɑʈsdɑ:g]
Nationalfeiertag (17. Mai)	nasjonaldagen [naʃu'nɑ:ldɑ:gən (ˇsytəndə 'mɑ:i)]
Pfingsten	pinse [ˇpinsə]
Pfingstmontag	andre pinsedag [ˇɑndrə ˇpinsədɑ:g]

Das Mittsommernachtsfest *(Sankthansaften)* wird am Abend des 23. Juni mit Johannisfeuer *(Sankthansbål)* gefeiert – vorausgesetzt, es besteht keine Brandgefahr wegen Trockenheit, und es regnet nicht so stark, dass sich die Feuer nicht entzünden lassen.

Heiliger Abend	julaften [ˇjʉlaftən]
Weihnachten	jul [jʉːl]
1. Weihnachtsfeiertag	første juledag [ˇføʃtə ˇjʉlədɑːg]
2. Weihnachtsfeiertag	annen juledag [ˇɑːən ˇjʉlədɑːg]
Silvester	nyttårsaften [ˈnytoːʃaftən]

Das Datum

Können Sie mir bitte sagen, den Wievielten wir heute haben?
Hvilken dato har vi i dag? [ˈvilkən ˈdɑːtu hɑːr vi i ˈdɑːg]

Heute ist der ...
I dag er det den ... [i ˈdɑːg æː d̥e den]

Wetter

Der Programmpunkt *Værmeldingen* am Ende der Nachrichten ist die wohl wichtigste Quelle für die Gespräche des nächsten Tages – am Frühstückstisch, an der Bushaltestelle, am Arbeitsplatz. Das Wetter ist der ideale Einstieg für einen Plausch, und hierbei ist der Rückblick auf *i går* (gestern) ebenso wichtig wie die Vorausschau auf *i dag* (heute) und *de nærmeste dagene*.

Wie wird das Wetter heute?
Hvordan blir været i dag? [ˈvud̥ɑn bliːr ˈvæːrə i ˈdɑːg]

Wir bekommen schönes/schlechtes/wechselhaftes Wetter.
Det blir fint/dårlig/vekslende vær.
[deː bliːr ˈfiːnt/ˇdoːli/ˇvekʃləndə ˈvæːr]

Was für ein herrliches/schreckliches Wetter!
For et nydelig/forferdelig vær! [fɔr et ˈnyɪdəli/fɔrˈfedʲəli væːr]

Es ist sehr kalt/heiß/schwül.
Det er kaldt/varmt/lummert. [deː æːr kalt/vɑrmt/ˈlumət]

Es zieht ein Gewitter auf.
Det blir tordenvær. [deː bliːr ˇturdənvæːr]

Es ist neblig/windig.
Det er tåke/vind. [deː æː ˇtoːkə/de æːr ˈvin]

Die Sonne scheint.
Sola skinner. [ˈsuːlɑ ˈʃinər]

Der Himmel ist wolkenlos.
Himmelen er skyfri. [ˇhimələn æː ˇʃyːfriː]

Es bleibt schön/schlecht.
Det fine/dårlige været fortsetter. [deː ˇfiːnə/ˇdoːlʲə ˈvæːrə ˈfuʈsetər]

Es wird wärmer/kälter.
Det blir varmere/kaldere. [de bli:r ˅varmerə/˅kɑlərə]

Es wird regnen/schneien.
Det blir regn/snø. [de bli:r ˈræin/ˈsnø:]

Die Straßen sind glatt.
Veiene er glatte. [˅væiənə æ:r ˅glɑtə]

Wie viel Grad haben wir heute?
Hvor mange grader er det i dag? [vur ˅mɑŋə ˅grɑ:dər æ: ɖe i ˈdɑ:g]

Es ist 20 Grad Celsius.
Det er 20 grader (Celsius). [de æ:r ˅çʉ:ə ˅grɑ:dər (ˈselsius)]

Die Sicht beträgt nur 20 m/weniger als 50 m.
Man har bare 20 meters sikt/mindre enn 50 meters sikt.
[man hɑ:r ˅bɑ:rə ˅çʉə ˈme:təʃ sikt/ˈmindrə en ˈfemti me:təʃ sikt]

Wie ist der Straßenzustand in ...?
Hvordan er veiene i ...? [ˈvuɖan æ:r ˅væiənə i]

Schneeketten sind erforderlich.
Det er nødvendig med kjettinger. [de æ: ˅nødvendi me: ˅çetiŋər]

bewölkt	skyet [˅ʃy:ət]
Blitz	lyn, -et, - [ly:n]
Bö	byge, -a/-en, -er [˅by:(g)ə]
Donner	torden, -en [ˈturdən]
Ebbe	fjære, -a [˅fjæ:rə]
Eis	is, -en [i:s]
Flaute	vindstille [˅vinstilə]
Flut	flo, -a/-en [flu:]
Frost	frost, -en [frɔst]
Gewitter	tordenvær, -et [ˈturdn]
Glatteis	hålke, -a/-en [˅hɔlkə], glatt føre [glɑt ˅fø:rə]
Hagel	hagl, -et - [ˈhɑgl]
heiß	varmt [vɑrmt], hett [het]
Hitze	varme [˅vɑrmə]
Hitzewelle	varmebølge, -a/-en, -r [˅vɑrməbølgə]
kalt	kaldt [kɑlt]
Luft	luft, -en [lʉft]
nass	våt [vo:t]
Nebel	tåke, -a/-en, -er [˅to:kə]
Regen	regn, -et [ræin]
Regenschauer	(regn)skur, -a/-en, -er [(˅ræin)skʉr]
regnerisch	regnfullt [˅ræinfʉlt]
Schnee	snø, -en [snø:]
Nordlicht	Nordlys, -et [˅nu:[y:s]

schwül.	lummert [ˈlumət]
Sonne	sol, -a/-en, -er [suːl]
Sonnenaufgang.	solopgang, -en, -er [ˇsuːlɔpgaŋ]
Sonnenuntergang.	solnedgang, -en, -er [ˇsuːlneːdgaŋ]
sonnig.	solrikt [ˇsuːlrikt]
Sturm	storm,-en [stɔrm]
Temperatur	temperatur, -en, -er [tempəraˈtʉːr]
warm.	varm [vɑrm]
tocken.	tørr [tør]
Überschwemmung	oversvømmelse, -en, -er [ˇoːvəʃvømelsə]
wechselhaft.	skiftende [ˇʃiftəndə]
Wetterbericht/-vorhersage. . .	værmelding, -en/-a, -er [ˇvæːrmeldiŋ]
Wind.	vind, -en, -er [vin]
Windstärke	vindstyrke, -en, -er [ˇvinstyrkə]
Wolke	sky, -a/-en, -er [ʃyː]

Farben

beige	beige [beːʃ]
blau	blå [bloː]
braun.	brun [brʉːn]
einfarbig.	ensfarget [ˇeːnsfargət]
farbig.	farget [ˇfargət]
gelb	gul [gʉːl]
goldfarben	gyllen [ˇjylən]
grau.	grå [groː]
grün.	grønn [grøn]
lila	lilla [ˈlilɑ]
orange.	orange [ɔˈraŋʃə]
rosa	rosa [ˈrʉsɑ]
rot	rød [røː]
schwarz	svart [svɑt]
silberfarben	sølv [søl]
türkis.	turkis [tʉrˈkiːs]
violett	fiolett [fiɔˈlet]
weiß	hvit [viːt]
hellblau/hellgrün	lyseblå/lysegrønn... [ˇlyːsə]
dunkelblau/dunkelgrün.	mørkeblå/mørkegrønn... [ˇmørkə]

Zwischenmenschliches

Von Mensch zu Mensch

Man duzt sich trotz aller Formalitäten schon bei der ersten Begegnung. Nach dem *Hei* folgt der Name. Eine geschlechtsspezifische Anrede gibt es nicht, auf die Präsentation des Gegenübers folgen *Hyggelig å hilse på deg* (Nett, Sie kennen zu lernen), ein Nicken und der Händedruck – übrigens oftmals der einzige. Wenn man sich schon etwas länger kennt, ist ein *Klem* kein Problem, denn die als kühl geltenden Norweger haben die Umarmung entdeckt; besonders nach einem gemütlichen Beisammensein ist sie die Beigabe zum Abschied. Männer verabschieden sich eher zurückhaltend mit den Worten *Det var veldig hyggelig* (Es war ein sehr schöner Abend) und manchmal einem Händedruck.

Begrüßung und Verabschiedung

Die Begrüßung

Guten Morgen!
God morgen! [gu ˈmɔŋ]

In der Umgangssprache ist es üblich, den ganzen Tag *hei* zu sagen.

Guten Tag!
God dag! [gu ˈdɑːg]

Guten Abend!
God kveld! [gu ˈkvel]

Hallo!/Grüß dich!
Hallo!/Hei! [lʉˈloː/hæi]

Wie ist Ihr Name, bitte?
Unnskyld, hva var navnet? [ˈʉnʃyl vɑ: vɑːr ˈnɑvnə]

Die höfliche Anrede *De* ist im Norwegischen nicht mehr üblich. Sie wird lediglich gegenüber den Mitgliedern des Königshauses und bei unpersönlicher Korrespondenz verwendet. Im letzteren Fall wird das persönliche *Du* jedoch auch immer üblicher.

Wie heißt du?
Hva heter du? [vɑː ˇheːtə dʉ]

Ich heiße ...
Jeg heter... [jæi ˇheːtər]

Wie geht es Ihnen?
Hvordan har du det? [ˈvudɑn hɑ: dʉ: de]

Wie geht's?
Hvordan går det? [vudɑn ˈgoː d̪e]
Hvordan står det til? [vudɑn stoː d̪e ˈtil]

Danke. Und Ihnen/dir?
Takk, bra. Og med deg? [tak ˈbrɑː o: me: ˈdæi]

Sich vorstellen

Darf ich bekannt machen?
Får jeg presentere? [foːr jæi presaŋˈteːrə]

  Das ist ... *(voller Name)*
  Det er ... [de æːr ...]
  mein Mann.
  mannen min/min mann. [ˈmɑnən min/min mɑn]
  meine Frau.
  kona mi/min kone. [ˇkuːna mi/min ˇkuːnə]
  mein Sohn.
  sønnen min/min sønn. [ˈsønən min/min søn]
  meine Tochter.
  dattera mi/min datter. [ˇdɑtəra mi/min ˇdɑtər]
  mein Freund.
  vennen min/min venn. [ˈvenən min/min ven]
  meine Freundin.
  venninna mi/min venninne. [venˇinna mi/min venˇinə]
  mein Kollege/meine Kollegin.
  kollegaen min/min kollega. [kɔˈleːgɑən min/min kɔˈleːgɑ]

Freut mich!
Gleder meg! [ˇgleːdər mæi]

Darf ich Ihnen meine Visitenkarte geben?
Kan jeg gi deg kortet mitt? [kan jæi ji dæi `kurtə mit]

Das Verabschieden

Auf Wiedersehen!
Adjø!/På gjensyn!/Ha det! [ɑˈdjøː]/[pɔ ˈjensyːn]/[ha de]

Bis bald!
Vi sees! [vi ˇseːəs]

Bis später!
Vi sees seinere! [vi ˇseːəs ˇsæinərə]

Bis morgen!
Vi sees i morgen! [vi ˇseːəs i ˇmoːɳ]

Bis bald!
Vi sees! [vi ˇseːəs]

Alles Gute!
Lykke til! [ˇlykə ˈtil]

Viel Vergnügen!
God fornøyelse! [ˈguː fɔˈŋøyəlsə]

Gute Nacht!
God natt! [gu ˈnɑt]

Tschüss! Mach's gut!
Ha det! [ˈhɑː də]

Gute Reise!
God tur! [ˈguː ˈtʉːr]

Ich lass von mir hören.
Du hører fra meg. [dʉ ˅høːrər frɑ mæi]

Grüßen Sie/Grüß … von mir!
Hils (…) fra meg. [ˈhils frɑ ˈmæi]

Ich gebe Ihnen/dir meine E-Mail-Adresse.
Du kan få e-post-adressen min. [dʉ kan fɔ ˈeː pɔst adresen miː n]

Haben Sie/Hast du eine E-Mail-Adresse?
Har du en e-post-adresse? [haː r dʉ ˈeː pɔst adresə]

Die Norweger sind höflich, verwenden dabei aber wenige Worte. Ein *Takk* wird gern mit *Tusen takk* gesteigert.

Bitte und Dank

Bitte.
(als Aufforderung) Vær så snill! [ˈvæːʃɔˈsnil]; *(beim Geben, Anbieten usw. und als Antwort auf Danke)* Vær så god! [ˈvæːʃɔˈguːl]; *(nach Entschuldigung)* Ingen årsak! [˅iŋən ˅oːʃɑːk]; *(bei Nichtverstehen)* Hva sa du? [ˈvɑː ˈsɑː dʉ]; *(Ja, bitte!)* Ja, takk! [jɑ ˈtɑk]

Ja, bitte.
Ja, takk! [ˈjɑː tɑk]

Nein, danke!
Nei, takk! [ˈnæi tɑk]

Gestatten Sie?
Får jeg lov? [fɔr jæi ˈlow]

Entschuldigen Sie bitte die Störung.
Unnskyld at jeg forstyrrer. [ˈʉnʃyl at jæi fɔrstyrər]

Entschuldigen Sie bitte, dürfte ich Sie etwas fragen?
Unnskyld, kan jeg spørre deg om noe?
[ˈʉnʃylʼ kan jæi ˅spørə dæi om nuə]

Können Sie mir bitte helfen?
Unnskyld, kan du hjelpe meg? [ˈʉnʃyl kan dʉ ˅jelpə mæi]

Darf/Dürfte ich Sie um einen Gefallen bitten?
Kan jeg be deg om en tjeneste? [kan jæi be dæi ɔm eːn ˇçeːnestə]

Würden Sie bitte so freundlich sein und ...?
Kunne du være så vennlig ... [ˇkʉnə dʉ ˇværə sɔ ˇvenli]

Vielen/Tausend Dank, Sie haben mir sehr geholfen.
Tusen takk for hjelpen. [tʉːsn tak fɔr ˈjelpən]

Das war sehr lieb von Ihnen.
Det var veldig snilt. [de var ˇveldi snilt]

Können Sie mir bitte sagen, ...
Kan du fortelle meg ... [kan dʉ fɔrˈtælə mæi]

Können Sie mir bitte ... empfehlen?
Kan du anbefale ... [kan dʉ ˈanbəfalə ...]

Danke!
Takk! [tɑk]

Danke, sehr gern!
Takk svært gjerne! [ˈtak svæːʈ ˇjæːɳə]

Das ist nett, danke!
Takk, det var fint! [ˈtak ˈdeː var ˈfiːnt]

Bitte sehr!
Ingen årsak! [ˇiŋən ˇoːʃɑːk]

Gern geschehen!
Det var da så lite! [de ˈvɑ: ɖa sɔ ˇliːtə]

Entschuldigung

Die Bitte um Auskunft wird oft mit *Unnskyld, ...* (Entschuldigung) oder *Kan du være så snill* (Können Sie so nett sein) eingeleitet.

Entschuldigung!
Unnskyld! [ˈʉnʃyl]

Das tut mir sehr leid!
Jeg beklager. [jæi beˈklɑːgər]

Es war nicht so gemeint.
Det var ikke meningen. [de ˈvɑːr ikə ˇmeːniŋən]

Keine Ursache!/Macht nichts!
Ingen årsak! [iŋən ˇoːʃɑːk]

Das ist leider nicht möglich.
Det er dessverre ikke mulig. [d(e)æ: ɖesˈværə ikə ˇmʉːli]

Die Gratulation wird von einem Händedruck begleitet, bei näheren Verwandten oder Freunden ist eher eine Umarmung *(klem)* üblich. Zum Geburtstag gratuliert man nicht nur dem Geburtstagskind, sondern auch den Eltern.

Herzlichen Glückwunsch!
Hjertelig til lykke! [ˇjæʈəli til ˇlykə]

Alles Gute zum Geburtstag!
Gratulerer med dagen [gratʉle:rər me ˈdagen]

Viel Glück!
Lykke til! [ˇlykə ˈtil]

Viel Erfolg!
Lykke til! [ˇlykə ˈtil]

Gute Besserung!
God bedring! [ˈguː ˇbeːdriŋ]

Meinungen und Gefühle

Zustimmung und Gesprächsfortführung

Gut.
Bra. [bra]

Richtig.
Akkurat. [ˈakurat]

Einverstanden!/Abgemacht!
Enig! [ˇeːni]

Geht in Ordnung!
Det er greit! [de ær græit]

Okay!/o.k.!/O.K.!
Okei! [okæi]

Genau!
Nettopp! [ˈnetɔp]

Ach, so!
Sier du det! [siːr dʉ deː]

Wirklich?
Er det sant? [ær de sant]

Interessant!
Spennende! [spænendə]

Wie schön!
Så flott! [soː flɔt]

Ich verstehe.
Jeg skjønner. [jæi ʃøːnər]

So ist es eben.
Slik er det bare. [ʃlik ær de baːrə]

Ganz Ihrer Meinung.
Helt enig. [helt eːni]

Das stimmt.
Det stemmer. [de stæmər]

Das finde ich (sehr) gut.
Det er (veldig) bra. [de ær vældi bra]

Gern.
Gjerne. [jærɳə]

Ablehnung

Ich habe keine Zeit.
Jeg har ikke tid. [jæi har ikə tiː]

Dazu habe ich keine Lust.
Det har jeg ikke lyst til. [de ˈhɑːr jæi ikə ˈlyst til]

Damit bin ich nicht einverstanden.
Det er jeg ikke enig i. [de ær jæi ikə eːni i]

Das kommt gar nicht in Frage!
Det kommer ikke på tale! [de ˈkɔmər ikə pɔ ˇtɑːlə]

Auf gar keinen Fall!
På ingen måte! [pɔ ˇiŋən ˇmoːtə]

Ich will nicht.
Jeg vil ikke. [jæi vil ikə]

Das gefällt mir gar nicht.
Det liker jeg absolutt ikke. [de likər jæi absɔlʉt ikə]

Vorlieben

Das gefällt mir./Das gefällt mir nicht.
Det liker jeg (ikke). [de likər jæi (ikə)]

Ich möchte lieber ...
Jeg vil heller ... [jæi vil ˈhelər]

Am liebsten wäre mir*...
Jeg ville helst ... [jæi vilə ˈhelst]

Darüber würde ich gerne mehr erfahren.
Det vil jeg gjerne vite litt mer om [de vil jæi jærɳə viːtə meːr ɔm]

Nichtwissen ausdrücken

Das weiß ich nicht.
Det vet jeg ikke. [de væit jæi ikə]

Keine Ahnung.
Ingen anelse. [iŋən a:nelsə]

Unentschlossenheit

Das ist mir egal.
Det er det samme for meg. [de ær de sa:mə]

Ich weiß noch nicht.
Jeg vet ikke ennå. [jæi 've:t ikə enɔ]

Vielleicht.
Kanskje. [ˇkɑnʃe]

Wahrscheinlich.
Sannsynligvis. [sɑn'sy:nlivi:s]

Freude – Begeisterung

Jugendsprache oder nicht: Superlative sind mittlerweile auch bei älteren Norwegern üblich. Die Vorsilbe *kjempe-* (in etwa: riesig) wird gern benutzt, wenn Begeisterung ausgedrückt werden soll. So hört man oft *kjempebra* (als Kompliment zu einer Leistung) oder *kjempegodt* (als Kompliment zu einem Essen).

Großartig!
Fantastisk! [fantastisk]

Prima!
Fint! [fi:nt]

Toll!
Topp! [tɔp]

Super!
Supert! [sʉpert]

Wahnsinn!
Helt utrolig! [helt ʉtru:li]

Zufriedenheit

Ich bin voll und ganz zufrieden.
Jeg er veldig fornøyd. [jæi ær vældi fɔrnøid]

Ich kann mich nicht beklagen.
Jeg kan ikke klage. [jæi kan ikə kla:gə]

Das hat hervorragend geklappt.
Det fungerte utmerket. [de fuŋe:ʈe ʉtmærkət]

40

Langeweile

Wie langweilig!/So etwas von langweilig!
Uff, så kjedelig! [ʉf sɔ ˅çeːdeli]

... ist total öde.
... er dødsens kjedelig. [ær ˈdødsəns ˅çeːdeli]

Erstaunen – Überraschung

Ach so!
Sier du det? [siːr dʉ ˈdeː]

Wirklich?
Er det sant? [ær de ˈsant]

Das ist ja nicht zu fassen!
Det er ikke til å tro! [de ær ikə til ɔ ˈtru]

Unglaublich!
Utrolig! [ʉˈtruːli]

Erleichterung

Ein Glück, dass ...!
Heldigvis ... ! [˅hældiviːs]

Gott sei Dank!
Gud skje lov! [ˈgʉ çe lɔv]

Endlich!
Endelig! [˅æːndeli]

Gelassenheit

Nur keine Panik/Aufregung!
Bare slapp av! [˅baːrə slap av]

Machen Sie sich keine Sorgen.
Ikke vær bekymret. [ikə væːr beˈçymrət]

Ärger

Das ist aber ärgerlich!
Det var dumt! [ˈde var dumt]

Verflixt!
Søren! [ˈsørən]

Jetzt reicht's!
Nå er det nok! [ˈnoː æː də ˈnuk]

... geht mir auf den Geist/Wecker/Keks.
... går meg på nervene. [goːr mæi pɔ ˅nærvənə]

Eine Unverschämtheit ist das!/So eine Frechheit!
Så frekt! [so: ˈfrekt]

Das darf doch wohl nicht wahr sein!
Det er ikke sant! [de ær ikə ˈsant]

Was fällt Ihnen ein!
Er du gått helt fra vettet? [ær dʉ gɔt ˈheːlt fra ˈvætə]

Kommen Sie mir bloß nicht zu nahe!
Hold deg unna! [hold dæi ˈʉna]

Das kommt gar nicht in Frage.
Det kommer ikke på tale. [de ˈkɔmər ikə pɔ ˇtalə]

Oh je!
Uff da! [ˈuf da]

Es tut mir leid.
Jeg beklager. [jæi beˈklaːgər]

Es tut mir richtig Leid für ...
Jeg er oppriktig lei meg for ... [jæi ær upˈrikti læi mæi]

Schade!
Så synd! [sɔ ˈsyn]

Wie schön!
Så flott! [sɔ ˈflɔt]

Das ist wunderbar!
Det er fantastisk! [de ær fanˈtastisk]

Das ist sehr nett von Ihnen/dir!
Det er veldig snilt av deg! [de ær ˇvældi snilt av dæi]

Das Essen war ausgezeichnet!
Maten var veldig god. [matn var ˇvældi guː]

Wir haben selten so gut gegessen wie bei Ihnen.
Det er lenge siden vi har spist så god mat.
[de ær lenə siːdn vi har ˈspist sɔ gu mat]

Es ist wirklich traumhaft hier!
Det er virkelig en drøm! [de ær ˇvirkəli en drøm]

Das sieht gut aus!
Det ser virkelig godt ut! [de ser ˇvirkəli gɔt ʉt]

Das Kleid steht Ihnen/dir gut.
Kjolen kler deg veldig godt. [çuːlən kler dæi ˅vældi gɔt]

angenehm	behagelig [beˈhagəli]
ausgezeichnet	utmerket [ˈʉtmærkət]
beeindruckend	inntrykksfull [˅intryksfʉlt]
freundlich	vennlig [˅vænli]
gemütlich (Ort)	hyggelig [˅hygeli]
herrlich	flott [flɔt]
hübsch	pent [peːnt]
lecker	deilig [˅dæili]
liebenswürdig	elskverdig [elskˈvæɖi]
schön	fin [fiːn]

Angaben zur Person

Wie alt sind Sie/bist du?
Hvor gammel er du? [vur ˈgaməl æː dʉ]

Ich bin 39.
Jeg er trettini. [jæi æː ʈretiˈniː]

Ich bin am 12. April 1954 geboren.
Jeg er født den 12. april 1954.
[jæi æːr ˈføt den ˅tɔltə aˈpriːl nitənhʉndrəɔfemtiˈfiːrə]

Was machen Sie/machst du beruflich?
Hva jobber du med? [va jɔber dʉ meː]

Ich bin ...
Jeg er ... [jæi ær]
  Rentner/in.
  pensjonist. [paɳʃuˈnist]
  Student/in.
  student. [ʃtʉˈdent]
  arbeitslos.
  arbeidsløs. [ˈarbæidsløːs]
  Freiberufler.
  selvstendig næringsdrivende. [ˈselstændiː ˈnæːriŋsdriwəndə]

Ich arbeite bei...
Jeg arbeider hos ... [jæi arˈbæidər hus]

Ich gehe noch zur Schule.
Jeg går på skolen ennå. [jæi goːr pɔ ˅skuːlən enɔ]

Ich gehe aufs Gymnasium.
Jeg går på gymnaset. [jæi goːr pɔ gymˈnaːsə]

Was studieren Sie/studierst du?
Hva studerer du? [vɑ: stʉˈdeːrə dʉ]

Ich studiere ... in München.
Jeg studerer ... i München. [jæi stʉˈdeːrər i ˈmynçən]

Welche Hobbies haben Sie/hast du?
Hva gjør du i fritiden? [va jør dʉ i ˈfriːtiːdn]

Woher kommen Sie/kommst du?
Hvor kommer du fra? [vur ˈkɔmə dʉ: frɑ:]

Ich komme aus ...
Jeg kommer fra ... [jæi ˈkɔmə frɑ:]

Sind Sie/Bist du schon lange in ...?
Har du vært lenge i ...? [hɑ: dʉ: væʈ hæː ˇlɛŋə]

Ich bin seit ... hier.
Jeg har vært her siden ... [jæi hɑːr ˈvæʈ hæː ʃiːdən]

Wie lange bleiben Sie/bleibst du?
Hvor lenge blir du? [vu: ˇlɛŋə bli: dʉ]

Sind Sie/Bist du zum ersten Mal hier?
Er det første gang du er her? [æː d̥ə ˇføʃtə gɑŋ dʉ æːr hæːr]

Gefällt es Ihnen?
Liker du deg? [ˇlikər dʉ dæi]

Sind Sie verheiratet?
Er du gift? [æː dʉ ˈjift]

> Eine in Norwegen weit verbreitete Lebensform ist die *samboerskap,* 30 Prozent aller nicht verheirateten Erwachsenen leben nicht-ehelich zusammen. Die Lust auf eigene Kinder wird dadurch keineswegs gehemmt. Bei 51 Prozent alle Erstgeborenen lebten die Eltern in nicht-ehelicher Gemeinschaft zusammen.

Haben Sie Kinder?
Har du barn? [har dʉ ˈbaːɳ]

Ja, aber sie sind schon erwachsen.
Ja, men de er voksne nå. [jaˈ men di: æːr ˇvɔksnə nɔ]

Wie alt sind Ihre Kinder?
Hvor gamle er barna dine? [vur ˇgamlə æːr ˈbaːɳa diːnə]

Meine Tochter ist 8 (Jahre alt) und mein Sohn ist 5 (Jahre alt).
Dattera mi er åtte, sønnen min er fem år gammel.
[datəra mi æːr ɔtəˈ sønən min æː fem ɔr]

Hobbys ➤ auch Aktiv- und Kreativurlaub

Haben Sie/Hast du ein Hobby?
Hva gjør du i fritiden din? [va ˈjør dʉ i ˈfriːtidn din]

Ich lese sehr gern.
Jeg leser mye. [jæi ˈleːsər myə]

Ich surfe viel im Internet.
Jeg surfer mye på internett. [jæi ˇsʉrfər myːe po: ˈinternet]

Ich arbeite gern im Garten.
Jeg liker å jobbe i hagen. [jæi liːkər o: jobə i haːgən]

Ich male ein wenig.
Jeg maler litt. [jæi ˇmɑːlər lit]

Wofür interessieren Sie sich so?
Hva interesserer du deg for? [va intereˈserər dʉ dæi fɔr]

Ich interessiere mich für ...
Jeg er interessert i ... [jæi æːr intereˈsert i]

wandern	gå på tur [goː poː ˈtʉr]
entspannen	slappe av [ˇʃlapə av]
kochen	lage mat [ˇlɑːge mɑt]
lesen	lese [ˇleːsə]
malen	male [ˇmɑːlə]
Musik hören	høre musikk [høre mʉˈsik]
musizieren	spille musikk [spilə mʉˈsik]
reisen	reise [ræise]
Sprachen lernen	lære språk [lærə sproːk]
zeichnen	tegne [tæine]

Fitness ➤ auch Aktivurlaub

Wie halten Sie sich fit?
Hvordan holder du deg i form? [ˈvuɖɑn hɔlər dʉ dæi i ˈfɔrm]

Ich wandere/jogge/fahre Rad.
Jeg går på tur/løper/sykler en del.
[jæi goːr poː ˈtʉːr/ˈløːpər/ˇsyklər en deːl]

Ich spiele einmal die Woche Squash/Golf
Jeg spiller squash/golf engang i uka.
[jæi spilər ˈskvɔʃ/gɔlf en ˈgang i ʉka]

Ich gehe regelmäßig ins Fitnesscenter.
Jeg pleier å gå på trimmstudio. [jæi ˇplæiər o: goː poː ˈtrimstʉdiu]

Welchen Sport treiben Sie?
Hva slag idrett driver du med? [va ʃlaks ˇidrət driːvər dʉ meː]

45

Ich spiele ...
Jeg spiller ... [jæi ˅spilər ...]

Ich bin ein Fan von ...
Jeg er ... supporter. [jæi æːr ... sʉˈpɔrtər]

Ich gehe gern ...
Jeg liker å ... [jæi ˅likər oː ..]

Kann ich mitspielen?
Kan jeg bli med ? [kan jæi værə ˈmeː]

Verabredung

Haben Sie/Hast du morgen Abend schon etwas vor?
Skal du noe i morgen kveld? [ˈskal dʉ nuːə i ˅moːŋ]

Wollen wir zusammen hingehen?
Skal vi gå dit sammen? [skal vi goː ˈdiːt ˈsɑmən]

Wollen wir heute Abend etwas gemeinsam unternehmen?
Skal vi gå ut sammen i kveld? [skal viː goː ʉːt ˈsɑmən i kvel]

Darf ich Sie/dich abholen?
Kan jeg komme og hente deg? [kan jæi ˈkɔmə ɔ ˅hentə dæi]

Wann soll ich kommen?
Når skal jeg komme? [ˈnɔ ʃkal jæi ˅kɔmə]

Darf ich Sie/dich zum Essen einladen?
Får jeg invitere deg ut og spise i morgen?
[foːr jæi invitərə dæi ˈʉːt ɔ ˅spiːsə]

Wann treffen wir uns?
Når skal vi treffes? [ˈnɔ ʃkal vi ˅trefəs]

Treffen wir uns um 9 Uhr ...
Skal vi treffes klokka ni ... [skal vi ˅trefəs klɔka ˈniː]
   vor dem Kino/Restaurant.
   utenfor kinoen/restauranten. [ʉtnfɔr ˈçinoən/rəstʉrˈaŋən]
   im Café.
   på kaféen. [poː kaˈfeːn]

Ich hole Sie/dich ab.
Jeg skal hente deg. [jæi skal ˅hentə dæi]

Kann ich Sie/dich wieder sehen?
Kan vi treffes igjen? [kan viː ˅trefəs iˈjen]

Vielen Dank für diesen schöinen Abend.
Mange takk for en hyggelig aften. [˅maŋə ˈtak fɔr en ˅hygəli ˅aftən]

Das war wirklich ein netter Abend!
Det var virkelig en fin kveld. [de var ˅virkəli en fiːn ˈkvel]

Hier stehen gleich mehrere Fettnäpfchen bereit: Das Wort *Knüller* sollte vermieden werden, denn das Verb *knulle* [knylle] ist ein vulgärer Ausdruck für den Beischlaf. Zwischen *ligge* (liegen) und *sove* (schlafen) gibt es zunächst einmal keinen Unterschied, doch Achtung: *Vil du ligge med meg?* ist eine Einladung zum miteinander Schlafen.

Du hast sehr schöne Augen.
Du har fine øyne. [dʉ haːr fiːnə øynə]

Mir gefällt, wie du lachst.
Jeg liker din måte å le på. [jæi ˅likər diːn ˅moːtə ɔ ˈleː poː]

Du gefällst mir./Ich mag dich.
Jeg liker deg. [jæi ˅likər dæi]

Ich finde dich ganz toll!
Jeg synes du er flott! [jæi syns dʉ æːr ˈflɔt]

Ich liebe dich!
Jeg er glad i deg! [jæi æːr ˈgla i dæi]

Lebst du mit jemandem zusammen?
Bor du sammen med noen? [bur dʉ ˈsamən meː nuːən]

Bist du verheiratet?
Er du gift? [æːr dʉ ˈjift]

Ich wohne mit meinem Partner zusammen.
Jeg er samboer. [jæi æːr ˅sambuər]

Ich bin geschieden.
Jeg er skilt. [jæi æːr ˈʃilt]

Wir leben getrennt.
Vi lever separert. [viː levər seːparˈrert]

Kommst du mit zu mir?
Har du lyst å bli med meg hjem? [haːr dʉ lyst oː bli meː mæi ˈjem]

Ich möchte mit dir schlafen.
Jeg har lyst til å ligge med deg. [jæi har lyst oː `ligə meː dæi]

Aber nur mit Kondom!
Men bare med kondom (gummi). [mæn baːrə meː koːnˈdum][gʉmiː]

Hast du welche?
Har du noen? [haːr dʉ nuən]

Wo kann ich welche kaufen?
Hvor kan jeg kjøpe noen? [wuːr kan jæi çøːpə nuən]

Nein, das geht mir zu schnell!
Nei, det går litt for fort for meg! [næi′ de: gor lit fɔr ′furt fɔr mæi]

Wir können kuscheln.
Vi kan kose litt. [wi kan ′ku:sə lit]

Bitte geh jetzt!
Vær så snill og gå nå. [vær so: snil o: go: no:]

Lassen Sie mich bitte in Ruhe!
La meg være i fred nå! [la mæi værə i ′fre:]

Hören Sie sofort damit auf!
Hold opp med det der! [hɔld ′op me: de: dær]

Wie bitte?
Unnskyld? [′ʉnʃyl]

Ich verstehe Sie nicht.
Jeg forstår deg ikke. [jæi fɔ′ʃto: d̥æi ikə]

Könnten Sie das bitte wiederholen?
Kan du være så snill å gjenta? [kan dʉ væ:rə ʃɔ ′snil ɔ ′jentɑ:]

Könnten Sie bitte etwas langsamer sprechen?
Vær så snill og snakk litt langsommere.
[′væ: ʃɔ ′snil ɔ ′snak lit ˇlaŋsɔmərə]

Ja, ich verstehe.
Jeg forstår. [jæi fɔ′ʃto:r]

Sprechen Sie/Sprichst du ...
Snakker du ... [ˇsnɑkər d̥u]
    Deutsch?
    tysk? [′tysk]
    Englisch?
    engelsk? [′eŋəlsk]
    Norwegisch?
    norsk? [nɔʃk]

Ich spreche nur wenig ...
Jeg snakker bare litt ... [jæi ˇsnɑkər ˇbɑ:rə lit]

Was heißt ... auf Norwegisch ?
Hva heter ... på norsk? [va ˇhe:tər pɔ ′nɔʃk]

Könnten Sie es mir bitte aufschreiben?
Kan du skrive det opp for meg? [′kan dʉ skri:və de ′ɔp fɔr mæi]

Wie spricht man dieses Wort aus?
Hvordan uttaler man dette ordet? [vud̥ɑn ′ʉ:tɑ:lər man detə ′u:rə]

Unterwegs

In einem Land der großen Entfernungen ist der Pkw natürlich das wichtigste Verkehrsmittel. Jedes Jahr gibt der Staat mehr als 1,5 Milliarden Euro für den Straßenbau aus, und 80 % aller Volljährigen haben einen Führerschein. In den Städten finden sich nur wenige Fahrradwege. An der Küste spielen *expressbåter* (Katamarane) eine wichtige Rolle. Sie verbinden Inseln und kleinere Orte mit den Städten und sind gerade in den Sommermonaten eine erholsame Form des Reisens. Dies gilt auch für die Überlandbusse. Das Liniennetz von NOR-WAY-Bussreiser reicht vom Kap Lindesnes im Süden bis zum Nordkap.

Fragen nach dem Weg

Ortsangaben

links	til venstre [til ˇvenstrə]
rechts	til høyre [til ˇhøyrə]
geradeaus	rett fram [ˈret ˈfram]
vor	foran [ˈfɔran], før [føːr]
hinter	bak [baːk], etter [ˇetər]
neben	ved siden av [ve ˇsiːdən ɑːv]
gegenüber	overfor [ˈoːvərfɔr]
hier	her [hæːr]
dort	der [dæːr]
nah	nær [næːr]
weit	langt [laŋt]
nach	(*in Richtung auf)* mot [muːt]; (*Reihenfolge)* etter [ˇetər]
Ampel	trafikklys, -et, - [traˈfiklyːs]
Straße	gate, -a/-en, -er [ˇgaːtə]
Straßenecke	gatehjørne [ˇgaːtəjøːɳə]
Kreuzung	kryss, -et, - [krʏs]
Kurve	sving, -en, -er [sviŋ]

Wegbeschreibung

Entschuldigen Sie bitte, wie komme ich nach ...?
Unnskyld, hvordan kommer jeg til ...? [ˈʉnʃyl ˈvuɖɑn ˈkɔmər jæi til]

Immer geradeaus bis ...
Rett fram til ... [ˈret ˈfram til]

Dann bei der Ampel links/rechts abbiegen.
Så ved trafikklyset ta til venstre/høyre.
[soː veː traˈfiklyːsə taː til ˈvenstrə/ˈhøyrə]

Folgen Sie den Schildern.
Følg skiltene. [føl ˈʃiltənə]

Ist das weit von hier?
Er det langt herfra? [æːr deː ˈlaŋt herfra]

> Auf Straßenschildern sind Kilometerangaben üblich, ansonsten wer-
> den Entfernungen häufig in norwegischen Meilen (*en mil* = 10 km) an-
> gegeben.

Es ist ganz in der Nähe.
Det er ikke langt unna. [deː æːr ikə ˈlaŋt una]

Bitte, ist das die Straße nach ...?
Unnskyld, er dette veien til ...? [ˈʉnʃyl æːr ḑetə ˈvæiən til]

Bitte, wo ist ...?
Unnskyld, hvor ligger ...? [ˈʉnʃyl vur ˈḷiɡər]

Tut mir leid, das weiß ich nicht.
Dessverre, det vet jeg ikke. [desˈværə ˈdeːˈveːt jæi ikə]

Ich bin nicht von hier.
Jeg er ikke herfra. [jæi ˈæːr ikə herfra]

Gehen Sie geradeaus/nach links/nach rechts.
Gå rett fram/til venstre/til høyre. [ɡoː ˈret ˈfram/til ˈvenstrə/til ˈhøyrə]

Erste/Zweite Straße links/rechts.
Første/Andre gate til venstre/til høyre.
[ˇføʃtə/ˇandrə ˈɡaːtə til ˈvenstrə/til ˈhøyrə]

Gehen/Fahren Sie über ...
Går/kjør over ... [ɡɔr/çør ovər]
  die Brücke.
  brua. [ˈbruːɑ]
  den Platz.
  plassen. [ˈplasn]
  die Straße.
  gata. [ˇɡaːta]

Mit dem Auto/Zu Fuß braucht man ...
Med bil/Til fots trenger en ... [me ˈbiːl/til futs ˈtreŋər en]

Sie sind falsch gefahren.
Du har kjørt feil. [dʉ haːr çøːʈ ˇfæil]

Sie müssen zurückfahren bis ...
Du må kjøre tilbake til ... [dʉ moː çøːrə tilˇbaːkə til]

Sie nehmen am besten den Bus Nr. ...
Du kan ta buss nummer ... [dʉ kan taː ˈbʉs numər]

Passkontrolle

Ihren Pass, bitte!
Kan jeg få se passet ditt, takk? [kɑn jæi fɔ se: ˈpɑsə dit tɑk]

Ihr Pass ist abgelaufen.
Passet ditt er utgått. [ˈpɑsə dit æːr ˈʉːtgɔt]

Ich gehöre zur Reisegesellschaft ...
Jeg tilhører reiseselskapet fra ... [jæi ˈtilhørər ˇræisəselskɑːpə frɑː]

Da es in Norwegen keine Tollwut gibt und man dies auch in Zukunft
tunlichst vermeiden möchte, sind Haustiere als Urlaubsgäste nicht
gern gesehen. Wer seinen Vierbeiner mitbringen möchte, muss vom
Tierarzt zu Hause den sog. blauen Pass ausstellen lassen, und diesen
bei der Einreise zusammen mit dem Nachweis über eine frische Toll-
wutimpfung und die Identität des Tieres vorlegen.

Zollkontrolle

Haben Sie etwas zu verzollen?
Har du noe å fortolle? [hɑː dʉ ˇnuːə ɔ fɔˈtɔlə]

Fahren Sie bitte rechts/links heran!
Kan du kjøre til høyre/til venstre! [kan dʉ çørə til ˇhøirə/ˇvenstrə]

Öffnen Sie bitte den Kofferraum!/diesen Koffer!
Kan du åpne bagasjerommet/denne kofferten!
[kan dʉ ˇoːpnə baˈgasʃərume/denə ˈkuːfeʈn]

Muss ich das verzollen?
Må jeg fortolle det? [moː jæi fɔrˈtɔlə deː]

Personalien

Familienname	etternavn, -et, - [ˇetəŋɑvn]
Familienstand	sivilstand, -en [siˈviːlstan]
ledig	ugift [ˇʉjift]
verheiratet	gift [jift]
verwitwet	enke [ˇeŋkə], enkemann [ˇeŋkəman]
Geburtsdatum	fødselsdato, -en, -er [ˈfødsəlsdaːtu]
Geburtsname	fødselsnavn, -et, - [ˈfødsəlsnavn]
Geburtsort	fødested, -et, -er [ˇføːdəste:d]
Personalien	personalia [persoˈnaːlia]
Staatsangehörigkeit	nasjonalitet, -en, -er [naʃunaliˈteːt]
Vorname	fornavn, -et, - [ˇfɔŋɑvn]
Wohnort	bosted, -et, -er [ˇbuːsteːd]

Grenze

Ausreise	utreise, -a/-en, -er [ˇʉːtræisə]
Ausfuhr	eksport, -en [ekˈspɔt]
Einreise	innreise, -a-en, -er [ˇinræisə]
Einfuhr	import, -en [imˈpɔt]
EU-Bürger	EU-borger [eʉ-bɔrgər]
Führerschein	førerkort, -et, - [ˇføːrərkɔt]
Grenze	grense,- (e)n [grensə]
Grenzübergang	grenseovergang, -en, -er [ˇgrensəɔːvərgaŋ]
gültig	gyldig [ˇjyldi]
internationaler Impfpass	internasjonalt vaksinasjonskort [ˈintənaʃunɑːlt vaksinaˈʃuːnskɔt]
Nationalitätskennzeichen	nasjonalitetstegn, -et, - [naʃunaliˈteːtstæin]
Nummernschild	nummerskilt, -et, - [ˈnuməʃilt]
Passkontrolle	passkontroll, -en, -er [ˈpaskuntrɔl]
Personalausweis	legitimasjonskort, -et, - [legitimaˈʃuːnskɔt]
Reisepass	pass, -et, - [pɑs]
grüne Versicherungskarte	grønt (forsikrings)kort [ˈgrønt (fɔˈʃikriŋs)ˈkɔt]
Visum	visum, -et [viːsʉm]
Zoll	toll, -en [tɔl]
Zollamt	tollkontor, -et, - [ˇtɔlkuntuːr]
Zollkontrollen	tollkontroll, -en, -er [ˇtɔlkuntrɔl]
zollfrei	tollfri [ˇtɔlfriː]
Zollgebühren	tollavgift [ˇtɔlɑːvjift]
zollpflichtig	tollpliktig [ˇtɔlplikti]

Auto, Motorrad, Fahrrad

Die Mautstationen um die norwegischen Städte herum sind mittlerweile vollautomatisch. Weil die meisten ausländischen Fahrzeuge keinen Autopass in Form eines elektronischen Lesechips an der Windschutzscheibe haben, erhalten Sie später eine Zahlungsaufforderung über den gleichen Betrag wie alle anderen mit der Post – wenn die Durchfahrt registriert wird.

In Norwegen ist es Vorschrift, auch tagsüber mit Abblendlicht zu fahren. Die Fotoboxen gegen Raser sind dicht gesät, die Strafen für Verkehrssünder mittlerweile die höchsten Europas. Bis zu 5 Kilometer über dem Limit kosten bereits 600 Kronen, wer mehr als 20 km/h schneller als erlaubt fährt, wird kaum genug Geld in der Tasche haben: Vater Staat verlangt dafür zwischen 4900 und 6500 Kronen.

Avgang	Abfahrt
Avkjøring	Ausfahrt
Åpen	Geöffnet
Barn	Schulkinder überqueren
Begrenset akseltrykk	Gewichtsgrenze
Blindveg	Sackgasse
Enveiskjøring	Einbahnstraße
Farlig kryss	Gefährliche Einmündung
Farlig sving	Gefährliche Kurve
Fartsbegrensing	Geschwindigkeitsbegrenzung
Forbikjøring forbudt	Überholen verboten
Forkjørsvei	Achtung Hauptverkehrsstraße
Fotgjengerovergang	Fußgängerübergang
Fotgjengersone/gågate	Fußgängerzone
Fotgjengerundergang	Fußgängerunterführung
Gangtunnel	Unterführung
Innkjøring forbudt	Keine Einfahrt
Kjøreskole	Fahrschule/Anfänger
Lukket/Stengt	Geschlossen
Motgående trafikk	Gegenverkehr
Omkjøring	Umleitung
Overgang forbudt	Übergang verboten
Parkering forbudt	Parken verboten
Parkeringsplass	Parkplatz
Rundkjøring	Kreisverkehr
Skole	Schule
Stopp	Halt
Sykehus/Sjukehus	Krankenhaus

Reisewege, Vorschriften ...

Die Straßenverkehrsordnung entspricht der deutschen, doch die Geschwindigkeitsbegrenzungen liegen unter den deutschen. Auf den wenigen Autobahnen (um Oslo, Bergen, Stavanger und Trondheim herum) beträgt die Höchstgeschwindigkeit 90 km/h, auf Landstraßen 80 km/h. Auf Strecken mit hoher Unfallfrequenz gilt oftmals 70 km/h. In Städten gilt 50 km/h, in Wohngebieten und in der Nähe von Schulen zumeist 30 km/h.

Ausfahrt	utkjørsel, en [ˈʉtçørsəl]
Autobahn	motorvei, -en, -er [ˈmuːturvæi]
Autobahngebühr	bompenger [ˈbuːmpæŋər]
Bußgeld	bot, -a/-en, bøter [buːt]
Einfahrt	innkjørsel, -en [ˈvinçørsəl]
Hauptstraße	hovedgate, -a/-en, -er [ˈˇhuːvədgɑːtə]
Landstraße	landevei, -en, -er [ˈˇlɑnəvæi]
Nebenstraße	sidegate, -a/-en, -er [ˈˇsiːdəgɑːtə]

Promillegrenze	promille, -en, -er [pru˅milə]
Radarkontrolle	radarkontroll, -en, -er ['rɑːdɑrkuntrɔl]
Rastplatz	rasteplass ,-en, -er[˅rɑstəplɑs]
Raststätte.	veikro, -en, -er [˅væikru]
Schnellstraße	motorvei klasse B ['muːturvæi klɑsə beː]
Stau.	kø, -en, -er [køː]
Straßenbenutzungsgebühr . . .	bompenger [buːmpæŋgər]
trampen	haike, -et, -et/-a, -a [˅hɑikə]
Tramper	haiker, -en, -e [˅hɑikər]
Wegweiser.	veiskilt, -et [˅væiviːsər]

An der Tankstelle ➤ auch Werkstatt

In Norwegen erhalten Sie folgende Benzinsorten:
Blyfri 95 oktan (bleifrei)
Super 98 oktan (verbleit)
Super blyfri 98 oktan (bleifrei)

Wo ist bitte die nächste Tankstelle?
Unnskyld, hvor er nærmeste bensinstasjon?
['ʉnʃyl vur æː ˅nærmestə ben'siːnstɑ'ʃuːn]

Ich möchte ... Liter
Jeg skal ha ... liter. [jæi skal 'hɑː ... liːtər]
  Benzin (bleifrei).
  95 bensin, blyfri. ['femoːniti bæn'siːn' blyfri]
  Super (bleifrei).
  98 bensin, blyfri. ['ɔtoːniti bæn'siːn' 'blyfri]
  Diesel.
  diesel. ['diːsəl]

Super bitte, für 400 Kronen.
Super for 400 kroner, takk. ['sʉːpər fɔ 'fiːə˅hʉndrə ˅kruːnə ʈɑk]

Voll tanken, bitte!
Full tank, takk! [fʉl 'tɑŋk tɑk]

Würden Sie bitte ... prüfen?
Kunne du være så vennlig å kontrollere ...?
[kʉnə dʉ ˅væːrə sɔ˅venli o kuntru'lerə]
  den Ölstand
  oljen [˅ɔljən]
  den Reifendruck
  trykket på dekkene ['trykə po 'dækenə]

Ich hätte gern eine Straßenkarte dieser Gegend.
Jeg vil gjerne ha et veikart over dette området, takk.
[jæi vil ˅jæːŋə hɑː et ˅væikaʈ oːvə ˅d̥etə ˅ɔmroːdə tɑk]

Parken

Hier ist Vorsicht angesagt, denn in den Zentren der größeren Städte gilt, dass das Parken entweder verboten oder gebührenpflichtig ist, was durch Parkautomaten und entsprechende Schilder gekennzeichnet wird. Wer auf Nummer sicher gehen will, stellt den Wagen in einem Parkhaus oder etwas außerhalb der Stadtmitte ab.

Entschuldigen Sie bitte, gibt es hier in der Nähe eine Parkmöglichkeit?
Fins det noen parkeringsplass her i nærheten?
[fins de nuən par'ke:riŋsplɑs hæːr i 'næːrhe:tən]

Kann ich den Wagen hier abstellen?
Kan jeg sette bilen her? [kɑn jæi ˅setə 'bi:lən 'hæːr]

Ist der Parkplatz bewacht?
Er parkeringsplassen bevoktet? [æːr par'ke:riŋsplɑsən be'vɔktət]

Wie hoch ist die Parkgebühr pro Stunde?
Hvor stor er parkeringsavgiften per time?
[vu ʃtuːr æːr par'ke:riŋsɑvjiftən per ˅ti:mə]

Ist das Parkhaus die ganze Nacht geöffnet?
Er parkeringshuset åpent hele natta?
[æːr par'ke:riŋshʉ:sə ˅o:pənt ˅he:lə 'nɑtɑ]

Eine Panne

Ich habe eine Panne.
Jeg har en skade på bilen. [jæi hɑːr en 'skɑ:də pɔ 'bi:lən]

Ich habe einen Platten.
Jeg har punktert. [jæi hɑːr pʉŋk'te:ʈ]

Gibt es hier in der Nähe eine Werkstatt?
Finnes det et verksted i nærheten?
[fins de: et ˅værkste: i nær'he:tən]

Könnten Sie bitte für mich den Pannendienst anrufen?
Vil du være vennlig å ringe etter en bergingsbil?
[vil dʉ væːrə ˅venli ɔ ˅riŋə etər en 'bergiŋsbi:l]

Würden Sie mir bitte einen Mechaniker/einen Abschleppwagen schicken?
Kunne du sende en mekaniker/en bergingsbil?
[kʉnə dʉ ˅sende en me'kɑnikər/en ˅bærgiŋsbi:l]

Können sie mich abschleppen?
Kan du slepe meg? [kɑn dʉ ˅sle:pə mæi]

Könnten Sie mir mit Benzin aushelfen?
Kunne du hjelpe meg med litt bensin?
[kʉnə dʉ ˅jelpə mæi me: lit ben'si:n]

Könnten Sie mir beim Reifenwechsel helfen?
Kunne du hjelpe meg med å skifte dekk?
[kʉnə dʉ ˇjelpə mæi me: o ʃiftə ˈdek]

Würden Sie mich bis zur nächsten Werkstatt mitnehmen?
Kunne du ta meg med til nærmeste verksted?
[kʉnə du tɑ: mæi ˈme: til nærməstə ˈværkste:d]

Abschleppdienst	redningstjeneste, -en [ˇrædniŋstjeːnestə]
abschleppen	slepe bort, -te, -t [ʃleːpə ˈbuʈ]
Abschleppseil	slepetau, -et, - [ˇʃleːpətæʉ]
Abschleppwagen	bergingsbil, -en, -er [ˇbergiŋsbiːl]
Benzinkanister	bensinkanne, -a/-en, -er [benˈsiːnkɑnə]
Ersatzrad	reservehjul, -et, - [reˈsærvəjʉ:l]
Notrufsäule	nødtelefon, -en, -er [ˈnøːdtelefu:n]
Panne	uhell, -et, - [ˇʉ:hel]
Pannendienst	bergingsbil, -en, -er [ˇbergiŋsbiːl]
Platten	punktert [puŋteʈ]
Rad	hjul, -et, - [jʉ:l]
Starthilfekabel	startkabel, -en, -kabler [ˈstɑʈkɑːbəl]
Wagenheber	biljekk, -en, -er [ˇbi:ljek]
Warnblinkanlage	varsellys, -et, -ene [ˈvarʃellys]
Warndreieck	varseltrekant, -en, -er [ˈvaʃəltre:kɑnt]
Werkzeug	verktøy, -et [ˈværktøy]

In der Werkstatt

Der Motor springt nicht an.
Bilen min starter ikke. [ˈbi:lən min ˇstɑʈər ikə]

Mit dem Motor stimmt was nicht.
Det er noe galt med motoren. [de ˈæ: ŋʉə ˈgɑ:lt me ˈmu:turən]

Die Bremsen funktionieren nicht.
Bremsene fungerer ikke. [ˇbremsənə fʉŋˈge:rər ikə]

... ist/sind defekt.
... er defekte. [æ: ɖeˈfektə]

Der Wagen verliert Öl.
Bilen lekker olje. [bi:lən lekər ˇɔljə]

Können Sie mal nachsehen?
Vil du undersøke hva det er som er galt?
[vil dʉ ʉndeˈʃø:kə va: de æ: ʃɔm æːr ˈgɑ:lt]

Haben Sie (Original-) Ersatzteile für diesen Wagen?
Har du (original)reservedeler til denne modellen?
[hɑ: dʉ (ɔrigiˈnɑ:l) reˈsærvəde:lər til denə muˈdelən]

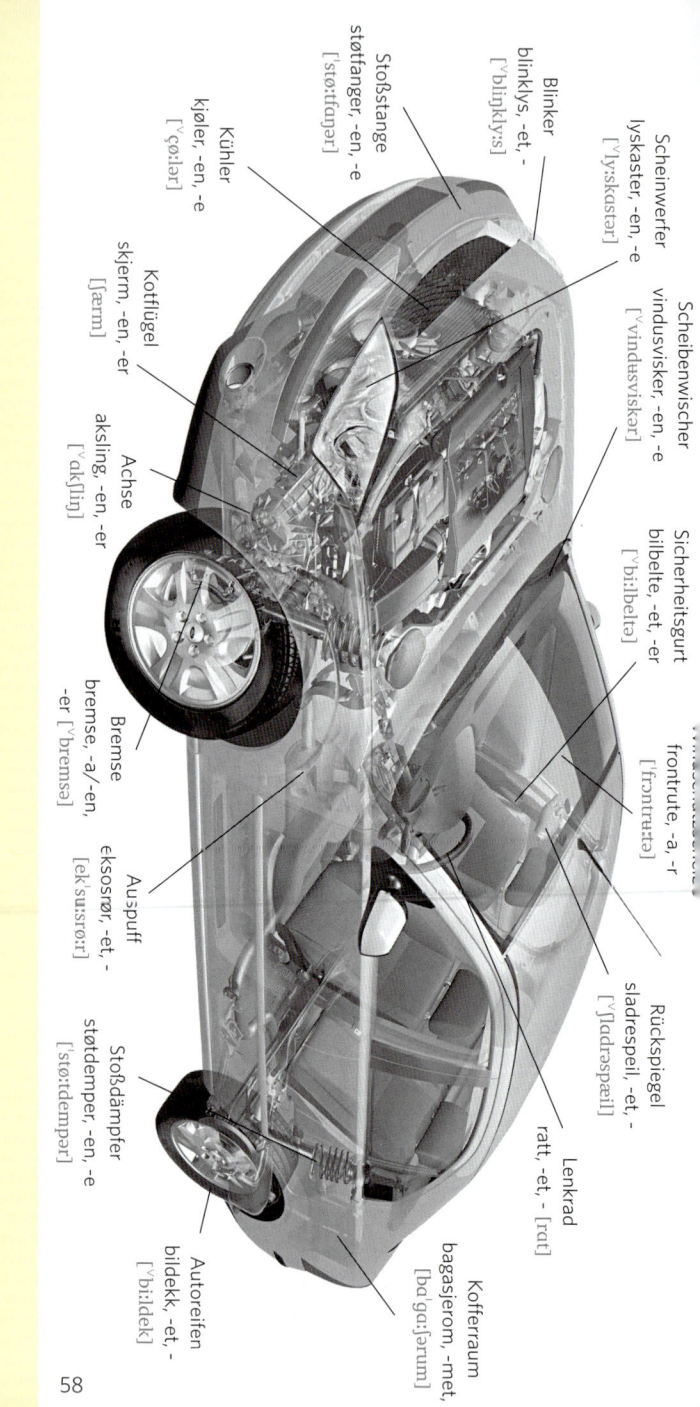

Blinker
blinklys, -et, -
['bliŋklys]

Scheinwerfer
lyskaster, -en, -e
['lysˌkastər]

Stoßstange
støtfanger, -en, -e
['stœtˌfaŋər]

Kühler
kjøler, -en, -e
['çøːlər]

Kotflügel
skjerm, -en, -er
[ʃærm]

Scheibenwischer
vindusvisker, -en, -e
['vindusˌviskər]

Achse
aksling, -en, -er
['akʃliŋ]

Bremse
bremse, -a/-en,
-er ['bremsə]

Sicherheitsgurt
bilbelte, -et, -er
['biːlbeltə]

Auspuff
eksosrør, -et, -
[ekˈsuːsrøːr]

Rückspiegel
sladrespeil, -et, -
['ʃlaːdrəspæil]

Frontrute
frontrute, -a, -r
['frontruːtə]

Lenkrad
ratt, -et, - [rat]

Kofferraum
bagasjerom, -met, -
[baˈgaːʃərum]

Stoßdämpfer
støtdemper, -en, -e
['stœtˌdempər]

Autoreifen
bildekk, -et, -
['biːldek]

58

Wann ist der Wagen/das Motorrad fertig?
Når er bilen/motorsykkelen ferdig? nɔr æːr ˈbiːlən/ˈmuːtuʃykələn ˅fæːɖi]

Was wird es ungefähr kosten?
Hva vil det koste omtrent? [vɑː vil de ˅kɔstə]

Abblendlicht	nærlys, -et, - [˅næːlyːs]
Alarmanlage	alarmsystem, -et, -er [aˈlɑrmsysteːm]
Anlasser	startmotor, -en, -er [ˈstɑʈmuːtur]
anspringen	starte, -et, -et/-a, -a [˅stɑʈə]
Auspuff	eksosrør, -et, - [ekˈsuːsrøːr]
Automatik(getriebe)	automatgir, -et, - [æutuˈmɑːtgiːr]
Allradantrieb	firehjulstrekk, -et, - [˅fiːrəjʉːlstrek]
Benzinpumpe	bensinpumpe, -a/-en, -er [benˈsiːnpumpə]
Blinklicht	blinklys, -et, - [ˈblinklys]
Bremse	bremse, -a/-en, -er [˅bremsə]
Bremsbelag	bremsebelegg, -et, - [˅bremsəbeleg]
Bremsflüssigkeit	bremsevæske, -en/-a [˅bremsəveskə]
Bremslichter	bremselys, -et, - [˅bremsəlyːs]
Defekt	defekt [deˈfekt]
Delle	bulk [bʉlk] (- en, -er)
Erdgas-/Elektrotankstelle	gassfyllingsstasjon/ladepunkt for elbiler [ˈgasfyliŋstaʃu: fɔr ˈelbiːlər]
Ersatzteile	reservedeler (pl) [reˈsærvədeːlər]
Fahrspur	kjørefelt, -et, - [˅çøːrəfelt]
Felge	felg, -en, -er [felg]
Fernlicht	fjernlys, -et, - [˅fjæːɳlyːs]
Frostschutzmittel	frostvæske, -a/-en, -er [˅frɔstveskə]
Gang	gir, -et, - [giːr]
erster Gang	første gir [˅føʃtə giːr]
Leerlauf	tomgang, -en [˅tumgɑŋ]
Rückwärtsgang	revers, -en [reˈvæʃ]
Gaspedal	gasspedal en, -er [ˈgaspedɑːl]
Getriebe	girkasse, -a/-en, -er [ˈgiːrkasə]
Handbremse	håndbremse, -a/-en, -er [˅hɔnbremsə]
Hinterrad	bakhjul, -et, - [˅bɑːkjʉːl]
Hupe	horn, -et, - [huːɳ]
Keilriemen	viftereim, -a/-en, -er [˅viftəræim]
Kolben	stempel, -et, stempler [ˈstempəl]
Kofferraum	bagasjerom, -met, - [baˈgaːʃərum]
Kratzer	ripe [ˈriːpə] (-a, -er)
Kühler	kjøler, -en, -e [˅çøːlər]
Kühlwasser	kjølevæske, -a/-en, -er [˅çøːləveskə]
Kupplung	kløtsj, -en, -er [kløtʃ]
Kurzschluss	kortslutning, -en, -er [˅kuʈʃlʉtniŋ]
Lichtmaschine	dynamo, -en, -er [dyˈnɑːmu]

59

Luftfilter	luftfilter, -et, - ['lʉftfiltər]
Motor	motor, -en, -er ['mu:tur]
Motorhaube	panser, -et ['pansər]
Öl	olje, -en [ᵛɔljə]
Ölmessstab	peilestav, -en, -er [ᵛɔljəmo:lər]
Ölwechsel	oljeskift, -et, -er [ᵛɔljəʃift]
Parkuhr	parkometer, -et, -metre [parku'me:tər]
Radkreuz	hjulkryss, -et, - [ᵛjʉ:lkrys]
Reifen	dekk, -et, - [dek]
Reserverad	reservehjul, -et, - [re'særvəjʉ:l]
Rücklicht	baklys, -et, - [ᵛba:kly:s]
Rückspiegel	sladrespeil, -et, - [ᵛʃladrəspæil]
Schaden	skade, -en, -er [skadə]
Scheibenwischer	vindusvisker, -en, -e [ᵛvindʉsviskər]
Scheinwerfer	lyskaster, -en, -e [ᵛly:skastər]
Schraube	skrue, -en, -er [ᵛskrʉ:ə]
Schraubenschlüssel	skrunøkkel, -en, -nøkler ['skrʉ:nøkəl]
Schraubenzieher	skrutrekker, -en, -e ['skrʉ:trekər]
Sicherheitsgurt	bilbelte, -et, -er [ᵛbi:lbeltə]
Standlicht	parkeringslys, -et, - [par'ke:riŋsly:s]
Stoßstange	støtfanger, -en, -e ['stø:tfaŋər]
Tachometer	fartsmåler, -en, -e ['faʈsmo:lər]
Tank	tank, -en, -er [taŋk]
Tankstelle	bensinstasjon, -en, -er [ben'si:nstaʃu:n]
Verbandskasten	førstehjelpsskrin ['førstəjælpskri:n]
Warnblinkanlage	varsellysene ['varʃelysnə]
Warndreieck	varseltrekant,-en, -er ['warʃeltre:kant]
Werkstatt	verksted, -et, -er ['værkste:]
Windschutzscheibe	frontrute, -a, -r ['frɔntrʉ:tə]
Winterreifen	vinterdekk, -et, - [ᵛvintədek]
Zündkerze	tennplugg, -en, -er ['tenplʉg]
Zündung	tenning, -en [ᵛteniŋ]
Zündschloss	tenningslås, -en, -er [ᵛteniŋslo:s]
Zylinderkopf	topplokk, -et [ᵛtɔplɔk]

Verkehrsunfall

Ein Unfall ist passiert!

Det har skjedd en ulykke! [de ha: ʃed en ᵛʉlykə]

Rufen Sie bitte schnell ...

Vær så snill og ring etter ... straks! ['væ: ʃɔ 'snil ɔ 'riŋ etər ... straks]

einen Krankenwagen!

en ambulanse [en ambʉ'laŋə]

die Polizei!

politiet [puli'tiə]

die Feuerwehr!

brannvesenet ['bran've:sənə]

Haben Sie Verbandszeug?
Har du førstehjelpsutstyr? [haː dʉ føʃtəjelpsʉːtstyr]

Sie haben ...
Du ... [dʉ]
die Vorfahrt nicht beachtet.
respekterte ikke forkjørsretten. [respekˈteːʈə ikə ˇfɔrçøʃretən]
nicht geblinkt.
brukte ikke blinklys. [brʉktə ikə ˈblinklys]

Sie sind ...
Du ... [dʉ]
zu schnell gefahren.
kjørte for fort. [çøːʈə fɔr ˈfuʈ]
bei Rot über die Kreuzung gefahren.
kjørte mot rødt i krysset. [çøːʈə muːt ˈrøt i ˈkrysə]

Ich möchte den Schaden durch meine Versicherung regeln lassen.
Jeg vil la forsikringsselskapet mitt ordne med skaden.
[jæi vil laː fɔˈʃikriŋselskaːpə mit ˇɔrdnə meː ˇskaːdn]

Können Sie als Zeuge aussagen?
Kan du stille som vitne? [kan dʉː ˈstilə sɔm ˈwitnə]

Geben Sie mir bitte Ihren Namen und Ihre Anschrift.
Kan jeg få navnet og adressen din? [kan jæi fɔː ˈnavnə ɔ aˈdresn din]

Vielen Dank für Ihre Hilfe!
Mange takk for hjelpen! [maŋə tak fɔr ˈjelpən]

Ich möchte für zwei Tage/eine Woche ... mieten.
Jeg ville gjerne leie ... i to dager/en uke.
[jæi ˇvilə ˇjæːŋə ˇlæiə ... i tuː ˇdaːgər/eːn ˇʉːkə]
einen (Gelände-)Wagen
en bil (terrengbil) [en biːl (en teˈræŋbiːl)]
ein Motorrad
en motorsykkel [en ˈmuːtuʃykəl]
ein Fahrrad
en sykkel [en ˈsykəl]

Bitte ein Fahrzeug mit Navigationssystem.
Jeg tar en bil med navigasjonssystem.
[jæi taː r eːn bːl meː nawigaˈʃunsystem]

Wie viel kostet es pro Tag/Woche?
Hva koster det per dag/uke? [va ˇkɔstə ɖe peˈɖaːg/per ˇʉːkə]

Wie viel muss ich als Kaution hinterlegen?
Hvor stort er depositumet? [vu ˈʃtuːʈ æːɖeˈpuːsitʉmə]

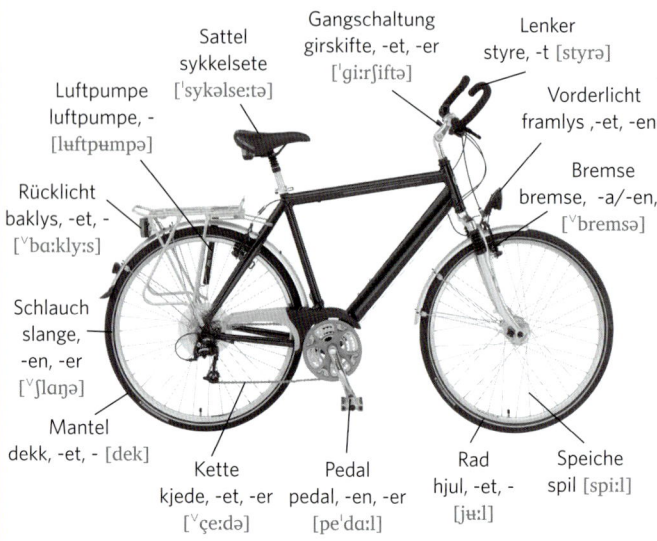

Luftpumpe
luftpumpe, -
[ˈlʉftpʉmpə]

Sattel
sykkelsete
[ˈsykəlseːtə]

Gangschaltung
girskifte, -et, -er
[ˈgiːrʃiftə]

Lenker
styre, -t [ˈstyrə]

Vorderlicht
framlys ,-et, -ene

Rücklicht
baklys, -et, -
[ˇbɑːklyːs]

Bremse
bremse, -a/-en,
[ˇbremsə]

Schlauch
slange,
-en, -er
[ˇʃlaŋə]

Mantel
dekk, -et, - [dek]

Kette
kjede, -et, -er
[ˇçeːdə]

Pedal
pedal, -en, -er
[peˈdɑːl]

Rad
hjul, -et, -
[jʉːl]

Speiche
spil [spiːl]

Ist das einschließlich unbegrenzter Kilometerzahl?
Er det inkludert fri kilometer? [æːr ˈdeː inklʉdeʈ friː çiːlumeːtər]

Wie viel verlangen Sie pro gefahrenen Kilometer?
Hva koster det pr. kilometer? [vɑ ˇkɔstə ɖe per ˈçiːlumeːtər]

Ist das Fahrzeug vollkaskoversichert?
Er bilen fullt kaskoforsikret? [æːr ˈbiːlən fʉlt ˈkɑskufɔʃikrət]

Kann ich den Wagen gleich mitnehmen?
Kan jeg ta med bilen straks? [kɑn jæi tɑː ˈmeː ˈbiːln strɑks]

Ist es möglich, das Fahrzeug in … abzugeben?
Er det mulig å levere bilen i …? [æː ɖe ˇmʉːli ɔ leˈveːrə biːln i]

Ich möchte auch einen Schutzhelm leihen.
Jeg vil også gjerne leie hjelm. [jæi wil ɔːsɔ ˈjæːnə ˈlæiə jælm]

Darf ich Ihren Führerschein sehen?
Kan jeg få se førerkortet ditt? [kɑn jæi fɔ seː ˇføːrərkɔʈə dit]

Führerschein	førerkort, -et, - [ˇføːrərkɔʈ]
hinterlegen.	deponere [ɖeˈpuːnerə]
Kindersitz.	barnesete –t, -er [bɑːrnəseːtə]
Kaution	depositum, -et [ɖeˈpuːsitʉmə]
Nierengurt	nyrebelte, -et, -er [ˇnyːrəbeltə]
Papiere	papirer (pl) [pɑˈpiːrər]
Schiebedach	takluke, -a/-en, -er [ˇtɑːklʉːkə]
Sturzhelm.	hjelm, -en, -er [jelm]

Teilkasko...................	delkasko, -en, -er [ˇdeːlkɑsku]
grüne Versicherungskarte	grønt (forsikrings)kort
	[ˈgrønt (fɔˈʃikriŋs)ˈkɔʈ]
Vollkasko	fullkasko, -en, -er [ˇfʉlkɑsku]
Wochenendpauschale	helgepris ,-en [ˇhælgəpriːs]
Zündschlüssel..............	tenningsnøkkel, -en [ˇteniŋsnøkəl]

Flugzeug

Einen Flug buchen

Auf norwegischen Flughäfen geht es leise zu. Die Durchsagen beschränken sich auf außerordentliche Aufrufe. Überall in Skandinavien ist das Rauchen an Bord verboten. Bei Inlandflügen gibt es nur noch eine Klasse, die Preise sind nach Buchungszeitraum und Flexibilität gestaffelt. Am billigsten sind somit die früh bestellten Tickets, die aber nicht geändert werden können.

Wann bitte geht die nächste Maschine nach ... ?
Når går neste fly til ...? [nɔr goː ˇŋestə flyː til]

Sind noch Plätze frei?
Er det ledige plasser fortsatt? [æː ɖe ˇleːdiə ˇplɑsər ˈfɔʈsat]

Ich möchte einen einfachen Flug nach ...
Jeg vil gjerne ha en enkeltbillett til ... takk!
[jæi vil ˇjæːɳə haː en ˈɛŋkəltbilet til ... tɑk]

Ich möchte einen Hin- und Rückflug nach ... buchen.
Jeg vil gjerne ha en tur-returbillett til ...
[jæi vil ˇjæːɳə haː en ˈtʉːr-reˈtʉːrbilet til ... tɑk]

Was kostet bitte der Flug Touristenklasse/1. Klasse?
Hva koster billetten på turistklasse/første klasse?
[vɑ ˇkɔstər biˈletən pɔ tʉˈristklɑsə/ˇføʃtə klɑsə]

Wie viel Gepäck ist frei?
Hvor mye bagasje kan jeg ta med meg?
[vur ˇmyːə bɑˈgɑːʃə kɑn jæi tɑ: meː mæi]

Ich möchte bitte ...
Jeg vil gjerne ha ... [jæi vil jærɳə haː]
  einen Fensterplatz.
  vindusplass. [ˇvindʉsplas]
  einen Platz am Gang.
  en plass mot gangen. [eːn plas mut ˈgɑŋən]

Wann muss ich am Flughafen sein?
Når må jeg være på flyplassen? [nɔr moː jæi ˇvæːrə pɔ ˈflyːplɑsən]

Ich möchte diesen Flug stornieren.
Jeg vil gjerne avbestille denne flybilletten.
[jæi vil ˅jæːŋə ˈɑːvbestilə denə ˈflyːbiletən]

Ich möchte diesen Flug umbuchen.
Jeg vil gjerne ombestille denne flybilletten.
[jæi vil ˅jæːŋə ˈɔmbestilə denə ˈflyːbiletən]

Wo ist Terminal...?
Hvor er terminal ... ? [wuːr æː r termiˈnaːl ...]

Wo ist bitte der Schalter der ...-Fluggesellschaft?
Hvor er disken til ...? [vur ær ˈdiskən til]

Gibt es für den Flug einen Vorabend-/Telefon-/Internet-Checkin?
Kan man sjekke inn kvelden før/per telefon/via internett?
[kan man ʃækə in ˈkwæːln føːr /per teːleˈfun/wia ˈinternæt]

Könnte ich bitte Ihren Flugschein sehen?
Kan jeg få se billetten din ? [kan jæi fɔ seː biːˈlətn diːn]

Kann ich das als Handgepäck mitnehmen?
Kan jeg ta med det som håndbagasje?
[kɑn jæi tɑː meː ˈdeː sɔm ˅hɔnbɑgɑˈʃə]

Hat die Maschine nach ... Verspätung?
Er flyet til ... forsinket? [æːr ˈflyːə til ... fɔˈʃiŋkət]

Ist die Maschine aus ... schon gelandet?
Har flyet fra ... alt landet? [hɑːr ˈflyːə frɑː ... ɑlt ˅lɑnət]

Wann landet die Maschine aus ...?
Når lander flyet fra ... ? [nɔr ˈlɑndər flyːə frɑː ...]

Könnte ich bitte noch ein Kissen/eine Decke haben?
Kunne jeg få en pute/et teppe til? [kʉnə jæi foː en ˅pʉtə/et ˅tepə til]

Würde es Ihnen etwas ausmachen, mit mir den Platz zu tauschen?
Har du noe imot at vi bytter plass? [har dʉ nuə imʉːt at vi bytər plas]

Was ist das für ein Fluss/See/Gebirge?
Hva er det for en elv/en sjø/et fjell?
[vɑ æː ˈd̪eː fɔr en ˈelv/en ˈʃøː/et ˈfjel]

Wann landen wir in ...?
Når lander vi i ...? [nɔ ˅ĺɑnər viː i]

Wie ist das Wetter in ...?
Hvordan er været i ...? [vuḍɑn æːr ˈvæːrə i]

Ankunft

Mein Gepäck ist verloren gegangen.
Bagasjen min er vekk. [ba'ga:ʃən min æːr 'vek]

Mein Koffer ist beschädigt worden.
Kofferten min er blitt skadet. ['kufeʈən min æːr blit ˅skɑːdət]

Wo fährt der Bus in Richtung ... ab?
Hvor går bussen til ... fra? [vur goːr 'busən til ... frɑː]

An wen kann ich mich wenden?
Hvem kan jeg henvende meg til? ['vem kɑn jæi 'henvenə mæi til]

➤ **auch Eisenbahn**

Abflug.....................	avgang, -en, -er [˅ɑːvgɑŋ]
Ankunft	ankomst, -en [˅ankɔmst]
Ankunftszeit	ankomsttid, -en, -er [˅ankɔmsti:]
Anschluss	forbindelse, -en, -er [fɔr'binelsə]
Auslandsflug..............	utenriksfly, -et, - [˅ʉːtənriksfly:]
Bordkarte	boarding card ['boːɖiŋ kɑːɖ]
Businessclass	businessklasse['bisnisklasə] (- en, -er)
Direktflug.................	direkte fly, -et [di'rektə fly:]
einchecken................	sjekke inn, -et, -et/-a, -a [ʃekə 'in]
Flug	flyreise, -a/-en, -er ['fly:ræisə]
Fluggast	flypassasjer, -en, -er ['fly:pasaʃeːr]
Fluggesellschaft	flyselskap, -et, - ['fly:selska:p]
Flughafen.................	flyplass, -en, -er ['fly:plas]
Flughafenbus..............	flyplassbuss, -en, -er ['fly:plasbus]
Flughafengebühr	flyplassavgift, -a/-en, -er ['fly:plasavjift]
Flugschein	flybillett, -en, -er ['fly:bilet]
Flugsteig..................	gate [gæit]
Flugzeug..................	fly, -et, - [fly:]
Gepäck	bagasje, -en [ba'ga:ʃə]
Gepäckabfertigung	innsjekking, -en ['inʃekiŋ]
Gepäckausgabe	bagasjeutlevering, -en [ba'ga:ʃəʉ:tleve:riŋ]
Gepäckwagen..............	godsvogn, -a/-en, -er ['gudsvɔŋn]
Handgepäck	håndbagasje, -en [˅hɔnbaga:ʃə]
Inlandsflug................	innenriksfly, -et, - [˅inənriksfly:]
Landung	landing, -en, -er [˅laniŋ]
Notausgang...............	nødutgang, -en, -er ['nø:dʉ:tgaŋ]
Notlandung	nødlanding, -en, -er ['nø:dlaniŋ]
Notrutsche................	nødsklie, -a/-en, -er ['nø:dskli:ə]
Passagier	passasjer, -en, -er [pasa'ʃeːr]
Pilot/in	styrmann, -en ['styrma:n]
Schwimmweste	redningsvest, -en, -er [˅redniŋsvest]
Sicherheitsgurt.............	sikkerhetsbelte, -et, -er ['sikərhe:tsbeltə]
Sicherheitskontrolle.........	sikkerhetskontroll, -en, -er ['sikərhe:tskuntrɔl]

Steward/ess.	steward, -en, -er ['stjʉːəʈ]/ flyvertinne, -en/-a, -er ['flyːvæʈinə]
stornieren.	avbestille, -te, -t ['ɑːvbestilə]
Übergewicht	ekstravekt, -en ['ekstravækt]
umbuchen	ombestille, -te, -t ['ɔmbestilə]
Verspätung	forsinkelse, -en, -er [fɔ'ʃiŋkelsə]
zollfreier Laden.	taxfree shop ['tæksfriˑ ʃɔp]
Zwischenlandung.	mellomlanding, -en/-a, -er ['melɔmlɑniŋ]

Fahrkarten kaufen

Die wichtigsten norwegischen Zugstrecken sind nach der Region bezeichnet, die sie durchqueren. Von Oslo aus fahren Sørlandsbanen (über Kristiansand bis nach Stavanger), Bergensbanen (nach Bergen) Dovrebanen (nach Trondheim) und Nordlandsbanen von Trondheim nach Bodø. Das Nahverkehrsnetz ist eigentlich nur im Großraum Oslo gut ausgebaut. Bitte beachten Sie, dass das Rauchen im Zug grundsätzlich nicht mehr erlaubt ist und bei bestimmten Zügen Platzkarten erforderlich sind. Autozüge gibt es in Norwegen nicht.

Zwei Karten nach ..., einfach bitte.
To billetter til ..., takk. [tu bi'letər til ... tak]

2. Klasse/1. Klasse
Andre klasse/første klasse [ˇɑndrə klasə/ˇføʃtə klasə]

Bitte eine Rückfahrkarte nach ...
En tur-retur ... takk. [tʉː tʉːrre'tʉːr ... tak]

Gibt es eine Ermäßigung für Kinder/Studenten/Senioren?
Er det rabatt for barn/studenter/honnør ?
[æː ɖe ra'bat fɔr bɑːɳ/stʉ'dentər/ho:nør]

Ich möchte gern zwei Plätze für den Zug nach ... um ... reservieren:
To plassbilletter på toget til ... klokka ... takk.
[tu 'plasbilet pɔ 'toːgə til ... klɔka ... tak]
  am ... um ...Uhr
  den ... klokka ... [den ... ˇklɔka ...]
  im Liegewagen
  i liggevognen [i ˇligəvɔŋnən]
  im Schlafwagen
  i sovevognen [i ˇsoːvəvɔŋnən]
  im Speisewagen
  i spisevognen [i ˇspiːsəvɔŋnən]

Einen Fensterplatz?
Vindusplass? [ˇvindʉsplas]

Wie oft muss ich da umsteigen?
Hvor ofte må jeg bytte tog? [vur ɔftə moː jæi bytə ˈtoːg]

Im Bahnhofsgebäude

Ich möchte diesen Koffer als Reisegepäck aufgeben.
Kan jeg få sende denne kofferten som reisegods?
[kan jæi fɔ ˇsenə ˇdenə ˈkufəʈən sɔm ˇræisəguds]

Wo kann ich mein Fahrrad aufgeben?
Hvor kan jeg levere sykkelen min? [ˈvur kan jæi leˈveːrə ˈsykələn min]

Entschuldigen Sie bitte, von welchem Gleis fährt der Zug nach ... ab?
Hvilket spor går toget til ... fra? [vilkət ˈspuːr goː ˈʈoːgə til ... fraː]

Im Zug

Ist dieser Platz noch frei?
Unnskyld, er denne plassen ledig? [ˈʉnʃyl æː d̥enə ˈplasən ˈleːdi]

Darf ich bitte das Fenster aufmachen/schließen?
Får jeg åpne/lukke vinduet? [foːr jæi ˇoːpnə/ˇlukə ˇvindʉːə]

Entschuldigen Sie, ich glaube, das ist mein Platz.
Unnskyld, det er min plass. [ˈʉnʃyl de æːr ˈmin ˈplas]

Hier ist meine Platzreservierung.
Jeg har plassbillett. [jæi haːr ˈplasbilet]

Hinweise und Informationen

Adgang forbudt	Kein Zutritt
Ankomst	Ankunft
Billettluke	Fahrkartenschalter
Damer	Damen
Funksjonshemmede	Schwerbehinderte
Herrer	Herren
Hittegods	Fundbüro
Ikke-rökere	Nichtraucher
Informasjon/Opplysning	Auskunft
Inngang	Eingang
Ledig	Frei
Lukk dørene	Türe schließen
Nødbremse	Notbremse
Nødutgang	Notausgang
Oppbevaring	Gepäckaufbewahrung
Oppbevaringsbokser	Schließfächer
Opptatt	Besetzt
Plassbestillinger	Platzreservierungen
Plattform	Bahnsteig

Røkere	Raucher
Ruteplan	Fahrplan
Sovevogn	Schlafwagen
Spor	Gleis
Stasjonsmester	Bahnhofsvorsteher
Toaletter	Toiletten
Trekk	Ziehen
Trykk	Drücken
Utgang	Ausgang
Utstigning	Ausstieg
Venterom	Wartesaal

> **auch Flugzeug**

Abfahrt	avgang, -en, -er [ˇɑːvgɑŋ]
Abteil	kupé, -en, -er [kʉˈpeː]
Ankunft	ankomst, -en [ˇankɔmst]
Aufenthalt	opphold, -et, - [ˇɔphɔl]
aussteigen	stige av, steg av, steget av [stiːgə ˈɑːv]
Bahnhof	jernbanestasjon, -en, -er [ˇjæɳbɑːnəstaʃuːn]
einsteigen.	stige på, steg, steget [stiːgə ˈpoː]
entwerten.	stemple, -et, -et/-a, -a [ˇstemplə]
Ermäßigung.	rabatt, -en, -er [raˈbat]
Fahrkarte	billett, -en, -er [biˈlet]
Fahrkartenkontrolle	billettkontroll, -en, -er [biˈletkɔntrɔl]
Fahrkartenschalter.	billettluke, -a/-en, -er [biˈletlʉːkə]
Fahrplan	ruteplan, -en, -er [rʉːtəplɑːn]
Fahrpreis.	billettpris, -en, -er [biˈletpriːs]
Fensterplatz.	vindusplass, -en, -er [ˇvindʉsplɑs]
Gang	gir, -et, - [giːr]
Gepäck	bagasje, -en [baˈgɑːʃə]
Gepäckaufbewahrung.	bagasjeoppbevaring, -en [baˈgɑːʃəɔpbevaːriŋ]
Gepäckschalter.	bagasjeluke, -a/-en, -er [baˈgɑːʃələʉːkə]
Gleis	spor, -et, - [spuːr]
Hauptbahnhof.	sentralstasjon, -en, -er [senˈtraːlstaʃuːn]
Kinderfahrkarte	barnebillett, -en, -er [ˇbaːɳəbilet]
Liegewagenplatz.	Plass i liggevogn [plas i ˇligəvɔŋ]
Notbremse.	nødbremse, -a/-en, -er [ˇnøːdbremsə]
Platzkarte.	plassbillett, -en, -er [ˈplasbilet]
Platzreservierung	Plassbestilling [plasbeˈstiliŋ]
Rollstuhlfahrer/in	rullestolkjører, -bruker, -en, -e [ˇrʉləstuːlçøːrər/brʉːkər]
Rückfahrkarte	returbillett, -en, -er [reˈtʉːrbilet]
Rundreisefahrschein	rundreisebillett, -en, -er [ˇrʉnræisəbilet]
Schaffner/in	Konduktør [kondʉktør]
Schließfach	Oppbevaringsboks [ˈupbeːvariŋsbɔks]

Schwerbehinderte	Funksjonshemmede [funk'ʃunshemədə]
Speisewagen	restaurantvogn, -a/-en, -er
	[restɑʉ'raŋvɔŋn]
Wagennummer	vognnummer, -et, - [ˇvɔŋnumər]
Zug	tog, -et, - [toːg]
Zuschlag	tillegg, -et, - [ˇtileg]

Schifffahrt

Auskunft

Im westlichen Norwegen muss man sich in der Hochsaison auf Staus an den Autofähren gefasst machen. Wer ohne Auto unterwegs ist, hat auch die Möglichkeit, kürzere oder längere Strecken mit den Schiffen von *Hurtigruten* zurückzulegen. Der Nachteil ist, dass es im Hochsommer kaum freie Kabinen gibt.

Könnten Sie mir bitte sagen, wann das nächste Schiff/die nächste Fähre nach ... abfährt?
Når går neste båt/neste ferge til ...? [nɔr goːr nestə ˈboːt/ˇfærgə til]

Wie lange dauert die Überfahrt?
Hvor lang tid tar overfarten? [vu ɭaŋ tiː tɑːr ˈoːvərfɑʈən]

Wann legen wir in ... an?
Når legger vi til i ...? [nɔr legər vi ˈtil i]

Wie lange haben wir in ... Aufenthalt?
Hvor langt opphold har vi i ...? [vu ɭaŋt ˇɔphɔl hɑːr vi i]

Ich möchte bitte ...
Kan jeg få ...? [kɑn jæi foː]
  eine Schiffskarte nach ...
  en (båt)billett til ... [en (boːt) biˈlet til]
  eine Einzelkabine
  en enmannslugar [en ˈeːnmanslʉgɑːr]
  eine Zweibettkabine
  en tomannslugar [en ˈtuːmanslʉgɑːr]

Ich möchte eine Karte für die Rundfahrt um ... Uhr.
Kan jeg få en billett til rundturen klokka ...?
[kɑn jæi ˈfo: en biˈlet til ˇrʉntʉrən klɔkɑ]

An Bord

Ich suche Kabine Nr. ...
Hvor er lugar nummer ... [wur æːr lʉˈgar ˈnʉmər ...]

Wo ist bitte der Speisesaal/der Aufenthaltsraum?
Hvor er restauranten/salongen? [vur æːr restɑʉˈraŋən/sɑˈlɔŋən]

Ich fühle mich nicht wohl.
Jeg føler meg dårlig. [jæi føːlər mæi ˇdoːḷi]

Könnten Sie bitte den Schiffsarzt rufen?
Kan du tilkalle skipslegen? [kan dʉ ˈtilkɑlə ˈʃipsleːgən]

Könnten Sie mir bitte ein Mittel gegen Seekrankheit geben?
Kan du gi meg et middel mot sjøsjuke?
[kan dʉ ˈjiː mæi et ˈmidəl muːt ˇʃøːʃʉːkə]

anlegen in	legge til, la, lagt [legə ˈtil]
Buchung	bestilling, -en, -er [beˈstiliŋ]
Fähre	ferje, -a/-en, -er [ˇfærjə]
Fahrkarte	billett, -en, -er [biˈlet]
Festland	fastland, -et [ˈfastlan]
Hafen	havn, -a/-en, -er [havn]
Kabine.	lugar, -en, -er [lʉˈgɑːr]
Kai	kai, -a/-en, -er [kai]
Katamaran.	ekspressbåt, -en, -er [ekspresboːt]
Kapitän.	kaptein, -en, -er [kapˈtæin]
Küste.	kyst, -en, -er [çyst]
Landausflug.	utflukt, -en, -er [ˇʉːtflʉkt]
Rettungsboot	redningsbåt, -en, -er [ˇredniŋsboːt]
Rettungsring	livbøye, -a/-en, -er [ˈliːvbøyə]
Rundfahrt.	rundtur, -en, -er [ˇrʉntʉːr]
Schwimmweste	redningsvest, -en, -er [ˇredniŋsvest]
Seegang	sjøgang, -en [ˇʃøːgaŋ]
seekrank.	sjøsjuk [ˇʃøːʃʉːk]

Bitte, wo ist die nächste ...
Unnskyld, hvor er det nærmeste ...-stoppestedet?
[ˈʉnʃyl vur æː ḍe ˇnærmestə ... ˇstɔpəsteːdə]
  Bushaltestelle?
  buss [bʉs]
  Straßenbahnhaltestelle?
  trikk [trik]
  U-Bahnstation?
  T-bane (tunnelbane) [ˈteːbɑːnə (tʉˈnelbɑːnə)]

Fast überall beschränkt sich das Angebot auf Busse und Taxen. Nur in Oslo gibt es ein gut ausgebautes Trikk- (Straßenbahn-) und T-Bane-Netz (U-Bahn). Die bekannteste Bahn in Oslo ist die S-Bahn Holmen-kollbanen (Start am Bahnhof Majorstua) an der weltberühmten Ski-schanze vorbei und in die Wälder von Nordmarka. Wer dort an der Endstation aussteigt, kann sich auf eine wunderschöne Wanderung und traumhafte Ausblicke über Stadt und Fjord freuen.

Welche Linie fährt nach ...?
Hvilken buss/Hvilken trikk går til ...? ['vilkən bʉs/vilkən trik 'goː ţil]

Wann fährt die erste/letzte U-Bahn nach ...?
Når går første/siste T-banetog til ...?
[nɔr goːr ᵛføʃtə/ᵛsistə 'teːbɑːnətoːg til]

Entschuldigen Sie, ist das der Bus nach ...?
Er dette den riktige bussen til ...? [æː ᵛdẹtə den ᵛriktigə 'bʉsən til]

Wie viel Haltestellen sind es bis ...?
Hvor mange holdeplasser er det til ...?
[vur ᵛmɑŋə ᵛhɔldəplɑsər ær dẹ til]

Entschuldigen Sie, wo muss ich aussteigen/umsteigen?
Hvor må jeg gå av/bytte? [vur mo jæi goː 'ɑːv/ᵛbytə]

Bitte, einen Fahrschein nach ...
En billett til ..., takk. [en biˈlet til ... tɑk]

Der Fahrkartenautomat ist defekt.
Billettautomaten er i ustand. [biˈletæʉtumɑːtən ær i ᵛʉstan]

Der Automat nimmt keine Geldscheine an.
Automaten tar ikke imot sedler. [æʉtuˈmɑːten tɑːr ikə imut ᵛsædlər]

Abfahrt....................	avgang, -en, -er [ᵛɑːvgɑŋ]
Bus........................	buss [bʉs]
Busbahnhof................	rutebilstasjon, -en, -er [ᵛrʉːtəbiˌlstɑʃuːn]
einsteigen.................	stige på steg, steget [stiːgə ˈpoː]
Endstation	endestasjon, -en, -er [ᵛendəstɑʃuːn]
entwerten.................	stemple, -et, -et/-a, -a [ᵛstemplə]
Fahrkartenautomat	billettautomat, -en, -er [biˈletæʉtumɑːt]
Fahrplan	ruteplan, -en, -er [rʉːtəplɑːn]
Fahrpreis..................	billettpris, -en, -er [biˈletpriːs]
Fahrschein	billett, -en, -er [biˈlet]
Fahrscheinentwerter.........	billettmaskin, -en, -er [biˈletmɑʃiːn]
Haltestelle................	stoppested, -et, -er [ᵛstɔpəsteːd]
Kontrolleur................	kontrollør, -en, -er [kuntruˈløːr]
Mehrfahrtenkarte	klippekort, -et, - [ᵛklipəkɔţ]
Nahverkehrszug............	lokaltog, -et, - [luˈkɑːltoːg]
S-Bahn	T-bane, -a/-en, -er [ˈteːbɑːnə]
Schaffner/in	Konduktør, -en [kɔndʉktør]
Stadtbus..................	bybuss, -en, -er [ˈbyːbʉs]
Straßenbahn...............	trikk [trik]
Tageskarte................	dagskort, -et, - [ˈdɑgskɔţ]
U-Bahn...................	T-bane (tunnelbane)
	[ˈteːbɑːnə (ᵛtʉnəlbɑːnə)]
Überlandbus	ekspressbuss, -en, -er [eksˈpresbʉs]
Wochenkarte	ukekort, -et, - [ᵛʉːkəkɔţ]

Hallo! Bitte ein Taxi an die Adresse ... für jetzt gleich/für (morgen) ... Uhr.
Hei! Kan du sende en drosje (bil) til ... nå/ (i morgen) klokka ...
[Hæi kan dʉ ˈsenə en ˈdrɔʃə (biːl) til ... nɔ/ (i ˈmɔrən) klɔkaː]

Entschuldigen Sie bitte, wo ist denn der nächste Taxistand?
Hvor ligger nærmeste drosjeholdeplass?
[vu ˈligər ˇnærmestə ˇdrɔʃəhɔldəplas]

Zum Bahnhof, bitte.
Til jernbanestasjonen. [til ˇjæɳbaːnəstaʃuːnən]

Zum ... Hotel, bitte.
Til hotell ... [til huˈtel]

In die ...-Straße, bitte.
Til ...-gate/...-vei. [til ... ˇgɑːtə/væi]

Nach ..., bitte.
Til ... takk. [til ... tɑk]

Könnten Sie bitte hier halten?
Kan du stoppe her? [kɑn dʉ ˇstɔpə ˈhæːr]

Wie viel kostet es nach ...?
Hvor mye koster det til ...? [vur ˇmyːə ˇkɔstə ɖe til]

Das ist zu viel.
Det er for mye [deː æːr for myə]

Könnten Sie mir bitte eine Quittung ausstellen?
Kan jeg få en kvittering? [kɑn jæi foː kviˈteːriŋ]

Das ist für Sie.
Det or til deg. [de ær ʈil ˈdæi]

anhalten	stoppe, -et, -et/-a, -a [ˇstɔpə]
anschnallen	ha på belte [hɑ: po beltə]
Hausnummer	husnummer, -et, - [ˇhʉːsnumər]
Kilometerpreis	kilometerpris, -en [ˈçilumeːtərpriːs]
Pauschalpreis	pakkepris, -en, -er [ˇpɑkəpriːs]
Quittung	kvittering, -en, -er [kviˈteːriŋ]
Sicherheitsgurt	bilbelte, -et, -er [ˇbiːlbeltə]
Taxifahrer/in	drosjesjåfør, -en, -er [ˇdrɔʃəʃɔføːr]
Taxistand	drosjeholdeplass, -en, -er [ˇdrɔʃəhɔldəplas]
Trinkgeld	drikkepenger (pl) [ˇdrikəpeŋər]

Reisen mit Kindern

Norwegen ist ein kinderfreundliches Land. Es war das erste Land, das Anfang der 80er Jahre ein Kinderombudsbüro einrichtete, das sich ausschließlich um die Belange der Jüngsten im Lande kümmert.
Der Nationalfeiertag am 17. Mai steht ganz im Zeichen der Kinderumzüge, und auch im Alltag und auf Reisen wird auf die Bedürfnisse und Rechte der Kinder sehr geachtet.
In den Zügen gibt es Wickelräume und eigene Abteile für Familien, in der Nähe davon zumeist eine Spielecke. In Parks und Grünanlagen findet man fast immer einen Spielplatz. Außerdem gibt es etliche Vergnügungsparks für die ganze Familie, wie z. B. *Sommarland* in Bø in der Telemark, wo man sich besonders auf Wasserspiele spezialisiert hat.
Kinderermäßigung bekommt man auf fast alles: auf Fahrkarten, bei Eintrittskarten ins Kino, Museen, Theater ... Restaurants bieten Kindermenüs und stellen Kinderstühle zur Verfügung.
Mittlerweile gibt es auch viele Hotels, die sich im Sommer mit günstigen Angeboten und Kinderbetreuung besonders an Familien richten.

Nützliche Fragen

Gibt es hier eine Kinderbetreuung?
Er det noen barnepassordning her? [æ: ɖe nuːən ˅baːɳəpasɔdniŋ hæːr]

Ab welchem Alter?
Fra hvilken alder? [fra vilkən ˈaldər]

Kennen Sie jemanden, der bei uns babysitten könnte?
Kjenner du noen som kan sitte barnevakt hos oss?
[˅çenə ɖʉ ˅nuːən sɔm kan sitə ˅baːɳəvakt hus ɔs]

Haben Sie ein Babyfon?
Har du/dere babyfon? [hɑ: ɖʉː/ɖeːrə beibiˈfuːn]

Gibt es auch Veranstaltungen für Kinder?
Er det arrangementer for barn? [æ: ɖe araŋʃəˈmaɳər fɔr bɑːɳ]

Gibt es eine Ermäßigung für Kinder?
Er det barnemoderasjon? [æ: ɖə ˅bɑːɳəmudərɑʃuːn]

Unterwegs

Wir reisen mit einem Kleinkind. Könnten wir Plätze ganz vorn bekommen?
Vi reiser med barn. Kan vi få plass helt framme?
[vi ræisər me ˈbɑːɳ kan vi fo: plas heːlt ˅framə]

Haben Sie einen Kindersicherheitsgurt?
Har du/dere et barnesikkerhetsbelte?
[hɑ: ɖʉː/ɖeːrə et ˅bɑːɳəsikərheːtsbeltə]

Haben Sie vielleicht Stifte und Papier/ein Malbuch?
Har du/dere muligens fargeblyanter og papir/en fargebok?
[hɑ: dʉ:/ɖeːrə ˅muːligəns ˅fargəblyantər ɔ paˈpiːr/en fargəbuːk]

Verleihen Sie Kinderautositze?
Leier du/dere ut barnebilseter? [læiə dʉ/ɖeːrə ʉːt ˅baːɳəbiːlseːtər]

Im Restaurant

Könnten Sie bitte noch einen Kinderstuhl bringen?
Kunne vi få en barnestol til? [kʉnə vi foː en ˅baːɳəstuːl til]

Gibt es auch Kinderportionen?
Er det barneporsjoner også? [æ: ɖe ˅baːɳəpuʃuːnər ɔsɔ]

Könnten Sie mir bitte das Fläschchen warm machen?
Kunne du varme flaska for meg? [kʉnə dʉ varmə ˅flaska fɔr mæi]

Gibt es hier einen Wickelraum?
Er det noe stellerom her? [æ: ɖe nuːə ˅stelərum hæːr]

Babyfon	babyfon, -en, -er [beibiˈfuːn]
Babynahrung.	barnemat, -en [˅baːɳəmaːt]
Babyschale *(fürs Auto)*	bilsete for baby [˅biːlseːtə fɔr beibi]
Babysitter.	barnevakt, -a, -en [˅baːɳəvakt]
Fläschchenwärmer	flaskevarmer, -en, -e [˅flaskəvarmər]
Junge.	gutt, -en, -er [gʉt]
Kinderbecken	barnebasseng, -et, - [˅baːɳəbaseŋ]
Kinderbetreuung	barnepass, -et [˅baːɳəpas]
Kinderbett	barneseng, -a/-en, -er [˅baːɳəseŋ]
Kinderermäßigung.	barnemoderasjon, -en, -er
	[˅baːɳəmudəraʃuːn]
Kinderkleidung	barneklær *(pl)* [˅baːɳəklæːr]
Kindersitz.	barnesete, -et, -er [˅baːɳəseːtə]
Kindersitzkissen *(fürs Auto)* . .	sittepute for barn [˅sitəpʉːtə fɔr baːɳ]
Mädchen	jente, -a/-en, -er [˅jentə]
Malbuch.	fargebok, -a/-en, -er [˅fargəbuːk]
Miniclub.	juniorklubb, -en, -er [ˈjʉːniɔrklʉb]
Mückenschutz	myggnetting [ˈmygnətiŋ] (- en, -er)
Mütze	lue, -a/-en, -er [˅lʉːə]
Planschbecken	plaskebasseng, -et, - [˅plaskəbaseŋ]
Sauger.	tåtesmokk, -en, -er [˅toːtəsmɔk]
Saugflasche.	tåteflaske, -a/-en, -er [˅toːtəflaskə]
Schnuller	sutt, -en, -er [sʉt],
	smokk, -en, -er [smɔk]
Schwimmflügel.	armringer *(pl)* [˅armriŋər]
Schwimmkurs.	svømmekurs, -et, - [˅svømməkʉːʃ]
Schwimmring	badering, -en, -er [˅baːdəriŋ]
Sonnenschutz	solbeskyttelse, -en [˅suːlbeʃytelsə]

Spielplatz	lekeplass, -en, -er [ˇleːkəplas]
Spielsachen	leketøy, -et, - [ˇleːkətøy]
Trinkflasche	tåteflaske, -a/-en, -er [ˇtoːtəflaskə]
Vergnügungspark	fornøyelsespark, -en, -er [fɔˈnøyelsəspark]
Wickeltisch	stellebord, -et, - [ˇstelːəbuːr]
Windeln	bleie, -a/-en, -er [ˇblæiər]

Gesundheit

Könnten Sie mir bitte sagen, ob es hier einen Kinderarzt gibt?
Fins det noen barnelege her? [fins de nuːən ˇbaːnəleːgə hæːr]

Mein Kind hat ...
Barnet mitt har ... [ˈbaːɳə mit haːr]
  erbrochen.
  kastet opp. [kastət ˈup]
  Durchfall.
  diaré. [diːareː]

Es ist allergisch gegen ...
Barnet mitt er allergisk mot ... [ˈbaːɳə mit æːr aˈlergisk muːt]

Es ist gestochen worden.
Barnet mitt har blitt stukket. [ˈbaːɳə mit haːr blit ɪˇstukət]

Allergie	allergi, -en, -er [alerˈgiː]
Ausschlag	utslett, -et [ˇʉːtʃlet]
Elektrolytlösung	Elektrolyttløsning, -en, -er [elektruˈlytløsniŋ]
Erkältung	forkjølelse, -en, -er [fɔrˈçøːlelsə]
Fieber	feber, -en [ˈfeːbər]
Impfpass	vaksinasjonsattest, -en, -er [vaksinaˈʃuːnsatest]
Insektenstich	insektstikk [insektstik]
Keuchhusten	kikhoste, -en [ˇçiːkhustə]
Kinderkrankenhaus	barnesjukehus, -et, - [ˇbaːɳəʃʉːkəhʉːs]
Kinderkrankheit	barnesjukdom, -men, -mer [ˇbaːɳəʃʉːkdum]
Masern	meslinger (pl) [ˇmeʃliŋər]
Mittelohrentzündung	ørebetennelse, -en [ˇøːrəbetenelsə]
Mumps	kusma, -en [ˈkʉsma]
Röteln	røde hunder [ˇrøːəˇhʉnər]
Scharlach	skarlagensfeber, -en [skaˈlaːgənsfeːbər]
Schnupfen	snue, -en [ˇsnʉːə]
Windpocken	vannkopper (pl) [ˇvankɔpər]

Unterwegs mit Handicap

Im Alltag hat die Integration von geistig und körperlich Behinderten seit den 80er Jahren Priorität. Eine Anfang der 90er Jahre begonnene Reform zur vollständigen Integration von geistig und körperlich Behinderten, die u.a. eine Abschaffung sämtlicher Sonderschulen vorsah, musste teilweise zwar zurückgenommen werden, schärfte aber das Bewusstsein aller für die Bedürfnisse von Behinderten. Die Norweger sind gegenüber *Funksjonshemmede* sehr hilfsbereit. Die Infrastruktur ist so gut ausgebaut, dass ein Rollstuhlfahrer fast überall hin fahren kann. Rampen und absatzfreie Fahrstühle gehören zum Standard in Hotels, Museen, Läden und öffentlichen Gebäuden, die Zahl der behindertengerechten Campingplätze nimmt weiter zu. Die Züge von NSB haben eigene für Körperbehinderte eingerichtete Wagen, und auf den neueren Fährschiffen und Hurtigruten-Schiffen gibt es neben genügend Fahrstühlen auch eigene Kabinen für Behinderte. Auf Parkplätzen sind einige Stellplätze für Behinderte im Eingangsbereich reserviert, die Fußwege und Fahrstühle sind im allgemeinen kantenfrei, akustische Signale erleichtern Sehbehinderten das Überqueren der Straße. In der Natur findet man mittlerweile viele Angelplätze, die für Rollstuhlfahrer angelegt wurden. Relativ schlecht ist das Angebot an behindertengerechten Hütten in Norwegen. Eine sehr gute Adresse für aktive Ferien mit Behinderten ist die Ferienanlage Haraldsvangen des Norwegischen Roten Kreuzes in Hurdal nördlich von Oslo (Infos unter: www.haraldvangen.no/deuch.html).
(Englischsprachige) Informationen über Ferien in Norwegen erhält man beim Hauptverband der Körperbehinderten in Norwegen (**Norges Handikapforbund**) Schweigaardsgt. 12, N-0185 Oslo,
Tlf: +47 24 10 24 00, Fax: +47 24 10 24 99 **http://www.nhf.no**
Fachkundige Auskünfte zum barrierefreien Reisen bietet auch der deutsche *Bundesverband Selbsthilfe Körperbehinderter e.V.* an.
(E-Mail: **Reiseservice@bsk-ev.de**; Internet: **www.bsk-ev.de**).

Ich bin ...
Jeg er ... [jæi æːr]
  körperbehindert.
  bevegelseshemmet. [beˈveːgelseshemət]
  sehbehindert.
  synshemmet. [ˈsyːnshemət]

Ich habe ...
Jeg har ... [jæi hɑːr]
  eine Gehbehinderung.
  vanskelig for å gå. [ˇvanskeli fɔr ɔ goː]
  Multiple Sklerose.
  multippel sklerose. [mʉltipəl skleˈruːsə]

Kann ich einen eigenen (faltbaren) Rollstuhl im Flugzeug mitnehmen?
Kan jeg ta med min egen sammenleggbare rullestol på flyet?
[kan jæi ta ˈme: min ˅eːgən samənlegbɑːrə ˅rʉləstuːl pɔ flyːə]

Wird ein Rollstuhl am Abflug-/Zielflughafen bereitgestellt?
Blir det stilt til disposisjon en rullestol på avgangs-/destinasjonsflyplassen?
[bliː ɖe stilt til dispusiˈʃuːn en ˅rʉləstuːl pɔ ˅ɑːvgaŋs/
destinaˈʃuːnsflyplasən]

Könnte ich einen Sitz am Gang haben?
Jeg ville gjerne ha plass ved midtgangen.
[jæi vilə jæːɳə hɑː ˈplas veː ˅mitgaŋən]

Gibt es eine Behindertentoilette?
Fins det handikaptoalett? [fins de ˈhændikæptualet]

Gibt es einen Behindertenwaschraum?
Fins det handikapvaskerom? [fins de ˈhændikæpvaskərum]

Könnte mir jemand beim Umsteigen behilflich sein?
Kunne noen hjelpe meg med omstigningen?
[kʉnə nuːən jælpə mæi me ˈumstiːgniŋən]

Ist der Einstieg in die Wagen ebenerdig?
Er inngangen til vognene på bakkenivå?
[æːr ˅ingaŋən til ˅vɔŋnənə pɔ ˅bakənivoː]

Gibt es Niederflurbusse?
Er det lavgolvbusser? [æː ɖe ˅lɑːvgɔlvbʉsər]

Sind die Bahnsteige über Rampen für Rollstuhlfahrer zugänglich?
Er perrongene tilgjengelige for rullestolbrukere over ramper?
[æːr peˈrɔŋənə tiljæŋəligə fɔr ˅rʉləstuːlˈbruːkərə oːvər ˅rampər]

Haben Sie Autos mit Handgas für Körperbehinderte?
Fins det utleiebiler med håndgass for funksjonshemmede?
[fins de ˅ʉːtlæiəbiːlər me hɔngas fɔr ˅fʉŋkʃuːnshemədə]

Vermieten Sie behindertengerechte Wohnmobile?
Leier du/dere ut rullestoltilpassede bobiler?
[læiə dʉ/ɖeːrə ˅ʉːt ˅rʉləstuːltilpasədə ˈbuːbiːlər]

Ist die Hütte/Ferienwohnung für Behinderte/Rollstuhlfahrer geeignet?
Er hytta/leiligheten tilpasset funksjonshemmede/rullestolbrukere?
[æːr hyta tilpasət ˅fʉŋkʃuːnshemədə/˅rʉləstuːlˈbruːkərə]

Könnten Sie mir bitte Informationen senden, welche Hotels in ... für Behinderte geeignet sind.
Kan du/dere sende meg informasjon om hvilke hoteller i ... som er egnet for rullestolbrukere? [kan dʉ/deːrə sendə mæi infɔrmaˈʃuːn ɔm vilkə hutelər i ... sɔm æːr æinət fɔr ˇrʉləstuːlˈbruːkərə]

Könnten Sie mir bitte sagen, welche Campingplätze behindertengerechte Einrichtungen haben?
Hvilke campingplasser er innredet for funksjonshemmede?
[vilkə ˈkæmpiŋplasər æːr ˈinreːdət fɔr fʉŋkˈʃuːnshemədə]

Was für einen Bodenbelag hat das Zimmer?
Hva slags gulvbelegg er det på rommet?
[va ʃlags gulvbeˈleg æːr de pɔ ˈrumət]

Ist die Ausstellung für Gehbehinderte über Aufzüge erreichbar?
Er utstillingen tilgjengelig for funksjonshemmede ved hjelp av heiser?
[æːr ˈʉːtstiliŋən tiljeŋəli fɔr fʉŋkˈʃuːnshemədə ve jelp ɑːv ˇhæisər]

Gibt es spezielle (Stadt-)Führungen für Gehörlose?
Fins det omvisninger/byomvisninger tilrettelagt for hørselhemmede?
[fins de ˈɔmviːsniŋər/ˈbyːumvisniŋər tilˇretəlakt fɔrˈhøʃəlhemədə]

Können Induktionsschleifen für Hörbehinderte eingeschaltet werden?
Kan en slå på teleslynge for hørselhemmede?
[kan en ʃlo: po: ˇteːleʃlyŋə fɔr ˈhøʃəlhemədə]

Gibt es Museumsführungen/Theateraufführungen für Taubstumme/Blinde?
Er det museumsomvisninger/teater forestlllinger for døvstumme/blinde?
[æː ɖe mʉˈseːʉmsumvisniŋər/teˈɑːtərfɔːrəstiliŋər fɔr ˇdøːvstumə]

Auffahrtrampe *(für Rollstühle)*	rullestolrampe, -a/-en, -er [ˇrʉləstuːlrampə]
barrierefrei..................	uten hinder for rullestoler [ˇʉːtən hindər fɔr ˇrʉləstuːlər]
Begleitperson	ledsager, -en, -e [ˇleːdsɑːgər]
Begleitung	følge, -et, [ˇfølə]
Behindertenausweis	handikapbevis, -et, - [ˈhændikæpbeviːs]
behindertengerecht..........	handikapvennlig [ˈhændikæpvenli]
Behindertenparkplatz	parkeringsplass for funksjonshemmede [parˈkeːriŋsplas fɔr fʉŋkˈʃuːnshemədə]
Behindertentoilette	handikaptoalett, -et, -er [ˈhændikæptualet]
Behindertenverband	forbund for funksjonshemmede [ˇfɔrbʉn fɔr fʉŋkˈʃuːnshemədə]

Betreuungsdienst	service, -en ['sørvis]
blind, Blinde/r	blind [blin]
Blindenhund	blindehund, -en, -er [ˇblindəhʉn]
Braille	blindeskrift, -a/-en, -er [ˇblindəskrift]
Breite	bredde, -en, -er [ˇbredə]
Duschsitz	dusjkrakk, -en, -er [ˈdʉʃkrak]
ebenerdig	på bakkenivå [pɔ ˇbakənivoː]
Einstiegshilfe	påstigningshjelp, -a/-en
	[ˈpoːstiˈgniŋsjelp]
Epilepsie	epilepsi, -en [epilepˈsi]
Fahrdienst	togtjeneste, -en [ˇtuːgçeːnestə]
Flurbreite	korridorbredde, -en [kɔriˈdoːrbredə]
Gebärdensprache	tegnspråk, -et, - [ˇtæinsproːk]
Gehhilfe	gåstol [ˈgoːstul]
gehörlos, Gehörlose/r	døv [døːv]
geistig behindert	psykisk funksjonshemmet
	[ˈsyːkisk fʉŋkˈʃuːnshemət]
gelähmt	lammet [ˇlamət]
Haltegriff	håndtak, -et, - [ˇhɔntaːk]
Handbike	hånddreven sykkel, -en, sykler
	[ˇhɔndrevən ˈsykəl]
Handgas (Auto)	håndgass, -en [ˇhɔngas]
Handlauf	håndlist, -a/-en, -er [ˇhɔnlist]
Hebebühne	løfteplattform, -a/-en, -er
	[ˇløftəplatfɔrm]
Höhe	høyde, -en [ˇhøydə]
Hörgerät	høreapparat [ˈhørəapaˈraːt]
hörgeschädigt	hørselskadet [ˈhøʃəlskaːdət]
Hublift	heis, -en, -er [hæis]
Induktionsschleife	teleslynge, -a/-en, -er [ˇteleʃlyŋə]
Kopfhörer	hodesett, -et, - [ˇhuːdəset]
Körperbehinderung	fysisk funksjonshemming
	[ˈfyːsisk fʉŋkˈʃuːnshemiŋ]
Krücke	krykke, -a/-en, -er [ˇkrykə]
Lenkrad-Drehknopf (Auto)	joystick, -en, -er [ˈd ɔystik]
mobile Einstiegshilfe	skinner [ˇʃinər]
Mobilitätsbehinderte/r	bevegelseshemmet [beveːgelsəshemət]
pflegebedürftig	pleietrengende [ˇplæiətreŋəndə]
querschnittsgelähmt	tverrsnittlammet [ˇtverʃnitlamət]
Rampe	rampe, -a/-en, -er [ˇrampə]
Rollstuhl	rullestol, -en, -er [ˇrʉləstuːl]
Elektrorollstuhl	elektrisk rullestol [eˈlektrisk ˇrʉləstuːl]
Faltrollstuhl	sammenleggbar rullestol
	[ˈsamənlegbaːr ˇrʉləstuːl]
Rollstuhlfahrer	rullestolbruker, -en, -e [ˇrʉləstuːlbrʉkər]
rollstuhlgängiger Wagen	togvogn med rullestoltilgjengelighet
(Zug)	[ˇtoːgvɔŋn meːd ˇrʉləstuːltiljeŋəlihɛːt]

rollstuhlgerecht	rullestolvennlig [ˇrʉləstu:lvenli]
Rollstuhlkabine (Schiff).	rullestollugar, -en, -er [ˇrʉləstu:lʉˈgɑːr]
Rollstuhllifter (Auto)	rullestolheis, -en, -er [ˇrʉləstu:lhæis]
Rufanlage.	callinganlegg, -et, - [ˈkoːliŋanleg]
Sanitäreinrichtungen.	sanitærinnretninger (pl)
	[saniˈtæːrinretniŋər]
Schreibtelefon.	teksttelefon, -en, -er [ˈtekstelefuːn]
schwerstbehindert.	multifunksjonshemmet
	[ˈmʉltifʉŋkʃuːnshemət]
sehbehindert, ...	synshemmet [ˈsyːnshemət]
Sehbehinderte/r	
sozialer Hilfsdienst	Hjemmehjelp, -en [jeməjelpən]
Sozialstation	hjelpesenter, -et, -sentra [ˇjelpəsentər]
Steigung.	stigning, -en, -er [ˇstiːgniŋ]
Stufe	trinn, -et, - [trin]
stufenloser Zugang	trinnfri adgang, -en, -er
	[ˇtrinfri: ˇɑːdgaŋ]
stumm	stum [stʉm]
Taststock	blindestokk, -en, -er [ˇblindəstɔk]
taub.	døv [døːv]
taubstumm	døvstum [ˇdøːvstʉm]
Treppenstufe	trappetrinn, -et, - [ˇtrapətrin]
automatische Türöffnung.	dør, -a/-en, -er, automatisk
	[døːrˈ æʉtuˈmɑːtisk]
Türschwelle	dørstokk, -en, -er; terskel, -en,
	[ˇdøːʃtɔk], terskler [ˈteʃkəl]
zugänglich	tilgjengelig [tilˈjeŋəli:]
Zugänglichkeit	tilgjengelighet, -en [tilˈjeŋəlihɛːt]

Unterkunft

Eine Hütte mit Fjordblick

Sehr viele Norwegen-Urlauber bringen ihre Unterkunft gleich mit: Um dieses riesige Land zu entdecken, bieten sich Wohnmobile geradezu an. Dennoch ist die Hütte mit Fjordblick und eigenem Boot auch weiter die beliebteste Ferienform nördlich des Skagerrak – und es ist die ureigenste Ferientradition in Norwegen. Wer keine eigene *hytte* hat, kennt zumindest jemanden, dessen Hütte man gelegentlich einmal mieten darf. Es gibt *firmahytter*, und jede Hochschule, viele Vereine und Verbände haben eine *hytte* für ihre Mitarbeiter. Das Motto „Je einfacher, desto besser" gilt allerdings kaum noch. Heute haben die meisten Ferienhäuser am See oder Fjord ein richtiges Bad, eine Fernsehantenne auf dem Dach und einen kleinen Parkplatz vor der Tür. Dem Charme des Hüttenlebens tut dies keinen Abbruch. Man trifft sich zum Wandern oder Baden, Angeln oder Jagen, isst lange und sitzt am liebsten am offenen Kamin zusammen – oder auf der Terrasse, um den besagten Blick in vollen Zügen zu genießen. Eine sehr verbreitete Variante der Hütten sind die *rorbuer*, die es ehemals nur in Nord-Norwegen gab und die von den Fischern benutzt wurden, die zur Saisonfischerei kamen. Mittlerweile gibt es überall an der Küste diese Ferienhäuser, die auf Stelzen am Ufer ruhend engsten Kontakt mit dem Meer versprechen. Wer einen Urlaub in einer Hütte oder *Rorbu* machen möchte, bestellt rechtzeitig. Wer mit dem Zelt unterwegs ist und ab und zu ein bisschen Hüttenleben erleben möchte, findet auf allen Campingplätzen kleine *campinghytter*, die allerdings nur das Notwendigste enthalten. Wenn die Anfrage beim *turistkontor* vor Ort nach einer Hütte erfolglos war, ist *et lite hotell* die beste Alternative. Besonders die kleineren Hotels in der Stadt und auf dem Lande vermitteln oftmals die echte Atmosphäre, die man sich von einem Urlaub in einem fremden Land wünscht. Wer einen internationalen Jugendherbergsausweis hat, kann natürlich auch die 72 norwegischen *vandrerhjem* in Anspruch nehmen. Aber auch hier ist Vorbestellung dringend zu empfehlen. Wer ein paar Tage in einer größeren Stadt bleiben möchte, sollte vielleicht nach einem *weekend-tilbud* (Wochenendangebot; Freitag bis Sonntag) fragen. Die größeren Hotels in Norwegen operieren mit Sommerpreisen unter dem normalen Niveau.

Auskunft

Können Sie mir bitte ... empfehlen?
Kan du anbefale meg ...? [kɑn dʉ ˈɑnbefɑːlə mæi]
  ein gutes Hotel
  et godt hotell [et ˈɡɔt hʉˈtel]
  ein einfaches Hotel
  et enkelt hotell [et ˈeŋkəlt hʉˈtel]
  eine Pension
  et pensjonat [et pɑŋʃʉˈnɑːt]

einen Gasthof
en gjestegård [en ˅jæstəgo:r]
eine Hütte
ei/en hytte [æi/en ˅hytə]
ein Privatzimmer
et privatrom [et priˈvɑːtrum]

Ist es zentral/ruhig/in Strandnähe gelegen?
Er det sentralt/rolig/i nærheten av stranda?
[æ: ɖe senˈtrɑːlt/˅ruːli/i ˈnæːrheːtən av ˈstranɑ]

Gibt es hier auch ...
Er det ... her? [æ: ɖe ... ˈhæːr]
  Hütten?
  hytter [˅hytər]
  Fischerhütten? *(an der Küste)*
  rorbuer [rurbʉer]
  einen Campingplatz?
  en campingplass [en ˈkæmpiŋplɑs]
  eine Jugendherberge?
  et ungdomsherberge [et ˈuŋdumshæːrbergə]

Hotel – Pension – Privatzimmer

Sehr ungezwungen geht es in den norwegischen *høyfjellshotell* (Berg-
hotel) zu. Nach ausgiebigem Frühstück werden Lunchpakete ge-
schmiert, am Nachmittag herrscht im Trockenraum, in dem Oberbeklei-
dung, Socken und Schuhe aufgehängt werden, Hochbetrieb. Im Foyer
treffen sich verschwitzte Wanderer und elegant gekleidete Restaurant-
gäste. Beliebtester Treffpunkt nach dem Essen ist das *peisestua* (Kamin-
zimmer), in dem sich zumeist eine gut bestückte Bibliothek befindet.

An der Rezeption

Ich habe ein Zimmer reserviert. Mein Name ist ...
Jeg har reservert et rom hos dere. Mitt navn er ...
[jæi hɑːr reserˈveːʈ et rum hus deːrə mit ˈnavn æːr]

Wir haben reserviert.
Vi har bestilt. [wi: hɑːr beˈstilt]

Haben Sie noch ein Zimmer frei?
Har dere noe ledig rom? [hɑ: ɖeːrə nuːə ˅leːdi rum]
  ... für eine Nacht
  ... for ei natt [... fɔr æi nɑt]
  ... für zwei Tage
  ... for to dager [... fɔ ʈuː ˅dɑːgər]
  ... für eine Woche
  ... for ei uke [... fɔ æi ˅ʉːkə]

85

Haben Sie Familienzimmer?
Har dere familierom? [hɑːr deːrə faˈmiljərum]

Nein, wir sind leider voll belegt.
Nei, det er dessverre fullt. [næi de æ dɛsˈværə fʉlt]

Ja, was für ein Zimmer wünschen Sie?
Ja, hva slags rom ønsker du? [jɑː vɑː ʃlɑgs rum ˅ønskə dʉ]

Ich hätte gern …
Jeg vil gjerne ha … [jæi vil ˅jæːŋə hɑː]
  ein Einzelzimmer
  et enkeltrom [et ˈeŋkəltrum]
  ein Doppelzimmer
  et dobbeltrom [et ˈdɔbəltrum]
  ein ruhiges Zimmer
  et rolig rom [et ˅ruːli ˈrum]
    mit Dusche
    med dusj [meː ˈdʉʃ]
    mit Bad
    med bad [meː ˈbɑːd]
    mit Balkon/Terrasse
    med balkong/terrasse [meː bɑlˈkɔŋ/teˈrɑsə]
    mit Blick aufs Meer/auf den Fjord
    med havutsikt/fjordutsikt [meː ˅hɑːvʉːtsikt/]

Kann ich das Zimmer ansehen?
Kan jeg få se på rommet? [kɑn jæi fɔ ˈseː pɔ ˈrumət]

Kann ich bitte noch ein anderes sehen?
Kan du vise meg et annet? [kɑn dʉ ˅viːsə mæi et ˅ɑːənt]

Dieses Zimmer nehme ich.
Jeg tar det. [jæi tɑː ˈdɛ]

Könnten Sie bitte noch ein drittes Bett/ein Kinderbett dazustellen?
Kan du sette inn ei seng til/ei barneseng?
[kɑn dʉ setə ˈin æi seŋ ˈtil/æi ˅bɑɳəseŋ]

Was kostet das Zimmer mit …, bitte?
Hva koster rommet med … [vɑː ˅kɔstər ˈrumə meː]
  Frühstück
  frokost? [ˈfruːkɔst]
  Halbpension
  halvpensjon? [˅hɑlpaŋʃuːn]
  Vollpension
  helpensjon? [˅heːlpaŋʃuːn]

Wollen Sie bitte den Anmeldeschein ausfüllen?
Kan du være så vennlig å fylle ut registreringsskjemaet?
[kɑn dʉ ˅væːrə sɔ ˅venli ɔ fylə ˈʉːt regiˈstreːriŋs …]

Darf ich Ihren Reisepass/Personalausweis sehen?
Kan jeg få se passet ditt/identitetskortet ditt?
[kɑn jæi fɔ se: ˈpɑsə dit/identiˈte:tskɔʈə dit]

Wo kann ich den Wagen abstellen?
Hvor kan jeg sette bilen? [vur kɑn jæi setə ˈbi:lən]
  In unserer Garage.
  I garasjen vår. [i gɑˈrɑːʃən voːr]
  Auf unserem Parkplatz.
  På parkeringsplassen vår. [po: pɑrˈke:riŋsplɑsən voːr]

Fragen und Bitten ➤ auch Frühstück

Bitte meinen Schlüssel.
Kan jeg få nøkkelen min? [kɑn jæi fo: ˇnøkeln min]

Ab wann gibt es Frühstück?
Når er det frokost? [nɔr æ: ɖe ˈfru:kɔst]

Wann sind die Essenszeiten?
Når serveres måltidene? [nɔ ʃerˈve:rəs ˇmo:lti:dənə]

In Hotels werden üblicherweise drei Mahlzeiten serviert: Frühstück (frokost), Mittagessen (lunsj) und Abendessen (middag), das die warme Hauptmahlzeit ist. Privat gibt es häufig auch vier Mahlzeiten: Frühstück, Mittag (um 12 Uhr), Nachmittagsessen (middag, um 16 Uhr) und Abendessen (kveldsmat).

Wo ist der Speisesaal?
Hvor er spisesalen? [vur æ: ˇspi:səsɑ:ln]

Könnten Sie mich bitte morgen früh um ... Uhr wecken?
Kan du vekke meg i morgen tidlig klokka ...?
[kɑn dʉ ˇvekə mæi i ˇmo:ɳ ˇti:dli klɔkɑ]

Könnte ich für morgen ein Lunchpaket bekommen?
Kan jeg få matpakke i morgen? [kɑn jæi fo: ˇmɑ:tpɑkə i ˇmo:rəɳ]

Würden Sie mir bitte noch eine Decke bringen?
Kan De bringe et teppe til meg? [kɑn di briɳə et tepə til mæi]

Wie funktioniert ...?
Hvordan fungerer ...? [ˈvuɖɑn fʉŋˈge:rər]

Bitte meinen Schlüssel.
Kan jeg få nøkkelen min? [kɑn jæi fo: ˇnøkeln min]

Zimmernummer 24, bitte!
Rom nr. tjuefire, takk. [rum nʉmər çʉəfi:rə tak]

Ist Post für mich da?
Er det post til meg? [æ:r de: ˈpɔst til mæi]

Wo kann ich ...
Hvor kan jeg ... [vur kan jæi]
  etwas essen?
  finne et godt spisested? [finə et gɔt ˈspiːsesteːd]
  ein Auto mieten?
  leie en bil? [ˇlæiə en biːl]

Wo kann ich hier ins Internet?
Hvordan kommer jeg på nettet? [wuːrdan kɔmər jæi poː ˈnætə]

Kann ich meine Wertsachen bei Ihnen in den Safe geben?
Kan jeg oppbevare verdisakene mine i safen Deres?
[kan jæi ˈɔpbevaːrə væˈdiːsaːkənə miːnə i ˈseifən deːrəs]

Kann ich mein Gepäck hier lassen?
Kan jeg la bagasjen min bli her? [kan jæi la baˈgaːʃen miːn bliː ˈhæːr]

Beanstandungen

Das Zimmer ist heute nicht geputzt worden.
Rommet er ikke blitt reingjort. [ˈrumə æːr ikə blit ˇræinjuʈ]

Die Klimaanlage funktioniert nicht.
Ventilasjonen virker ikke. [vəntilaˈʃuːnən ˇvirkər ikə]

Der Wasserhahn tropft.
Vannkranen drypper. [ˇvankraːnən ˈdrypər]

Es kommt kein (warmes) Wasser.
Det kommer ikke (varmt)vann. [de ˈkɔmər ikə ˈvarmtvan]

Die Toilette/Das Waschbecken ist verstopft.
Toalettet/Vasken er tett. [tuaˈletə/ˈvaskən æː ʈet]

Ich hätte gern ein anderes Zimmer.
Jeg vil gjerne ha et annet rom. [jæi vil ˇjærɳə haː et ˇanət rum]

Das Fenster schließt nicht/geht nicht auf.
Det er ikke mulig å lukke/åpne vinduet.
[de æːr ikə ˇmʉːli ɔ ˇlukə/ˇoːpnə ˇvindʉːə]

Abreise

Ich reise heute Abend/morgen um ... Uhr ab.
Jeg reiser i kveld/i morgen klokka ...
[jæi ˇræisər i ˈkvel/i ˇmoːɳ klɔka]

Bis wann müssen wir das Zimmer räumen?
Når må jeg være ute av rommet? [ˈnɔr moː jæi væːrə ˇʉːtə aːv ˈrumə]

Könnten Sie bitte die Rechnung fertig machen?
Kan du gjøre ferdig regningen? [kan dʉ jøːrə ˇfæːdi ˇræiniŋən]

Nehmen Sie Kreditkarten?
Kan jeg betale med kredittkort? [kan jæi be'ta:lə me kre'ditkɔt]

Könnten sie mir bitte ein Taxi rufen?
Kan du ringe etter en drosje til meg?
[kan dʉ ˇriŋə etər en ˇdrɔʃə til mæi]

Vielen Dank für ...! Auf Wiedersehen!
Mange takk for ...! Farvel! [ˇmaŋə 'tak fɔr far'vel]

Abendessen	middag, -en ['mida:g]
Abfalleimer	søppelbøtte, -n [søpelbøtə]
Anmeldung	innsjekking, -en, -er ['inʃekiŋ]
Aufenthaltsraum	oppholdsrom, -et, - [ˇɔphɔlsrum]
Aufzug	heis, -en, -er [hæis]
Badetuch	badehåndkle, -et, -klær [ˇba:dəhɔnkle]
Badewanne	badekar, -et, - [ˇba:dəka:r]
Badezimmer	bad, -et, - [ba:d]
Balkon	balkong, -en, -er [balˈkɔŋ]
Becher	krus, -et [krʉ:s]
Bett	seng, -a/-en, -er [seŋ]
Bettdecke	sengeteppe, -et, -er [ˇseŋətepə]
Bettwäsche	sengetøy, -et [ˇseŋətøy]
Brausenkopf	dusjhode, -t [dʉʃhu:də]
Dusche	dusj, -en, -er [dʉʃ]
Duschvorhang/Schiebetür	dusjforheng, -et [dʉʃfɔ:rheŋ]
Empfangshalle	resepsjon, -en [re:sepʃun]
Etage	etasje, -en, -er [eˈta:ʃə]
Fenster	vindu, -et, -er [ˇvindʉ:]
Fernseher	fjernsyn, -et, - [ˇfjæːŋsy:n], TV [ˇte:ve:]
Frühstück	frokost, -en, -er ['fru:kɔst]
Frühstücksbüfett	frokostbuffet, -en, -er ['fru:kɔstbyfe:]
Frühstücksraum	frokostrom, -met, - ['fru:kɔstrum]
Garage	hotellgarasje, -n [hu:telgaraʃə]
Glas	glass, -et, - [glas]
Glühbirne	lyspære, -a/-en, -er [ˇly:spæ:rə]
Halbpension	halvpensjon, -en, -er [ˇhalpaŋʃu:n]
Handtuch	håndkle, -et, -klær [ˇhɔŋkle]
Hauptsaison	høysesong, -en, -er [ˇhøysesɔŋ]
Heizung	varme, -en [ˇvarmə]
Kaminzimmer	peisestue ['pæisə stʉə]
Kinderbetreuung	barnepass, -et [ˇba:ŋəpas]
Kinderbett	barneseng, -a/-en, -er [ˇba:ŋəseŋ]
Klimaanlage	klimaanlegg, -et[kli:maanlegə]
Kopfkissen	hodepute, -a/-en, -er [ˇhu:dəpʉ:tə]
Lampe	lampe, -a/-en, -er [ˇlampə]
Licht	lys, -et [lysə]
Lichtschalter	lysbryter, -en, -e [ˇly:sbry:tər]

Lunchpaket	lunsjpakke [lønʃpakə]
Matratze.	madrass, -en, -er [maˈdras]
Minibar.	minibar, -en, -er [ˈminibɑːr]
Mittagessen	lunsj, -en, -er [lønʃ]
Motel	motell, -et, -er [muˈtel]
Nachsaison	lavsesong, -en, -er [ˇlɑːvsesɔŋ]
Nachttisch	nattbord, -et, - [ˇnɑtbuːr]
Nachttischlampe	nattbordlampe, -n [nɑtbuːrlampə]
Notizblock	notisblokk, -a/-en, -er [nuˈtiːsblɔk]
Parkplatz	parkeringsplass, -en, -er [parˈkeːriŋsplas]
Pension.	pensjonat, -et, -er [paŋʃuˈnɑːt]
Portier.	portier, -en, -er [puˈtiˈeːr]
Preisliste (z.B. für die Minibar).	prisliste, -n [priːslistə]
Radio.	radio, -en, -er [ˈrɑːdiu]
reinigen.	rense, -et, -et/-a, -a [ˇrensə]
reparieren	reparere [reːpɑˈreːrə]
Reservierung.	reservering, -en, -er [reserˈveːriŋ]
Rezeption.	resepsjon, -en, -er [resepˈʃuːn]
Safe	safe, -en, -er [seif]
Schlüssel	nøkkel, -en, nøkler [ˇnøkəl]
Schlüsselkarte.	nøkkelkort, - et, -
Schrank.	skap, -et, - [skɑːp]
Sessel	lenestol, -en.-er [leːnestul]
Speisesaal	spisesal, -en, -er [ˇspiːsəsɑːl]
Spiegel	speil, -et, - [spæil]
Steckdose.	veggkontakt, -en, -er [ˇvegkuntakt]
Stecker	stikkontakt, -en, -er [ˈstikuntakt]
Stuhl	stol, -en, er [stul]
Terrasse	terrasse, -en, -er [teˈrɑsə]
Tisch	bord, -et, - [buːr]
Toilette	toalett, -et, -er [tuɑˈlet]
Toilettenpapier	toalettpapir, -et, - [tuɑˈletpapiːr]
Transferbus	ekspressbuss, -en, -er [eksˈpresbʉs]
Trockenraum	tørkerom, -(m)et [ˇtørkəruːm]
Übernachtung.	overnatting, -en, -er [ˈoːvənatiŋ]
mit Frühstück	med frokost [me ˈfruːkɔst]
Ventilator.	vifte, -a/-en, -er [ˇviftə]
Verlängerungswoche	ei uke til [æi ˇʉːkə til]
Vollpension	helpensjon, -en, -er [ˇheːlpaŋʃuːn]
Vorsaison.	forsesong, -en, -er [ˇfɔʃesɔŋ], lavsesong -en, -er [ˇlɑːvsesɔŋ]
Waschbecken	vaskeservant, -en, -er [ˇvaskəsærvant]
Wäschewechsel	sengetøyskift, -et, - [ˇseŋətøyʃift]
Wasser	vann, -et [van]
kaltes Wasser	kaldt vann [kɑlt van]
warmes Wasser	varmt vann [varmt van]

Wasserglas	vannglass, -et, - [ˇvɑŋlɑs]
Wasserhahn	vannkran, -en, -er [ˇvɑŋkrɑːn]
Wolldecke	ullteppe, -et, -er [ˇʉltepə]
Zimmer....................	rom, -met, - [rum], værelse, -et, -er [ˇvæːrelsə]
Zimmermädchen	værelsespike, -en/-a, -er [ˇvæːrelsəspiːkə]
Zimmertelefon	romtelefon, -en, -er [ˇrumtelefuːn]
Zwischenstecker	adapter, -en, -e [ɑˈdɑptər]

Hütten und Ferienwohnungen

Ist der Strom-/Wasserverbrauch im Mietpreis enthalten?
Er strøm og vann med i leieprisen? [æː strøm ɔ ˈvɑn meː i ˇleiəpriːsən]

Sind Haustiere erlaubt?
Er det tillatt med husdyr? [æːr de tilat meː hʉsˈdyr]

Wo bekommen wir die Schlüssel für das Haus/die Wohnung?
Hvor får vi nøklene til huset/leiligheten?
[vur foːr vi ˇnøklənə til ˈhʉːsə/ˇlæilihe:tən]

Wo befinden sich die Mülltonnen?
Hvor er søppeltønnene? [vur æː ˇʃøpəltønənə]

Müssen wir die Endreinigung selbst übernehmen?
Må vi gjøre reint før vi reiser? [moː vi jøːrə ˈræint føːr vi ˇræisər]

Allgemeines

Anreisetag..................	ankomstdag, -en, -er [ˇankɔmstdɑːg]
Apartment.................	leilighet, -en, -er [ˇlæilihe:t]
Bauernhof	bondegård, -en, -er [ˈbundəgoːr]
Bungalow..................	bungalow, -en, -er [ˈbʉŋgalɔv]
Endreinigung	sluttreingjøring, -en, -er [ˈʃlʉtræinjøːriŋ]
Essecke....................	spisekrok, -en, -er [ˇspiːsəkruːk]
Ferienanlage	fritidsanlegg, -et, - [ˈfriːtidsɑnleg]
Ferienhaus.................	feriehus, -et, - [ˈfeːriəhʉːs], hytte, -a/-en, -er [ˇhytə]
Ferienwohnung.............	ferieleilighet, -en, -er [ˈfeːriəlæilihe:t]
Hausbesitzer...............	huseier, -en, -e [ˇhʉːsæiər]
Haustiere..................	husdyr [ˇhʉsdyr]
Kochnische	kjøkkenkrok, -en, -er [ˈçøkənkruːk]
Küche	kjøkken, -et, - [ˈçøken]
Miete.....................	leie, -a/-en, -er [ˇlæiə]
Müll......................	søppel, -et [ˈsøpəl]
Mülltrennung	søppelsortering,-en, -er [ˈsøpelsoːrteriŋ]
Nebenkosten...............	ekstrautgifter (pl) [ˈekstrɑʉtjiftər]
Schlafzimmer	soverom, -met, - [ˇsoːvərum]
Schlüsselübergabe...........	overlevering av nøkler [ˈoːvəleveriŋ av ˇnøklər]

91

Strom	strøm, -men [strøm]
Strompauschale	strømavgift, -en/-a, -er [ˇstrømaːvjift]
Stromspannung	(strøm)spenning, -en [(strøm)ˈspeniŋ]
Studio	ettroms leilighet [ˈetrums ˇlæilihe:t]
vermieten.	leie ut, leide, leid [læiə ˈʉːt]
Wasserverbrauch.	vannforbruk, -et [ˇvɑnfɔrbrʉːk]
Wohnzimmer	stue, -a/-en, -er [ˇstʉːə]
Zentralheizung	sentralvarme, -en [senˈtrɑːlvarmə]

Ausstattung

Backofen.	komfyr ,- en, -er [kɔmˈfyːr]
Besen	kost ,- en, -er [kust]
Bräter	grill ,- en, -er [gril]
Bügeleisen	strykejern ,- et, - [ˈstryːkəjærn]
Eierbecher	eggeglass ,- et, - [ˈægəglas]
Eimer.	bøtte ,- en, -er [ˈbøtə]
Etagenbett	etasjeseng, -a/-en, -er [eˈtɑːʃəseŋ]
Geschirr	bestikk, -et [beˈstik]
Geschirrtuch	kjøkkenhåndkle, -et, -klær [ˈçøkənhɔŋkle]
Geschirrspülmaschine	oppvaskmaskin, -en, -er [ˇupvaskmɑʃiːn]
Glas/Gläser	glass ,- et, - [glas]
Herd	komfyr, -en, -er [kumˈfyːr]
Elektroherd	elektrisk komfyr, -en, -er [eˈlektrisk kumˈfyːr]
Gasherd.	gasskomfyr, -en, -er [ˈgaskumfyːr]
Kaffeefilter.	kaffefilter ,- en, -e [ˈkafəfiltər]
Kaffeemaschine	kaffetrakter, -en, -e [ˈkafetraktər]
Kaffeelöffel	teskje [ˈteːʃeː] (- et, -er)
Kehrschaufel	feiebrett ,- et, - [ˈfeiəbræt]
Küchensieb	sikt [sikt] (- en/-a, -er)
Kühlschrank.	kjøleskap, -et, - [ˇçøːləskɑːp]
Mikrowelle.	mikrobølgeovn, -en, -er [miːkrubølgəoːvn]
Mixer.	mikser [ˈmiksər] (- en, -)
Pfanne.	stekepanne [ˈsteːkəpanə] (- en/-a, -er)
Putzmittel	rengjøringsmiddel [ˈreːnjöːriŋsmidəl] (- et, -)
Reibe.	rivjern [ˈriːwjærn] (- et, -)
Rührlöffel	slikkepott ,- en, -er [ˈʃlikəpɔt]
Schneebesen.	visp [wisp] (- en, -)
Schneidebrett	skjærebrett [ˈʃæːrebræt] (- et, -)
Schlafcouch.	sovesofa, -en, -er [ˇsoːvəsuːfɑ]
Schöpfkelle	øse [ˈøːsə] (- en/-a, -er)
Schüssel	skål [ˈskoːl] (- en/-a, -er)

Staubsauger	støvsuger ['støwsʉːgər] (- en, -e)	
Tasse.....................	kopp ,- en, -er [kop]	
Toaster	brødrister, -en, -e [˅brøːristər]	
Trockner..................	tørkeautomat ,- en, -er ['tørkəautumat]	
Waschmaschine............	vaskemaskin, -en, -er [˅vaskəmaʃiːn]	
Wasserkocher..............	vannkoker ['wankuːkər] (- en, -e)	
Wischmopp................	golvklut ,- en, -er ['gɔlwklʉt]	

Camping

Könnten Sie mir bitte sagen, ob es in der Nähe einen Campingplatz gibt?
Fins det noen campingplass i nærheten?
[fins de nuːən 'kæmpiŋplɑs i næːrhetn]

Haben Sie noch Platz für einen Wohnwagen/ein Zelt?
Har dere plass til en campingvogn/et telt?
[hɑ ɖeːrə 'plɑs til en 'kæmpiŋvɔŋn/et 'telt]

Wie hoch ist die Gebühr pro Tag und Person?
Hva koster det per dag og person? [vɑ ˅kɔstə ɖe per 'dɑːg ɔ pe'ʃuːn]

Wie hoch ist die Gebühr für ...
Hva koster det for ... [vɑ ˅kɔstə ɖe fɔr]
  das Auto?
  bilen? ['biːln]
  den Wohnwagen?
  campingvogna? ['kæmpiŋvɔŋnɑ]
  das Wohnmobil?
  bobilen? ['buːbiːln]
  das Zelt?
  teltet? ['teltə]

Vermieten Sie stationäre Wohnwagen?
Leier dere ut campingvogner? [læiə ɖeːrə 'ʉːt 'kæmpiŋvɔŋnər]

Wir bleiben ... Tage/Wochen.
Vi blir i ... dager/uker. [viː bliːr i ... ˅dɑːgər/˅ʉːkər]

Wo sind ...
Hvor er ... [vur 'æːr]
  die Toiletten?
  toalettene? [tuɑ'letənə]
  die Waschräume?
  vaskerommene? [˅vaskərumənə]
  die Duschen?
  dusjene? [˅dʉʃnə]

Gibt es hier Stromanschluss?
Fins det noe strømuttak her? [fins de nuːə ˅strømʉːtɑːk hæːr]

Gibt es hier ein Lebensmittelgeschäft?
Er det noen dagligvarebutikk her? [æ: d̥e nuən ˅dɑːgliˑvɑːrəbʉtik hæːr]

Wo kann ich Gasflaschen umtauschen?
Hvor kan jeg bytte gassflasker? [vur kan jæi bytə ˈgɑsflɑskər]

Ist der Campingplatz bei Nacht bewacht?
Er campingplassen bevoktet om natta?
[æːr ˈkæmpiŋplɑsən beˈvɔktət ɔm ˈnɑtɑ]

Camping.....................	camping, -en [ˈkæmpiŋ]
Campingausweis	campingpass, -et, - [ˈkæmpiŋpɑs]
Campingführer	campingguide, -n, -r [ˈkæmpiŋgɑid]
Campingplatz	campingplass, -en, -er [ˈkæmpiŋplɑs]
Gasflasche	gassflaske, -a/-en, -er [ˈgɑsflɑskə]
Gaskartusche	gasspatron, -en, -er [ˈgɑspɑtruːn]
Gaskocher	gassapparat, -et, - [ˈgɑsɑpɑrɑːt]
Geschirrspülbecken.........	oppvaskkum, -men, -er [˅upvɑskkum]
Hammer....................	hammer, -en [˅hɑmər]
Hering, Zeltpflock	teltplugg, -en, -er [ˈteltplʉg]
Jugendherberge	ungdomsherberge, -et , -er
	[˅uŋdumshæːrbergə],
	vandrerhjem, -met, - [˅vɑndrərjem]
Kocher	kokeapparat, -et, -er [˅kuːkəɑpɑrɑːt]
Tagesraum.................	oppholdsrom, -met, - [˅uphɔlsrum]
Petroleumlampe............	petroleumslampe, -a/-en, -er
	[peˈtrulɛumslɑmpə]
Propangas	propangass, -en [pruˈpɑːngɑs]
Steckdose.................	veggkontakt, -en, -er [˅vegkuntɑkt]
Stecker	stikkontakt, -en, -er [ˈstikuntɑkt]
Strom	strøm, -men [strøm]
Stromanschluss .,,,,.	strømuttak, -et, - [˅strømʉtɑːk]
Studentenwohnheim........	studenthjem, -met, - [stʉˈdentjem]
Trinkwasser	drikkevann, -et [˅drikəvɑn]
Voranmeldung	bestilling, -en, -er [beˈstiliŋ]
Waschraum................	vaskerom, -met, - [˅vɑskərum]
Wäschetrockner............	tørketrommel, -en, -tromler
	[˅tørkətrumɘl]
Wasser...................	vann, -et [vɑn]
Wasserkanister............	vannkanne, -a/-en, -er [˅vɑnkɑnə]
Wohnmobil	bobil, -en, -er [ˈbuːbiːl]
Wohnwagen	campingvogn, -a/-en, -er
	[ˈkæmpiŋvɔŋn]
Zelt	telt, -et, - [telt]
zelten	telte, -et, -et/-a, -a [˅teltə]
Zeltschnur	teltsnor, -a/-en, -er [ˈteltsnuːr]
Zeltstange	teltstang, -a/-en, -stenger [ˈteltstɑŋ]

Gastronomie

Vel bekomme – Guten Appetit!

Gastronomisch hat sich Norwegen zu einem Land der Gegensätze entwickelt. In keinem europäischen Land werden so viele *pølser* (Würstchen) verkauft, gleichzeitig sind Norwegens Meisterköche bei internationalen Meisterschaften seit Jahren ganz oben dabei. Die kräftige Hausmannskost, die die norwegische Küche auszeichnet, ist in den *veikro* (Raststätten) und *gatekjøkken* (Imbisse) kaum noch zu finden, dafür aber reichlich Fastfood. Chinesische und Pizza-Restaurants gibt es selbst in kleineren Orten, die fleischintensive türkische oder Balkan-Küche wird man vielerorts vergeblich suchen.

Eine schmackhafte erste Begegnung mit der norwegischen Küche ist *rømmegrøt* (Rahmbrei) oder ein gutes Fischgericht wie z.B. *fersk torsk* (frischer Dorsch), der zumeist nur mit Salzkartoffeln, Karotten und flüssiger Butter serviert wird. Eine empfehlenswerte Wildspezialität ist *finnebiff* – geschnetzeltes Rentierfleisch, zu dem der Kartoffelmus und Preiselbeermarmelade gehören. Sehr viele Speiselokale haben bis 17 Uhr sogenannte *lunsjretter* – kleinere Portionen, von denen man aber satt werden kann.

Da das warme Mittagessen am Abend eingenommen wird, öffnen viele Restaurants erst am späten Nachmittag ihre Türen.

Es ist üblich, zum Essen *kaldt vann* (Leitungswasser) zu bestellen. Das schont die Reisekasse und sichert ein ungestörtes Geschmackserlebnis.

Essen gehen

Wo gibt es hier ...
Hvor er det... [vur æːr ḑe]
  ein gutes Restaurant?
  en god restaurant? [en guː restæʉ'raŋ]
  ein nicht zu teures Restaurant?
  en ikke altfor dyr restaurant? [en ikə ɑltfɔr 'dyːr restæʉ'raŋ]
  einen Schnellimbiss?
  en snackbar/et gatekjøkken? [en 'snækbɑːr/et ˅gɑːtəçøkən]

Wo kann man hier in der Nähe gut/preiswert essen?
Er det et godt/rimelig spisested i nærheten?
[æːr de et gɔt/riːmeli spiːsəsteːd i nærheːtən]

Im Restaurant

Ich möchte für heute Abend einen Tisch für 4 Personen reservieren.
Jeg vil gjerne bestille et bord for 4 personer til i kveld.
[jæi vil ˅jæːrnə be'stilə et burː foːr fiːrə per'ʃunər i kvæl]

Ist dieser Tisch noch frei?
Er dette bordet ledig? [æː ˅ḑetə 'buːrə ˅leːdi]

Typische norwegische Gaststätten:

restaurant – Sehr oft mit einem Hotel verbunden und ideal für ein ausgiebiges Drei-Gänge-Mittagessen am Abend.

kafé – Die Bezeichnung verwirrt, denn die meisten dieser Gasthäuser haben eine gute Küche. Eine kleine Faustregel: In den größeren Städten haben Restaurants mit *Kafé* im Namen das beste und internationalste Menü.

bar – Lokal, in dem man allerlei Getränke bekommt und das meist bis zur Sperrstunde geöffnet hat. Eine Variante ist die *dansebar*.

kafeteria – Cafeteria, Selbstbedienungsrestaurant. Besonders an den Hauptverkehrsstraßen des Landes sind diese Gaststätten sehr verbreitet, dort heißen sie oft *veikro*.

konditori – entspricht dem deutschen Café, auch wenn die Kuchenauswahl etwas bescheidener ausfällt.

snackbar/gatekjøkken – Schnellimbiss für den Happen zwischendurch, der den Hunger stillen soll.

Einen Tisch für zwei/drei Personen, bitte.
Et bord for 2/3 personer takk. [et ˈbuːr fɔ ˈtuː/ˈtreː peˈʃuːnə ʈɑk]

Wo sind bitte die Toiletten?
Unnskyld, hvor er toalettet? [ˈʉnʃyl vur æ: ʈuɑˈletə]

Darf ich rauchen?
Kan jeg røyke? [kɑn jæi ˇrøykə]

Raucher müssen draußen bleiben
Raucher gibt es in Norwegen zwar auch, aber weder in öffentlichen Gebäuden, Restaurants, Kneipen oder auf Fähren ist das Rauchen erlaubt. Bei Privatbesuchen empfiehlt es sich, gar nicht erst zu fragen, sondern sich lieber für ein paar Minuten nach draußen zu verabschieden. Denn dort trifft man selbst im tiefsten Winter die Leidensgenossen. Mittlerweile haben die meisten Gaststätten Sitzplätze unter freiem Himmel – mit Heizlampen und Wolldecken als kleinem Trost.

Bestellung

Herr Ober/Bedienung,
Kelner, kan jeg få ... [ˈkelnər kɑn jæi fɔ:]
die Speisekarte, bitte.
menyen? [meˈnyen]
die Getränkekarte, bitte.
drikkekartet? [ˈdrikəkartə]

Was können Sie mir empfehlen?
Hva anbefaler du? [vɑ ˈɑnbefɑːlə dʉ]

Haben Sie eine lokale Spezialität?
Har dere en lokal spesialitet? [hɑːr dærə en lukal speːsialiteːt]

Haben Sie vegetarische Gerichte/Diätkost?
Har dere vegetarkost? [ha: d̥e:rə vegeˈtaːrkɔst]

Gibt es auch Kinderportionen?
Har dere barneporsjoner også? [ha: d̥e:rə ˅baːnəpuʃunər ɔsɔ]

Haben Sie schon gewählt?
Har du bestemt deg? [ha: d̥ʉ bestemt dæi]

Ich nehme ...
Jeg tar ... [jæi taːr]

Als Vorspeise/Hauptgericht/Nachtisch nehme ich ...
Til forrett/dessert/hovedrett tar jeg ...
[til ˅fɔret/deˈsæːr/˅huːvədret taːr jæi]

Ich möchte keine Vorspeise, danke.
Jeg står over forretten, takk! [jæi stoːr oːver foːreten tak]

Wir haben leider kein/e ... (mehr).
Dessverre er det slutt på ... [desˈværə æː d̥e ˈʃlʉt pɔ]

Dieses Gericht servieren wir nur auf Bestellung.
Denne retten lager vi bare på forhåndsbestilling.
[dænə ˅rætən lagər vi barə po: ˈfɔrhɔnsbeːstiliŋ]

Könnte ich statt ... ... haben?
Kan jeg få ... i stedet for ...? [kan jæi fo: ... i ˈsteːdə fɔr]

Ich vertrage kein/e ... Könnten Sie das Gericht ohne ... zubereiten?
Jeg tåler ikke ... [jæi ˈtoːlər ikə ...] Kan du lage denne retten uten ... [kan dʉ laːgə denə ˈretən ˅ʉːtən]

Wie möchten Sie Ihr Steak haben?
Hvordan vil du ha biffen? [vudˌan vil dʉ ha: ˈbifən]
  gut durch
  godt stekt [gɔt ste:kt]
  halb durch
  medium [ˈmediʉm]
  englisch
  rå [ro:], blodig [˅bluːdi]

Was möchten Sie trinken?
Hva vil du ha å drikke? [va: vil dʉ ˈha: ɔ ˅drikə]

Bitte ein Glas ...
Et glass ... takk. [et glas ... tak]

Bitte eine (halbe) Flasche ...
En (halv) flaske ... takk. [en hal ˅flaskə ... tak]

Mit Eis, bitte.
Med is, takk. [me ˈiːs tak]

Guten Appetit!
God appetitt! [gu: apəˈtit]/Håper det smake! [ˇhoːpə de ˇsmɑːkə]

Zum Wohl!
Skål! [skoːl]

Haben Sie noch einen Wunsch?
Er det ellers noen ønsker? [æ: d̞e ˈeləʃ nuːən ˇønskər]

Bitte bringen Sie uns ...
Vi vil gjerne ha ... [vi vil ˇjæːɳə haː]

Könnten Sie uns noch etwas Brot/Wasser bringen?
Kunne vi få litt mer brød/vann? [kʉnə vi foː lit meːr brø/vann]

Beanstandungen

Hier fehlt ein/e ...
Her mangler det en/et ... [hæːr ˇmɑŋlər de en/et]

Haben Sie mein/e ... vergessen?
Har du glemt ... mi/min/mitt/mine?
[hɑ: dʉ ˈglemt ... mi:/min/mit/miːnə]

Das habe ich nicht bestellt.
Det har jeg ikke bestilt. [ˈde: hɑːr jæi ikə beˈstilt]

Das Essen ist kalt/versalzen.
Maten er kald/for salt. [ˈmɑːtən æːr ˈkɑl/fɔ ˈʃalt]

Das Fleisch ist zäh/zu fett.
Kjøttet er seigt/for fett. [ˈçøtə æː ʃæigt/fɔr ˈfet]

Der Fisch ist nicht frisch.
Fisken er ikke fersk. [ˈfiskən æːr ikə ˈfæʃk]

Nehmen Sie es bitte zurück.
Vær vennlig og ta det tilbake. [væːr ˇvenli ɔ taː de ˈtilbɑːkə]

Holen Sie bitte den Chef.
Kan du hente hovmesteren? [kɑn dʉ ˇhentə ˇhuːvmestərən]

Die Rechnung

Die Rechnung/Bezahlen, bitte!
Kan jeg/vi få betale? [kɑn jæi/vi: fɔ beˈtɑːlə]

Bitte alles zusammen.
Alt på samme regning, takk. [ɑlt pɔ ˇsamə ˇræiniŋ tɑk]

Könnten Sie bitte getrennte Rechnungen machen?
Vi betaler hver for oss, takk. [vi beˈtɑːlər væːr fɔr ˈɔs tɑk]

Die Rechnung scheint mir nicht zu stimmen.
Jeg synes ikke regningen stemmer. [jæi ˇsyːnəs ikə ˇræiniŋən ˇstemər]

Das habe ich nicht gehabt.
Det har jeg ikke fått. [ˈde hɑːr jæi ikə fɔt]

Hat es geschmeckt?
Smakte det? [ˇsmɑktə deː]

Das Essen war ausgezeichnet.
Maten var utmerket. [ˈmɑːtən vɑːr ˈʉːtmerkət]

Das ist für Sie.
Det er til deg. [de æ ʈil ˈdæi]

Es stimmt so.
Det er greit. [de æːr ˈgræit]

> Auch in der Familie sagt man nach der Mahlzeit *Takk for maten* (Danke fürs Essen).

Café

Je norwegischer das Café, desto kleiner das Angebot. Jede Hafenstadt hat ihr *brun kafé* mit an Land gegangenen Seeleuten, einfachem Mobiliar und einer Speisekarte, die sich durch solide Hausmannskost auszeichnet. Mit Einführung des Rauchverbots in allen Gaststätten ist es zwar um die braune Tönung schlechter bestellt, doch die Stammkunden kommen auch weiterhin. Spendieren ist nicht üblich, und in den meisten Kneipen wird für das Bier sofort bezahlt. Es kann vorkommen, dass zum Kaffee keine Milch und kein Zucker, zum Tee keine Milch gereicht werden. Flaschenbier ist in Gaststätten eher selten. Wer ein Bier bestellt, bekommt es normalerweise vom Fass und als halben Liter ohne Schaum.

Was trinken Sie?
Hva drikker du? [va ˈdrikər dʉ]

Ich hätte gern einen Tee.
En te, takk! [en teː tak]

Ich möchte einen Kaffee, bitte.
En kaffe, takk! [en ˈkɑfə tak]
   ... mit Milch/Zucker
   ... med melk [meː melk]
   ... mit Sahne
   ... med fløte [meː fløtə]
   ... mit Zucker
   ... med sukker [meː sukər]
   ... einen Espresso
   ... en espresso [en espreso]

... Café latte
... en kaffe latte [en ˈkɑfə ˈlatə]

Ein Bier, bitte.
En halvliter/en øl. [en ˅hɑlliːtər/en øl]

Das Gleiche noch einmal, bitte.
Det samme, takk! [de sɑmə tɑk]

Was gibt es bei Ihnen zu essen?
Går det an å få noe å spise ? [goːr de ɑːn oː foː nue oː ˅spiːsə]

➤ **auch Lebensmittel**

Abendessen	middag, -en [ˈmidɑːg]
alkoholfrei	alkoholfri [ɑlkuˈhuːlfriː]
Aschenbecher	askebeger, -et, - [˅askəbeːgər]
Beilage	tilbehør, -et, - [˅tilbehøːr]
Besteck	bestikk, -et [beˈstik]
Bestellung	bestilling, -en, -er [beˈstiliŋ]
Diabetiker/in	diabetiker, -en, -e [diaˈbeːtikər]
Dressing	dressing, -en, -er [ˈdresiŋ]
Essig	eddik, -en [ˈedik]
fettarm	lavfett [ˈlɑːwfet]
Fleck	flekk, en, er [flek]
Frühstück	frokost, -en, -er [ˈfruːkɔst]
Gabel	gaffel, -en, gafler [ˈgɑfəl]
Gang	gir, -et, - [giːr]
Gedeck	kuvert, -en, -er [kʉˈvet]
Gericht	rett, -en, -er [ret]
Getränk	drikk, -en, -er [˅drikə]
Gewürz	krydder, -et, - [ˈkrydər]
Glas	glass, -et, - [glas]
Wasserglas	vannglass, -et, - [˅vɑnglas]
Weinglas	vinglass, -et, - [˅viːnglas]
Gräte	fiskebein, -et, - [˅fiskəbæin]
hart	hard [hɑːr]
Hauptspeise	hovedrett, -en, -er [˅huːvədret]
hausgemacht	hjemmelaget [˅jeməlɑːgət]
heiß	varmt [vɑrmt],
hungrig sein	være sulten [væːrə ˅sʉltən]
kalorienarm	lavkalori [ˈlɑːwkaluriː]
Karaffe	karaffel, -en, -karafler [kɑˈrafəl]
Kellner/in	kelner, -en, -e [ˈkelnər]
Ketschup	ketchup, -en [ˈketʃʉp]
Kinderteller	barneporsjon, -en, -er [˅bɑːɳəpuʃuːn]
Knochen	bein, -et, - [bæin]
Koch/Köchin	kokk, -en, -er/kokke, -a, -er [kɔk/˅kɔkə]

Korkenzieher	korketrekker, -en, -e [˅kɔrkətrekər]
lieblich (Wein)	halvtørr [˅haltør]
Löffel	skje, -en/-a, -er [ʃeː]
Teelöffel	teskje, -en/-a, -er [ˈteːʃeː]
Mayonnaise	majones, -en [majuˈneːs]
Menü	meny, -en, -er [meˈnyː]
Messer	kniv, -en, -er [kniːv]
Mittagessen	lunsj, -en, -er [lønʃ]
Nachtisch	dessert, -en, -er [deˈsæːr]
Ober	kelner, -en, -e [ˈkelnər]
Öl	olje, -en [˅ɔljə]
Pfannengericht	pannerett, -en, -er [˅panəret]
Pfeffer	pepper, -en [ˈpepər]
Pfefferstreuer	pepperbøsse, -a/-en, -er [˅pepərbøsə]
Portion	porsjon, -en, -er [puˈʃuːn]
Rost	grill, -en, -er [gril]
Salatbüfett	salatbuffet, -en, -er [saˈlɑːtbyfeː]
Salz	salt, -et [salt]
Salzstreuer	saltbøsse, -a/-en, -er [˅saltbøsə]
Scheibe	skive, -a/-en, -er [˅ʃiːvə]
Schonkost	diettmat, -en [diˈetmɑːt]
Schüssel	fat, -et, - [fɑːt]
Senf	sennep, -en [ˈsenep]
Serviette	serviett, -en, -er [serviˈet]
Soße	saus, -en, -er [sæʉs]
Speisekarte	spisekart, -et, - [˅spiːsəkɑt], meny, -en, -er [meˈny]
Spezialität	spesialitet, -en, -er [spesiuliˈteːt]
Strohhalm	sugerør, -et, - [˅sʉːgərøːr]
Suppe	suppe, -a/-en, -er [˅sʉpə]
Suppenteller	suppetallerken, -en [˅sʉpətaˈlærkən]
Süßstoff	søtningsmiddel, -et, -midler [˅søːtniŋsmidəl]
Tagesgericht	dagens rett, -en, -er [ˈdɑːgəns ret]
Tasse	kopp, -en, -er [kɔp]
Untertasse	asjett, -en [aˈʃet]
Teller	tallerken, -en, -er [taˈlærkən]
Tischtuch	duk, -en, -er [dʉːk]
Trinkgeld	drikkepenger (pl) [˅drikəpeŋər]
trocken (Wein)	tørr [tør]
vegetarisch	vegetarisk [vegeˈtɑːrisk]
Vorspeise	forrett, -en, -er [˅fɔret]
Wasser	vann, -et [van]
würzen	krydre, -et, -et/-a, -a [˅krydrə]
Zahnstocher	tannpirker, -en, -e [˅tanpirkər]
Zucker	sukker, -et [ˈsukər]

Zubereitung

durchgebraten	gjennomstekt [ˈjenumsteːkt]
gar	ferdigkokt [ˇfæːḍikukt]
gebacken	bakt [bɑːkt]
gebraten	stekt [steːkt]
am Spieß	på spidd [pɔ ˈspid]
vom Grill	grillet [ˇgrilət]
in der Pfanne	i panna [i ˇpɑnɑ]
gedämpft	dampkokt [ˈdɑmpkukt]
gedünstet	dampkokt [ˈdɑmpkukt]
gefüllt	fylt [fylt]
gekocht	kokt [kukt]
geräuchert	røkt [røːkt]
geröstet	ristet [ˇristət]
geschmort	grytestekt [ˇgryːtəsteːkt]
hart (gekocht)	hardkokt [ˇhɑrkukt]
mager	mager [ˈmɑːgər]
roh	rå [roː]
saftig	saftig [ˇsɑfti]
sauer	sur [sʉːr]
scharf	skarp [skɑrp], sterk [stærk]
süß	søt [søːt]
überbacken	gratinert [gratiˈneːʈ]
weich (gekocht)	bløtkokt [bløːtkukt]
zäh	seig [sæig]
zart	mør [møːr]

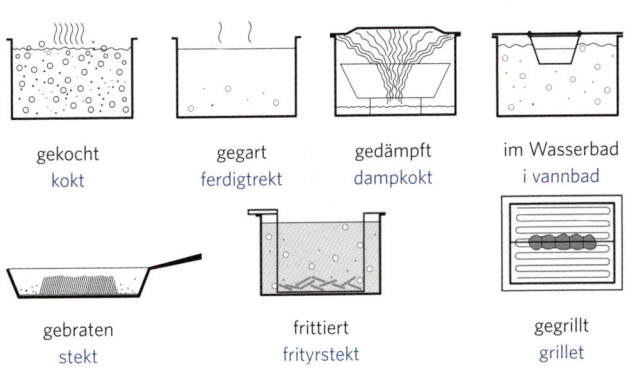

gekocht
kokt

gegart
ferdigtrekt

gedämpft
dampkokt

im Wasserbad
i vannbad

gebraten
stekt

frittiert
frityrstekt

gegrillt
grillet

Ich hätte gern ...
Jeg vil gjerne ha ...

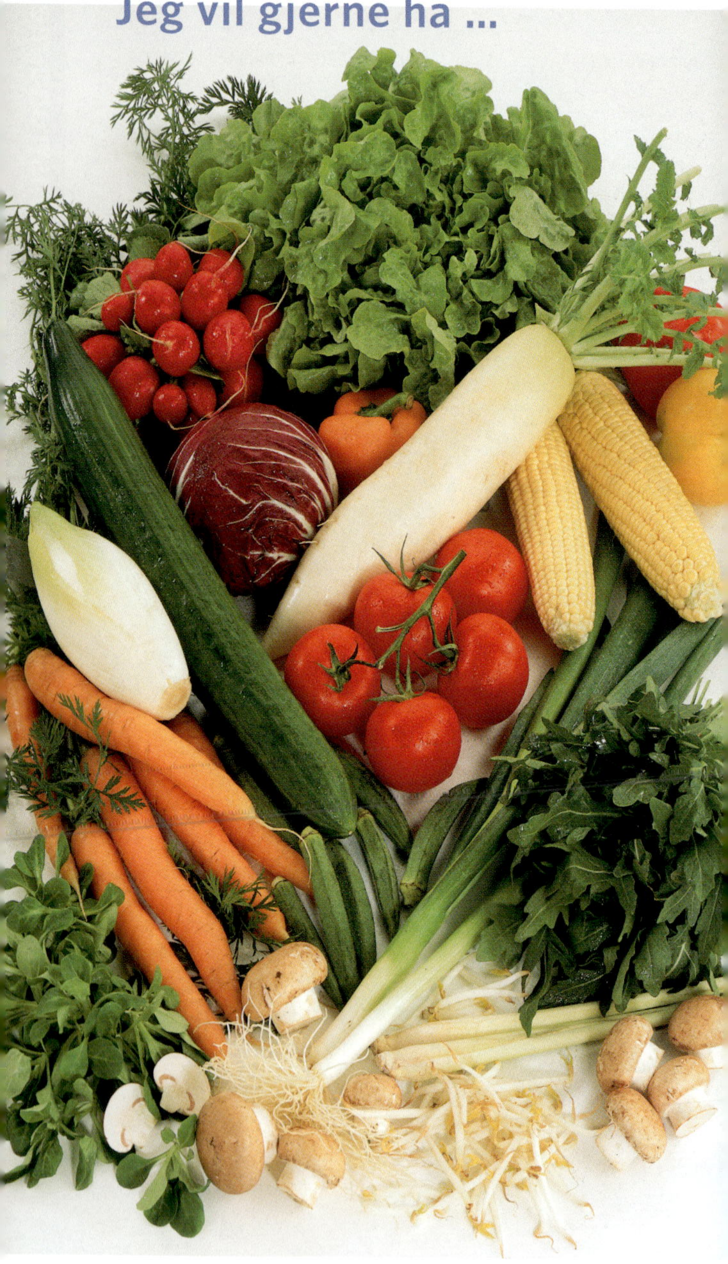

Knoblauch
hvitløk, -en, -er

Zwiebel
løk, -en, -er

Dill
dill

Lorbeer
laurbær, -et, -

Rosmarin
rosmarin, -en

Majoran/Oregano
majoran/oregano

Koriander
koriander

Petersilie
persille, -en

Basilikum
basilikum, -et

Chili
chilli

Peperoni
peperoni, -en

Schnittlauch
gressløk

Salbei
salvie

Kerbel
kjørvel

Thymian
timian, -en

Bohnenkraut
sommer-/
vintersar

Liebstöckl
løpstikke

Ich hätte gern ...
Jeg vil gjerne ha ...

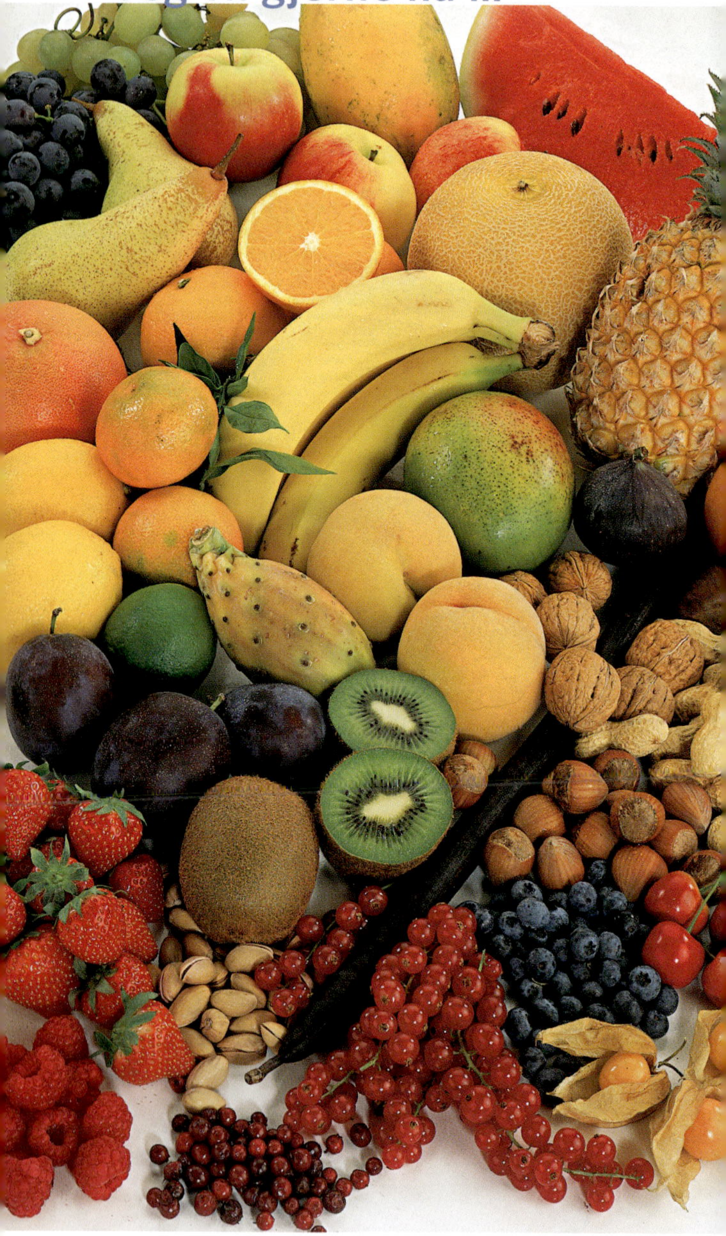

Ich hätte gern …
Jeg vil gjerne ha …

Meny	Speisekarte

Frokost / Frühstück

Meny	Speisekarte
Svart kaffe ['svaʈ 'kafe]	schwarzer Kaffee
Kaffe med melk ['kafe me: 'melk]	Kaffee mit Milch
Koffeinfri kaffe [kɔfe'infri: 'kafe]	Koffeinfreier Kaffee
Te med melk/sitron	Tee mit Milch/Zitrone
['te: me: 'melk/si'tru:n]	
Urtete [ˇuʈəte:]	Kräutertee
Sjokolade [ʃukuˇlɑːdə]	Schokolade
Fruktsaft/juice ['fruktsaft/dʒuːs]	Fruchtsaft
Bløtkokt egg [ˇbløːtkukt eg]	weiches Ei
Eggerøre [ˇegərøːrə]	Rühreier
Egg og bacon ['eg ɔ 'beikən]	Eier mit Speck
Brød [brøː]	Brot
Rundstykke ['runstykə]	Brötchen
Ristet brød [ˇristət 'brøː]	Toast
Horn ['huːɳ]	Hörnchen
Smør [smøːr]	Butter
Ost [ust]	Käse
Pølse [ˇpølsə]	Wurst
Skinke [ˇʃiŋkə]	Schinken
Honning [ˇhɔniŋ]	Honig
Syltetøy [ˇsyltətøy]	Marmelade
Musli ['musli]	Müsli
Yoghurt ['jɔgəʈ]	Joghurt
Frukt ['frukt]	Obst

Forretter / Vorspeisen

Meny	Speisekarte
Avocado med lodderogn	Avocado mit Laich von dem
[ɑvuˈkɑːdu me: ˇlɔdərɔŋn]	Kapilan/der Lodde
Gravlaks [ˇgrɑːvlaks]	rohgebeizter Lachs
Kryddersild ['krydərsil]	Gewürzhering
Rekecocktail [ˇreːkəkɔkteil]	Krabbensalat in Mayonnaise
Røkelaks [ˇrøːkəlaks]	geräucherter Lachs
Rømmegrøt [ˇrømməgrøːt]	Milchbrei mit viel Fett (35 %)
Salater [saˈlɑːtər]	Salate
Speket reinsdyrkjøtt	Gepökeltes Rentierfleisch
[ˇspeːkət 'ræinsdyːrçøt]	
Tomatsild [tuˈmɑːtsil]	Tomatenhering

Supper / Suppen

Meny	Speisekarte
Ertesuppe [ˇæʈəsupə]	Erbsensuppe
Fersk suppe [feʃk ˇsupə]	Suppe mit gekochtem, frischem Fleisch und Gemüse

Fiskesuppe [ˇfiskəsʉpə] . . . . Fischsuppe
Trøndersodd [ˈtrønəʃɔd] . . . . Fleischbrühe m. Fleischklößchen

Fisk och skalldyr — Fisch und Schalentiere

Blåskjell [ˇbloːʃel]	Miesmuscheln
Fiskeboller [ˇfiskəbɔlər]	Fischklößchen
Fiskepudding [ˇfiskəpʉdiŋ]	Fischpudding
Gjedde [ˇjedə]	Hecht
Hummer [humər]	Hummer
Kreps [kreps]	Flusskrebs
Kveite [ˇkvæitə]	Heilbutt
Laks [lɑks]	Lachs
Lutefisk [ˇlʉːtəfisk]	Eingeweichter Stockfisch
Makrell [mɑˈkrel]	Makrele
Reker [ˇreːkər]	Garnelen
Rødspette [ˇrøːspetə]	Scholle
Sei [sæi]	Köhler
Sik [siːk]	Renke
Spekesild [ˇspeːkəsil]	Eingelegter Hering
Steinbit [ˇstæinbiːt]	Steinbeißer
Torsk [tɔʃk]	Dorsch
Ørret [ˇøret]	Forelle
Ål [oːl]	Aal

Kjøttretter — Fleischgerichte

Elgsteik [ˇelgstæik]	Elchbraten
Fårikål [ˈfoːrikoːl]	Hammel- und Kohleintopf
Ferskt kjøtt [ˈfeʃkt ˈçøt]	Gekochtes Rindfleisch mit Gemüse und heller Soße
Hjortesteik [ˇjuʈəstæik]	Hirschbraten
Kalkun [kɑlˈkʉːn]	Truthahn
Kjøttkaker [ˇçøtkɑːkər]	Frikadellen in brauner Soße
Knackpølse [ˈknɑkpølsə]	Knackwurst
Kylling [ˇcyliŋ]	Hähnchen
Lammefrikassé [ˇlɑməfrikɑˈseː]	Lammfrikassee
Lammekoteletter [ˇlɑməkuʈəletər] . . .	Lammkotelett
Lammesteik [ˇlɑməstæik]	Lammbraten
Oksesteik [ˇuksəstæik]	Rinderbraten
Rådyrsteik [ˈroːdyːʃtæik]	Rehbraten
Reinsdyrsteik [ˈræinsdyːʃtæik]	Rentierbraten
Spakemat [ˇspeːkəmɑːt]	Kaltes, gepökeltes Dörr- oder Rauchfleisch
Svinekotelett [ˇsviːnəkuʈəlet]	Schweinekotelett
Svinesteik [ˇsviːnəstæik]	Schweinebraten
Vilt [vilt]	Wild
Wienerpølse [ˈviːnərpølsə]	Wienerwurst

Grønnsaker	Gemüse
Agurksalat [aˈgʉrksala:t]	Gurkensalat
Bakte poteter [baktə puˈte:tər]	gebackene Kartoffeln
Blandet salat [ᵛblanət saˈla:t]	Gemischter Salat
Blomkål [ˈblumko:l]	Blumenkohl
Erter [ˈæʈər]	Erbsen
Gulerøtter [ᵛgʉ:lərøtər]	Möhren
Hodekål [ᵛhu:dəko:l]	Weißkohl
Kål [ko:l]	Kohl
Kantarell [kantaˈrel]	Pfifferlinge
Løk [lø:k]	Zwiebeln
Potet(mos) [puˈte:t(mu:s)]	Kartoffel(brei)
Rødkål [ˈrø:ko:l]	Rotkohl
Sopp [sɔp]	Pilz
Steinsopp [ᵛstæinsɔp]	Steinpilz

Koldtbord	Kaltes Büffet
Smørbrødliste [smørbrø:listə]	Sandwichliste
Egg og ansjos [eg ɔ anˈʃu:s]	Brot mit gekochtem Ei und Anschovis
Fiskekabaret [ᵛfiskəkabare:]	Brot mit Fisch und Gemüse in Aspik
Karbonade [karbuᵛna:də]	Brot mit Frikadelle
Leverpostei med syltede rødbeter ['le:vərpustæi me ᵛsyltədə ˈrø:be:tər]	Brot mit Leberpastete und eingemachter roter Beete
Leverpostei med syltede agurker ['le:vərpustæi me ᵛsyltədə aˈgʉrkər]	Brot mit Leberpastete und Gewürzgurken
Ost [ust]	Brot mit Käse verschiedener Art
Patentsmørbrød [paˈtentsmørbrø:d]	Brot mit Spiegelei und Speck
Rekesmørbrød [re:kəsmørbrø:]	Brot mit Krabben und Mayonnaise
Roastbiff [ˈroustbif]	Brot mit Roastbeef
Skinke og italiensk salat [ᵛʃiŋkə ɔ italiˈe:nsk saˈla:t]	Brot mit gekochtem Schinken und italienischem Salat
Svinesteik (kald) [svi:nəstæik]	Brot mit kaltem Schweinebraten

Dessert	Dessert
Fruktkompott [ˈfrʉktkɔmpɔt]	Obstkompott
Fruktsalat [frʉktsala:t]	Obstsalat
Is [i:s]	Eis
sjokolade [ʃukuᵛla:də]	Schokolade
jordbær [ˈjurbæ:r]	Erdbeere
vanilje osv. [vaᵛniljə]	Vanille usw.
Jordbær med fløte [ˈju:rbæ:r me ᵛflø:tə]	Erdbeeren mit Sahne
Karamellpudding [karamelpʉdiŋ]	Karamellpudding
Moltekrem [ᵛmɔltəkre:m]	Moltebeeren mit Schlagsahne
Osteanretning [ᵛustəanretniŋ]	Käseplatte

Riskrem ['riːskreːm]. . . . . Milchreis mit Schlagsahne
                                            und roter Soße
Rødgrøt med fløte . . . . Rote Grütze mit Sahne
['røːgrøːt me ˅fløːtə]

Bakverk   Gebäck und Torten

Bløtkake [˅bløːtkaːkə]. . . . . Torte
Boller [˅bɔlər]. süße Brötchen (mit Rosinen)
Eplekake [˅eplakaːkə]. . . . . Apfelkuchen
Julekake [˅juːlakaːkə]. . . . . Rosinenbrot
Lefse [˅læfsə] . . . . weicher, dünner Fladen aus
                                            Kartoffeln und Mehl gebacken
Rullade [rʉ˅laːdə] . . . . Biskuitrolle
Småkaker [˅smoːkaːkər] . . . . Plätzchen
Vannbakkels [˅vɑnbɑkəls] . . . . Windbeutel
Wienerbrød ['viːnərbrøː]. . . . . Plundergebäck

Drikkevarer   Getränkekarte

Alkoholfritt   Alkoholfreie Getränke

Kaffe ['kɑfe] . . . . Kaffee
Te [teː] . . . . Tee (schwarz)
  med sitron [me si'truːn]. . . . . mit Zitrone
Sjokolade [ʃukʉ˅laːdə]. . . . . Schokolade
Kakao ['kɑːkɑu] . . . . Kakao
Helmelk [melk] . . . . Vollmilch
Lettmelk ['letmelk] . . . . Fettarme Milch
Brus [brʉːs]. . . . . Limonade
Juice [jʉːs]. . . . . Juice
Saft [sɑt]. . . . . Fruchtsaft
Vann [vɑn] . . . . Wasser
Alkoholfri vin [ɑlkuˈhuːlfri viːn] . . . . . alkoholfreier Wein

Alkoholholdig   Alkoholische Getränke

Akkevitt [ɑkəˈvit]. . . . . Aquavit
Brennevin [brenəviːn]. . . . . Branntwein
Likør [liˈkøːr]. Likör
Rom [rum]. . . . . Rum
Vin [viːn] . . . . Wein
  Hvitvin ['viːtviːn] . . . . Weißwein
  Rødvin ['røːviːn]. . . . . Rotwein
  Hetvin ['heːtviːn] . . . . Südwein
Øl [øl]. . . . . Bier
  Fatøl [˅fɑːtøl] . . . . Fassbier

Besichtigungen und Ausflüge

Jeder etwas größere Ort hat ein *turistkontor* oder eine *turistinformasjon*. In den großen Städten liegen sie mitten in der Stadt – in Oslo im Rathaus, in Bergen am Fischmarkt –, an der Küste oftmals nahe eines Fähranlegers, im Lande nahe des Busbahnhofs. Was unter *severdigheter* angeboten wird, kann ein Museum sein, ein architektonisches Highlight, eine historische Siedlung oder eine von der Natur geschaffene Attraktion. Museen gibt es zu jedem Thema, das Spektrum reicht von der *Nasjonalgalleriet* in Oslo bis zur Almhütte in Gålå bei Lillehammer, in der der braune Ziegenkäse erfunden wurde, und dem Norwegischen Trockenfischmuseum in Å. Sie alle haben eines gemeinsam: Der Eintritt kostet sehr wenig, für Kinder zumeist gar nichts.

Zoologische Gärten gibt es kaum. *Dyreparken* in Kristiansand ist ein eher traditioneller Tierpark, der Polarzoo bei Tromsø hingegen ein exotisches Erlebnis für Groß und Klein. Der Trend zum Funpark ist auch nördlich des Skagerrak zu beobachten. Überall in Südnorwegen gibt es mittlerweile *badeland* oder *fornøyelsesparker,* der größte und bekannteste ist *Tusenfryd* etwas südlich von Oslo.

Im Fremdenverkehrsamt

Ich hätte gern einen Stadtplan von …
Kan jeg få et (by)kart over …? [kɑn jæi foː et ˈbyːkɑt oːvər]

Haben Sie einen Veranstaltungskalender für diese Woche?
Har dere et program over hva som skjer denne uka?
[hɑ ɖeːrə et pruˈgrɑm oːvər vɑ sɔm ˈʃeːr denə ˅ʉːkɑ]

Gibt es Stadtrundfahrten?
Er det rundturer i byen? [æ ɖe ˅rʉntuːrər i ˈbyːən]

Was kostet denn die Rundfahrt, bitte?
Hva koster rundturen? [vɑ ˅kɔstər ˅rʉntuːŋ]

Sehenswürdigkeiten – Museen

Öffnungszeiten, Führungen, Eintrittskarten

Können Sie mir bitte sagen, welche Sehenswürdigkeiten es hier gibt?
Hvilke severdigheter er det her? [vilkə seˈværdiheːtər æ ɖe hæːr]

Sie müssen unbedingt … besichtigen/besuchen.
Du må få med deg … [dʉ moː fo meː dæi]

Wir möchten … besichtigen.
Vi vil gjerne se … [vi vilə ˅jæːɳə seː]

Wann ist das Museum geöffnet?
Når er museet åpent? [nɔr æːr mʉˈseːə ˅oːpənt]

116

Wann beginnt die nächste Führung?
Når begynner neste omvisning? [nɔr beˈjynər næstə ˈɔmviːsniŋ]

Gibt es auch eine Führung in Deutsch?
Er det også en omvisning på tysk? [æː ɖe ˈɔsɔ en ˈɔmviːsniŋ pɔ ˈtysk]

Darf man hier fotografieren?
Får en fotografere her? [foːr en futugrɑˈfeːrə hæːr]

Zwei Eintrittskarten, bitte!
To billetter, takk! [tu biːˈleter tak]

Zwei Erwachsene und ein Kind.
To voksne og et barn. [tu vɔksnə oː et bɑːɳ]

Gibt es Ermäßigungen für …
Er det rabatt for … [æːr de raˈbɑt fɔr]

… Kinder?
… barn? [bɑːɳ]
… Studenten?
… studenter? [stʉdentər]
… Senioren?
… honnør? [huːnør]
… Gruppen?
… grupper? [grʉpər]

Eintritt frei!
Gratis inngang! [grɑːtis ˇingɑŋ]

Gibt es einen Katalog zur Ausstellung?
Fins det noen katalog til utstillingen?
[fins de nuːən katɑˈloːg til ˈʉːtstiliŋən]

Besichtigung

Ist das …?
Er det … ? [æːr de …]

Wann wurde dieses Gebäude erbaut/restauriert?
Når ble denne bygningen bygget/restaurert?
[nɔr ble denə ˇbyŋniŋən ˇbygət/restæʉˈreːʈ]

Von wem ist dieses Bild?
Hvem har malt dette bildet? [vem hɑːr ˈmɑːlt detə ˇbildə]

Haben Sie das Bild als Poster/Postkarte/Dia?
Har dere bildet som plakat/postkort/lysbilde?
[hɑːr dærə ˇbildə sɔm plɑˈkɑːt/ˈpɔstkort/ˈlysbildə]

Besichtigung	besiktigelse, -en, -er [beˈsiktigelsə]
Bibliothek	bibliotek,- et [bibliˈuːteːk]
Bischofssitz	bispesete, -et, -er [ˇbispəseːtə]
Brauch, Brauchtum	skikk, -en, -er [ʃik]
Bürgermeister/in	ordfører, -en, -e [ˇuːrføːrər]
Christ	kristen [ˇkristn]
Denkmalschutz	kulturminnevern
	[ˇfreːdniŋ ɑːv kʉlˈtuːrminnesmærkər]
Felszeichnungen, -ritzungen . .	helleristninger *(pl)* [hæləristniŋer]
Fremdenführer/in	guide, -en [gɑid]
Fremdenverkehrsamt	turistkontor, -et [tʉˈristkuntuːr]
Führung	omvisning, -en, -er [ˈɔmviːsniŋ]
Funde	funn, -et, - [fʉn]
Fußgängerzone	gågate, -a/-en, -er [ˈguːgɑːtə]
Gasse	smug, -et, - [smʉːg]
Geburtsstadt	fødeby, -en, -er [ˇføːdəbyː]
Geschichte	historie, -en/-a [hisˈtuːriə]
Gottesdienst	gudstjeneste, -en, -er [ˈgʉdstjeːnestə]
Grabhügel	gravhaug, -en, -er [ˇgrɑːvhæʉg]
Handelsstadt	handelsby, -en, -er [ˈhɑndəlsbyː]
Haus	hus, -et, - [hʉːs]
Hof	gård, -en, -er [goːr]
Kaiser/in	keiser, -en, -e/keiserinne, -en, -er
	[ˇçæisər/çæisərˇinə]
König/in	konge, -en, -er/dronning, -en, -er
	[ˇkɔŋə/ˇdrɔniŋ]
Kunst	kunst, -en [kʉnst]
Markt	marked, -et, -er [ˇmɑrked]
Museum , , , , , , , , , , , , , , , ,	museum, -et, museer [mʉˈseːʉm]
Öffnungszeiten	åpningstider [opniŋstiːdər]
Park	park, -en, -er [pɑrk]
Prospekt	brosjyre, -en, -er [bruˈʃyːrə]
rekonstruieren	rekonstruere, -te, -t [ˈrekunstrʉeːrə]
Religion	religion, -en, -er [religiˈuːn]
restaurieren	restaurere, -te, -t [restæʉˈreːrə]
Restaurierung	restaurering, -en, -er [restæʉˈreːriŋ]
Runen	runer *(pl)* [ˇrʉːnər]
Schule	skole, -en, -er [ˇskuːlə]
Sehenswürdigkeiten	severdigheter *(pl)* [seˈværdiheːtər]
Stadtrundfahrt	sightseeing, -en, -er [ˈsɑitsiːiŋ],
	byrundtur, -en, -er [ˇrʉntuːr]
Stadtteil	bydel, -en, -er [ˈbyːdeːl]
Stadtzentrum, Innenstadt	bysentrum, -et, -sentra [ˈbyːsentrʉm]
Straße	gate, -a/-en, -er [ˇgɑːtə]
Teppich	teppe, -et, -er [ˇtepə]

Überreste	rest, -en, -er [rest]
Volkskundemuseum	etnologisk museum [etnuˈluːgisk mʉsˈeʉm]
Vorort	forstad, -en, -steder [˅fɔʃtɑː]
Wachablösung	vaktskifte ,–et [vaktʃiftə]
Wahrzeichen	symbol, -et, -er [symˈbuːl], kjennemerke, -et, -er [˅çenəmærkə]

Architektur

Abtei	kloster, -et, klostre [ˈklɔstər]
Altar	alter, -et, - [˅altər]
Altstadt	gamlebyen [˅gamləbyːən]
Archäologie	arkeologi, -en [ɑrkeulu'giː]
Architekt	arkitekt, -en, -er [ɑrkiˈtekt]
Architektur	arkitektur, -en, -er [ɑrkitekˈtʉːr]
Ausgrabungen	utgravinger (pl) [˅ʉːtgravingər]
Bauwerk	byggverk, -et, - [ˈbygværk]
Bogen	bue, -en, -er [˅bʉːə]
Brücke	bru, -a, -er [brʉː]
Brunnen	brønn, -en, -er [brøn]
Burg	borg, -a/-en, -er [bɔrg]
Dach	(ytter)tak, -et, - [(ytər)tɑːk]
Decke	(inner)tak, -et, - [(inər)tɑːk]
Denkmal	minnesmerke, -et, -er [˅minesmærkə]
Design	design, -en, -er [diˈsain]
Dom	domkirke, -en, -er [ˈdumçirkə]
Einfluss	innflytelse, -en [˅infly:telsə]
Erker	karnapp, -et, -er [kɑˈnap], utbygg, -et, - [˅ʉːtbyg]
Fachwerk	bindingsverk, -et [˅bindiŋsverk]
Fassade	fasade, -en, -er [fɑ˅sɑːdə]
Fenster	vindu, -et, -er [˅vindʉː]
Festung	festning, -en, -er [˅festniŋ]
Flügel	fløy, -en, -er [fløy]
Friedhof	kirkegård, -en, -er [˅çirkəgɔːr]
Fresko	fresko, -en, -er [ˈfresku]
Fundament	fundament, -et, - [fʉndɑˈment]
Gebäude	bygning, -en, -er [˅byŋniŋ]
Gedenkstätte	minnested, -et, -er [˅minəsteːd]
Geistlicher	prest, -en, -er [prest]
Gewölbe	hvelving, -en, -er [˅velviŋ]
Giebel	gavl, -en, -er [ˈgɑvl]
Gildehaus	laugshus, -et, - [ˈlæʉgshʉːs]
Glocke	klokke, -a/-en, -er [˅klɔkə]
Grab	grav, -a/-en, -er [grɑːv]

Grabmal	gravstøtte, -a/-en, -r [˅grɑːvstøtə]
Grundriss	grunnriss, -et, - [˅grʉnris]
Illustration	illustrasjon, -en, -er [ilʉstraˈʃuːn]
Innenhof	atrium, -et [ˈɑtriʉm], indre gårdsplass [indrə ˈɡoːʃplɑs]
Inschrift	innskrift, -en, -er [˅inskrift]
Kanzel	prekestol, -en, -er [˅preːkəstuːl]
Kapelle	kapell, -et, - [kaˈpel]
Kathedrale	katedral, -en, -er [katəˈdrɑːl]
Katholik	katolikk, -en, -er [katuˈlik]
Kirche	kirke, -en, -er [˅çirkə]
Kirchturm	kirketårn, -et, - [˅çirkətoːɳ]
Kloster	kloster, -et, klostre [ˈklɔstər]
Kreuzgang	korsgang, -en, -er [˅kɔʃɡaŋ]
Krypta	krypt, -en, -er [krypt]
Kuppel	kuppel, -en, kupler [ˈkʉpəl]
Leuchter	lysestake, -en, -er [˅lyːsəstɑːkə]
Markthalle	markedshall, -en, -er [˅mɑrkedshɑl]
Marktplatz	torg, -et [tɔrɡə]
Mauer	mur, -en, -er [mʉːr]
Oper	opera, -en, -er [ˈuːpəra]
Orgel	orgel, -et, orgler [ˈɔrɡəl]
Palast	palass, -et, -er [paˈlɑs]
Pfeiler	pilar, -en, -er [piˈlɑːr]
Pilger	pilegrim, -en, -er [˅piːləɡrim]
Pilgerfahrt	pilegrimsferd, -en, -er [˅piləɡrimsfæːr]
Platz	plass, -en, -er [plɑs]
Portal	portal, -en, -er [puˈʈɑːl]
Rathaus	rådhus, -et, - [˅roːdhʉːs]
Ruine	ruin, -en, -er [rʉˈiːn]
Säule	søyle, -a/-en, -er [˅søylə]
Schatzkammer	skattekammer, -et, - [˅skatəkamər]
Schloss	slott, -et, - [ʃlɔt]
Stabkirche	stavkirke, -en [stɑvçirkə]
Stadtmauer	bymur, -en, -er [ˈbyːmʉːr]
Taufbecken	døpefont, -en, -er [˅døːpəfɔnt]
Theater	teater, -et, - [teˈɑːtər]
Tor	port, -en, -er [puʈ]
Turm	tårn, -et, - [toːɳ]
Universität	universitet, -et, -er [ʉnivæʃiˈteːt]
Wallfahrtskirche	valfartskirke, -en, -er [˅valfɑʈsçirkə]
Werk	verk, -et, -er [værk], arbeide, -et, -er [arˈbæidə]
wieder aufbauen	gjenoppbygge, -de, -d [ˈjenupbygə]

Bildende Künste

Akt	aktbilde, -et, -er [ˈɑktbildə]
Aquarell	akvarell, -en, -er [ɑkvɑˈrel]
Ausstellung	utstilling, -en, -er [ˈʉːtstiliŋ]
Bild	bilde, -et, -er [ˇbildə]
Bildhauer	billedhogger, -en, -e [ˇbiledhɔgər]
Bronze	bronse, -en [ˇbrunsə]
Exponat	utstillingsgjenstand, -en, -er [ˈʉːtstiliŋsjenstɑn]
Fotografie	fotografi, -et, -er [futɑgrɑˈfiː]
Galerie	galleri, -et, -er [gɑləˈriː]
Gemälde	maleri, -et, -er [mɑːləˈriː]
Glasmalerei	glassmaleri, -et, -er [ˇglɑsmɑːlerːi]
Goldschmiedekunst	gullsmedkunst, -en [ˇgʉlsmeːkʉnst]
Grafik	grafikk, -en [grɑˈfik]
Holzschnitt	tresnitt, -et, - [ˇtreːsnit]
Keramik	keramikk, -en [çerɑˈmik]
Kopie	kopi, -en, -er [kuˈpiː]
Kreuz	kors, -et, - [kɔʃ]
Kruzifix	krusifiks, -et, - [krʉsiˈfiks]
Kunstgewerbe	kunsthåndverk, -et [ˈkʉnsthɔnværk]
Kupferstich	kopperstikk, -et, - [ˇkɔpəʃtik]
Landschaftsgemälde	landskapsmaleri, -et, -er [ˇlɑnskɑpsmɑːləri:]
Lithografie	litografi, -et, -er [litugrɑˈfiː]
Maler	maler, - en, -e [mɑːler]
Malerei	maleri, -et, -er [mɑləˈriː]
Marmor	marmor, -en [ˈmɑrmur]
Material	materiale, -et, -er [mɑteriˈɑːlə]
Modell	modell, -en, -er [muˈdel]
Mosaik	mosaikk, -en [muˈsaik]
Original	original [ɔrigiˈnɑːl]
Ornament	ornament, -et, -er [uŋɑˈment]
Pastell	pastell, -en, -er [pɑˈstel]
Plakat	plakat, -en, -er [plɑˈkɑːt]
Plastik	skulptur, -en, -er [skʉlpˈtʉːr]
Porträt	portrett, -et, -er [puˈtret]
Porzellan	porselen, -et [puʃəˈleːn]
Radierung	radering, -en, -er [rɑˈdeːriŋ]
Schnitzerei	treskjærerarbeide, -et, -er [ˇtreːʃæːrərɑrbæidə]
Schnitzwerk (an Gebäuden)	utskjæringer [ˇʉtˈʃæːriŋ]
Siebdruck	silketrykk, -et, - [ˇsilkətryk]
Skulptur	skulptur, -en, -er [skʉlpˈtʉːr]
Statue	statue, -en, -er [ˈstɑːtʉə]
Stillleben	stilleben, -et, - [ˈstileːbən]

Töpferei	pottemakerverksted, -et, -er [ˇpɔtəmɑːkərværksteːd]
Torso	torso, -en, -er [ˈtɔʃɔ]
Vase	vase, -a/-en, -ar [ˇvɑːsə]
Wandmalerei	veggmaleri, -et, -er [ˇvegmɑːləriː]
Zeichnung	tegning, -en, -er [ˇtæiniŋ]

Stilrichtungen und Epochen

antik	antikk, -en [anˈtik]
Barock	barokk, -en [baˈrɔk]
Blütezeit	blomstringstid, -en, -er [ˇblumstriŋstiː]
Bronzezeit	bronsealder, -en [ˇbrunsəɑldər]
Christentum	kristendom, -men [ˇkristəndum]
Dynastie	dynasti, -et, -er [dynaˈstiː]
Epoche	epoke, -en, -er [eˇpuːkə]
Expressionismus	ekspresjonisme, -en [ekspreʃuˈnismə]
Gotik	gotikk, -en [guˈtik]
heidnisch	hedensk [ˇheːdənsk]
Impressionismus	impresjonisme, -en [impreʃuˈnismə]
Jahrhundert	hundreår, -et, - [ˇhundrəoːr]
Jugendstil	Jugendstil, -en [ˈjugenstiːl]
keltisch	keltisk [ˈkeltisk]
Klassizismus	klassisisme, -en [klɑsiˈsismə]
Kubismus	kubisme, -en [kʉˈbismə]
Manierismus	manierisme, -n [manjirismə]
Mittelalter	middelalder, -en [ˈmidəlɑldər]
modern	moderne [muˈdæːŋə]
normannisch	normannisk [ˇnurmɑnisk]
Realismus	realisme, -en [reaˈlismə]
Renaissance	renessanse, -en [reːneːsɑnsə]
Rokoko	rokokko, -en [rɔkoːko]
Romantik	romantikk,- en [rumantik]
Schweizerstil	Sveitserstil, -en [svæitsərstiːl]
Steinzeit	steinalder, -en [ˇstæinɑldər]
Stil	stil, -en, -er [stiːl]
Surrealismus	surrealisme, -en [ˈsʉrealismə]
Symbolismus	symbolisme, -en [symbuˈlismə]
vorgeschichtlich	forhistorisk [ˇfɔrhistuːrisk]
Wikinger	viking, -en, -er [ˇvikiŋ]

Ausflüge

Im Land der Fjorde sind Schiffsausflüge sehr beliebt. Ob am Oslofjord, am Lysefjord bei Stavanger, am Hardanger- oder Sognefjord – Sie können eine dreistündige *båttur*, aber auch eine mehrtägige *cruise* zwischen Fjell und Meer mitmachen.

Wo fahren wir los?
Hvor starter vi? ['vur stɑrtər vi]

Wann treffen wir uns?
Når skal vi treffes? ['nɔ ʃkɑl vi ᵛtrefəs]

Kommen wir am/an ... vorbei?
Kjører vi forbi ...? [çørər vi forˈbi]

Kann man von hier aus ... sehen?
Kan man se ... herifra? [kɑn mɑn seː ... 'hæːrifrɑː]

In welcher Richtung liegt ...?
I hvilken retning ligger ...? [i 'vilkən retniŋ 'ligər]

Besichtigen wir auch ...?
Skal vi også besøke ...? [skɑl vi 'ɔsɔ beˈsøːkə]

Wie viel freie Zeit haben wir in ...?
Hvor lang tid har vi pause i ...? [vu ˌlɑŋ 'tiː hɑːr vi ᵛpæʉsə i]

Wann fahren wir zurück?
Når reiser vi tilbake ? [nɔr ræisər vi tilᵛbɑːkə]

Ausflug	utflukt, -en, -er [ᵛʉːtflʉkt]
Aussichtspunkt	utsiktspunkt, -et, - [ᵛʉːtsiktspʉŋt]
Bauernhof	bondegård, -en, -er ['bunəgoːr]
Berg	fjell, - et [fjæl]
Bergdorf	fjellbygd, -a, -er [fjælbygd]
Berggasthof	fjellhytte, -a/-en,-er [fjælhytə]
Botanischer Garten	botanisk hage, -en, -er [buˈtɑːnisk ᵛhɑːgə]
Felswand	fjellvegg, -en [fjælvæg]
Fischerhafen	fiskehavn, -a/-en, -er [ᵛfiskəhɑvn]
Fischerort	fiskevær, -et, - [ᵛfiskəvæːr]
Fjord	fjord, -en, -er [fjuːr]
Fluss	elv, -a/-en,-er [ælv]
Freilichtmuseum	friluftsmuseum, -et, -museer ['friːlʉftsmuseːum]
Freizeitpark	fritidspark, -en, -er ['friːtidspɑrk]
Gebirge	fjell (pl) [fjel]
Gipfel	fjelltopp, -en,-er [ᵛfjæltɔp]
Gletscher	bre, -en, -er [breː]

Grotte	grotte, -a/-en, -er [ˇgrɔtə]
Heide	hei, -a, -er [hæi]
Hinterland	oppland, -et, - [ˇuplɑn]
Höhle	hule, -en/-a, -er [ˇhʉːlə]
Inselrundfahrt	rundtur til øyer [ˇrʉntʉːr til ˇøyər]
Kraftstation, -werk	kraftstasjon, -en, -er
Landschaft	landskap, -et, - [ˇlanskɑp]
Leuchtturm	fyr, -et, - [fyːr]
Markt	marked, -et, -er [ˇmɑrked]
Museumsdorf	friluftsmuseum, -et, -museer [ˈfriːlʉftsmʉseːʉm]
Nationalpark	nasjonalpark, -en, -er [naʃuˈnɑːlpark]
Naturschutzgebiet	naturreservat, -et, -er [naˈtʉːrreservɑːt]
Pass	pass, -et, - [pas]
Planetarium	planetarium, -et, planetarier [planeˈtɑːriʉm]
Quelle	kilde, -en, -er [çildə]
Rundfahrt	rundtur, -en, -er [ˇrʉntʉːr]
Schlucht	kløft, -a/-en, -er [kløft]
See	(inn)sjø, -en, -er [ʃøː]
Staudamm	demning, -en, -er [dæmniŋ]
Sternwarte	observatorium, -toriet, -torier [ubserva'tuːriʉm]
Sumpf	myr, -a/-en, -er [myːr]
Tagesausflug	dagstur, -en, -er [dɑgstʉr]
Tal	dal, -en, -er [dɑːl]
Tropfsteinhöhle	dryppsteinhule, -en/-a, -er [ˈdrypstæinhʉːlə]
Uferpromenade	strandpromenade, -en, -er [ˇstranprumenaːdə]
Umgebung	omgivelse, -en, -er [ɔmjiːvelsər]
Vogelschutzgebiet	fuglereservat, -et, -er [ˇfuːləreservɑːt]
Vulkan	vulkan, -en, -er [vʉlˈkɑːn]
Wald	skog, -en, -er [skuːg]
Waldbrand	skogbrann, -en, -er [ˇskuːgbran]
Wallfahrtsort	valfartssted, -et, -er [ˇvalfaʈsteːd]
Wasserfall	foss, -en, -er [fɔs]
Wildreservat	viltreservat, -et, -er [ˇviltreservɑːt]
Zoo	zoologisk hage, -en, -er [suuˈloːgisk ˇhɑːgə]

Bade-, Aktiv- und Kreativurlaub

På tur eller på ski ?

Zwei traditionelle Freizeitaktivitäten in Norwegen haben mit dem Gehen zu tun: *å gå på tur* (mit festen Schuhen im Grünen) und *å gå på ski* (auf weißer Unterlage im Winter). Der Sonntagsspaziergang ist bei vielen ein festes Ritual, und dann heißt es raus aus der Stadt und im zügigen Tempo in den Wald oder die Berge. Sobald der erste Schnee gefallen ist, schnallt man sich Skier unter die Füße und bricht in die Natur auf. Die kleinsten Kinder sind huckepack oder im Pulka dabei, die etwas größeren haben nach kürzester Zeit die Technik gelernt und halten mit den Älteren Tritt. Das norwegische Fjell ist durchzogen von Wanderwegen, die entweder mit Schildern oder einem roten ‚T' auf exponierten Steinen markiert sind, und von Loipen, die oftmals nur mit kleinen Ästen gekennzeichnet und in der Nähe der Wintersportorte natürlich gespurt sind. In einem Land, das sich eher durch weite Hochebenen als durch hohe Berge auszeichnet, sind die Alpinorte nicht so dicht gesät und sicherlich nicht so spektakulär wie in den Alpen. Trotzdem haben die „jungen" Wintersportarten sehr viele Anhänger: *Snøbrett* (Snowboarding) beherrschen die meisten Jugendlichen, *Kiting* – am Drachen lässt man sich über endlose Schneeebenen ziehen – ist stark im Kommen. Und es gibt das *Telemarkskjøring,* eine Mischung aus Langlauf und Abfahrt, bei dem die Hänge in weiten Schleifen abgefahren werden.

Im Land der Holme und Schären sind die wenigen Badestrände im Hochsommer natürlich gut besucht, doch weil Boote reichlich zur Verfügung stehen, ziehen sich viele auf die kleineren Inseln vor der Küste zurück und legen sich auf einem geschützten Felsen in die Sonne. Besonders an der Küste zwischen Oslo und Kristiansand ist der Bootsverkehr mittlerweile ein Problem. Immer größere Motoren an immer schlankeren Booten machen vor allem am Wochenende an der „südnorwegischen Riviera" soviel Lärm, dass von der Idylle nicht mehr viel übrig bleibt. Weiter westlich und nördlich ist es der zerklüfteten Küste und den unzähligen Fjorden zu verdanken, dass der Urlaub am Wasser auch weiterhin Erholung und eine Vielfalt von Aktivitäten verspricht.

Badeurlaub

Entschuldigen Sie bitte, gibt es hier ...
Er det noe/noen ... her? [æː de nuːə/nuːən ... hæːr]

einen Badeplatz?
badeplass [ˇbaːdəplas]

ein Freibad?
friluftsbad [ˈfriːlʊftsbaːd]

ein Hallenbad?
svømmehall [ˇsvømməhal]

ein Thermalbad?
varmtvannsbad [ˈvarmtvansbaːd]

Bare for svømmere!	Nur für Schwimmer!
Stuping forbudt!	Hineinspringen verboten!
Bading forbudt!	Baden verboten!
Farlig strøm	Gefährliche Strömung

Eine Eintrittskarte, bitte!
En billett, takk. [en biˈlet tak]

Können Sie mir bitte sagen, wo die … sind?
Unnskyld, finnes det … her? [ˈʉnʃylˀ fins de … hær]
  Duschen
  dusj [dʉʃ]
  Umkleidekabinen
  garderober [gɑrdəˇrobər]

Nicht jeder *strand* ist ein Sandstrand. Es ist besser, das norwegische Wort *strand* zunächst mit ‚Ufer' gleichzusetzen, das durchaus felsig sein kann. Hinter der Endsilbe *sanden* bei vielen Ortsnamen entlang der Küste verbirgt sich allerdings garantiert ein Sandstrand. Die schönsten liegen übrigens weit im Norden, doch die Wassertemperatur lädt nicht gerade zum entspannenden Bad ein.

Ist der Strand sandig?
Er det sandstrand? [æ: de ˇsɑnstrɑn]

Ist der Strand steinig?
Er stranda steinete? [æ: ʃtrɑna ˇstæinətə]

Gibt es hier Seeigel/Quallen/Algen?
Er det sjøpinnsvin/maneter/alger her?
[æ: de ˇʃøːpinsviːn/mɑˈneːtər/ɑːlgər hæːr]

Ist die Strömung stark?
Er det sterk strøm her? [æ: de ˈstærk ˈstrøm hæːr]

Können Sie mir sagen, ob es für Kinder gefährlich ist?
Er det farlig for barn? [æ: de ˇfɑːlji fɔr ˈbɑːɳ]

Ich möchte … mieten.
Kan jeg få leie …? [kan jæi fɔ ˇlæiə]
  ein Boot
  en båt [en boːt]
  ein Paar Wasserski
  et par vannski [et pɑːr ˇvanʃiː]

Was kostet das pro Stunde/pro Tag?
Hva koster det pr. time/dag? [va: ˇkɔstə de peːr ˇtiːmə/ˈdɑːg]

Bademeister/in.............	badevakt, -a/-en, -er [ˇbɑːdəvakt]
Badesteg	badebrygge, -a/-en, -er [ˇbɑːdəbrygə]

127

Beach-Volleyball...............	strandvolleyball [strɑnvɔlæibəl]
Bootsverleih..................	båtutleie, -a/-en, -er [ˇboːtʉːtlæiə]
Dusche......................	dusj, -en, -er [dʉʃ]
FKK-Strand	nudiststrand, -a/-en, -strender [nʉˈdiststrɑn]
Kinderbecken	barnebasseng, -et, - [ˇbɑːnəbɑseŋ]
Liegewiese...................	grasplen til å sole seg på [ˇgrɑːspleːn til ɔ ˇsuːlə sæi po]
Luftmatratze	luftmadrass, -en, -er [ˈlʉftmɑdrɑs]
Meerwasser-Schwimmbad ...	svømmebasseng med havvann [ˇsvøməbɑseŋ me ˇhɑːvɑn]
Planschbecken	plaskebasseng, -et, - [ˇplɑskəbɑseŋ]
Privatstrand..................	privatstrand, -a/-en, -strender [priˈvɑːtstrɑn]
Sand	sand, -en [sɑn]
schwimmen..................	svømme, -te, -t [ˇsvømə]
Schwimmer..................	svømmer, -en [ˇsvømər]
Schwimmflossen	svømmeføtter (pl) [ˇsvøməføtər]
Schwimmflügel...............	armringer (pl) [ˇɑrmriŋər]
Schwimmring	badering, -en, -er [ˇbɑːdəriŋ]
Tretboot	pedalbåt, -en, -er [peˈdɑːlboːt]
Wasserski	vannski [vɑnˇʃi]
Wasserski fahren.............	stå på vannski [stoː po vɑnˇʃi]
Wellenreiten	surfing, -en [ˇsørfiŋ]
Windschirm..................	vindskjerm [ˇvinʃærm]

Aktivurlaub und Sport

Welche Sportmöglichkeiten gibt es hier?
Hvilke muligheter for å drive sport er det her?
[vilkə ˇmʉliheːtər fɔr ɔ driːvəˈspuʈ æː ɖe hæːɽ]

Gibt es hier einen Golfplatz?
Er det noen golfbane her? [æː ɖe nuːən ˈgɔlfbɑːnə hæːɽ]

Können Sie mir bitte sagen, wo man hier … kann?
Hvor kan en … her? [vur kɑn en hæːɽ]
  angeln
  fiske [ˇfiskə]
  wandern
  gå på tur [goː po tʉr]

Gibt es in den Bergen gute Skipisten?
Er det gode skibakker i fjellet? [æː ɖe guːə ˈʃiːbɑkər i ˈfjelə]

Gibt es in der Nähe gespurte Loipen?
Er det noen preparerte loiper i nærheten?
[æːr de nuən preˈpɑːrærte loipər i nærheːtən]

Wo kann ich ... ausleihen?
Hvor kan jeg låne/leie ... ? [vur kan jæi ⱽloːnə/ⱽlæiə]

Ich möchte einen ...-Kurs machen.
Jeg vil gjerne gå på ...kurs. [jæi vil ⱽjæːŋə goː pɔ ... kʉːʃ]
   für Anfänger
   for nybegynnere [fɔr ⱽnyːbejynerə]
   für Fortgeschrittene
   for viderekomne [fɔr ⱽviːderəkɔmnə]

Wassersport

Bootsführerschein	båtførerkort, -et [boːtførərkortə]
Canyoning	juvvandring [jʉvvandriŋ]
Kajak	kajakk, en [ˈkajak]
Kanu	kano, -en, -er [ˈkaːnu]
Motorboot	motorbåt, -en, -er [ˈmuːturboːt]
Paddelboot	kano, -en, -er [ˈkaːnu],
paddeln	paddle, -et, -et [ⱽpadlə]
Rafting	rafting, -en [ˈraftiŋ]
Regatta	regatta, -en, -er [reˈgata]
Rückholservice	henteservice [padlə]
Ruder	åre, -en, -er [ⱽoːrə]
Ruderboot	robåt, -en, -er [ˈruːboːt]
Rudern, rudern	ro, -dde, -dd [ruː]
Schlauchboot	gummibåt, -en, -er [ˈgʉmiboːt]
Segelboot	seilbåt, -en, -er [ⱽsæilboːt]
Segeln, segeln	seile, -te, -t [ⱽsæilə]
Segeltörn	seiltur [sæiltʉr]
Surfbrett	surfbrett [sørfbret]
surfen	surfe [sørfə]
Windsurfen, windsurfen	surfing [sørfiŋ]
Windrichtung	vindretning [ˈvinretniŋ]

Tauchen

Gerätetauchen	apparatdykking,- en [apaˈraːtdykiŋ]
Harpune	harpun, - en [haːrˈpʉn]
Neoprenanzug	neoprendrakt, -en [neːuˈpreːndrakt]
Sauerstoffgerät	surstoffflaske [ˈsʉrstɔfflaskə]
Schnorchel	snorkel, -en, snorkler [ˈsnɔrkəl]
tauchen	dykke, -et, -et/-a, -a [ⱽdykə]
Taucherausrüstung	dykkerutrustning, -en, -er [ⱽdykərʉːtrʉsniŋ]
Taucherbrille	dykkerbriller (pl) [ⱽdykərbrilər]

Angeln

Angel	fiskestang, -a/-en, -stenger [ⱽfiskəstaŋ]
angeln	fiske, -et, -et [ⱽfiskə]
Angelrolle	snelle,- en [ⱽsnælə]

Angelhaken	krok, -en [kruken]
Angelschein	fiskekort, -et, - ['fiskəkut]
Angelsehne	snøre ,-et ['snørə] gøtt, -en [gøt]
Flussangeln	elvefiske ['ælvəfiskə]
Hochseeangeln	havfiske ['hɑvfiskə]
Schonzeiten	fredningstid ['fre:dniŋsti:]

Ballspiele

Ball	ball, -en, -er [bɑl]
Basketball	basketball, -en, -er ['bɑ:skətbɑl]
Fußball	fotball, -en, -er ['fu:tbɑl]
Fußballplatz	fotballplass, -en, -er ['fu:tbɑlplas]
Fußballspiel	fotballkamp ['fu:tbɑlkamp]
Halbzeit	omgang ['ɔmgang]
Handball	håndball, -en ['hɔnbɑl]
Mannschaft	lag, -et, - [lɑ:g]
Netz	nett, -et, - [net]
Rugby	rugby, -en ['rɑgbi]
Tor (Schuss)	mål -,et [mo:l]
(Pfosten)	stolpe, -en, -er [stɔlpə]
Torwart	målmann, -en, -menn ['mo:lman]
Volleyball	volleyball, -en ['vɔlibɑl]

Tennis und Badminton

Badminton	badminton ['bædmintən]
Doppel	dobbel ['dubəl]
Einzel	enkel ['eŋkəl]
Federball	badminton, -en ['bædmintən]
Schläger	racket, -en, -er ['rækət]
Squash	squash, -en [skvɔʃ]
Tennis	tennis, -en ['tenis]
Tennisschläger	tennisracket, -en, -er ['tenisrækət]
Tischtennis	bordtennis, -en ['bu:ʈenis]

Fitness- und Krafttraining

Aerobic	aerobic [e'rɔbik]
Bodybuilding	kroppsbygging ['krɔpsby:giŋ]
Fitnesscenter	fitnessenter, -et, -sentra ['fitnesentər]
Gymnastik	gymnastikk, -en [gymna'stik]
joggen	jogge, -et, -et/-a, -a ['jɔgə]
Jogging	jogging, -en ['jɔgiŋ]
Wirbelsäulengymnastik	ryggsøylegymnastikk ['rygsøiləgymnastik]

Radfahren

Fahrrad	sykkel, -en, sykler ['sykəl]
Fahrradhelm	sykkelhjelm, -en ['sykəljelm]
Fahrradweg	sykkelsti, -en, -er ['sykəlsti:]

Flickzeug	lappesaker (pl) [ˇlɑpəsɑ:kər]
Luftpumpe	luftpumpe, -en [ˈlʊftpumpə]

Ein eher junger Trend sind *sykkelturer* (Radwanderungen) auf dafür
präparierten Wanderwegen. Vom Kap Lindesnes bis zu den Lofoten
gibt es mittlerweile sehr gut ausgeschilderte und sichere Radwander-
wege für Familien. Sämtliche Wanderwege sind unter http://www.
bike-norway.com/tysk.asp vorgestellt, wo man auch eine Broschüre
herunterladen kann.

Mountainbike	terrengsykkel, -en [teˈræsykəl]
Rad fahren	sykle, -et, -et/-a, -a [ˇsyklə]
Radsport	sykkelsport, -en [ˈsykəlspuˀt]
Radtour	sykkeltur, -en, -er [ˈsykəltʉ:r]
Rennrad	racersykkel,- en [ˈræ:sersykəl]
Schlauch	slange, - en [ˇʃlɑngə]
Trekkingrad	hybridsykkel,- en [hyˈbri:dsykəl]

Wandern und Bergsteigen

Ich möchte eine Bergtour machen.
Jeg vil gjerne ta en fjelltur. [jæi vil ˇjæ:ɳə tɑ: en ˇfjeltʉ:r]

Können Sie mir eine interessante Route auf der Karte zeigen?
Kan du vise meg en interessant rute på kartet?
[kɑn dʉ ˇvi:sə mæi en intereˈsɑŋ ˇrʉ:tə pɔ ˈkɑʈə]

Bergsteigen	fjellklatring, -en [ˇfjelklɑtriŋ]
Fernwanderweg	turloipe, -en [tʉrløipə]
Freeclimbing	friklatring, -en [ˈfri:klɑtriŋ]
Gehzeiten	marsjtid,- en [ˈmarʃti:]
Route	rute, -en [ˇrʉtə]
Schutzhütte	hytte, -en/-a; bu,-a [ˇhytə]
Sicherungsseil	sikringstau,- et [ˈsikriŋstæʉ]
Tagestour	dagstur, -en [ˈdakstʉr]
Trekking	turgåing, -en [ˈtʉrgo:iŋ]
Wanderkarte	turkart, -et, - [ˈtʉ:rkɑʈ]
Wandern	gå tur, gikk, gått [gɔ: ˈtʉ:r],
	vandre, -et, -et/-a, -a [ˇvɑndrə]
Wanderweg	tursti, -en, -er [ˈtʉ:ʃti:],
	vandresti, -en, -er [ˇvɑndrəsti:]

Reiten

Ausritt	ridetur, -en, -er [ˇri:dətʉ:r]
Pferd	hest, -en, -er [hest]
reiten	ri(de), red, ridd [ri: (ˇri:də)]
Reiterferien	rideleir ,-en [ˇri:dəlæir]
Reitschule	rideskole, -en [ˇri:deskulə]

Golf

18-Loch-Platz	18 hulls-bane ['atənhʉlsbanə]
abschlagen.	slå ut [ʃlo: ʉt]
Clubhaus	klubbhus,- et ['sykəl]
Golf	golf, -en [gɔlf]
Golfclub	golfklubb [gɔlfklʉb]
Golfschläger	golfkølle, -a/-en, -er ['gɔlfkølə]
Greenfee.	greenfee ['gri:nfi:]

Flugsport

Basespringen.	basehopping, -en [basəhɔpiŋ]
Drachenfliegen	hanggliding ['hæŋglaidiŋ]
Fallschirmspringen.	fallskjermhopping, -en ['falʃærmhɔpiŋ]
Gleitschirm	hangglider ['hæŋglaidiŋ]
Heißluftballon.	varmluftballong, -en [varmlʉftba:lɔŋ]
Paragliding.	paragliding, -en ['pɑ:raglaidiŋ]
Kiting *(am Strand)*	kiting, -en [ˇkaitiŋ]
Segelfliegen	seilflyging, -en [ˇsæilfly:giŋ]

Winterurlaub

Weil der Winter lang ist und die Wiege des modernen Skilaufs in der Telemark steht, sind die Norweger begeisterte Skiläufer. Bei Olympischen Spielen sammeln sie im Langlauf und Biathlon die meisten Medaillen, hier steht immer wieder Nachwuchs bereit, um die stolzen Traditionen weiterzuführen. Ähnliches gilt für den Eisschnelllauf und das Skispringen. Wer in diesen Disziplinen olympisches Edelmetall gewinnt, hat sich einen Platz in den Geschichtsbüchern des Landes gesichert.

Eine Tageskarte, bitte.
Et dagskort, takk! [et ˈdɑkskurt tak]

Um wie viel Uhr ist die letzte Bergfahrt/Talfahrt?
Når går siste turen? [nor go:r sistə ˈtʉrən]

Babylift	barneheis, -en [ˇbɑrnəhais]
Bergstation	øvre stasjon [øvrə staˈʃun]
Langlaufski.	langrennski, -er [ˇlangrennʃi]
Loipe	løype, -a, -er [ˇløypə]
Mittelstation	mellomstasjon, -en, -er [ˇmelɔmstaʃu:n]
Pulverschnee.	nysnø, -en [ˇnysnø]
Rodelbahn	akebakke, -en [ˇɑ:kəbakə]
Schlepplift	skitrekk, -et, - [ˈʃi:trek]
Schlitten.	slede, -n, -er [ˇʃle:də], kjelke, -en, -er [ˇçelkə]
Schlitten fahren	ake på kjelke [ɑ:kə pɔ ˇçelkə]

Seilbahn	taubane, -a/-en, -er [ˇtæʉbɑːnə]
Sessellift	stolheis, -en, -er [ˇstuːlhæis]
Ski	ski, -a, -er [ʃiː]
Ski alpin	alpinski [alpiːnʃi]
Ski laufen	gå på ski [ɡɔː poː ʃi]
Skibindung	skibinding, -a/-en, -er [ˈʃiːbiniŋ]
Skibrille	skibriller (pl) [ˈʃiːbrilər]
Skikurs	skikurs, -et, - [ˈʃiːkʉːʃ]
Skilehrer/in	skiinstruktør, -en [ʃiinstrʉktør]
Skistöcke	skistav, -en, -er [ˈʃiːstɑːv]
Snowboard	snøbrett, -et [ˇsnøbret]
Tagespass	endagskort, -et, - [ˇeːndɑɡskɔṭ]
Talstation	nedre stasjon [neːdrə staʃun]
Wochenpass	ukekort, -et, - [ˇʉːkəkuṭ]
Curling	curling [ˈcørliŋ]
Eisbahn	skøytebane, -a/-en, -er [ˇʃøytəbɑːnə]
Eishockey	ishockey, -en [ˇiːshɔki]
Eislauf	skøyteløp, -et, - [ˇʃøytəløːp]
Schlittschuhe	skøyter (pl) [ˇʃøytər]
Schlittschuh laufen	å gå på skøyter [oː ɡoː poː ʃøitər]

Sonstige Sportarten

Bowling	bowling, -en [ˈbɔuliŋ]
Bungeejumping	strikkhopping [strikhɔpiŋ]
Kegeln	spille bowling [spilə ˈbɔuliŋ]
Leichtathletik	friidrett, -en [ˈfriːiːdret]
Minigolf	minigolf, -en [ˈmiːniɡɔlf]
Rollschuh	rulleskøyter [rʉləʃøitər]
Rollschuh fahren	å gå på rulleskøyter [oː ɡoː poː rʉləʃøitər]
Skateboard	skateboard, -et, -er [ˈskeitbɔːḍ]

Sportveranstaltungen

Könnten Sie mir bitte sagen, welche Sportveranstaltungen es hier gibt?
Hvilke sportarrangementer er det her?
[vilkə ˈspuṭsaraŋʃəmaŋər æː ḍe hæːr]

Ich möchte mir das Fußballspiel/Pferderennen ansehen.
Jeg vil gjerne se fotballkampen/hesteveddeløpet.
[jæi vil ˇjæːŋə seː ˇfutbalkampən/ˇhestəvedəløːpə]

Wann/Wo findet es statt?
Når/Hvor er det? [ˈnɔr/ˈvur æː ḍe]

Was kostet der Eintritt?
Hva koster inngangsbilletten? [vɑː ˇkɔstər ˇingaŋsbiletən]

Wie steht's?
Hva er stillingen? [vɑ æːr ˇstiliŋən]

133

2 zu 1.
To – en [tu en]

Eins – eins.
en – en [en en]

Foul
takling [ᵛtakliŋ]

Schöner Schuss!
Flott skudd! [flɔt skʉd]

Tor!
Mål! [moːl]

abseits	offside [ˈɔfsaid]
Anstoß	avspark,- et [ᵛɑːvspark]
Eintrittskarte	inngangsbillett, -en, -er [ᵛiŋaŋsbilet]
Elfmeter	straffespark, -et [ˈstrafəspark]
Freistoß	frispark, -et [ᵛfriːspark]
gewinnen	vinne, vant, vunnet [ᵛvinə]
Kasse.	kasse, -a/-en, -er [ᵛkasə]
Meisterschaft	mesterskap, -et, - [ˈmestəʃkaːp]
Niederlage	tap, -et [tɑːp]
Pass.	pass, -et, - [pas]
Programm	program, -met, - [pruˈgram]
Radrennen	sykkelløp, -et, - [ˈsykəløːp]
Rennen	løp,- et [løːp]
Schiedsrichter.	dommer, -en, -e [ᵛdumər]
Sieg	seier, -en, -e [ˈsæiər]
Spiel, ...	spill, -et, - [spil]
Sportler/in	idrettsmann, -en, -menn/idrettskvinne, -a/-en, -er [ᵛiːdretsman/ᵛiːdretskvinə]
Sportplatz	idrettsplass, -en, -er [ᵛiːdretsplas]
Stadion	stadion, -et [ˈstɑːdiun]
Strafraum.	16-meter, -en [sæistənmeːtər]
unentschieden	uavgjort [ᵛʉaːvjuʈ]
verlieren	tape, -te, -t [ᵛtɑːpə]
Wettkampf	konkurranse, -en, -er [kunkʉˈransə]

Wellness

Wie viele Anwendungen bekomme ich noch?
Hvor mange behandlinger har jeg igjen?
[wuːr maŋə beˈhanliner haːr jæi iːjæn]

Ich möchte noch einige zusätzliche …
Jeg vil gjerne ha noen ekstra …
[jæi wil ˈjæːrnə ha nuen ˈekstra …]

Könnte ich einen anderen Termin bekommen?
Kunne jeg få en annen time? [kʉnə jæi foː eːn ˈanen ˈtiːmə]

Machen Sie auch eine ...
Gir dere også ... [jiːr deːrə ɔsoː ...]

Ich leide unter ...
Jeg er plaget av ... [jæi æːr ˈplaːget av]

Aqua-Jogging	vannjogging, - en, - [ˈvanjɔgiŋ]
Akupunktur	akupunktur, -en, -er [akʉˈpʉnkˈtʉːr]
Aromabad	aromabad, -et, - [ˈɑrʉˈmaba:d]
Ayurveda	ayurveda, -en, - [ajʉrˈveːda]
Behandlung	behandling, -en, -er [beˈhanliŋ]
Dampfbad	dampbad, -et, - [ˈdɑmpbɑːd]
entschlacken, entgiften	slagge, avgifte [ʃlagə, ˈɑwjiftə]
Fango	fango, -, - [ˈfango]
Fuß(reflexzonen)massage	fotsoneterapi, -en, -er [ˈfuːtsuːnəterapiː]
Ganzkörpermassage	kroppsmassasje, -en, -er [ˈkrɔps masaːʃə]
Gesichtsbehandlung	ansiktsbehandling, -en, -er [ˈansiktsbeːhanliŋ]
Heilbad	kurbad, -et, - [ˈkʉːrbɑd]
Heilfasten	fastekur, -en, -er [ˈfastəkʉːr]
Heu-Bad	høybad, -et, - [ˈhøybɑd]
Kneipp-Anwendung	kneipp-behandling, -en, -er [ˈknæipbeːhanliŋ]
Kurtaxe	kuravgift, -en, -er [ˈkʉːrawçift]
Lymphdrainage	lymfedrenasje, -en, -er [ˈlymfədreːnaʃə]
Massage	massasje, -en, -er [maˈsaːʃə]
Meditation	meditasjon, -en, -er [meːdiːtaˈʃuːn]
Sauna	badstu, -a/-en, -er [ˇbastu]
Schwimmbad	svømmebasseng, -et, - [ˇsvøməbaseŋ]
Solarium	solarium, -et, -rier [suˈlɑːriʉm]
Therapie	terapi, -en, -er [teːrɑˈpiː]
Thermalbad	termalbad, -et, - [terˈmalbɑd]
Wellenbad	bølgebad, -et, - [ˈbøːlgebad]
Yoga	yoga, -, - [ˈjoga:]
Whirlpool	boblebad, -et, - [ˇbubləbɑːd]

Kreativurlaub

Ich möchte ... belegen.
Jeg vil gjerne delta i ... [jæi vil jærŋə ˈdeːlta i]
    einen Töpferkurs
    et keramikkkurs [et çeːrɑˈmikkʉrʃ]
    einen Norwegischkurs
    et norskkurs [et ˈnɔʃkkʉrʃ]

für Anfänger
for nybegynnere [fɔr nybeˈjynerə]
für Fortgeschrittene
for viderekomne [fɔr ˈviːderəkomnə]

Wie viele Stunden sind pro Tag vorgesehen?
Hvor mange timer er det planlagt per dag?
[vur maŋə tiːmər ær de ᵛplanlagt pær dak]

Ist die Teilnehmerzahl begrenzt?
Er det et tak på antall deltakere?
[ær de et taːk po antal ᵛdeːltaːkerə]

Sind Vorkenntnisse erforderlich?
Er det nødvendig med forkunnskaper?
[ær de nødvendi meː ˈforkʉnskaːper]

Bis wann muss man sich anmelden?
Når er påmeldingsfrist? [nor æːr ˈpoːmeldiŋsfrist]

Sind die Materialkosten inklusive?
Er det inkludert undervisningsmateriell?
[ær de inklʉdert ʉnəviːsniŋsmaterieːl]

Was ist mitzubringen?
Hva må vi ta med oss? [va mo vi ta meː ɔs]

Aquarellmalen	akvarellmaling, -en [akvqaˈrelmaːliŋ]
Bauchtanz	magedans, -en [ᵛmagədans]
Drechseln.	dreiing, -en [dreiiŋ]
Fotografieren.	fotografering, -en [futugraˈferiŋ]
Goldschmieden	gullsmed, -en [ᵛgʉlsmeːd]
Holzwerkstatt	treverksted, -et [ᵛtrɛːværksteːd]
Kochen	matlaging, -en [ᵛmaːtlaːgiŋ]
Kurs.	kurs, -en, -er [kʉːʃ]
Malen	maleri, -et [maleˈri]
Ölmalerei.	oljemaleri, -et, -er [ᵛoljəmaːləriː]
Seidenmalerei.	silkemaleri, -et [ᵛsilkəmaːleri]
Sprachkurs.	språkkurs, -et [ᵛsproːkkʉʃ]
Tanztheater	danseteater, -et [ᵛdanseteːatər]
Theatergruppe	teatergruppe, -en [teːˈatergrʉpə]
Trommeln.	trommer [ᵛtrumər]
Workshop	workshop [ˈvørkʃɔp]
Yoga.	yoga [ˈjoga]

Restaurantangebot, Preisniveau, aber auch die Tradition sind wichtige Gründe dafür, dass Norweger selten ausgehen. Wenn man es tut, zieht man sich gern etwas feiner an und beginnt den Konzert- oder Theaterabend mit einem Restaurantbesuch. Erst in den letzten Jahren hat sich eine Eventkultur entwickelt, die auch auf dem Lande und in den Wintermonaten viel Abwechslung verspricht. Immer neue Festivals schießen wie Pilze aus dem Boden, das Spektrum reicht vom Hafen- oder Dorffest oder historischen Schauspiel bis zu internationalen Festspielen mit Musik und Tanz, Theater und bildenden Künsten. Ein wichtiger Schwerpunkt im Sommer sind die zahlreichen Jazzfestivals, die durchweg erstklassige Musiker auf dem Programm haben. Das Kino erfreut sich weiter steigender Beliebtheit. Dabei werden ausländische Filme im Original mit norwegischen *tekster* gezeigt.

Theater – Konzert – Kino

Könnten Sie mir bitte sagen, welches Stück heute Abend im Theater gespielt wird?
Hva spiller de i teateret i kveld? [vɑ ˅spilə ɖi i teˈɑːtərə i kvel]

Was läuft morgen Abend im Kino?
Hvilken film går på kinoen i morgen kveld?
[vilkən film ɡoːr pɔ ˈçiːnuən i ˅moːɳ kvel]

Werden im Dom Konzerte veranstaltet?
Blir det arrangert konserter i kirken?
[bliː ɖe ɑrɑŋˈʃeːʈ kunˈseʈər i ˈdumçirkən]

Können Sie mir ein gutes Theaterstück empfehlen?
Kan du anbefale et godt teaterstykke?
[kan dʉ ˈɑnbefɑːlə et gɔt teˈɑːtəʃtykə]

Wann beginnt die Vorstellung?
Når begynner forestillingen? [nɔr beˈjynər ˅foːrəstiliŋən]

Wo bekommt man Karten?
Hvor får en billetter? [ˈvur foːr en biˈletər]

Bitte zwei Karten für heute Abend.
To billetter til i kveld, takk. [tuː biˈletər til i ˈkvel tak]

Bitte zwei Plätze zu … Kronen!
To plasser til … kroner takk. [tuː ˅plɑsər til … ˅kruːnə tak]

Zwei Erwachsene, ein Kind.
To voksne og et barn. [tuː ˅vɔksnə ɔ et ˈbɑːɳ]

Kann ich bitte ein Programm haben?
Kan jeg få et program? [kan jæi ˈfoː et pruˈgram]

Eintrittskarte	inngangsbillett, -en, -er ['ingaŋsbilet]
Festival	festival, -en, -er [festi'vaːl]
Festspiele	festspill, -ene ['festspil]
Garderobe	garderobe, -en, -er [gardə^vroːbə]
Kasse	kasse, -a/-en, -er [^vkasə]
Nachmittagsvorstellung	ettermiddagsforestilling, -en, -er [^vetərmidagsfoːrəstiliŋ]
Pause	pause, -en, -er [^vpæʉsə]
Programmheft	programhefte, -et, -er [pru'gramheftə]
Vorstellung	forestilling, -en, -er [^vfoːrəstiliŋ]
Vorverkauf	forsalg, -et, - [^vfɔʃalg]

Theater

Akt	aktbilde, -et, -er ['aktbildə]
Aufführung	oppførelse, -en, -er ['ɔpføːrelsə]
Ballett	ballett, -en, -er [ba'let]
Drama	drama, -et, -er ['draːma]
Freilufttheater	frilufteater, -et, - ['friːlʉfteaːtər]
Inszenierung	iscenesettelse, -en, -er [i^vseːnəsetelsə]
Kabarett	kabaret, -en, -er [kaba're:], revy [re:vy]
Kabarettist	revyartist,- en [re:vyartist]
Kleinkunstbühne	kabaretscene, -a/-en, -er [kaba're:se:nə]
Komödie	komedie, -en, -er [ku'meːdiə]
Loge	losje, -en, -er ['luːʃə]
Musical	musical, -en, -er ['mjʉːsikəl]
Oper	opera, -en, -er ['uːpəra]
Operette	operette, -en, -er [upə^vretə]
Parkett	parkett, -en, -er [par'ket]
Premiere	premiere, -en, -er [premi^væːrə]
1. Rang	frontlosje, -en [frɔntluʃə]
Schauspiel	skuespill, -et, - [^vskʉːəspil]
Schauspieler/in	skuespiller, -en, -e/skuespillerinne -en, -er [^vskʉːəspilər/skʉːəspilər^vinə]
Spielplan	sesongprogram, (m)-et [sæ:songprugam]
Tänzer/in	danser, -en, -e/danserinne, -en, -er [^vdansər/dansər^vinə]
Theater	teater, -et, - [te'aːtər]
Theaterstück	teaterstykke, -et, -er [te'aːtəʃtykə]
Tragödie	tragedie, -en, -er [tra'geːdiə]
Varietee	variete, -en, -er [varie'te:]

139

Konzert

Blues	blues [blu:s]
Chor	kor, -et, - [ku:r]
Dirigent/in	dirigent, -en, -er [diri'gent]
Folk	visesang, -en [vi:səsaŋ]
Jazz	jazz, -en [jɑs]
Klassik	klassisk [klɑsisk]
Komponist/in	komponist, -en, -er [kumpu'nist]
Konzert	konsert, -en, -er [kun'sæʈ]
Kammerkonzert	kammerkonsert, -en, -er ['kɑmərkunsæʈ]
Kirchenkonzert	kirkekonsert, -en, -er [ˇçirkəkunsæʈ]
Sinfoniekonzert	symfonikonsert, -en, -er [symfu'ni:kunsæʈ]
Orchester	orkester, -et, - [ɔr'kestər]
Pop	popmusikk [pɔpmu'sik]
Rap	rap [ræp]
Reggae	reggae [ræ:gi]
Rock	skjørt, -et, - [ʃøʈ]
Sänger/in	sanger, -en, -e/sangerinne, -en/-a, -er [ˇsɑŋər/sɑŋərˇinə]
Solist/in	solist, -en, -er [su'list]
Soul	soul [soul]
Techno	tekno [tæknu]
Volksmusik	folkemusikk [fɔlkəmu'sik]

Kino

Film	film, -en, -er [film]
Actionfilm	actionfilm, -en [ækʃnfilm]
Dokumentarfilm	dokumentarfilm,- en [dukumenta:rfilm]
Drama	drama, -et, -er ['drɑ:ma]
Klassiker	klassiker, -en [klɑsikər]
Komödie	komedie, -en, -er [ku'me:diə]
Kurzfilm	kortfilm, -en [kortfilm]
Schwarzweißfilm	svarthvitfilm,- en [svartvi:tfilm]
Sciencefictionfilm	Science fiction [sains fikʃn]
Thriller	spenningsfilm, -en [spæniŋsfilm]
Western	westernfilm, en [væsternfilm]
Zeichentrickfilm	tegnefilm,- en [teinəfilm]
Filmschauspieler/in	filmskuespiller, -en, -e ['filmskuːəspilər]
Hauptrolle	hovedrolle, -a/-en, -er [ˇhu:vedrɔlə]
Kino	kino, -en, -er ['çi:nu]
Freilichtkino	friluftkino, -en, -er ['fri:luftsçi:nu]
Programmkino	filmklubb, -en [filmklub]
Originalfassung	originalversjon, -en, -er [ɔrigi'nɑ:lveʃu:n]

Regie	regi, -en, -er [reˈʃiː]
Spezialeffekte	spesialeffekter [speˈsialefektər]
Untertitel	undertittel, -en, -titler [ˈʉndəʈitəl]

Nachtleben

Wer in Norwegen zum *Vorspiel* oder *Nachspiel* eingeladen wird, sollte sich keine (Hinter-)Gedanken machen. Beim gemütlichen Beisammensein vor oder nach dem Restaurantbesuch, dem Kneipenbummel oder einem Clubkonzert werden meist nur ein paar Flaschen (vorher), gelegentlich auch die ganze Hausbar (nachher) geleert. Roulette gibt es in Norwegen nicht, dafür aber – vor allem auf dem Lande – das traditionsreiche Bingo. Die Hoffnung auf den Millionengewinn ist dennoch weit verbreitet: Die Norweger sind nach den Einsätzen pro Kopf Europameister im Lotto- und Toto-Spiel.

Was kann man hier abends unternehmen?
Hva kan man ta seg til om kveldene her?
[vaː kan man taː sæi ˈtil ɔm ˅kvelənə hæːr]

Gibt es hier eine gemütliche Kneipe?
Er det noe hyggelig vertshus her? [æ: ḍe nuːə ˅hygəli ˈveʈshu:s hæːr]

Wo kann man hier tanzen gehen?
Hvor kan en gå og danse her? [vur kan en ˈgoː ɔ ˅dansə hæːr]

Wollen wir (noch einmal) tanzen?
Skal vi danse (en gang til)? [skal vi ˅dansə (eːn gaŋ til)]

Ein Bier, bitte.
En øl, takk. [en ˈøl tak]

Wollen wir einen Bummel machen?
Skal vi gå en tur? [skal vi ˈgoː en tʉ:]

ausgehen	gå ut, gikk, gått [gɔ ˈʉ:t]
Band	band, -et, - [bæn]
Bar	bar, -en, -er [ba:r]
Diskothek	diskotek, -et, -er [disku'te:k]
Folklore	folklore, -en [˅fɔlklo:r]
Folkloreabend	folkloreaften, -en, -er [fɔlk'lo:raftən]
Glücksspiel	pengespill,- et [pæŋespil]
Kneipe	vertshus, -et, - [ˈveʈshu:s], kro, -en, -er [kru:], kafe, -en, -er [ka'fe:]
Livemusik	levende musikk [˅le:vəndə mʉ'sik]
Nachtklub	nattklubb, -en, -er [˅natklʉb]
Party	selskap, -et, - [˅selskap]
Show	show, -et, - [ʃou]
tanzen	danse, -et, -et/-a, -a [˅dansə]

Feste und Veranstaltungen

Könnten Sie mir bitte sagen, wann das ...-Festival stattfindet?
Når finner ...festivalen sted? [nɔr ˅finər fæsti:ˈvɑːlən steː]
  vom ... bis ...
  fra ... til ... [fra til]
  jedes Jahr im August
  hvert år i august [væːrt oːr i: æʉˈgʊst]
  alle 2 Jahre
  annet hvert år [ɑnət væːrt oːr]

Kann jeder teilnehmen?
Kan alle delta? [kɑn ɑlə ˈdeːlta]

Typische Festivitäten und Veranstaltungen

Blaskapelle.................	brassband, -et [ˈbrɑsbæːnd]
Festival....................	festival, -en, -er [festiˈvɑːl]
Feuerwerk	fyrverkeri, -et, - [ˈfyːrværkəri:]
Flohmarkt..................	loppemarked, -et, -er [˅lɔpəmɑrked]
Jahrestreffen...............	stevne,- et [˅stævnə]
(z.B. Sängertreffen)	
Jahrmarkt..................	tivoli,- et [ˈtiːvuli]
Karneval...................	karneval, -et [ˈkɑːrnəvɑl]
Nationale Meisterschaften ...	NM [nm]
Olympische Spiele...........	Olympiske leker (OL)
	[uˈlympiːske ˅leːkər]
Turnier	turnering, -en [tʉrˈneriŋ]
Umzug	tog,- et [tog]
Zirkus	sirkus, -et, - [ˈsirkʉs]

Es gibt leider viel zu viele eintönige Geschäfte mit einem schmalen Warenangebot und einer unpersönlichen Atmosphäre.

Feinkostläden verstecken sich zumeist in Nebenstraßen, dort werden die Kunden begrüßt und mit einem *Takk for handelen* (Danke für den Handel) oder *Ha det* (Tschüss!) verabschiedet. Dies gilt auch bei Fachgeschäften, die oftmals in größeren Einkaufszentren in oder vor der Stadt untergebracht sind, deren Zahl immer weiter zunimmt. Plastiktüten werden unaufgefordert ausgehändigt und in Lebensmittelgeschäften mit 50 Øre abgerechnet.

In jedem größeren Ort gibt es Märkte unter freiem Himmel, und auch wenn die Waren nicht immer die billigsten sind, wird vieles durch herzliche Atmosphäre, fachkundigen Service und ausgiebige Erklärung (z.B. zur besten Zubereitung für den gerade gekauften Fisch) wieder wettgemacht. Und überall ist es erlaubt, *Jeg bare kikker* (ich schaue mich nur um) zu sagen. Die Warteschlangen in norwegischen Geschäften gibt es zwar, sind aber kaum als solche zu erkennen. Man beobachtet einander und kennt seinen Platz in der *kø*.

Das Einkaufen mit Karte ist mittlerweile der Regelfall. Alle Lebensmittelläden, ja selbst Imbisse haben einen *kortautomat*, und das bargeldlose Einkaufen ist bis in Kneipen vorgedrungen, wo der Barkeeper die Zeche direkt bei der Bank abbuchen kann.

Fragen

Ich suche …
Jeg leter etter … [jæi ˅leːtər]

Ich möchte …
Jeg ville gjerne ha … [jæi vilə ˅jæːŋə ˅hɑː]

Werden Sie schon bedient?
Får du? [ˈfoː dʉ], Kan jeg hjelpe deg? [kan jæi ˅jelpə dæi]

Danke, ich sehe mich nur um.
Takk, jeg kikker bare. [tak jæi ˅çikər bɑːrə]

Haben Sie …?
Har dere …? [hɑː ɖeːrə]

Zeigen Sie mir bitte …
Kan du vise meg …? [kan dʉ ˅viːsə mæi]

Darf es sonst noch etwas sein?
Kan det være litt over/mer? [ˈkan de væːrə lit ˈoːvər/ˈmeːr]

Handeln und kaufen

Wie viel kostet das?
Hva koster det? [va ˅kɔstə ɖe]

Das ist aber teuer!
Det er dyrt! [de: æːr dyrt]

Geben Sie einen Rabatt?
Kan du gi litt avslag? [kɑn dʉ jiː lit ˅ˈɑvʃlɑːg]

Gut, ich nehme es.
Jeg tar det. [jæi tɑː ˈd̥eː]

Nehmen Sie Kreditkarten?
Tar dere kredittkort? [tɑː d̥eːrə kreˈd̥itkuʈ]

Geschäfte

Die Geschäfte der bekanntesten Lebensmittelketten sind überall von
9 bis 20 (meist sogar länger) und am Samstag zumindest bis 16 Uhr
geöffnet. Beim sommerlichen Einkaufsbummel durch die Großstädte
gelten ähnliche Öffnungszeiten, in kleineren Orten wird allerdings
schon oft um 17 Uhr zugemacht. Die wichtigsten Lebensmittel bekommt man – allerdings nur zu sehr hohen Preisen – auch an den
rund um die Uhr geöffneten Tankstellen. Dort gibt es allerdings kei-
nerlei Alkohol, in den Lebensmittelgeschäften nur Bier – und nur bis
20 (18) Uhr. Weine und Spirituosen werden nur in den Läden des
staatlichen *Vinmonopolet* verkauft.
Das Preisniveau ist bekanntermaßen hoch. Grundnahrungsmittel wie
Brot, Milch und Butter sind kaum, Aufschnitt und Fleisch dagegen
deutlich teurer als in Deutschland oder Österreich. Beim Shopping
kann man allerdings Überraschungen erleben. Während der Sommer-
monate steht vor fast jedem Geschäft das Plakat *Salg* (Schnäppchen)
oder *Tilbud* (Angebote), und besonders bei Mode kann man leicht ein
Schnäppchen machen.
Und warum sind norwegische Portemonnais so prall gefüllt? Weil jede
Lebensmittel- oder Modekette, aber auch jede Benzinmarke mit Club-
mitgliedschaft, Mengenrabatt und Sonderangeboten lockt. Dieses
System der Vorteilskarten ist mittlerweile so gut entwickelt, dass man
mit einer Karte sowohl beim Lebensmitteleinkauf, beim Tanken, beim
Einkleiden und bei der Fährreise Richtung Dänemark Rabatte bekom-
men kann.

Entschuldigen Sie bitte, wo finde ich ...?
Unnskyld, hvor finner jeg ...? [ˈʉnʃyl vur ˈfinər jæi]

åpningstider	Öffnungszeiten
åpent	offen
stengt	geschlossen
feriestengt	Betriebsferien bis ...

Antiquariat	antikvariat, -et, -er [antikvari'ɑ:t]
Antiquitätengeschäft	antikvitetsforretning, -en, -er [antikvi'te:tsfɔretniŋ]
Apotheke	apotek, -et, -er [ɑpu'te:k]
Bäckerei	bakeri, -et, -er [bɑ:kə'ri:]
Bioladen	naturkostbutikk, -en [nɑ'turkɔstbutik]
Blumengeschäft	blomsterbutikk, -en, -er ['blumstərbutik]
Bootsbedarf	båtutstyr, -et [ˇbo:tu:tsty:r]
Boutique	boutique [bu'tik]
Buchhandlung	bokhandel, -en, -handler [ˇbu:khɑndəl]
Computerfachgeschäft	databutikk, -en, -er ['dɑ:tabutik]
Drogerie	fargehandel, -en, -dler [ˇfɑrgəhɑndəl]
Einkaufszentrum	kjøpesenter, -et, -sentra [ˇçø:pəsentər]
Eisenwarengeschäft	jernvarehandel, -en, -dler [ˇjæ:ŋvɑːrəhɑndəl]
Elektrohandlung	elektrisk forretning [e'lektrisk fɔ'retniŋ], elektriske artikler [e'lektriskə ɑ'ʈiklər]
Feinkostgeschäft	delikatesseforretning, -en, -er [delikaˇtesəfɔretniŋ]
Fischgeschäft	fiskehandel, -en, -dler [ˇfiskəhɑndəl]
Flohmarkt	loppemarked, -et, -er [ˇlɔpəmɑrked]
Fotogeschäft	fotoforretning, -en, -er ['futufɔretniŋ]
Friseur	frisør, -en, -er [fri'sø:r]
Juwelier	juveler, -en, -er [juvə'le:r]
Gemüsehändler	grønnsakbutikk, -en, -er [ˇgrønsɑ:kbutik]
Handygeschäft	telebutikk, -en, -er ['te:ləbutik]
Kaufhaus	varehus, -et, - [ˇvɑ:rəhu:s]
Kunsthändler	kunsthandler, -en, -e ['kunsthɑndlər]
Lebensmittelgeschäft	dagligvareforretning, -en, -er/-handel, -en, -dler [ˇdɑ:gligvɑ:rəfɔretniŋ/-hɑndəl]
Lederwarengeschäft	lærvarebutikk, -en, -er/-handel, -en, -dler [ˇlæ:rvɑ:rəbutik/-hɑndəl]
Markt	marked, -et, -er [ˇmɑrked]
Obst- und Gemüsemarkt	torg, -et, - [tɔrg]
Metzgerei	slakter, -en, -e [ˇʃlɑktər]
Obsthandlung	frukthandel, -en, -dler ['frukthɑndəl], skredder, -en, -e [ˇskredər]
Optiker	optiker, -en, -e ['ɔptikər]
Parfümerie	parfymeri, -et, -er [pɑrfymə'ri:]
Partyservice	catering [kæiteriŋ]
Plattenladen	musikkforretning, -en, -er [mu'sikfɔretniŋ]
Reformhaus	helsekostbutikk, -en, -er [ˇhelsəkɔstbutik]

Reinigung	renseri,- et [rense:'ri]
Reisebüro	reisebyrå, -et, -er [ᵛræisəbyro:]
Schneider/in	skredder, -en, -e [ᵛskredər]
Schreibwarengeschäft	papirhandel, -en, -dler [pɑ'pi:rhandəl]
Schuhgeschäft	skobutikk, -en, -er ['sku:bʉtik]
Schuhmacher	skomaker, -en, -e ['skumɑ:kər]
Souvenirladen	suvenirbutikk, -en [sʉveni:rbʉtik]
Spielwarengeschäft	leketøysbutikk, -en, -er [ᵛle:kətøysbʉtik]
Spirituosengeschäft	Vinmonopolet [ᵛvi:nmʉnupu:lə]
Sportartikel	sportsartikler (pl) ['spʉʈsɑʈiklər]
Supermarkt	supermarked, -et, -er ['sʉpərmɑrked]
Süßwarengeschäft	godteributikk, -en, -er [gɔtə'ri:bʉtik]
Tabakladen	tobakksforretning, -en, -er ['tubɑksɔretniŋ]
Trödler	brukthandel, -en, -dler ['brʉkthandəl]
Uhrmacher	urmaker, -en, -e ['ʉ:rmɑ:kər]
Wäscherei	vaskeri, -et, -er [vɑskə'ri:]
Waschsalon	myntvaskeri, -et, -er ['myntvɑskəri:]
Weinhandlung	Vinmonopolet [ᵛvi:nmʉnupu:lə]
Wurstwarengeschäft	kjøttvarer [çøtvɑ:rər]
Zeitungshändler	aviskiosk [ɑvi:sçiɔsk]

Bücher, Zeitschriften und Schreibwaren

Der blaue Ring mit dem weißen ‚N' steht für Narvesen, die größte und landesweite Kiosk-Kette in Norwegen. Dort werden nicht nur internationale Zeitungen und Zeitschriften, sondern auch Konzert-, Theater- und Zugfahrkarten sowie Briefmarken verkauft.

Haben Sie …
Har dere … [hɑ: ɖe:rə]
  deutsche Zeitungen/Zeitschriften?
  tyske aviser/tidsskrifter? [tyskə a'vi:sər/'tidskriftər]
  Briefmarken?
  frimerker? ['fri:mærkər]
  einen Reiseführer?
  en reiseguide? [en ᵛræisəgɑid]
  eine Wanderkarte dieser Gegend?
  et turkart over dette området? [et 'tʉ:rkɑʈ o:və ɖetə ᵛɔmro:də]

Bücher, Zeitschriften und Zeitungen

Buch	bok, -a/-en [bu:k]
Comic-Heft	tegneseriehefte, -et [ᵛteinese:riəhæftə]
Frauenzeitschrift	ukeblad, -et [ᵛʉ:kəblɑ:]
Illustrierte	ukeblad, -et, - [ᵛʉ:kəblɑ:]

Kochbuch	kokebok, -a/-en, -bøker [ˇkuːkəbuːk]
Kriminalroman	krim, -(m)en [krim]
Landkarte	kart, -et, - [kɑʈ]
Reiseführer	reiseguide, -en, -er [ˇræisəgaid]
Roman	roman, -en, -er [ruˈmɑːn]
Stadtplan	bykart, -et, - [ˈbyːkɑʈ]
Straßenkarte	veikart, -et, - [ˇvæikɑʈ]
Tageszeitung	dagsavis,- en [ˈdɑksɑvis]
Taschenbuch	pocketbok, -a/-en, -bøker [ˈpɔketbuːk]
Zeitschrift	tidsskrift, -et, - [ˈtidskrift]
Zeitung	avis, -a/-en, -er [ɑˈviːs]

Schreibwaren

Ansichtskarte	prospektkort, -et, - [pruˈspektkuʈ]
Bleistift	blyant, -en, -er [ˈblyːant]
Block	blokk, -en [blɔk]
Briefpapier	brevpapir, -et, - [ˇbreːvpɑpiːr]
Briefumschlag	konvolutt, -en, -er [kɔnvɔˈlʉt]
Farbstift	fargeblyant, -en, -er [ˇfɑrgəblyant]
Kugelschreiber	kulepenn, -en, -er [ˇkʉːləpen]
Malbuch	fargebok, -a/-en, -er [ˇfɑrgəbuːk]
Notizblock	notisblokk, -a/-en, -er [nuˈtiːsblɔk]
Papier	papir, -et, - [pɑˈpiːr]

➤ auch „Elektroartikel/Computer"

Haben Sie CDs von …?
Har du en CD av …? [ha: dʉ en ˇceːdeː ɑv]

Ich hätte gern eine CD mit … Musik.
Jeg skulle gjerne ha en CD med …musikk.
[jæi skʉlə ˇjærɳə ha en ˇceːdeː meː mʉˈsik]

Kann ich hier bitte einmal reinhören?
Kan jeg få lov å høre litt på denne?
[kan jæi foː loːv oː ˇhøːrə lit poː ˇdænə]

CD (Compactdisc)	CD [ceːdeː]
CD-Spieler	CD-spiller, -en, -e [ˇceːdeːspilər]
tragbarer CD-Spieler	bærbar CD-spiller
	[ˇbærbɑː ˇceːdeːspilər]
DVD	DVD [deːveːdeː]
DVD-Spieler	DVD-spiller, -en, -e [deːveːdeː spilər]
Kopfhörer	hodesett, -et, - [ˇhuːdəset]
Lautsprecher	høyttaler, -en, -e [ˈhøytɑːlər]
Walkman®	walkman, -en, -er [ˈvoːkmæn]

Drogerieartikel

Drogerieartikel bekommt man teils in Parfümerieläden, teils in Apotheken oder in Naturkostläden.

Bürste	børste, -en, -er [ˇbøʃtə]
Creme	krem, -en, -er [kreːm]
Damenbinden	sanitetsbind, -et, - [saniˈteːtsbin]
Deo(dorant)	deodorant, -en, -er [deuduˈrant]
Duschgel	dusjsåpe, -a/-en, -er [ˈdʉʃsoːpə]
Faden.	tråd [troː] (- en, -er)
Feuchtigkeitscreme	fuktighetskrem, -en [ˇfuktiːheːtskrem]
Haarfestiger	setting lotion [ˈsetiŋ ˈlɔʉʃən]
Haargel.	hårgele, -en [ˇhoːrʃeleː]
Haargummi	hårstrikk, -en, -er [ˇhoːʃtrik]
Haarklammern	hårnål, -a/-en, -er [ˇhoːɳoːl]
Handcreme	håndkrem, -en [ˇhɔnkræm]
Kamm	kam, -men, -mer [kam]
Knopf	knapp [knap] (- en, -er)
Lichtschutzfaktor	beskyttelsesfaktor, -en, -er [beˈʃytelsəsfaktur]
Lippenstift	leppestift, -en, -er [ˇlepəstift]
Nachtcreme.	nattkrem, -en [ˇnatkræm]
Nadel.	nål [noːl] (- en/-a, -er)
Nagelfeile.	neglefil, -a/-en, -er [ˇnæiləfiːl]
Nagellack	neglelakk, -en [ˇnæiləlak]
Nagellackentferner	neglelakkfjerner, -en, -e [ˇnæiləlakfjæːɳər]
Nagelschere	neglesaks, -a/-en, -er [ˇnæiləsaks]
Ohropax	sov i ro [soːv i ˈruː]
Papiertaschentücher	papirlommetørkle, -et, -klær [paˈpiːɭumətørklæːr]
Parfüm	parfyme, -en, -er [parˇfyːmə]
Pflaster	plaster, -et, - [ˈplastər]
Pinzette.	pinsett, -en, -er [pinˈset]
Präservativ.	kondom, -en, -er [kunˈduːm]
Puder.	pudder, -et [ˈpʉdər]
Rasierapparat	barbermaskin, -en, -er [barˈbeːrmaʃiːn]
Rasierklingen.	barberblad, -et, -er [barˈbeːrblaː]
Rasierpinsel.	barberkost, -en, -er [barˈbeːrkɔst]
Rasierschaum	barberskum, -(m)en [barˈbeːrskum]
Rasierwasser.	barbervann, -et [barˈbeːrvan]
Seife.	såpe, -a/-en, -er [ˇsoːpə]
Shampoo	sjampo, -en, -er [ˈʃampu]
Slipeinlagen	truseinnlegg, -et, - [ˇtrʉːsəinleg]
Sonnencreme	solkrem, -en, -er [ˇsuːlkreːm]
Sonnenöl	sololje, -en [ˇsuːlɔljə]

Spiegel	speil, -et, - [spæil]
Spülbürste	oppvaskbørste, -en, -er [˅ɔpvaskbøʃtə]
Spülmittel	oppvaskmiddel, -et, -midler [˅ɔpvaskmidəl]
Spültuch	oppvaskklut, -en [˅ɔpvaskklʉt]
Tampons	tampong, -en, -er [tamˈpɔŋər]
mini/normal/super/ super plus	mini/normal/super/super pluss [mini:/nurmal/sʉpər/sʉpər plʉs]
Toilettenpapier	toalettpapir, -et, - [tuaˈletpapi:r]
Waschlappen	vaskeklut, -en [vaskəklʉt]
Waschmittel	vaskemiddel, -et, -midler [˅vaskəmidəl]
Watte	vatt, -en [vat]
Wattestäbchen	vattpinne, -en, -er [˅vatpinə]
Wimperntusche	mascara, -en [masˈka:ra]
Zahnbürste	tannbørste, -en, -er [˅tanbøʃtə]
Zahncreme/Zahnpasta	tannkrem, -en [˅tankrəm]
Zahnseide	tanntråd,- en[˅tantro:]
Zahnstocher	tannpirker, -en, -e [˅tanpirkər]

Elektroartikel/Computer

> auch „Fotoartikel" und „CDs und Kassetten"

Adapter	adapter, -en, -e [aˈdaptər]
Batterie	batteri, -et, -er [batəˈri:]
Drucker	printer [ˈprintər]
Föhn	føn, -en [fø:n]
Glühbirne	lyspære, -a/-en, -er [˅ly:spæ:rə], gløde-lampe, -a/-en, -er [˅glø:dəlampə]
Ladegerät	lader,- en [˅la:der]
Ladekabel (Handy, Laptop)	lader, - en, -ne [ˈla:dər]
Laptop	bærbar (PC) [ˈbæ:rbar (pe: ce:)]
Memorystick	minnepinne, - en, -er [ˈminəpinə]
MP3Player/iPod	MP3-spiller/iPod, -en, -e [ˈempe:tre: ˈspilər/ˈeipəd]
Notebook	bærbar PC [˅bærba: ˅pe:ce:]
Organizer	planlegger,- en [˅pla:nləgər]
Rohling	tom CD/DVD [tum ˈce:de:/de:we: ˈde:]
Scanner	scanner, - en, -e [ˈskænər]
Speicherkarte	minnekort, - et, - [ˈminekɔrt]
Stecker	stikkontakt, -en, -er [ˈstikuntakt]
Taschenlampe	lommelykt, -a/-en, -er [˅luməlykt]
Taschenrechner	lommekalkulator, -en [luməka:lkʉla:tur]
Verlängerungsschnur	skjøteledning, -en, -er [˅ʃø:tələdniŋ]
Wecker	vekkeklokke, -en/-a [˅vækərklɔkə]

➤ auch Filmen und Fotografieren

Ich hätte gern ...
Jeg ville gjerne ha ... [jæi vilə ˅jæːŋə haː]
   einen Film für diesen Fotoapparat.
   en film til dette fotoapparatet. [en film til ˅detə 'fuːtuapa'raːtə]
   einen Farbfilm.
   en fargefilm til papirbilder/dias. [en ˅fargəfilm til pa'piːrbildər/'diːas]
   einen Diafilm.
   en diafilm. [en 'diːafilm]
   einen Film mit 36/24/12 Aufnahmen.
   en film med 36/24/12 bilder.
   [en film meː trætiseks/çʉəfiːrə/toːl bildər]

... funktioniert nicht mehr.
... fungerer ikke. [... fʉŋ'geːrər ikə]

Das ist kaputt. Können Sie es bitte reparieren?
Det virker ikke. Kan du reparere det?
[de ˅virkər ikə kan dʉ repa'reːrə de]

Auslöser...................	utløser, -en, -e [˅ʉːtløːsər]
Belichtungsmesser	lysmåler, -en, -e [˅lysmɔːlər]
Blitzgerät	blitz, -en, -er [blits]
Camcorder.................	videokamera, -et ['viːdeːukameːra]
Dia.......................	lysbilde, - et, -er ['lyːsbildə]
Digitalkamera	digitalkamera, -et [digi'talkameːra]
DVD	DVD [deːveːdeː]
Filmempfindlichkeit..........	filmfølsomhet, -en ['filmfølsɔmheːt]
Linse.....................	linse, a/ -en, -er [˅linsə]
Objektiv	objektiv, -et, -er [ubjek'tiːv]
Passbild	passbilde, -et, -er ['pasbildə]
Schwarzweiß-Film...........	svart-hvitt-film, -en, -er [svat-vit-film]
Selbstauslöser..............	selvutløser, -en, -e [˅selʉːtløːsər]
Stativ.....................	stativ, -et, -er [sta'tiːv]
Sucher....................	søker, -en, -e [˅søːkər]
Teleobjektiv	teleobjektiv, -et, -er [˅teːleubjekti:v]
Unterwasserkamera	undervannskamera ,-et ['ʉnərvanskameːra]
Videofilm..................	videofilm, -en, -er ['viːdeufilm]
Videokamera...............	videokamera, -et, -er ['viːdeukaˌməra]
Videokassette..............	videokassett, -en, -er ['viːdeukaset]
Videorekorder..............	videospiller, -en, -e ['videuspilər]

Friseur

Waschen und föhnen, bitte.
Vaske og føne, takk. [ˇvaskə ɔ ˇføːnə tak]

Schneiden mit/ohne Waschen, bitte.
Klipp med/uten vask, takk. [klip meː/ˇʉːtən vask tak]

Ich möchte …
Jeg ville gjerne … [jæi vilə ˇjæːŋə]

Nur die Spitzen.
Bare stusse. [baːrə ˇstʉsə]

Nicht zu kurz/Ganz kurz/Etwas kürzer, bitte.
Ikke for kort/Helt kort/Noe kortere, takk.
[ikə fɔrˈkɔʈ/ˈheːlt ˈkɔʈ/nuːə ˇkɔʈərə tak]

Die Ohren sollen frei sein/bedeckt bleiben.
Ørene skal være fri/dekket. [øːrene skal værə friː/dæket]

Rasieren, bitte.
Barbering, takk. [barˈbeːriŋ tak]

Stutzen Sie mir bitte den Schnurrbart/Bart.
Kan du stusse skjegget mitt? [kan dʉ ˇstʉsə ˈʃegə mit]

Vielen Dank. Es ist sehr gut.
Mange takk, det ser bra ut. [ˇmaŋə tak de æːr ˈbraː]

Augenbrauen zupfen	nipping, - en, - [ˈnipiŋ]
Bart	skjegg, -et [ʃeg]
blond	blond [blɔn]
färben	farge, -et, -et [ˇfargə]
föhnen	føne, -et, -et [ˇføːnə]
frisieren	frisere, -te, -t [friˈseːrə]
Frisur	frisyre, -en, -er [friˇsyːrə]
Haar	hår, -et [hoːr]
fettiges Haar	fett hår [ˈfet ˈhoːr]
trockenes Haar	tørt hår [ˈtøʈ ˈhoːr]
Haarschnitt	hårklipp, -en [ˇhoːrklip]
kämmen	kjemme, -te, -t [ˇçemə]
Koteletten	kinnskjegg [çinʃæg]
legen	legge, la, lagt [ˇlegə]
Locken	krøller (pl) [ˇkrølər]
Pony	pannelugg, -en, -er [ˇpanəlʉg]
Scheitel	skill, -en, -er [ʃil]
Schnurrbart	bart, -en, -er [baʈ]
Schuppen	flass, -et [flas]
Shampoo	sjampo, -en, -er [ˈʃampu]
Spitzen schneiden	stussing- en, - [ˈstʉsiŋ]

Strähnchen	striper *(pl)* [ˊstriːpər]
Strähne.	striper [ˈstriːpər]
Stufen	gradering- en, -er [graˈdeːriŋ]
tönen.	tone, -et, -et/-a, -a [ˊtuːnə]

Haushaltswaren

Den *ostehøvel* (Käsehobel) gibt es auf jedem Frühstückstisch – eine Erfindung, auf die die Norweger sehr stolz sind, und ein schönes Andenken.

Abfallbeutel.	søppelpose, -en, -er [ˈsøpəlpuːsə]
Alufolie.	aluminiumsfolie, -en, -er
	[alʉˈmiːniʉmsfuːliə]
Bindfaden.	sytråd, -en [sytrɔː]
Brennspiritus.	rødsprit, -en [ˊrøːspriːt]
Dosenöffner	boksåpner, -en, -e [ˊbɔksoːpnər]
Draht.	tråd, -en [trɔː]
Flaschenöffner	flaskeåpner, -en, -e [ˊflaskəoːpnər]
Frischhaltefolie	plastfolie, -en [ˈplastfuːliə]
Gabel.	gaffel, -en, gafler [ˈgafəl]
Glas	glass, -et, - [ˈglas]
Grill	grill, -en, -er [gril]
Grillanzünder	grilltenner, -en, -e [ˈgriltenər]
Grillkohle	grillkull, -et, - [ˈgrilkʉl]
Haushaltswaren	husholdningsartikler *(pl)*
	[ˊhʉshɔldniŋsartiklər]
Kerzen.	stearinlys, -et, - [steaˈriːnlyːs]
Korkenzieher.	korketrekker, -en, -e [ˊkɔrkətrekər]
Kühlelement	kjøleelement, -et, -er [ˊçøːləelement]
Kühltasche.	kjølebag, -en, -er [ˊçøːləbæg]
Löffel	skje, -en/-a, -er [ʃeː]
Messer	kniv, -en, -er [kniːv]
Nadel.	nål, -en/-a [noːl]
Papierservietten	papirserviett, -en, -er [paˈpiːʃærvietər]
Petroleum.	petroleum, -en [peˈtruːlɛʉm]
Plastikbecher.	plastbeger, -et [plastbeːgər]
Plastikbeutel	plastpose, -en, -er [ˈplastpuːsə]
Sicherheitsnadel.	sikkerhetsnål, -en/a [ˈsikkerheːtsnoːl]
Schere.	saks, -en/-a [saks]
Taschenmesser.	lommekniv, -en, -er [ˊlʉməkniːv]
Thermosflasche®	termosflaske, -a/-en, -er [ˈtærmusflaskə]
Wäscheklammern	klesklype, -a/-en, -er [ˊkleskly:pər]
Wäscheleine	klesnor, -a/-en, -er [ˊklesnuːr]

Nur sehr wenige Lebensmittelketten haben Frischwarenabteilungen für Käse und Fleisch, und selbst das Gemüse ist in Plastikfolie verpackt. Beim Fleisch ist darauf zu achten, dass die Gefrierwaren günstiger als die eingeschweißten Frischwaren sind.

Was darf es sein?
Hva skal det være? [va skal de ˅væːrə]

Geben Sie mir bitte ...
Kan jeg få ... ? [kan jæi foː]

  ein Kilo ...
  et kilo ... [et ˈçiːlu]

  10 Scheiben ...
  10 skiver ... [ti: ˅ʃiːvər]

  ein Stück von ...
  et stykke av ... [et ˅stykə aːv]

  eine Packung ...
  ei pakke ... [æi ˅pakə]

  ein Glas ...
  et glass ... [et glas]

  eine Dose ...
  en boks ... [en bɔks]

  eine Flasche ...
  ei flaske ... [æi ˈflaskə]

  eine Einkaufstüte.
  en bærepose. [en ˅bæːrəpuːsə]

Bitte schneiden Sie es in Scheiben.
Kan du skjære det i skiver? [kan dʉ ˈʃæːrə deː i ˈʃiːwer]

Darf es auch etwas mehr sein?
Kan det være litt mer? [ˈkan de væːrə lit ˈmeːr]

Darf es noch etwas sein?
Var det noe mer? [va: ɖe nuːə ˈmeːr]

Dürfte ich vielleicht etwas hiervon probieren?
Kunne jeg få prøvesmake noe av dette?
[kʉnə jæi fɔ ˅prøːvəsmaːkə ˅nuːə aːv ˅detə]

Danke, das ist alles.
Takk, det var alt. [tak ˈde: va:r alt]

| abgelaufen............... | utgått på dato [ˈʉːtgɔt po: ˈdaːto] |
| Haltbarkeit............... | holdbarhet- en, -er [ˈhɔlbahe:t] |

Obst	Frukt
Ananas	ananas, -en, - ['ananas]
Äpfel	eple, -et, -er [ˇeplə]
Apfelsinen	appelsin, -en, -er [apəlˈsiːn]
Bananen	banan, -en, -er [baˈnaːn]
Birnen	pære, -a/-en, -er [ˇpæːrə]
Brombeeren	bjørnebær, -et, - [ˇbjønəbæːr]
Datteln	dadler (pl) ['dadlər]
Erdbeeren	jordbær, -et, - ['juːrbæːr]
Feigen	fiken, -en, -er ['fiːkən]
Grapefruit	grapefruit ['græipfrʉt]
Kirschen	kirsebær, -et, - ['çiʃəbæːr]
Kiwi	kiwi, - en, -er ['kiːwi]
Mandarinen	mandarin, -en, -er [mandaˈriːn]
Mandeln	mandel, -en, mandler ['mandəl]
Mango	mango, - en, -er ['mangu]
Melone (Honigmelone)	honningmelon [ˇhoniŋmeluːn]
(Wassermelone)	vannmelon [ˇvanmeluːn]
Nektarinen	nektarin, -en, -er [nektaˈriːn]
Nüsse	nøtt, -a/-en, -er [nøt]
Obst	frukt, -a/-en, -er [frʉkt]
Pfirsiche	fersken, -en, -er ['fæʃkən]
Pflaumen	plomme, -a/-en, -er [ˇplumə]
Preiselbeeren	tyttebær, -et ['tytəbæːr]
Weintrauben	vindrue, -a/-en, -er [ˇviːndrʉə]
Torfbrombeeren	multebær, -et [ˇmʉltəbæːr]
Zitronen	sitron, -en, -er [siˈtruːn]

Gemüse	Grønnsaker
Artischocken	artisjokk, -en, -er [atiˈʃok]
Auberginen	aubergine, -en, -er [obærˈʃiːn]
Avocado	avocado, -en, -er [avuˈkaːdu]
Blumenkohl	blomkål, -en ['blumkoːl]
Bohnen	bønne, -a/-en, -er [ˇbønər]
grüne Bohnen	grønne bønner [ˇgrønə ˇbønər]
weiße Bohnen	hvite bønner [ˇviːtə ˇbønər]
Chicoree	sikori, -en ['siːkuri]
Erbsen	ert, -a/-en, -er ['eʈ]
Fenchel	fennikel ['fænikəl]
Gemüse	grønnsak, -en, -er [ˇgrønsaːk]
Gurke	agurk, -en, -er [aˈgʉrk]
Karotten	gulrot, -a, -røtter [ˇgʉləruːt (røtər)]
Kartoffeln	poteter (pl) [puˈteːtər]
Kichererbsen	kikert, -a/-en, -er [ˇçiːkeʈ]
Knoblauch	hvitløk, -en, -er [ˇviːtløːk]
Kohl	kål, -en [koːl]

Kürbis	gresskar, -et, - [ˇgreskɑːr]
Lauch	purreløk, -en, -er [ˇpʉrələøːk]
Linsen	linse, -a/-en, -er [ˇlinsər]
Mais	mais, -en [ˈmɑːis]
Oliven	oliven, -en [uˈliːvən]
Paprika(schote)	paprika, -en [pɑːprika]
Pilze	sopp, -en, -er [sɔp]
Petersilie	persille, -en [peˇʃilə]
Salat	salat, -en, -er [saˈlɑːt]
Kopfsalat	hodesalat, -en, -er [ˇhuːdəsɑlɑːt]
Sellerie	selleri, -en [seləˈriː]
Spargel	asparges, -en [aˈspɑrges]
Steckrübe	kålrot ,-en/-a [kɔːlruːt]
Spinat	spinat, -en [spiˈnɑːt]
Tomaten	tomat, -en, -er [tuˈmɑːt]
Zwiebeln	løk, -en, -er [løːk]

Backwaren, Süßwaren — Bakverk, Godterier

Bonbons	godterier (pl) [gɔteˈriːer]
Brot	brød, -et, - [brøː]
Graubrot	mørkt brød [mørkt brøː]

Die Norweger lieben *Boller* – Hefegebäck, das je nach Region unterschiedliche Namen hat. Der Kopenhagener wird dann zum *Wienerbrød*, die Zimtschnecke zum *Skillingsboller*. Sahne- und Tortenstücke werden in der *Bakeri* oder *Konditori* nur in kleiner Auswahl angeboten.

Knäckebrot	knekkebrød [ˇknekəbrøː]
Schwarzbrot	mørkt brød [mørkt brøː], rugbrød [ˇrʉːgbrøː]
Vollkornbrot	fullkornbrød [ˈfʉlkurnbrøː]
Weißbrot (mit Mohn)	franskbrød [ˈfranskbrøː]
(ohne Mohn)	loff, -en, -er [luf]
Brötchen	rundstykke, -t, -r [ˈrʉnstykə]
belegtes Brötchen	rundstykker med pålegg [ˈrʉnstykər me ˇpoːleg]
Eis	is, -en [iːs]
Gebäck	bakverk, -et [ˇbɑːkværk]
Haferflocken	havregryn, -et [ˇhavrəgryːn]
Honig	honning, -en [ˇhɔniŋ]
Kaugummi	tyggis, -en [ˈtygiːs]
Kekse	kjeks, -en, -er [çeks]
Kuchen	kake, -a/-en, -er [ˇkaːkə]
Marmelade	syltetøy, -et [ˇsyltətøy]
Müsli	musli, -en [ˈmʉsli]
Schokolade	sjokolade, -n [ʃukuˇlaːdə]
Schokoriegel	sjokoladekubbe [ʃuːkulaːdəkʉbə]

Schokotafel	sjokoladeplate, -a, -r [ʃukuˈlɑːdəplɑːtə]
Süßigkeiten	søtsaker (pl) [ˈsøːtsɑːkər], godteri, -et, -er [gɔtəˈriː]
Toast	toast [tɔust], ristet brød [ˈristət brøː]
Waffeln	vaffel, -en, vafler [ˈvɑfəl]
Zwieback	kavring, -en, -er [ˈkɑvriŋ]

Eier und Milchprodukte — Egg og Melkeprodukter

Die norwegische Vollmilch heißt *H-melk*, ist aber Frischmilch. *Lettmelk* hat 1,5 % fett, *Skummet melk* nur 0,3 %. Ein typisch norwegisches Milchprodukt ist *prim*, ein weicher Molkenkäse, der besonders bei Kindern sehr beliebt ist. Den berühmten braunen Käse gibt es in mehreren Varianten: Der klassische *Gudbrandsdalenost* wurde 1860 durch einen Zufall erfunden und enthält mindestens 1 l Ziegenmilch je Kilo Käse. *Brunost* macht 30 % des norwegischen Käsekonsums aus.

Butter	smør, -et [smøːr]
Buttermilch	kjernemelk/-mjølk, -a/-en [ˈçæɳəmelk/-mjølk]
Dickmilch	surmelk/-mjølk, -a/-en [ˈsʉːrmelk/-mjølk]
Eier	egg, -et, - [eg]
Joghurt	yoghurt, -en, -er [ˈjɔgʉt]
Käse	ost, -en, -er [ust]
Frischkäse	cottage cheese [ˈkɔtidʃ tʃiːs]
Hartkäse	gulost, -en [ˈgʉːlust]
Schafskäse	saueost, -en [ˈsæʉaust]
Schnittkäse	oppskjært ost
Weichkäse	mykost, -en [ˈmyːkust]
Ziegenkäse	geitost, -en [ˈjæitust]
Milch	melk, -a/-en/mjølk, -a [melk/mjølk]
fettarme Milch	lettmelk, -a/-en/lettmjølk, -a [ˈletmelk/-mjølk]
Quark	kvark, -en [kvɑrk]
Sahne	fløte, -en [ˈfløːtə]
saure Sahne	rømme, -en [ˈrømə]
Schlagsahne	kremfløte, -en [ˈkræmfløːtə]

Fleisch und Wurstwaren — Kjøtt, Pølser og pålegg

Aufschnitt	pålegg, -et [ˈpoːleg]
Fleisch	kjøtt, -et [çøt]
Dörrfleisch	tørket kjøtt [ˈtørkət çøt]
Gulasch	gulasj, -en [gʉˈlɑːʃ]
Hackfleisch	kjøttdeig, -en [ˈçøtdæig]
Hähnchen	kylling, -en, -er [ˈçyliŋ]
Hammelfleisch	fårekjøtt, -et [ˈfoːrəçøt]
Kalbfleisch	kalvekjøtt, -et [ˈkɑlvəçøt]

Kaninchen	kanin, -en, -er [kaˈniːn]
Kotelett	kotelett, -en, -er [kutəˈlet]
Lammfleisch	lammekjøtt, -et [ˇlaməçøt]
Leberpastete	leverpostei, -en, -er [ˈleːvərpustæi]
Rindfleisch	oksekjøtt, -et [ˇuksəçøt]
Salami	salami, -en [salɑˈmi]
Schinken	skinke, -a/-en, -er [ˇʃiŋkə]
gekochter Schinken	kokt skinke [kukt ˇʃiŋkə]
roher Schinken	røkt skinke [røːkt ˇʃiŋkə], bacon, -en [ˈbeikən]
Schweinefleisch	svinekjøtt, -et [ˇsviːnəçøt]
Wurst	pølse, -a/-en, -er [ˇpølsə]
Würstchen	pølser (pl) [ˇpølsər]

Fisch und Meeresfrüchte — Fisk og Sjømat

Aal	ål, -en, -er [oːl]
Austern	østers, -en, -er [ˈøstəʃ]
Barsch	abbor, -en, -er [ˇabɔr]
Dorsch	torsk, -en [ˇtɔrʃk]
Fisch	fisk, -en, -er [fisk]
Garnelen	reke, -a/-en, -er [ˇreːkə]
Hering	sild, -a, -er [sil]
Krebs	kreps, -en [kreps]
Makrele	makrell, -en, -er [maˈkrel]
Miesmuscheln	blåskjell, -et, - [ˇbloːʃel]
Muscheln	musling, -en, -er [ˇmʉʃliŋ], skjell, -et, - [ʃel]
Seelachs	sei, -en, pale, -en [ˇpaːlə]
Seezunge	sjøtunge, -a/-en, -er [ˇʃøːtuŋə]
Stockfisch	tørrfisk, -en, -er [ˈtørfisk]
Taschenkrebs	krabbe, -en, -er [ˇkrɑːbə]
Thunfisch	tunfisk, -en, -er [ˇtʉːnfisk]
Tintenfisch	blekksprut, -en, -er [ˇbleksprʉːt]

Dies und das — Litt av hvert

Butter	smør, -et [smøːr]
Essig	eddik, -en [ˈedik]
Gemüsebrühwürfel	buljongterning,- en [ˇbʉljoŋtærniŋ]
Margarine	margarin, -en [margɑˈriːn]
Mayonnaise	majones, -en [ˇmajuneːs]
Mehl	mel/mjøl, -et [meːl/mjøːl]
Nudeln	nudler (pl) [ˈnʉdlər]
Öl	olje, -en [ˇɔljə]
Reis	ris, -en [riːs]
Salz	salt, -et [salt]
Senf	sennep, -en [ˈsenep]
Zucker	sukker, -et [ˈsukər]

Getränke	Drikke
Apfelsaft	eplejuice, -en [æpləjus]
Bier	øl, -et [øl]
alkoholfreies Bier	alkoholfritt øl [alkuˈhuːlfrit ˈøl]
Champagner	champagne, -en [ʃamˈpanjə]
Kaffee.....................	kaffe, -en [ˈkafe]
koffeinfreier Kaffee........	kofeinfri kaffe [kufeːinfri kafə]
Limonade..................	limonade, -en [limuˇnaːdə]
Mineralwasser	mineralvann, -et [minəˈraːlvan]
mit/ohne Kohlensäure......	med/uten kullsyre [meː/ʉtn kʉlsyrə]
Orangensaft	appelsinjuice, -en [apəlˈsiːnjʉːs]
Tee........................	te, -en [teː]
Grüner Tee	grønn te [grøn teː]
Früchtetee................	fruktte [frʉkteː]
Hagebuttentee	nypete [nypeteː]
Kamillentee	kamillete, -en [kaˇmiləteː]
Kräutertee................	urtete [ʉrtəteː]
Pfefferminztee............	peppermintete [pæpermyntəteː]
Schwarztee...............	svart te [svart teː]
Teebeutel	tepose, -en, -er [ˈteːpuːsə]
Wein	vin, -en, -er [viːn]
Rosé......................	rosévin [ruˈseːviːn]
Rotwein..................	rødvin [ˈrøːviːn]
Weißwein................	hvitvin [ˈviːtviːn]

➤ **auch Farben**

Fester Bestandteil norwegischer Mode sind Wollprodukte. Strickjacken und Pullover, aber auch *raggere* (dicke Wollsocken) sind beliebte Geschenke, und norwegische Produzenten machen sich vor allem in Wintersportländern bemerkbar. In den Trend, uralte Techniken zu verfeinern und modisch aufzuarbeiten, gehören auch gefilzte Mützen, Handschuhe, Schals und Taschen.

Kleidung

Können Sie mir bitte ... zeigen?
Kan du vise meg ...? [kan dʉ ˇviːsə mæi]

Kann ich es anprobieren?
Kan jeg prøve det? [kan jæi ˇprøːvə de]

Welche (Konfektions-)Größe haben Sie?
Hvilken størrelse bruker du? [vilkən ˇstørelsə brʉːkə dʉ]

Das ist mir zu …
Det er for … (for meg). [de: æːr fɔr … fɔr mæi]
   eng/weit.
   trangt/stort [traŋt/stuːʈ]
   kurz/lang.
   kort/langt [kuʈ/laŋt]
   klein/groß.
   lite/stort [ᵛliːtə/stuːʈ]

Das passt gut. Ich nehme es.
Det passer bra. Jeg tar det. [de: ᵛpasər braː jæiˈtaː ɖe]

Das ist nicht ganz, was ich möchte.
Det er ikke helt hva jeg ville ha. [de: æːr ikə ˈheːlt vaː jæi vilə ˈhaː]

Anorak	anorakk, -en, -er [ɑnuˈrak]
Anzug	dress, -en, -er [dres]
Ärmel	erme, -et, -er [ᵛærmə]
Badeanzug	badedrakt, -a/-en, -er [ᵛbaːdədrakt]
Badehose	badebukse, -a/-en, -er [ᵛbaːdəbuksə]
Bademantel	badekåpe, -a/-en, -er [ᵛbaːdəkoːpə]
Bademütze	badehette, -a/-en, -er [ᵛbaːdəhetə]
Baumwolle	bomull, -en [ᵛbumʉl]
BH	BH [ᵛbeːhoː]
Bikini	bikini, -en [biˈkiːni]
Blazer	blazer, -en, -e [ˈbleisər]
Bluse	bluse, -en, -er [ᵛblʉːsə]
Body	body, -en [ᵛbɔdy]
Fliege	sløyfe, -a/-en, -er [ᵛʃløyfə]
Halstuch	halstørkle, -et, -klær [ᵛhalstørklə]
Handschuhe	hanske, -en, -er [ᵛhanskər]
Hemd	skjorte, -a/-en, -er [ᵛʃuʈə]
Hose	bukse, -a/-en, -er [ᵛbuksə]
Hut	hatt, -en, -er [hat]
Sonnenhut	solhatt, -en, -er [ᵛsuːlhat]
Jacke	jakke, -a/-en, -er [ᵛjakə]
Jeans	dongeribukse, -a/-en, -er [ˈdɔŋəribuksə]
Jogginganzug	joggedress, -en, -er [ᵛjɔgədres]
Jogginghose	joggebukse, -a/-en, -er [ᵛjɔgəbuksə]
Kleid	kjole, -en, -er [ᵛçuːlə]
Kleidung	klær, -ne [klæːr]
Kostüm	drakt, -a/-en, -er [drakt]
Krawatte	slips, -et, - [ʃlips]
Leggins	leggings [ˈlægiŋs]
Leinen	lin, -et [liːn]
Mantel	kappe, -a/-en, -er [ᵛkapə]; (Damen-mantel) kåpe, -a/-en, -er [ᵛkoːpə]

Mütze	lue, -a/-en, -er [ˇluːə]
Pullover	genser, -en, -e [ˈgensər]
Pyjama	pyjamas, -en, -er [pyˈʃaːmas]
Regenmantel	regnfrakk, -en, -er [ˇræinfrak]
Reißverschluss	glidelås, -en, -er [ˇgliːdəloːs]
Rock	skjørt, -et, - [ʃøt]
Schal	skjerf, -et, - [ʃerf], sjal, -et, - [ʃaːl]
Schirm	paraply, -en, -er [paraˈplyː]
Seide	silke, -en [ˇsilkə]
Shorts	shorts, -en, - [ʃoːts]
Skihose	skibukse, -a/-en, -er [ˈʃiːbuksə]
Slip	truse, -a/-en, -er [truːsə]
Socken	sokk, -en, -er [ˈsɔk]
Söckchen	ankelsokk, -en, -er [aːnkəlsɔk]
Sommerkleid	sommerkjole, -en, -er [ˇsɔmərçuːlə]
Strickjacke	strikkejakke, -a/-en, -er [ˇstrikəjakə]
Strümpfe	strømpe, -a/-en, -er [ˇstrømpər]
Strumpfhose	strømpebukse, -a/-en, -er [ˇstrømpəbuksə]
Taschentuch	lommetørkle, -et, -klær [ˇlumətørkle]
T-Shirt	t-skjorte, -a/-en, -er [ˈteːʃutə]
Unterhemd	undertrøye, -a/-en, -er [ˇundətrøyə]
Unterhose	truse, -a/-en, -er [ˈtruːsə]
Unterwäsche	undertøy, -et [ˈundətøy]
Volkstracht	bunad, -en, -er [ˇbuːnad], nasjonaldrakt, -a/-en, -er [naʃuˈnaːldrakt]
Weste	vest, -en, -er [vest]
Wolle	ull, -a/-en [ul]

Reinigung

Ich möchte diese Sachen reinigen/waschen lassen.
Jeg vil gjerne få renset/vasket disse sakene.
[jæi vil ˈjæːŋə fɔ ˇrensət/ˇvaskət disə ˇsaːkənə]

Wann sind sie fertig?
Når er de ferdige? [nɔr æː di ˇfæːdiːə]

bügeln	stryke, strøk, strøket [ˇstryːkə]
chemisch reinigen	rense kjemisk [ˇrensə ˈçeːmisk]
Wäsche	tøy,- et, klær, -ne [tøːi]
waschmaschinenfest	kan vaskes i maskin [kan ˇvaskəs i maˈʃiːn]

Optiker

Würden Sie mir bitte diese Brille/das Gestell reparieren?
Kunne du være så vennlig å reparere disse brillene/denne innfatningen for meg? [kʉnə dʉ ˅væːrə sɔ ˅venli ɔ repaˈreːrə disə ˅brilənə/denə ˈinfatniŋən fɔr mæi]

Ich bin kurzsichtig/weitsichtig.
Jeg er nærsynt/langsynt. [jæi æː ˅ŋæːʃyːnt/˅laŋsyːnt]

Wie ist Ihre Sehstärke?
Hvor sterke er brillene dine? [vu ˅ʃtærkə æːr ˅brilənə diːnə]

rechts plus/minus ..., links ...
Plus/minus ... på det høyre øyet, på det venstre plus/minus ... [plʉs/ˈmiːnʉs ... pɔ de ˈhøyrə øyə pɔ de ˈvenstrə plʉs/ˈmiːnʉs]

Wann kann ich die Brille abholen?
Når kan jeg hente brillene? [noːr kan jæi ˅hentə ˅brilənə]

Ich hätte gern ...
Jeg trenger ... [jæi ˈtreŋər]
  eine Aufbewahrungslösung
  oppbevaringsvæske [ˈupbevaːriŋsvæskə]
  eine Reinigungslösung
  rensevæske [˅rensəvæskə]
  für harte/weiche Kontaktlinsen.
  for harde/myke kontaktlinser. [fɔr ˅haːrə/˅mykə kunˈtaktlinsər]
  eine Sonnenbrille.
  Jeg kikker etter solbriller. [jæi ˅çikər etər ˅sulbrilər/en ˈçikəʈ]
  ein Fernglas.
  en kikkert. [en ˈçikəʈ]

Schuhe und Lederwaren

Ich hätte gern ein Paar ...schuhe.
Jeg vil gjerne ha et par ...-sko. [jæi vil ˅jæːŋə haː et paːr ... skuː]

Ich habe Schuhgröße ...
Jeg bruker skonummer ... [jæi brʉːkər ˈskuːnumər]

Sie sind zu eng/zu groß.
De er for trange/store. [di æːr fɔ ˈtraŋə/ˈʃtuːrə]

Absatz	hæl, -en, -er [hæːl]
Badeschuhe	badesko *(pl)* [˅baːdəskuː]
Flipflops	flip-flop-sko, -en, - [ˈflipflopskuː]
Gummistiefel	gummistøvel, -en, -støvler [ˈgʉmistøvəl]
Gürtel	belte, -et, -er [˅beltə]
Gürteltasche	belteveske, -en [˅beltəvæskə]
Halbschuhe	sko, -en, - [skuː]

163

Handtasche	håndveske, -a/-en, -er [ˇhɔnveskə]
Hausschuhe	tøffel, -en, -tøfler [ˈtøflər]
Kinderschuhe	barnesko, -en, - [ˇbɑːɳəskuː]
Koffer	koffert, -en, -er [ˈkufət]
Lederhose	skinnbukse, -a/-en, -er [ˇʃiːnbuksə]
Lederjacke	skinnjakke, -a/-en, -er [ˇʃinjakə]
Ledermantel	skinnfrakk, -en, -er [ˇʃinfrɑk]
Reisetasche	reiseveske, -a/-en, -er [ˇræisəveskə]
Rucksack	ryggsekk, -en, -er [ˇrygsek]
Sandalen	sandal, -en, -er [sanˈdɑːlər]
Schulterriemen	skulderreim, -en [ˇskuldərræimən]
Schnürsenkel	skolisse, -n, -r [ˇskuːlisə]
Schuh	sko, -en, - [skuː]
Schuhbürste	skobørste, -en, -er [ˈskuːbøʃtə]
Schuhcreme	skokrem, -en [ˈskuːkreːm]
Schuhgröße	skonummer, -et, - [ˈskuːnumər]
Skistiefel	skistøvel, -en, -støvler [ˈʃiːstøvəl]
Sohle	såle, -en, -er [ˇsoːlə]
Stiefel	støvel, -en, støvler [ˈstøvəl]
Strandschuhe	strandsko, -en, - [ˇstranskuː]
Tasche	veske, -a/-en, -er [ˇveskə]
Trolley(koffer/-tasche)	trillekoffert,- en, -er [trilʌkuˈfert]
Turnschuhe	turnsko, -en, - [ˈtʉːɳskuː]
Umhängetasche	skulderveske, -a/-en, -er [ˇskʉldərveskə]
Wander-/Trekkingschuh	fjellsko/trekkingsko, -en, - [ˈfjelsku/ˈtrækiŋsku]
wasserdicht	vanntett [ˈwantæt]

Ich hätte gern ein hübsches Andenken/Geschenk.
Jeg ville gjerne ha en pen souvenir/gave.
[jæi vilə ˇjæːɳə hɑː en peːn suvəniːr/ˇgɑːvə]

Ich hätte gern etwas Typisches aus dieser Gegend.
Jeg ville gjerne ha noe typisk for dette området.
[jæi vilə ˇjæːɳə hɑː nuə ˈtypisk fɔr detə ˇomrɔːdə]

Wie viel wollen Sie ausgeben?
Hvor mye vil du gi? [vur ˇmyːə vil dʉ jiː]

Ich möchte etwas nicht zu Teures.
Det må ikke være for dyrt. [de moː ikə væːrə fɔ ˈdyːʈ]

Das ist aber hübsch.
Det er veldig fint. [de æːr ˇvældi fiːnt]

Danke schön, ich habe nichts gefunden (, das mir gefällt).
Takk, men jeg fant ingenting (jeg liker).
[tak mən jæi fant ᵛiŋəntiŋ (jæi ᵛli:kər)]

echt	ekte [ᵛektə]
Folkloreladen	husflidbutikk, -en [hʉsfli:dbʉti:k]
handgemacht	håndlaget [ᵛhɔnla:get]
Keramik	keramikk, -en [çera'mik]
Kitsch	juggel [ˈjʉgəl]
Mitbringsel	suvenir, -en [suvə'ni:r]
regionales Produkt/Spezialität	lokalt produkt [lu'kalt pro'dʉkt]
Schmuck	smykke, -et, -er [ᵛsmykə]
Schnitzerei	treskjærerarbeide, -et, -er [ᵛtre:ʃæ:rərarbæidə]
Stickerei	broderi, -et, -er [brode'ri:]
Töpferwaren	keramikk, -en [çera:mik]
Trachtenpuppe	bunaddukke, -en [bʉna:'dʉkə]

Tabakwaren

Eine Schachtel/Eine Stange Zigaretten ...
En pakke/En kartong sigarette .... [en ᵛpakə/en ka'tɔŋ siga'retər]
   mit/ohne Filter, bitte!
   med/uten filter, takk [me:/ᵛʉ:tən ˈfiltər tak]

Zehn Zigarren/Zigarillos, bitte.
Ti sigarer/sigarillos takk. [ti: si'ga:rər/siga'rillus tak]

Ein Päckchen/Eine Dose Zigaretten-/Pfeifentabak, bitte.
En pakke/En boks sigarett-/pipetobakk takk.
[en pakə/en bɔks siga'ret/pi:pətubak tak]

Aschenbecher	askebeger, -et, - [ᵛaskəbe:gər]
Feuerzeug	lighter, -en [ˈlaiter]
Pfeife	pipe, -n [ᵛpi:pə]
Streichhölzer	fyrstikker [ˈfyrstiker]
Zigarette	sigarett-, en, -er [si:ga:'ret]
Zigarillo	sigarillo [si:ga:'rilu]
Zigarre	sigar, -en –er [si:'ga:r]

Uhren und Schmuck

Anhänger	tilhenger, -en, -e [ᵛtilheŋər]
Armband	armbånd, -et, - [ᵛarmbɔn]
Armbanduhr	armbåndsur, -et, - [ᵛarmbɔnsʉ:r]
für Damen/für Herren	for kvinner/for menn [fɔr ᵛkviner]
Brosche	nål, -a/-en, -er [no:l]
Gold	gull, -et [gʉl]
Kette	(am Fahrrad) kjede, -et, -er [ᵛçe:də]

Krawattennadel	slipsnål, -en [ˈʃlipsnoːl]
Kristall	krystall, -en, -er [krysˈtɑl]
Modeschmuck	motesmykke, -et, -er [ˇmuːtəsmykə]
Ohrstecker	øredubb, -en [ˇørədøb]
Ohrringe	ørering, -en, -er [ˇøːrəriŋ]
Perle	perle, -a/-en, -er [ˇpæː[ə]
Ring	ring, -en, -er [riŋ]
Schmuck	smykke, -et, -er [ˇsmykə]
Silber	sølv, -et [søl]
wasserdichte Uhr	vanntett klokke [ˇvɑntet ˇklɔkə]

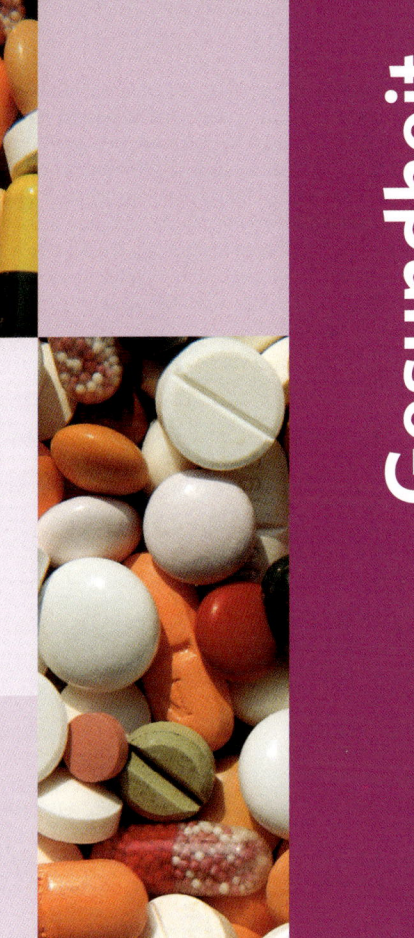

Im Krankheitsfall ist *Legevakten* die erste Adresse. Der kommunal betriebene (zahn-)ärztliche Bereitschaftsdienst ist rund um die Uhr besetzt bzw. kann telefonisch erreicht werden. Von dort erfolgt die Überweisung zu Fachärzten oder ins Krankenhaus. Der Eigenanteil für die Behandlung liegt bei 125 Kronen tagsüber und 210 Kronen abends oder in der Nacht. Röntgenbilder müssen extra bezahlt werden. Es gibt selbst in den größeren Städten nur wenige *apotek*, doch die gebräuchlichsten nicht verschreibungspflichtigen Medikamente wie leichte Schmerzmittel, Nasentropfen u.ä. sind auch in Lebensmittelgeschäften erhältlich.

In der Apotheke

Könnten Sie mir bitte sagen, wo die nächste Apotheke (mit Nachtdienst) ist?
Hvor er nærmeste apotek (med nattvakt)?
[vur æ: ˅nærməstə apuˈteːk (me: ˅natvakt)]

Könnten Sie mir bitte etwas gegen … geben?
Kan du gi meg noe mot …? [kan dʉ ˈji: mæi ˅nuːə muːt]

Dieses Mittel ist verschreibungspflichtig.
Denne medisinen er reseptpliktig.
[˅denə mediˈsiːnən æːr reˈseptplikti]

Abführmittel	avføringsmiddel, -et, -midler [ˈaːvføːriŋsmidəl]
Antibabypille	p-pille, -a/-en, -er [ˈpeːpilə]
Antibiotikum	antibiotikum, -et, -biotika [antibiˈuːtikʉm]
Augentropfen	øyendråper *(pl)* [˅øyəndroːpər]
Beruhigungsmittel	beroligende middel, -et, -midler [beˈruːligendə ˈmidəl]
Brandsalbe	brannsalve, -a/-en, -er [ˈbransalvə]
Desinfektionsmittel	desinfeksjonsmiddel, -et, -midler [desinfekˈʃuːnsmidəl]
Elastikbinde	elastisk bind [eˈlastisk ˈbin]
Fieberthermometer	febertermometer, -et, - [ˈfeːbətærmumeːtər]
Halstabletten	halstabletter *(pl)* [˅halstabletər]
Hustensaft	hostesaft, -a/-en, -er [˅hustəsaft]
Mittel gegen Insektenstiche	insektmiddel, -et, -midler [inˈsektmidəl]
Insulin	insulin, -en [insʉˈliːn]
Jod(tinktur)	jod, -en [jɔd]

Beipackzettel

Sammensetning,- en	Zusammensetzung
Bruksområder	Anwendungsgebiete
allergiske reaksjoner	Gegenanzeigen
Bivirkninger	Nebenwirkungen
Vekselvirkninger	Wechselwirkungen

Doseringsanvisning, -en	**Dosierungsanleitung:**
1 x/inntas ... flere ganger daglig	1 x/mehrmals täglich ... einnehmen
1 tablett	1 Tablette
20 dråper	20 Tropfen
1 målebeger	1 Messbecher
før maten	vor dem Essen
etter maten	nach dem Essen
på tom mage	auf nüchternen Magen
inntas hel med litt vann	unzerkaut mit etwas Flüssigkeit einnehmen
løse opp i litt vann	in etwas Wasser auflösen
oppløses i munnen	im Mund zergehen lassen
utvortes	äußerlich
smøres tynt på huden	dünn auf die Haut auftragen und einreiben
spebarn	Säuglinge
småbarn (til 6 år)	Kleinkinder (bis zu ... Jahren)
skolebarn	Schulkinder
ungdom	Jugendliche
voksne	Erwachsene
oppbevares utilgjengelig for barn	Für Kinder unzugänglich aufbewahren!

Kondom	kondom, -et, -er [kunˈduːm]
Kopfschmerztabletten	hodepinetabletter (pl) [ˇhuːdəpiːnətɑbletər]
Kreislaufmittel	medisin for blodomløpet [mediˈsiːn fɔr ˇbluːumløːpə]
Läuse.	lus [lʉːs] (- en/-a, -)
Mittel gegen ~.	middel mot ~ [ˈmidəl muːt ~]
Medikament	medikament, -et, -er [medikaˈment]
Mittel (gegen ...)	middel, -et, midler (mot) [ˈmidəl]
Mullbinde.	gasbind, -et, - [ˈgɑsbin]
Ohrentropfen	øredråper (pl) [ˇøːrədroːpər]
Pflaster	plaster, -et, - [ˈplɑstər]
Puder.	pudder, -et [ˈpʉdər]
Rezept.	resept, -en, -er [reˈsept]
Salbe	salve, -a/-en, -er [ˇsɑlvə]
Schlaftabletten	sovetablett, -en, -er [ˇsoːvətɑblet]
Schmerztabletten.	smertestillende tabletter (pl) [ˇsmæʈəstiləndə tɑbˈletər]

Sonnenbrandsalbe	Hydrokortisonsalve [hy:drukorti:sunsalvə]
Tablette	tablett, -en, -er [taˈblet]
Tropfen	dråpe, -en, -er [˅droːpə]
Watte	vatt, -en [vat]
Zäpfchen	stikkpille, -a/-en, -er [ˈstikpilə]

Arztbesuch

➣ auch Reisen mit Kindern

Könnten Sie mir ... empfehlen?
Kan du anbefale meg en ...? [kan dʉ ˈanbefaːlə mæi en]

  Arzt/Ärztin
  lege, -en, -er [˅leːgə]
  Augenarzt
  øyenlege, -en, -er [˅øyənleːgə]
  Frauenarzt
  gynekolog, -en, -er [gynəkuˈloːg]
  Hals-Nasen-Ohren-Arzt
  øre-nese-hals-lege [˅øːrə˅nesə-hals-leːgə]
  Hautarzt
  hudlege, -en, -er [˅hʉːdleːgə]
  Kinderarzt
  barnelege, -en, -er [˅baːɳəleːgə]
  Internist
  spesialist på indremedisin [spesiaˈlist pɔ ˅indrəmedisiːn]
  Praktischen Arzt
  allmennpraktiserende lege [˅almennpraktiseːrəndə leːgə]
  Urologen
  urolog, -en, -er [ʉruˈloːg]
  Zahnarzt
  tannlege, -en, -er [˅tanleːgə]

Wo ist ihre/seine Praxis?
Hvor ligger kontoret hans? [vu ˈligər kunˈtuːrə hans]

Wann hat er Sprechstunde?
Når har han kontortid? [ˈnɔr haːr han kunˈtuːʈiː]

Beschwerden

Was für Beschwerden haben Sie?
Hva er det som feiler deg? [vaː æːɖe som ˅fæilə dæi]

Ich habe Fieber.
Jeg har feber. [jæi haːr ˈfeːbər]

Mir ist oft ...
Jeg er ofte ... [jæi æːr ˅ɔftə ...]

schlecht./übel.
dårlig. [ˇdoːli]
schwindlig.
svimmel. [ˈsviməl]

Ich bin ohnmächtig geworden.
Jeg besvimte. [jæi beˈsviːmtə]

Ich bin stark erkältet.
Jeg er sterk forkjølet. [jæi æː ʃtærkt fɔrˈçøːlət]

Ich habe Kopfschmerzen/Halsschmerzen.
Jeg har hodepine/vondt i halsen.
[jæi hɑːr ˇhuːdəpiːnə/vunt i ˈhɑlsən]

Ich habe Husten.
Jeg har hoste. [jæi hɑːr ˇhustə]

Ich bin ...
Jeg er blitt ... [jæi æːr blit ..]
  gestochen worden.
  stukket. [ˇstukət]
  gebissen worden.
  bitt. [ˈbit]

Ich habe mir den Magen verdorben.
Jeg har vondt i magen. [jæi hɑːr ˈvunt i ˇmɑːgən]

Ich habe ...
Jeg har ... [jæi hɑː/hɑːr]
  Durchfall.
  diare. [ɖiɑˈreː]
  Verstopfung.
  forstoppelse. [fɔˈʃtɔpelsə]

Ich habe mich verletzt.
Jeg har skadet meg. [jæi hɑː ˇʃkɑːdət mæi]

Ich bin gestürzt.
Jeg falt. [jæi ˈfɑlt]

Ich glaube, ich habe mir ... gebrochen/verstaucht.
Jeg tror jeg har brukket/forstuet ...
[jæi truːr jæi hɑːr ˇbrukət/fɔʃˈtʉːət]

Können Sie mir bitte etwas gegen ... geben?
Kan du gi meg noe mot? [kɑn dʉ ˈjiː mæi ˇnuːə muːt]

Können Sie mir bitte etwas gegen ... verschreiben?
Kan du skrive ut noe mot ... for meg?
[kɑn dʉ skriːvə ˈʉːt ˇnuːə muːt ... fɔr mæi]

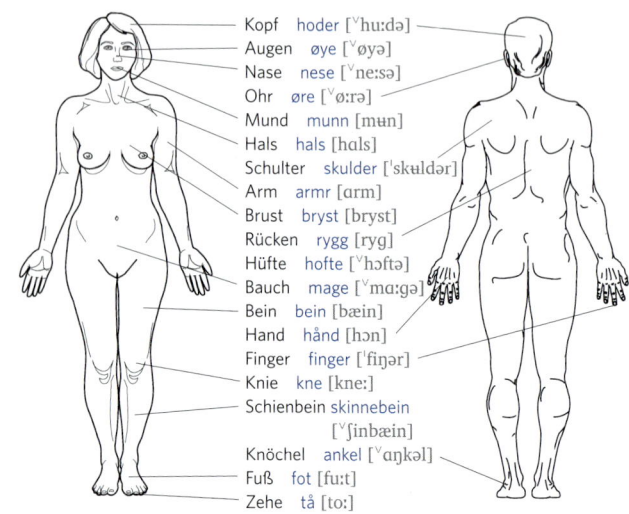

Kopf	hoder [ˇhuːdə]
Augen	øye [ˇøyə]
Nase	nese [ˇneːsə]
Ohr	øre [ˇøːrə]
Mund	munn [mʉn]
Hals	hals [hɑls]
Schulter	skulder [ˈskʉldər]
Arm	armr [ɑrm]
Brust	bryst [brʏst]
Rücken	rygg [rʏg]
Hüfte	hofte [ˇhɔftə]
Bauch	mage [ˇmɑːgə]
Bein	bein [bæin]
Hand	hånd [hɔn]
Finger	finger [ˈfiŋər]
Knie	kne [kneː]
Schienbein	skinnebein [ˇʃinbæin]
Knöchel	ankel [ˇɑŋkəl]
Fuß	fot [fuːt]
Zehe	tå [toː]

Normalerweise nehme ich ...
Jeg tar vanligvis ... [jæi tɑː ˇvɑːnliviːs]

Ich habe einen hohen/niedrigen Blutdruck.
Jeg har høyt/lavt blodtrykk. [jæi hɑːr høyt/lɑːvt ˇbluːtrʏk]

Ich bin Diabetiker/in.
Jeg er diabetiker. [jæi æː dıɑˈbeːtikər]

Ich bin schwanger.
Jeg er gravid. [jæi æːr grɑˈviːd]

Ich hatte vor kurzem ..
Nylig hadde jeg ... [ˇnyːli hɑdə jæi]

Untersuchung

Was kann ich für Sie tun?
Hva kan jeg gjøre for deg? [va kan jæi ˇjørə fɔr dæi]

Wo tut es weh?
Hvor gjør det vondt? [ˈvur jøː d̥e ˈvunt]

Ich fühle mich nicht wohl.
Jeg føler meg ikke bra. [jæi ˇføːlər mæi ikə brɑː]

Wie lange fühlen Sie sich schon so?
Hvor lenge har du følt deg sånn? [vu ˇl̥eŋə hɑː dʉ ˈføːlt dæi sɔn]

Ich habe hier Schmerzen.
Jeg har smerter her. [jæi hɑː ˇʃmæʈər ˈhæːr]

Zeigen Sie die Zunge.
Strekk ut tunga. [strek ʉːt ˅tuŋɑ]

Bitte, machen Sie sich/Ihren Arm frei.
Kan du være så snill å kle av deg/å rulle opp ermet.
[kɑn dʉ ˅væːrə sɔ snil ɔ kleː ˈɑːv dæi/rʉlə ˈup ˅ærmə]

Bitte tief einatmen. Atem anhalten.
Pust dypt inn. Hold pusten. [pʉst ˈdyːpt in. hɔl ˈpʉstən]

Ich brauche eine Blut-/Urinprobe.
Jeg trenger en blod-/urinprøve. [jæi ˈtreŋər en ˅bluː/ʉˈriːnprøːvə]

Sie müssen geröntgt werden.
Du må røntgenfotograferes. [dʉ mɔ ˈrøntgənfutugrɑfeːrəs]

Sie müssen operiert werden.
Du må opereres. [dʉ mɔ upəˈreːrəs]

Sie sollten ein paar Tage Bettruhe halten.
Du bør holde senga i noen dager.
[dʉ bøːr hɔlə sæŋɑ iː nuːen dɑːger]

Es ist nichts Ernstes.
Det er ikke noe alvorlig. [de æːr ikə nuːə ɑlˈvoːli]

Haben Sie einen Impfschein?
Har du et vaksinasjonskort? [hɑː dʉ et vaksinɑˈʃuːnskɔʈ]

Ich bin gegen ... geimpft.
Jeg er vaksinert mot ... [jæi æːr vaksiˈneːʈ mut]

Wie lange muss ich hier bleiben?
Hvor lenge må jeg bli her? [vu ˅leŋə mo: jæi ˈbliː hæːr]

Geben Sie mir bitte ...
Kan du gi meg... [kɑn dʉ ˈjiː mæi]
    ein Glas Wasser.
    et glass vann? [et glas van]
    eine Schmerztablette.
    en smertestillende tablett? [en ˅smæʈəstiləndə tabˈlet]
    eine Schlaftablette.
    en sovepille? [en ˅soːvəpilə]
    eine Wärmflasche.
    en varmeflaske? [en ˅vɑːrməflaskə]

Ich kann nicht einschlafen.
Jeg kan ikke sove. [jæi kɑn ikə ˅soːvə]

Wann darf ich aufstehen?
Når kan jeg stå opp? [nɔr kan jæi stoː ˈup]

Krankheiten und Beschwerden

Abszess . . . . byll, -en, -er [byl]

Aids . . . . aids [æids]

Alkoholiker,-in . . . . alkoholiker, -en, -e [ɑlkuˈhuːlikər]

Allergie . . . . allergi, -en, -er [alerˈgiː]

allergisch sein gegen .... være allergisk mot ...
[væːrə aˈlergisk muːt]

Anfall . . . . anfall, -et, - [ˇanfal]

Angina . . . . halsbetennelse, -en, -er
[ˇhalsbetenelsə]

ansteckend . . . . smittsom [ˇsmitsɔm]

Asthma . . . . astma, -en [ˈastma]

Atembeschwerden . . . . pustevansker (pl) [ˇpʉstəvanskər]

Ausschlag . . . . utslett, -et [ˇʉːtʃlet]

Bänderriss . . . . et avslitt leddbånd [et ˈavʃlit ˇledbɔn]

Bindehautentzündung . . . . øyebetennelse, - en, -er [ˈøyebeːtenelsə]

Bisswunde . . . . (sår av et) bitt, -et, - [(soːr ɑːv et) bit]

Blähungen . . . . luft i magen [lʉft i ˇmaːgən]

Blinddarmentzündung . . . . blindtarmbetennelse, -en, -er
[ˇblintarmbetenelsə]

Bluterguss . . . . bloduttredelse, -en, -er
[ˇbluːʉːtreːdelsə]

Blutung . . . . blødning, -en, -er [ˇbløːdniŋ]

Bluthochdruck . . . . før høyt blodtrykk [ˇbluːtryk]

Blutvergiftung . . . . blodforgiftning, -en, -er [ˇbluːfɔrjiftniŋ]

Borreliose . . . . borreliose [bɔrəliːˈʉsə]

Brechreiz . . . . kvalme, -en [ˇkvalmə]

brennen . . . . svi [swiː]

Bronchitis . . . . bronkitt, -en [brʉŋˈkit]

Bruch . . . . brudd, -et, - [brʉd]

Cholera . . . . kolera, -en [ˈkuːlərɑ]

Diabetes . . . . diabetes [diɑˈbeːtes]

Diphtherie . . . . difteri, -en [diftəˈriː]

drogenabhängig . . . . narkoman [nɑrkuˈmɑːn]

Durchfall . . . . diare, -en [diɑˈreː]

Entzündung . . . . betennelse, -en, -er [beˈtenelsə]

Epilepsie . . . . epilepsi, -en [epilepˈsiː]

Erkältung . . . . forkjølelse, -en, -er [fɔrˈçøːlelsə]

Fehlgeburt . . . . abort, -en, -er [aˈbɔt]

Fieber . . . . feber, -en [ˈfeːbər]

gebrochen . . . . brukket [ˇbrukət]

Gehirnerschütterung . . . . hjernerystelse, -en, -er [ˇjæːnərystelsə]

Gehirnschlag . . . . hjerneslag, -et, - [ˇjæːnəʃlɑːg]

Gelbfieber . . . . gul feber [ˈgʉːl ˈfeːbər]

Gelbsucht . . . . gulsott, -a/-en [ˇgʉːlsɔt]

Geschlechtskrankheit . . . . kjønnssjukdom, -men, -mer
[ˈçønsʃʉːkdum]

geschwollen	oppsvulmet ['upsvʉlmət]
Geschwulst	svulst, -en, -er [svʉlst]
Geschwür	byll, -en, -er [byl]
giftig	giftig ['jifti:]
Gleichgewichtsstörungen	problemer med balansen [pruble:mer me: bɑ:lɑnsen]
Grippe	influensa, -en [inflʉ'ensa]
Halsschmerzen	halssmerter (pl) [ˇhɑlsmæʈər]
Hämorriden	hemorroider (pl) [hemurʉˇi:dər]
heiser sein	være hes [væ:rə ˈhe:s]
Hautkrankheit	hudsjukdom, -men, -mer [ˇhʉ:dʃʉ:kdum]
Herpes	herpes ['hærpes]
Herzanfall	hjerteanfall, -et, - [ˇjæʈəɑnfɑl]
Herzbeschwerden	hjerteproblemer (pl) [ˇjæʈəpruble:mər]
Herzfehler	hjertefeil, -en, - [ˇjæʈəfæil]
Herzinfarkt	hjerteinfarkt, -et, - [ˇjæʈəinfɑrkt]
Herzrasen	hjertebank [ˇjærʈəbaŋk]
Heuschnupfen	høysnue, -en, -er [ˇhøysnʉ:ə]
Hexenschuss	hekseskudd, -et, - [ˇheksəskʉd]
Hirnhautentzündung	hjernehinnebetennelse, - en, -er ['jænəhinəbetænelsə]
HIV-positiv	HIV-positiv ['ho: i: we: po:siti:w]
Infektion	infeksjon, -en, -er [infek'ʃu:n]
Ischias	isjias, -en ['i:ʃias]
jucken	klø, -dde, -dd [kløː]
Kinderlähmung	poliomyelitt, -en [puliumyə'lit]
Knochenbruch	benbrudd, -et, - ['benbrʉ:d]
Kolik	kolikk, -en [ku'lik]
Kopfschmerzen	hodepine, -en [ˇhu:dəpi:nə]
Krampf	krampe, -en [ˇkrɑmpə]
Krankheit	sjukdom, -men, -mer [ʃʉ:kdum]
Krebs	kreft, -en [kreft]
Kreislaufstörung	problemer med blodomløpet [pru'ble:mər me: ˇblu:umlø:pə]
Lähmung	lammelse, -en, -er [ˇlamelsə]
Lebensmittelvergiftung	matforgiftning, -en, -er [ˇmɑ:tfɔrjiftniŋ]
Leistenbruch	lyskebrokk, -en [ˇlyskəbrɔk]
Leukämie	leukemi, -en [læuke'mi:]
Lungenentzündung	lungebetennelse, -en, -er [ˇluŋəbetenelsə]
Magenschmerzen	magesmerter (pl) [ˇmɑ:gəsmæʈər]
Malaria	malaria, -en [mɑ'lɑ:ria]
Mandelentzündung	mandelbetennelse, -en, -er ['mɑndəlbetenelsə]
Migräne	migrene, -en [miˇgre:nə]
Mittelohrentzündung	ørebetennelse, -en [ˇø:rəbetenelsə]

Mückenstiche	myggstikk [ˇmygstik]
Nasenbluten	neseblod, -et [ˇneːsəbluː]
Nierenentzündung	nyrebetennelse, -en, -er
	[ˇnyːrəbetenelsə]
Nierenstein	nyrestein, -en, -er [ˇnyːrəstæin]
niesen	nyse/nøs/nyste [nyːsə]
Ohnmacht	besvimelse, -en [beˈsviːmelsə]
Pilzinfektion	soppinfeksjon- en, -er [ˈsɔpinfekˈʃuːn]
Prellung	indre kvestelser (pl) [ˇindrə ˇkvestelsər]
Qualle	manet [maˈneːt] (- en, -er)
Rheuma	rheumatisme, -en [ræʉmaˈtismə]
Rückenschmerzen	ryggsmerter (pl) [ˇrygsmæʈər]
Salmonellen	salmoneller [salmuːˈnelər]
~vergiftung	salmonelleforgiftning
	[salmuːnelə furˈjiftniŋ]
Schlaflosigkeit	søvnløshet, -en [ˇsøvnløːsheːt]
Schlaganfall	slaganfall, -et, - [ˈʃlaːganfal]
Schmerzen	smerter (pl) [ˇsmæʈər]
Schnittwunde	snittsår, -et, - [ˈsnitsɔːr]
Schnupfen	snue, -en [ˇsnʉːə]
Schüttelfrost	kuldegysninger (pl) [ˇkʉldəjyːsniŋər]
Schweiß	svette, -en [ˇsvetə]
Schwellung	hevelse, -en, -er [ˇheːvelsə]
Schwindel	svimmelhet, -en [ˈsviməlheːt]
Sehstörungen	synsforstyrrelser [syːnsfɔstyrelsər]
Seitenstich	sting i siden [stiŋ i ˇsiːdən]
Sodbrennen	halsbrann, -en [ˇhalsbran]
Sonnenbrand	solbrenthet, -en [ˇsuːlbrenthɛːt]
Sonnenstich	solstikk, -et, - [ˇsuːlstik]
Stirnhöhlenentzündung	bihulebetennelse, -en, er
	[ˈbiːhʉːləbetenelsə]
Tetanus	stivkrampe, -en [ˈstiːvkrampə]
Typhus	tyfus, -en [ˈtyːfʉs]
Übelkeit	kvalme, -en [ˇkvalmə]
Verbrennung	forbrenning, -en, -er [fɔrˈbreniŋ]
Verdauungsstörung	fordøyelsesvansker (pl)
	[fɔˈdøyelsəsvanskər]
Vergiftung	forgiftning, -en, -er [fɔrˈjifniŋ]
verletzen	skade, -et, -et/-a, -a [ˇskaːdə]
Verletzung	skade, -en, -er [ˇskaːdə]
verstaucht	forstuet [fɔˈʃtʉːət]
Verstopfung	forstoppelse, -en, -er [fɔˈʃtɔpelsə]
wehtun	gjøre vondt, gjorde, gjort [jøːrə ˇvunt]
Wunde	sår, -et, - [sɔːr]
Zecke	flått [flɔt]
Zerrung	forstrekning, -en, -er [fɔˈʃtrekniŋ]
Zyste	syste [ˈsyːstə] (- en, -er)

Abtreibung.	abort, -en, -er [aˈbɔt]
Arm.	arm, -en, -er [ɑrm]
atmen	puste, -et, -et/-a, -a [ˇpʉstə]
Attest	attest, -en, -er [aˈtest]
Augen	øyne [øinə]
Bauch	mage, -en, -er [ˇmɑːgə]
Bein	bein, -et, - [bæin]
Bescheinigung.	attest, -en, -er [aˈtest]
Besuchszeit	visittid, -en/-a, -er [viˈsitiː]
bewusstlos.	bevisstløs [beˈvistløːs]
Blase *(Harnblase)*.	blære, -en/-a, -er [blærə]
(Hautblase).	blemme, -en/a, -er [ˇblemə]
Blinddarm	blindtarm, -en, -er [ˇblintɑrm]
Blut	blod, -et [bluː]
Blutdruck	blodtrykk, -et [ˇbluːtryk]
bluten	blø, -dde, -dd [bløː]
Blutgruppe.	blodtype, -en, -er [ˇbluːtyːpə]
Blutprobe	blodprøve, -a/-en, -er [ˇbluːprøːvə]
Bronchien.	bronkier *(pl)* [ˈbruŋkiər]
Brust	bryst, -et, - [bryst]
Bypass	bypass, -et [ˈbɑipɑːs]
Chirurg/in	kirurg, -en, -er [çirˈʉrg]
Darm.	tarm, -en, -er [tɑrm]
desinfizieren	desinfisere, -te, -t [desinfiˈseːrə]
Diagnose	diagnose, -en, -er [diɑgˈnuːsə]
Diät	diett, -en, -er [diˈet]
Eiter.	materie, -en [maˈteːriə]
sich erbrechen	kaste opp, -et, -et/-a, -a [kɑstə ˈɔp]
Facharzt	spesialist, -en, -er [spesiɑˈlist]
Finger	finger, -en, fingrer [ˈfiŋər]
Fuß.	fot, -en, føtter [fuːt]
Gallenblase	galleblære, -a/-en, -er [ˇgɑləblæːrə]
Gehirn.	hjerne, -en, -er [ˇjæːnə]
Gehör	hørsel, -en [ˈhøʃəl]
Gelenk.	ledd, -et, - [led]
Geschlechtsorgane	kjønnsorganer *(pl)* [ˈçønsɔrgɑːnər]
Gesicht	ansikt, -et, -er [ˇɑnsikt]
Gips.	gips, -en [jips]
Hals.	hals, -en, -er [hɑls]
Hand	hånd, -a/-en, hender [hɔn]
Haut	hud, -a/-en, -er [hʉːd]
Herz.	hjerte, -et, -er [ˇjæʈə]
Herzschrittmacher.	pacemaker, -en, -e [ˈpeismeikər]
Herzspezialist	hjertespesialist, -en, -er [ˇjæʈəspesialist]
Hüfte.	hofte, -a/-en, -er [ˇhɔftə]

Husten	hoste, -en [ˇhustə]
Impfpass	vaksinasjonsattest, -en, -er [vaksinaˈʃuːnsatest]
Impfung	vaksinasjon, -en, -er [vaksinaˈʃuːn]
Infusion.	infusjon, -en, -er [infuˈʃuːn]
Knie.	kne, -et, knær [kneː]
Knöchel	ankel, -en, ankler [ˇaŋkəl]
Knochen.	bein, -et, - [bæin]
Kopf.	hode, -et, -er [ˇhuːdə]
krank	syk [syːk], sjuk [ʃʉːk]
Krankenhaus.	sykehus, -et, - [ˇsyːkehʉs]
Krankenkasse	sykekasse, -a/-en, -er [ˇsyːkəkasə]
Krankenschein	sykeattest, -en, -er [ˇsyːkəatest]
Krankenschwester/-pfleger. . .	sykepleier, -en, -ne[ˇsyːkəatest]
Leber	lever, -en, levrer [ˈlevər]
Lippe	leppe, -a/-en, -er [ˇlepə]
Lunge	lunge, -a/-en, -er [ˇluŋə]
Magen.	mage, -en, -er [ˇmaːgə]
Mandeln.	mandel, -en, mandler [ˈmandəl]
Menstruation	menstruasjon, -en, -er [menstrʉaˈʃuːn]
Mund	munn, -en, -er [mʉn]
Muskel	muskel, -en, muskler [ˈmʉskəl]
nähen	sy, -dde, -dd [syː]
Narbe	arr, -et, - [ɑr]
Narkose	narkose, -en, -er [narˈkuːsə]
Nase	nese, -a/-en, -er [ˇneːsə]
Nerv.	nerve, -a/-en, -er [ˇnærvə]
nervös.	nervøs [nærˈvøːs]
Niere	nyre, -a/-en, -er [ˇnyːrə]
Ohr	øre, -et, -er [ˇøːrə]
Operation.	operasjon, -en, -er [upəraˈʃuːn]
Prothese.	protese, -en, -er [pruˇteːsə]
Puls	puls, -en [pʉls]
Rippe.	ribbein, -et, - [ˈribæin]
röntgen.	røntgen [ˈrøntkən]
Röntgenaufnahme	røntgenbilde, -et, -er [ˈrøntkənbildə]
Rücken	rygg, -en, -er [ryg]
Rückgrat.	ryggmarg, -en, -er [ˇrygmɑrg]
Rücktransport.	hjemtransport, -en [ˇjemtranspuʈ]
Schädel.	hodeskalle, -en, -er [ˇhuːdəskɑlə], kranium, kraniet, kranier [ˈkraːniʉm]
Schiene.	skinne, -a/-en, -er [ˇʃinə]
Schienbein.	skinnebein, -et, - [ˇʃinbæin]
Schlüsselbein	kragebein, -et, - [ˇkraːgəbæin]
Schulter	skulder, -en, skuldrer [ˈskʉldər]
Schwangerschaft	svangerskap, -en [ˈsvaŋəʃkaːp], graviditet, -en [gravidiˈteːt]

schwitzen	svette, -et, -et/-a, -a [ˇsvetə]
Speiseröhre	spiserør, -et, - [ˇspiːsərøːr]
Sprechstunde	kontortid, -a/-en, -er [kunˈtuːʈiː]
Spritze	sprøyte, -a/-en, -er [ˇsprøytə]
Station	stasjon, -en, -er [staˈʃuːn]
Stich	stikk, -et, - [stik]
Stuhlgang	avføring, -en, -er [ˈɑːvføːriŋ]
Trommelfell	trommehinne, -a/-en, -er [ˇtruməhinə]
Ultraschalluntersuchung	ultralydundersøkelse, -en, -er [ˈɵltrɑlyːdɵndeʃøːkelsə]
Unterleib	underliv, -et [ˇɵnəḷiːv]
Untersuchung	undersøkelse, -en, -er [ɵnəˈʃøːkelsə]
Urin	urin, -en [ɵˈriːn]
Verband	forbindingssaker (pl) [fɔrˈbiniŋsɑːkər]
verbinden	forbinde, forbant, forbundet [fɔrˈbinə]
Verdauung	fordøyelse, -en [fɔˈdøyelsə]
verschreiben	skrive ut, skrev ut, skrevet ut [skriːvə ˈɵːt], forordne, -et, -et/-a, -a [fɔrˈɔrdnə]
Virus	virus, -et [ˈviːrɵs]
Wartezimmer	venterom, -met, - [ˇventərum]
Wirbelsäule	ryggrad, -en, -er [ˇrygrɑːd]
Zehe	tå, -a, tær [toː]
Zunge	tunge, -a/-en, -er [tɵŋə]

Beim Zahnarzt

Ich habe (starke) Zahnschmerzen.
Jeg har (sterk) tannverk. [jæi hɑː (ʃtærk) ˇtɑnværk]

Dieser Zahn (oben/unten/vorn/hinten) tut weh.
Denne tanna her (oppe/nede/framme/bak) gjør vondt.
[denə ˈtɑnɑ hæːr (ˇupə/ˇneːdə/ˇframə/ˈbɑːk) jøːr ˈvunt]

Ich habe eine Füllung verloren.
Jeg har mistet en fylling. [jæi hɑːr ˇmistət en ˇfyliŋ]

Mir ist ein Zahn abgebrochen.
Jeg har knekt ei tann. [jæi hɑːr ˇknekt æi ˈtɑn]

Ich behandle ihn nur provisorisch.
Jeg behandler den bare midlertidig.
[jæi beˈhɑndlə den ˇbɑːrə ˇmidləʈiːdi]

Ich muss ihn ziehen.
Jeg må trekke den. [jæi mɔ ˇtrekə den]

Geben Sie mir bitte eine Spritze.
Kan jeg få bedøvelse? [kɑn jæi foː beˈdøːvelsə]

Geben Sie mir bitte keine Spritze.
Jeg vil ikke ha bedøving. [jæi vil ikə ha: beˈdøːviŋ]

Suchen Sie dann zu Hause gleich Ihren Zahnarzt auf.
Ta kontakt med tannlegen din straks du kommer hjem.
[ta: kunˈtakt me: ˅tanleːgən din straks du kɔmər ˈjem]

Backenzahn	jeksel, -en, jeksler [ˈjeksəl]
Brücke	bru, -a, -er [bruː]
Kiefer	kjeve, -en, -er [˅çeːvə]
Krone	krone, -a/-en, -er [˅kruːnə]
Loch	hull, -et, - [hul]
Plombe	plombe, -en, -er [˅plumbə]
Prothese	protese, -en, -er [pru˅teːsə]
Schneidezahn	fortann, -a/-en, -tenner [˅fɔtan]
Weisheitszahn	visdomstann, -en/-a [viːsdɔmstan]
Zahn	tann, -a/-en, tenner [tan]
Zahnfleisch	tannkjøtt, -et [˅tançøt]
Zahnschmerzen	tannverk, -en [˅tanværk]
ziehen	trekke, trakk, trukket [˅trekə]

Wichtiges von A bis Z

Norwegen ist auf dem schnellsten Weg zur bargeldlosen Gesellschaft. Es gibt reichlich *minibanker* (Geldautomaten), und in jedem Geschäft oder Restaurant, in Konzertlokalen und Gaststätten kann heute mit der *bankkort* bezahlt werden. Dennoch sind die wenigen Bankfilialen während der Öffnungszeiten gut besucht, denn vor allem ältere Leute bezahlen ihre Rechnungen am Schalter statt über die *Nettbank* zu Hause. In der Bank muss man einen *kølapp* ziehen und abwarten, bis die Wartenummer angezeigt wird. Manche Bankfilialen sind im Sommer nur von 08.30 bis 15 Uhr, die Niederlassungen in größeren Einkaufszentren bis 19 Uhr geöffnet.

Bank

Können Sie mir bitte sagen, wo hier eine Bank ist?
Unnskyld, hvor finner jeg en bank? [ˈʉnʃyl vur ˈfinər jæi en baŋk]

Ich möchte ... Euro (Schweizer Franken) in Kronen wechseln.
Jeg ville gjerne veksle ... euro (sveitsiske francs) i kroner.
[jæi vilə ˇjæːŋə vekʃlə ˈæʉːru (ˈsvæitsiskə ˈfraŋ) i ˇkruːnər]

Können Sie mir bitte sagen, wie heute der Wechselkurs ist?
Hva er vekslingskursen i dag? [vaː æːr ˇveksliŋskʉːʃən i dɑːg]

Ich möchte diesen Reisescheck einlösen.
Jeg ville gjerne løse inn denne reisesjekken.
[jæi vilə ˇjæːŋə løːsə ˈin denə ˇræisəʃekən]

Auf welchen Betrag kann ich ihn maximal ausstellen?
Hva er maksimumsbeløpet jeg kan skrive ut sjekken på?
[vaː æːr ˈmaksimʉmsbeløːpə jæi kɑn skriːvə ˈʉːt ˈʃekən poː]

Darf ich bitte ... sehen?
Kan jeg få se ...? [kan jæi fɔ seː ...]
   Ihren Ausweis
   legitimasjonen din [legitimaˈʃuːnən din]
   Ihren Pass
   passet ditt [ˈpɑsə dit]

Würden Sie bitte hier unterschreiben?
Vil du være vennlig å underskrive her?
[vil dʉ væːrə ˇvenli ɔ ˈʉndəʃkriːvə ˈhæːr]

Der Geldautomat akzeptiert meine Karte nicht.
Automaten aksepterer ikke kortet mitt. [autuˈmaːten aksepˈteːrər ikə ˈkortə mit]

Der Geldautomat gibt meine Karte nicht mehr heraus.
Minibanken tok bankkortet mitt! [ˈminibaŋkən tuk ˈbaŋkɔʈə mit]

auszahlen	betale ut, -te, -t [be'tɑ:lə]
Bank	bank, -en, -er [bɑŋk]
bar	kontant [kun'tɑnt]
Bargeld	kontanter *(pl)* [kun'tɑntər]
Bearbeitungsgebühr	gebyr,-et [ge:byr]
Betrag	beløp, -et, - [be'lø:p]
Cent	cent [sænt]
Chipkarte	bankkort, -et [bankurt]
Devisen	fremmed valuta, -en, -er [ˇfreməd vɑ'lʉ:tɑ]
Euro	euro ['æʉ:ru]
Formular	blankett, -en, -er [ˇblɑŋket]
Geheimzahl	kode, -en, -er [ˇku:də]
Geld	penger *(pl)* [ˇpeŋər]
Geldautomat	minibank, -en, -er [mi:nibɑŋk]
Geldanweisung	pengeanvisning, -en, -er [ˇpeŋəɑnvi:sniŋ]
Geldschein	pengeseddel, -en, -sedler [ˇpeŋəsedəl]
Geldwechsel	veksling, -en [ˇvekʃliŋ]
Kleingeld	småpenger *(pl)* [ˇsmo:peŋər]
Konto	konto, -en, -er ['kuntu]
Kreditkarte	kredittkort, -et, - [kre'ditkɔʈ]
Ladeterminal	påfyllingsterminal, - en, -er ['pofʉliŋste:rmina:l]
Münze	mynt, -en, -er [mynt]
Quittung	kvittering, -en, -er [kvi'te:riŋ]
Reisescheck	reisesjekk, -en, -er [ˇræisəʃek]
Schalter	skranke, -en, -er [ˇlʉ:kə]
Schweizer Franken	sveitsiske francs ['svæitsiskə frɑŋ]
Überweisung	overføring, -en, -er ['o:vərfø:riŋ]
telegrafische Überweisung	telegrafisk overføring [tele'grɑ:fisk 'o:vərfø:riŋ]
umtauschen	veksle, -et, -et/-a, -a [ˇvekʃlə]
Unterschrift	underskrift, -a/-en, -er ['ʉndəʃkrift]
Währung	valuta, -en, -er [vɑ'lʉ:tɑ]
Wechselkurs	vekselkurs, -en, -er ['veksəlkʉ:ʃ], valutakurs, -en, -er [va'lʉ:takʉ:ʃ]
Zahlung	betaling, -en [be'tɑ:liŋ]

Filmen und Fotografieren

➣ **auch Fotoartikel**

Könnten Sie bitte ein Foto von uns machen?
Kan du være så snill å ta et bilde av oss?
[kɑn dʉ ˇværə so 'snil o: tɑ: et ˇbildə av ɔs]

Das ist sehr freundlich!
Det er veldig snilt, takk! [de æ:r vældi snilt tak]

Drücken Sie bitte auf diesen Knopf.
Bare trykk på knappen her. [baːrə tryk poː ˈknapən hær]

Die Entfernung/Blende stellt man so ein.
Avstanden/åpningen justerer du her.
[ˇɑːvstɑn/opniŋən jʉstærər dʉ hær]

Dürfte ich Sie wohl fotografieren?
Kan jeg få ta et bilde av deg? [kɑn jæi foː tɑː et ˇbildə av dæi]

So haben wir eine schöne Erinnerung an unseren Urlaub.
Nå har vi et fint minne fra ferien vår.
[no haː viː et fiːnt ˇminə frɑː ˈfeːriən vor]

Foto	foto, -et [ˈfuːtu]
Fotoapparat	fotoapparat, -et [ˈfuːtuɑpɑrɑːt]
fotografieren	ta et bilde [tɑː et ˇbildə]
Hochformat	høydeformat, -et [ˇhøidəfuːmɑːt]
Querformat	breddeformat, -et [ˇbrædəfuːmɑːt]
Schnappschuss	snapshot, -et [ˈsnæpʃut]

Fundbüro

➤ auch Polizei

Können Sie mir bitte sagen, wo das Fundbüro ist?
Unnskyld, hvor er hittegodskontoret?
[ˈʉnʃyl vur æːr ˇhitəgudskuntuːrə]

Ich habe ... verloren.
Jeg har mistet ... [jæi hɑːr ˇmistət]

Ich habe meine Handtasche im Zug vergessen.
Jeg har glemt håndveska mi på toget.
[jæi hɑːr glemt ˇhɔnveskɑ miː pɔ ˈtuːgə]

Würden Sie mich bitte benachrichtigen, wenn sie gefunden werden sollte?
Kunne du være så snill å informere meg hvis den skulle bli funnet?
[kʉnə dʉ ˇvæːrə sɔ snil ɔ infɔrˈmeːrə mæi vis den skʉlə bli ˇfʉnət]

Hier ist meine Hotelanschrift/Heimatadresse.
Her er hotelladressen min/hjemmeadressen min.
[hæːr æːr huˈteladresən min/ˇjeməadresən min]

Internetcafé

Wo gibt es in der Nähe ein Internetcafé?
Unnskyld, er det en internettkafé i nærheten?
[ˈʉnʃyl æːr deː en ˈinternetkɑːfe i ˈnærheːtn]

Einen kostenlosen Internetzugang, den man jedoch nicht zu sehr strapazieren sollte, gibt es in jeder öffentlichen Bibliothek. Internetcafés gibt es vor allem in den größeren Städten genug, doch die Tarife sind relativ hoch. Dafür gibt es dann reichlich Anschlüsse und neben dem breiten Kaffeeangebot auch gute Kuchen.

Wie viel kostet eine Stunde?/Viertelstunde?
Hva koster det for en time/et kvarter?
[va ˅kɔstər de foːr en ˅tiːmə/et kvɑːˈʈər]

Ich möchte eine E-Mail senden.
Jeg vil gjerne sende en e-post. [jæi wil ˈjæːrne ˈsendə eːn ˈeːpɔst]

Kann ich von hier ein Fax versenden?
Kan jeg sende en faks herfra? [kan jæi ˈsendə eːn faks ˈherfra]

Kann ich eine Seite ausdrucken?
Kan jeg skrive ut en side? [kan jæi ˅skriːvə ʉt en ˅siːdə]

Bei mir klappt die Verbindung nicht.
Jeg klarer ikke å opprette forbindelse.
[jæi ˅klɑːrər ikə oː ˈɔprætə foːˈbinelsə]

Ich habe Probleme mit dem Computer.
Jeg har problemer med datamaskinen.
[jæi hɑr proˈbleːmər me ˈdɑːtɑːmaʃiːnən]

Kann ich bei Ihnen Fotos von meiner Digitalkamera auf CD brennen?
Er det mulig å få brent noen digitale bilder på en CD?
[æːr de ˅mʉli oː fo ˈbrent nuən digiˈtɑːlə bildər]

Könnten Sie mir bitte sagen, wo das nächste Polizeirevier ist?
Unnskyld, hvor er nærmeste politistasjon?
[ˈʉnʃyl vur æː ˅nærməstə puliˈtiːstaʃuːn]

Ich möchte ... anzeigen.
Jeg vil anmelde ... [jæi vil ˈanmelə]
  einen Diebstahl
  et tjuveri. [et çʉːvəˈriː]
  einen Überfall
  en ulykke. [en ˅ʉːlykə]

Mir ist ... gestohlen worden.
... er blitt stjålet. [... æːr blit ˅stjoːlət]
  die Handtasche
  Håndveska mi [˅hɔnveskɑ miː]
  die Brieftasche
  Lommeboka mi [˅luməbuːkɑ miː]

mein Fotoapparat
Fotoapparatet mitt ['fu:tuɑpɑrɑ:tə mit]
mein Auto/mein Fahrrad
Bilen min/Sykkelen min ['bi:ln min/'sykəln min]

Mein Auto ist aufgebrochen worden.
Det har vært innbrudd i bilen min. [de hɑ:r væʈ ˅inbrʉd i 'bi:ln min]

Aus meinem Auto ist … gestohlen worden.
Det er blitt stjålet … fra bilen min.
[de æ:r blit ˅stjo:lət … frɑ: 'bi:ln min]

Mein Sohn/Meine Tochter ist verschwunden.
Sønnen/datteren (a) vår er forsvunnet.
[søn/dɑtern vo:r æ:r fɔsvʉnət]

Dieser Mann belästigt mich.
Denne mannen plager meg. [denə 'man ˅plɑ:gər mæi]

Können Sie mir bitte helfen?
Unnskyld, kan du hjelpe meg? ['ʉnʃyl kan dʉ ˅jelpə mæi]

Wann genau ist das passiert?
Nøyaktig når hendte det? [˅nøyakti nɔr ˅hentə de]

Ihren Namen und Ihre Anschrift, bitte.
Ditt navn og adresse, takk. [dit 'navn ɔ a'dresə tak]

Wenden Sie sich bitte an das deutsche/österreichische/Schweizer Konsulat.
Vend deg til det tyske/østerrikske/sveitsiske konsulatet.
['ven dæi til de ˅tyskə/˅østərikskə/'svæitsiskə kunsʉ'lɑ:tə]

anzeigen	anmelde, -te, -t ['ɑnmelə]
aufbrechen	bryte opp, brøt brutt [bry:tə 'ɔp]
Autoradio	bilradio, -en, -er [˅bi:lrɑ:diu]
Autoschlüssel	bilnøkkel, -en, -nøkler [˅bi:lnøkəl]
belästigen	plage, -et, -et/-a, -a [˅plɑ:gə]
beschlagnahmen	beslaglegge, -la, -lagt [be'slɑ:glegə]
Brieftasche	lommebok, -a/-en, -bøker [˅lumæbu:k]
Dieb	tyv, -en, -er [ty:v]
Diebstahl	tyveri, -et, -er [ty:və'ri:]
Gefängnis	fengsel, -et, - ['feŋsəl]
Geldbörse	pengepung, -en, -er [˅peŋəpuŋ]
Gericht	rett, -en, -er [ret]
Kfz-Schein	vognkort, -et, - [˅vɔŋnkɔʈ]
Kreditkarte	kredittkort, -et, - [kre'ditkɔʈ]
Papiere	papirer (pl) [pɑ'pi:rər]
Personalausweis	legitimasjonskort, -et, - [legitimɑ'ʃu:nskɔʈ]
Polizei	politi, -et [puli'ti:]

Polizeiauto	politibil, -en, -er [puli'ti:bi:l]
Polizist/in	politimann, -en, -menn [puli'ti:mɑn]
Rauschgift	rusgift, -en, -er [ˈrʉːsjift]
Rechtsanwalt	advokat, -en, -e [ɑdvu'kɑːt]
Reisepass	pass, -et, - [pɑs]
Richter/in	dommer, -en, -ne [ˈdɔmer]
Scheck	sjekk, -en, -er [ʃek]
Scheckkarte	kontobevis, -et, - [ˈkuntubevi:s]
Schlüssel	nøkkel, -en, nøkler [ˇnøkəl]
Schmuggel	smugling, -en [ˇsmʉgliŋ]
Schuld	skyld, -a/-en [ʃyl]
sexuelle Belästigung	seskuell trakassering
	[sæksʉel trakɑ:se:riŋ]
Taschendieb	lommetjuv, -en, -er [ˇluməçʉ:v]
Überfall	overfall, -et, - [ˇo:vərfɑl]
Untersuchungshaft	varetektsfengsel, -et, -
	[ˇvɑ:rətektsfeŋsəl]
Verbrechen	forbrytelse, -n, -r [fɔr'bry:telsə]
Vergewaltigung	voldtekt, -en, -er [ˇvɔltekt]
verhaften	arrestere, -te, -t [are'ste:rə]
verlieren	miste, -et, -et/-a, -a [ˇmistə]
Zeuge/Zeugin	vitne, -et, -er [vitnə]
zusammenschlagen	slå ned, slo, slått [slo: ˈne:]

Post

Können Sie mir bitte sagen, wo … ist?
Hvor er … [vur æ: …]

  das nächste Postamt
  nærmeste postkontor? [ˇnærməstə ˈpɔstkuntu:r]
  der nächste Briefkasten
  nærmeste postkasse? [ˇnærməstə ˈpɔstkɑsə]

Es gibt mittlerweile weitaus mehr *post i butikk* (Postschalter in Lebensmittelläden) als eigene *postkontor* (Postamt). Im Zuge der Rationalisie-
rung und Zentralisierung in Norwegen sind die mit gelbem Horn und
gelber Krone auf rotem Viereck gekennzeichneten Postschalter vor
allem auf dem Lande in den gleichen Räumen wie der Supermarkt untergebracht. Dort gibt es neben Postdienst und Geldverkehr übrigens
auch Konzertkarten.

Was kostet ein Brief/eine Postkarte …
Hva koster et brev/et postkort … [va: ˇkɔstər et ˈbre:v/et ˈpɔstkuʈ]

  nach Deutschland?
  til Tyskland? [til ˈtysklɑn]
  nach Österreich?
  til Østerrike? [til ˇøstəri:kə]

in die Schweiz?
til Sveits? [til ˈsvæits]

Drei Briefmarken zu ... Kronen, bitte!
Tre frimerker til ... kroner, takk. [tre: ˈfri:mærkər til ... ˇkru:nər tak]

Diesen Brief bitte per ...
Brevet skal sendes ... [ˈbre:vet skal senəs]
  Luftpost.
  pr. luftpost. [pær lʉftpɔst]
  Express.
  ekspress. [æksˈpræs]
  Einschreiben.
  rekommandert. [re:komanˈdert]

Wie lange braucht ein Brief nach Deutschland?
Hvor lang tid bruker et brev til Tyskland?
[vu laŋ ti: ˇbrʉ:kər et bre:v til ˈtysklan]

Haben Sie Sondermarken?
Kan jeg også få jubileumsfrimerker hos dere?
[kan jæi ɔsɔ ˈfo: jʉbiˈle:ʉmsfri:mærkər hus de:rə]

Absender	avsender, -en, -e [ˇa:vsenər]
Adresse	adresse, -a/-en, -er [aˈdresə]
ausfüllen	fylle ut, -te, -t [fylə ˈʉ:t]
Brief	brev, -et, - [bre:v]
Briefkasten	postkasse, -a/-en, -er [ˈpɔstkasə]
Briefmarke	frimerke, -et, -er [ˈfri:mærkə]
Briefmarkenautomat	frimerkeautomat, -en, -er [ˈfri:mærkəæʉtuma:t]
Eilbrief	ekspressbrev, -et, - [eksˈpresbre:v]
Einschreibebrief	rekommandert brev [rekumanˈde:t bre:v]
einwerfen (Briefe)	poste, -t, -t [pɔstə]
Empfänger	mottaker, -en, -e [ˇmu:ta:kər]
Empfangsbestätigung	kvittering, -en, -er [kviˈteriŋ]
Fax	telefaks, -en [ˇte:lefaks]
Faxgerät	faksapparat, -et [ˈfaksapa:ra:t]
Formular	skjema, -et, -er [ˈʃe:ma]
frankieren	frankere, -te, -t [fraŋˈke:rə]
Gebühr	gebyr, -et, -er [geˈby:r]
Gewicht	vekt, -a/-en [vekt]
Hauptpostamt	hovedpostkontor, -et, - [ˈhu:vədpɔstkuntu:r]
Leerung	tømming, -en, -er [ˇtømiŋ]
mit Luftpost	med luftpost [me: ˈlʉftpɔst]
nachsenden	ettersende, -te, -t [ˇetəʃenə]
Päckchen	småpakke, -a/-en, -er [ˇsmo:pakə]

Paket	pakke, -a/-en, -er [ˇpɑkə]
Paketkarte	adressekort, -et, - [ɑˈdresəkɔt]
Porto	porto, -en, -er [ˈpuʈu]
Postamt	postkontor, -et, - [ˈpɔstkuntuːr]
Postkarte	postkort, -et, - [ˈpɔstkɔt]
postlagernd	poste restante [pɔstə restantə]
Postleitzahl	postnummer, -et, - [ˈpɔstnumər]
Postsparbuch	postsparebankbok, -a/-en, -bøker
	[ˈpɔstspɑːrəbaŋkbuːk]
Sondermarke	jubileumsfrimerke, -et, -er
	[jubiˈleːumsfriːmærkə]
Telegramm	telegram, -met, - [teleˈgrɑm]
Telex	teleks, -en [ˈteːleks]
Vordruck	blankett, -en, -er [blɑŋˈket]
Wertangabe	verdiangivelse, -en, -er
	[væˈɖiːɑnjiːvelsə]
Zollerklärung	tolldeklarasjon, -en, -er
	[ˇtɔldeklɑrɑʃuːn]

Telefonieren

Innerhalb Norwegens gibt es keine Vorwahlnummern mehr. Es wird immer, auch im Ortsgespräch, die gesamte achtstellige Nummer gewählt. Die *telekort* für die münzfreie Telefonzelle gibt es in allen Postämtern und Narvesen-Kiosken. Es gibt vier verschiedene Telefonauskunftdienste. Die Nummern lauten 1880, 1890, 1850 oder 1881.

Können Sie mir bitte sagen, wo die nächste Telefonzelle ist?
Hvor er nærmeste telefonkiosk? [vur æ: ˇnærməstə teleˈfuːnçɔsk]

Ich möchte bitte eine Telefonkarte.
Kan jeg få et telekort? [kɑn jæi fɔ: et ˇteːləkurt]

Dürfte ich wohl Ihr Telefon benutzen?
Kan jeg låne telefonen din? [kɑn jæi ˇloːnə teleˈfuːn din]

Nødtelefon	**Nottelefon**
Brann	**Brand – 110**
Politi/Redningssentralen	**Polizei/Rettungszentrale – 112**
Sjukehus/Ambulanse	**Krankenhaus/Krankenwagen – 113**

So wird über die Internationale Direktwahl gewählt:

Auslandsvorwahl	Landeskennzahl	Ortsnetzkennzahl
Deutschland	**00 49**	»0« weglassen
Österreich	**00 43**	»0« weglassen
Schweiz	**00 41**	»0« weglassen

Haben Sie ein Telefonbuch von ...?
Har dere en telefonkatalog over ...?
[ha: de:rə en tele'fu:nkatalo:g o:vər]

Bitte ein Ferngespräch nach ...
En samtale til ..., takk. [en ˅samta:lə til ... tak]

Ich möchte ein R-Gespräch anmelden.
Jeg ville gjerne ha en samtale med noteringsoverføring.
[jæi vilə ˅jæ:nə ha: en ˅samta:lə me: nu'te:riŋso:vərføriŋ]

Ein Telefongespräch

Hier spricht ...
Det er ... [de: æ:r]

Hallo, mit wem spreche ich, bitte?
Hallo, hvem snakker jeg med? [ha'lu vem ˅snakər jæi me:]

Guten Tag, mein Name ist ...
Hei, jeg heter... [jæi ˅he:tər]

Kann ich bitte Herrn/Frau ... sprechen?
Kan jeg få snakke med ...? [kan jæi fɔ ˅snakə me: ...]

Tut mir leid, er/sie ist nicht da.
Dessverre, han/hun er ikke her. [des'værə 'han/'hun æ:r ikə hæ:r]

Die Leitung ist besetzt.
Det er opptatt. [de æ:r 'ɔptat]

Es meldet sich niemand.
Det er ingen som svarer. [de æ:r ˅iŋən sɔm ˅sva:rər]

Kann er/sie Sie zurückrufen?
Kan han/hun ringe deg? [kan han/hun ˅riŋə dæi]

Möchten Sie eine Nachricht hinterlassen?
Vil du legge igjen en beskjed? [vil du ˅lægə ijen e:n be:'ʃe:]

Sagen Sie ihm/ihr bitte, ich hätte angerufen.
Kunne du si til ham/henne at jeg har ringt?
[kunə du: 'si: til ham/henə at jæi ha: 'riŋt]

„Kein Anschluss unter dieser Nummer."
„Du har ringt et nummer som ikke er bruk."
[du ha: riŋt et 'numər som ikə æ:r i 'bru:k]

abnehmen	ta av røret [ta a:v 'rø:rə]
Anruf.	(telefon)samtale, -en, -er [(telə'fu:n) ˅samta:lə]
Anrufbeantworter	telefonsvarer, -en, -e [tele'fu:nsva:rər]
anrufen.	ringe, -te, -t [˅riŋə]

Auskunft..................	nummeropplysning, -en, -er ['numərɔplysniŋ]
Auslandsgespräch..........	utenlandssamtale, -en, -er [ˇʉ:tənlɑnsɑmtɑ:lə]
besetzt....................	opptatt ['ɔptɑt]
Branchenverzeichnis........	gule sider [ˇgʉ:lə ˇsi:dər]
Ferngespräch..............	rikstelefon, -en, -er ['rikstelefu:n]
Gebühr...................	gebyr, -et, -er [ge'by:r]
gelbe Seiten..............	Gules sider [gʉlə si:dər]
Gespräch.................	samtale, -en, -er [ˇsɑmtɑ:lə]
Handy....................	mobiltelefon, -en [mubi:ltelefu:n]
Hörer....................	telefonrør, -et, - [tele'fu:nrø:r]
Münzfernsprecher..........	mynttelefon, -en, -er ['myntelefu:n]
Ortsgespräch.............	lokalsamtale, -en, -er [lu'ka:lsɑmtɑ:lə]
R-Gespräch...............	samtale med noteringsoverføring [ˇsɑmtɑlə me nu'te:riŋsɔ:vərfø:riŋ]
Telefon..................	telefon, -en, -er [tele'fu:n]
Telefonbuch..............	telefonkatalog, -en, -er [tele'fu:nkɑtɑlɔ:g]
Telefonkarte.............	telefonkort, -et, - [tele'fu:nkɔʈ]
Telefonnummer...........	telefonnummer, -et, - [tele'fu:numər]
Telefongespräch..........	telefonsamtale, -en, -er [tele'fu:nsɑmtɑ:lə]
Telefonzelle.............	telefonkiosk, -en, -er [tele'fu:nçɔsk]
Verbindung..............	forbindelse, -en, -er [fɔr'binelsə]
Voranmeldung...........	bestilling, -en, -er [be'stiliŋ]
Vorwahlnummer..........	retningsnummer, -et, - [ˇretniŋsnumər]
wählen..................	slå (et nummer), slo, slått [ʃlo: (et 'numər)]

Mit dem Handy

Fast vier Millionen Norweger haben ein Handy. Jedes Jahr werden 1,6 Millionen mobile Telefone verkauft, und die Norweger sind Weltmeister im Verschicken von *tekstmeldinger* (SMS). Die norwegischen Handynummern beginnen mit 4 oder 9. Wenn das Konto auf dem eigenen Handy aufgebraucht ist, besteht die Möglichkeit, in einem asiatischen oder arabischen Laden oder vereinzelt auch bei Narvesen eine günstige *internasjonalt telefonkort* zu kaufen.

Bitte eine SIM-Karte.
Et kontantkort, takk! [et kon'tantkurt tak]

Eine internationale Telefonkarte
Et internasjonalt telefonkort, takk! [et 'intərna:ʃunɑlt te:le'fu:nkuʈ]

Haben Sie Guthabenkarten der Mobilfunkgesellschaft...?
Har du kontantkort for ... [hɑːr dʉ kɔn'tantkort for ...]

Für welches Gebiet gilt diese SIM-Karte?
For hvilket området gjelder dette kontantkortet?
[fo:r vilket ˈu:mro:də jælər dætə kunˈtantkuʈə]

Geben Sie mir bitte eine Tarifübersicht.
Kan jeg få en prisoversikt. [kan jæi fo: e:n ˈpri:so:wərsikt]

Wie viele Minuten kann ich mit einer Karte für ... Kronen sprechen?
Hvor mange minutter kan jeg snakke med et telefonkort til ... kroner?
[vur maŋə mi:ˈnʉtər kan jæi ˅snakə me: et te:leˈfu:nkuʈ til .. ˈkrunər]

Toilette und Bad

Wo ist bitte die Toilette?
Unnskyld, hvor er toalettet? [ˈunʃyl vu:r æ:r toaˈletə]

Dürfte ich wohl bei Ihnen die Toilette benutzen?
Kan jeg få lov å bruke toalettet? [kan jæi fo: lov o: ˅brʉˈkə toaˈletə]

Würden Sie mir bitte den Schlüssel für die Toiletten geben?
Kan jeg få nøkkelen til toalettet? [kan jæi fo: ˅nøkəln til toaˈletə]

Damen	Damer [˅dɑ:mər]
Damenbinden	sanitetsbind, -et, - [saniˈte:tsbin]
Handtuch...................	håndkle, -et, -klær [˅hɔŋkle]
Handwaschbecken	vask, -en [ˈvaskən]
Herren......................	Herrer [˅herər]
sauber......................	rent [re:nt]
schmutzig	skittent [ʃitent]
Seife.......................	såpe, -a/-en, -er [˅so:pə]
Stehklosett.................	pissoar, -et [pisua:r]
Tampons...................	tampong, -en, -er [tamˈpɔŋər]
Toilettenpapier	toalettpapir, -et, - [tuaˈletpapi.r]
Wasserspülung..............	vannskylling, -en [ˈvanʃyliŋ]

Die Sprache

In Norwegen gibt es zwei offizielle Schriftsprachen, *Bokmål* und *Nynorsk*, und auch innerhalb dieser Schriftsprachen noch unterschiedliche Varianten.

Bis ins 19. Jahrhundert wurde die dänische Schriftsprache auch in Norwegen verwendet. Mündlich wurden zwar weiter die norwegischen Dialekte gesprochen, in den Städten bemühte sich die gebildete Oberschicht aber, ihre Umgangssprache der dänischen Schriftsprache anzupassen, wobei die Aussprache jedoch norwegisch blieb. Aus dieser norwegisch-dänischen Mischsprache, aus der die dänischen Elemente immer weiter verdrängt und durch norwegische ersetzt wurden, ist das heutige *Bokmål* entstanden. In der zweiten Hälfte des 19. Jahrhunderts entstand auf der Grundlage rein norwegischer Dialekte die zweite Schriftsprache *Nynorsk*. Seit 1885 sind beide Sprachen gleichberechtigte Schriftsprachen in Norwegen. Durch eine Reihe von Rechtschreibreformen haben sich beide im Laufe des 20. Jahrhunderts immer wieder einander angenähert. Gleichzeitig sind durch diese Reformen innerhalb beider Schriftsprachen verschiedene Varianten entstanden. So kann z. B. „Milch" auf Bokmål *melk* (eher traditionell) oder *mjølk* (dem Nynorsk und den Dialekten angenähert) heißen, auf Nynorsk heißt es immer *mjølk*. „Die Milch" kann auf Bokmål *melka, melken* oder *mjølka* heißen, auf Nynorsk *mjølka* oder *mjølki*.

Alle Norweger lernen in der Schule beide Schriftsprachen, wobei Bokmål im größten Teil des Landes, Nynorsk dagegen vor allem in ländlichen Gebieten Westnorwegens und in den Tälern Zentralnorwegens die Hauptsprache ist. Die mündliche Umgangssprache ist überall stark dialektal gefärbt, wobei in Ostnorwegen eine städtische Umgangssprache entstanden ist, die dem Bokmål nahe steht. Bokmål bildet die Grundlage der im PONS Reisewörterbuch verwendeten Sprachform.

Die folgende Darstellung basiert auf den häufigsten Formen des Bokmål und der ostnorwegischen Umgangssprache. In Fällen, wo zwei gleichberechtigte Formen existieren, werden beide durch / getrennt aufgeführt, wie im oben genannten Beispiel *melk* ‹-a/-en›/ *mjølk*‹-a› ‹die› Milch.

Rechtschreibung

Eine Grundregel der norwegischen Rechtschreibung betrifft die Vereinfachung von Doppelkonsonanten. Wenn ein Doppelkonsonant mit einem weiteren Konsonanten zusammentrifft, weil eine grammatische Endung mit -*t*- beginnt oder weil durch Ausfall eines unbetonten -*e*- Doppelkonsonant + weiterer Konsonant aufeinander treffen würden, wird der Doppelkonsonant vereinfacht:

jeg kjenner	ich kenne
aber: jeg kjente	ich kannte
en kvass kniv	ein scharfes Messer
aber: et kvast blikk	ein scharfer Blick
et gammelt hus	ein altes Haus
aber: de gamle husene	die alten Häuser

Doppelkonsonant und weiterer Konsonant werden dann verwendet, wenn dadurch Missverständnisse vermieden werden:

jeg viste (langes i)	ich zeigte
jeg visste (kurzes i)	ich wusste

Bei Wortzusammensetzungen, in der Wortableitung und vor dem Genitiv-*s* bleibt der Doppelkonsonant erhalten:

fotballkamp – Fußballspiel, kjennskap – Kenntnis, en manns – eines Mannes.

Substantive (Hauptwörter)

Wie das Deutsche unterscheidet das Norwegische drei Geschlechter: Maskulinum (männlich), Femininum (weiblich) und Neutrum (sächlich). Dabei können im Bokmål alle Feminina auch wie Maskulina gebraucht werden, vor allem in der Schriftsprache, während man in der Umgangssprache meist für beide Geschlechter unterschiedliche Formen verwendet.

Der unbestimmte Artikel lautet:

Maskulinum	Femininum	Neutrum
en	ei/en	et

Es ist eine Besonderheit der skandinavischen Sprachen, dass der bestimmte Artikel beim Substantiv kein selbständiges Wort ist, sondern als Endung angehängt wird: *en bil* – ein Auto, *bilen* – das Auto. Man nennt diese Form die bestimmte Form des Substantivs, im Gegensatz zur unbestimmten Form, die wie im Deutschen mit dem unbestimmten Artikel oder ohne Artikel gebraucht wird. Die so genannte Deklination der Substantive umfasst vier Formen, und zwar die unbestimmte und bestimmte Form jeweils im Singular und Plural. Als besondere Kasusform existiert nur noch der Genitiv.

Unbestimmte Form – Pluralbildung

Plural auf -er

Die meisten maskulinen und femininen Substantive bilden den Plural auf -er. Das Gleiche gilt für Neutra, die im Singular auf -e enden, und für die meisten mehrsilbigen Neutra, die auf Konsonant enden. Letztere können aber im Plural auch ohne Endung auftreten. Einige wenige einsilbige Neutra gehören ebenfalls in diese Kategorie.

Singular		Plural	
en bil	ein Auto	biler	Autos
en hage	ein Garten	hager	Gärten
ei/en elv	ein Fluss	elver	Flüsse
ei/en hytte	eine Hütte	hytter	Hütten
et stykke	ein Stück	stykker	Stücke
et sted	ein Ort	steder	Orte
et problem	ein Problem	problemer/ problem	Probleme

Enden die Substantive im Singular auf -el oder -er, so entfällt vor der Pluralendung meist das -e- der letzten Silbe und ein Doppelkonsonant wird nur einfach geschrieben. Viele Neutra auf -um verlieren dieses vor der Pluralendung.

Singular		Plural	
en sykkel	ein Fahrrad	sykler	Fahrräder
et møbel	ein Möbelstück	møbler	Möbel
en vinter	ein Winter	vintrer	Winter
et museum	ein Museum	museer	Museen

Bei einigen Substantiven zeigt der Stammvokal im Plural Umlaut, z. B.:

Singular		Plural	
ei/en strand	ein Strand	strender	Strände
ei/en bok	ein Buch	bøker	Bücher

Auf diese und andere Unregelmäßigkeiten wird in den Wortlisten hingewiesen. Eine Reihe von wichtigen unregelmäßigen Substantiven wird in einer Übersicht am Ende dieses Kapitels aufgeführt.

Plural auf -e
Personenbezeichnungen auf -er fügen im Plural die Endung -e an:

Singular		Plural	
en lærer	ein Lehrer	lærere	Lehrer

Neutra auf -er enden im Plural auf -re oder haben keine Endung:

Singular		Plural	
et teater	ein Theater	teatre/teater	Theater

Plural ohne Endung

Die meisten einsilbigen Neutra und einige wenige Maskulina und Feminina lauten im Plural und Singular gleich:

Singular		Plural	
et år	ein Jahr	år	Jahre
en sko	ein Schuh	sko	Schuhe
ei/en sild	ein Hering	sild	Heringe

Die bestimmte Form

Die bestimmte Form, die im Deutschen dem Substantiv mit bestimmtem Artikel entspricht, wird im Singular mit den Endungen -en für das männliche, -a für das weibliche und -et für das sächliche Geschlecht gebildet. Das -t im Artikel -et wird nicht gesprochen.

Das auslautende -e entfällt vor diesen Endungen. Bei Substantiven auf -el, -en und -er wird das unbetonte -e- dieser Endsilben vor dem bestimmten Artikel -a und -et oft ausgelassen, vor -en aber normalerweise bewahrt.

Im Plural lautet die Endung -ene, sie ersetzt die unbestimmte Pluralendung -er oder wird an das endungslose Substantiv angehängt. Personenbezeichnungen auf -er hängen in der bestimmten Form Plural die Endung -ne an die Singularform an. Neutra ohne Pluralendung können in der bestimmten Form Plural auf -ene oder auch auf -a enden. Neutra auf -um verlieren diese Silbe in der bestimmten Form.

Singular		Plural		
unbestimmt	bestimmt	unbestimmt	bestimmt	
en bil	bilen	biler	bilene	
ein Auto	das Auto	Autos	die Autos	
en hage	hagen	hager	hagene	Garten
ei/en elv	elva/elven	elver	elvene	Fluss
ei/en jente	jenta	jenter	jentene	Mädchen
ei/en skulder	skuldra/ skulderen	skuldrer	skuldrene	Schulter
en lærer	læreren	lærere	lærerne	Lehrer
en sko	skoen	sko	skoene	Schuh
et teater	teat(e)ret	teatre/teater	teatrene	Theater
et år	året	år	årene/åra	Jahr
et museum	museet	museer	museene	Museum

Wichtige unregelmäßige Substantive sind:

Singular		Plural		
unbestimmt	bestimmt	unbestimmt	bestimmt	
et barn	barnet	barn	barna	Kind
et bein/ben	beinet/benet	bein/ben	beina/bena	Bein, Knochen
ei/en bok	boka/boken	bøker	bøkene	Buch
en bonde	bonden	bønder	bøndene	Bauer
en bror	broren	brødre	brødrene	Bruder
ei/en datter	dattera/datteren	døtre	døtrene	Tochter
en far	faren	fedre	fedrene	Vater
en fot	foten	føtter	føttene	Fuß
ei/en hånd	hånda/hånden	hender	hendene	Hand
et kne	kneet	knær	knærne	Knie
en/ei ku	kua	kyr/kuer	kyrne/kuene	Kuh
en mann	mannen	menn	mennene	Mann
ei/en mor	mora/moren	mødre	mødrene	Mutter
ei/en natt	natta/natten	netter	nettene	Nacht
ei/en stang	stanga/stangen	stenger	stengene	Stange, Angel
ei/en strand	stranda/stranden	strender	strendene	Strand
ei/en søster	søstera/søsteren	søstre	søstrene	Schwester
ei/en tann	tanna/tannen	tenner	tennene	Zahn
et tre	treet	trær	trærne	Baum
et øye	øyet	øyne	øynene	Auge

Als einziger Kasus (Fall) existiert im Norwegischen der Genitiv. Er wird durch Anhängen von -s an die jeweilige bestimmte oder unbestimmte Form des Substantivs gebildet:

Singular		Plural	
unbestimmt	bestimmt	unbestimmt	bestimmt
en bils	bilens	bilers	bilenes

Der Genitiv steht immer vor dem Substantiv, das er näher bestimmt. In den meisten Fällen kann neben dieser Form aber auch eine Konstruktion mit der Präposition til gebraucht werden, die vor allem in der Umgangssprache bevorzugt wird.
Barnas far bor i Tromsø. = Faren til barna bor i Tromsø.
Der Vater der Kinder wohnt in Tromsø.

Familiens nye hytte ligger i Seljord. =
Den nye hytta til familien ligger i Seljord.

Die neue Hütte der Familie liegt in Seljord.

Auch bei Personennamen wird in der Umgangssprache meist die Umschreibung mit *til* verwendet.
Knuts bil ble stjålet i forrige uke. =
Bilen til Knut ble stjålet i forrige uke.

Knuts Auto wurde vorige Woche gestohlen.

Üblich ist der Genitiv in bestimmten Zeit- und Mengenangaben:

en times tid   eine Stunde (Zeit)

fem graders kulde   fünf Grad minus (wörtl.: Kälte)

to mils vei   ein Weg von zwanzig Kilometern

(Anm.: *ei/en mil* = 10 Kilometer „eine norwegische Meile")

Nach der Präposition *til* steht in festen Wendungen oft der unbestimmte Genitiv:

å gå til bords   zu Tisch gehen

Adjektive (Eigenschaftswörter)

Beim Adjektiv unterscheidet man starke und schwache Formen, die starken Formen werden vor allem nach dem unbestimmten Artikel oder ohne nähere Bestimmung gebraucht, die schwachen Formen in erster Linie zusammen mit dem bestimmten Artikel und nach Possessivpronomen.

Starke Formen

Die starken Formen des Adjektivs richten sich in Geschlecht und Zahl nach dem Substantiv, auf das sich das Adjektiv bezieht. Dabei erhält im Singular die Neutrumsform bei den meisten Adjektiven ein -*t*, im Plural enden alle drei Genera auf -*e*.

	Maskulinum	Femininum	Neutrum
Singular	en stor hage	ei stor hytte	et stort hus
	ein großer Garten	eine große Hütte	ein großes Haus
Plural	store hager	store hytter	store hus
	große Gärten	große Hütten	große Häuser

Adjektive, die auf Doppelkonsonant enden, vereinfachen diesen vor -*t*. Viele einsilbige Adjektive, die auf Vokal enden, erhalten im Neutrum -*tt*, im Plural bleiben einige unverändert.

Mask./Femin.	Neutrum	Plural	
trygg	trygt	trygge	sicher
fri	fritt	frie	frei
blå	blått	blå	blau

Adjektive auf *-el, -en, -er* verlieren im Plural das unbetonte *-e-*.

Mask./Femin.	Neutrum	Plural	
gammel	gammelt	gamle	alt
åpen	åpent	åpne	offen
vakker	vakkert	vakre	schön

Adjektive, die auf *-tt* oder Konsonant *+t* enden, erhalten im Neutrum kein weiteres *-t*. Adjektive auf *-et* bleiben im Neutrum unverändert und erhalten im Plural die Endung *-ede,* wenn es sich ursprünglich um Partizipien handelt, sonst *-ete.* Ursprüngliche Partizipien können alternativ auch auf *-a* enden (s. u.). Ebenso ohne Neutrumsendung bleiben Adjektive auf *-ig, -isk* und die meisten auf *-sk*:

Mask./Femin.	Neutrum	Plural	
svart	svart	svarte	schwarz
glatt	glatt	glatte	glatt
dannet	dannet	dannede	gebildet (Part. von *å danne*) auch: *danna* (s. u.)
steinet	steinet	steinete	steinig
ledig	ledig	ledige	frei
politisk	politisk	politiske	politisch
norsk	norsk	norske	norwegisch
aber:			
fersk	ferskt	ferske	frisch

Unverändert bleiben Adjektive auf unbetontes *-e* oder *-a,* einige einsilbige auf Vokal, einige mehrsilbige auf *-s:*

Mask./Femin.	Neutrum	Plural	
moderne	moderne	moderne	modern
danna	danna	danna	gebildet; auch: *dannet* (s. o.)
sinna	sinna	sinna	wütend
bra	bra	bra	gut
stakkars	stakkars	stakkars	arm, bemitleidenswert

Ganz unregelmäßig ist das Adjektiv *liten* – klein.

	Maskulinum	Femininum	Neutrum
Singular	en liten gutt ein kleiner Junge	ei lita jente ein kleines Mädchen	et lite barn ein kleines Kind
Plural	små gutter kleine Jungen	små jenter kleine Mädchen	små barn kleine Kinder

Nicht nur vor dem unbestimmten Substantiv, sondern auch als Verbalergänzung richtet sich das Adjektiv nach dem Substantiv, auf das es sich bezieht:

Bilen er dyr.	Das Auto ist teuer.
Hytta er dyr.	Die Hütte ist teuer.
Huset er dyrt.	Das Haus ist teuer.
Varene er dyre.	Die Waren sind teuer.

Die schwache Form

Die schwache Form endet in der Regel immer auf -e und entspricht damit der starken Pluralform. Adjektive ohne -e im Plural haben auch in der schwachen Form kein -e.
Von *liten* lautet die schwache Form im Singular *lille* oder *vesle*, im Plural *små*.
Diese Form wird vor allem mit dem bestimmten Artikel gebraucht. In diesem Fall steht vor dem Adjektiv der so genannte Adjektivartikel *den, det, de,* und an das Substantiv wird zusätzlich der Endungsartikel angehängt.
Außerdem wird im Gegensatz zum Deutschen nach dem vorangestellten Possessivpronomen die schwache Form des Adjektivs verwendet (s. u. Possessivpronomen).

den store hagen	der große Garten
den vakre hytta	die schöne Hütte
det nye huset	das neue Haus
de vakre blomstene	die schönen Blumen
den vesle jenta	das kleine Mädchen
de små barna	die kleinen Kinder

Vor *hele* und *halve* fehlt der Adjektivartikel:

hele uka	die ganze Woche
halve natta	die halbe Nacht

In der Schriftsprache und in festen Wendungen kann der Endungsartikel des Substantivs fehlen:

det norske flagg	die norwegische Flagge
De forente nasjoner	die Vereinten Nationen

Steigerung

Komparativ und Superlativ werden bei den meisten Adjektiven mit den Endungen -ere und -est gebildet. Dabei entfällt unbetontes -e- im Adjektivstamm:

kald	kaldere	kaldest
kalt	kälter	am kältesten
vakker	vakrere	vakrest
schön	schöner	am schönsten

Adjektive auf -ig und -som erhalten im Superlativ die Endung -st. Das auslautende -g, das in allen anderen Formen stumm ist, wird vor -st als [k] gesprochen:

viktig	viktigere	viktigst
[vikti]	[viktiərə]	[viktikst]
wichtig	wichtiger	am wichtigsten
morsom	morsommere	morsomst
lustig	lustiger	am lustigsten

Mehrsilbige Adjektive auf -sk und -et, einige auf -e, viele Fremdwörter sowie als Adjektiv gebrauchte Partizipien werden mit mer und mest gesteigert.

komisk	mer komisk	mest komisk	komisch
steinet	mer steinet	mest steinet	steinig
interessant	mer interessant	mest interessant	interessant
moderne	mer moderne	mest moderne	modern

Einige Adjektive bilden die Steigerungsformen mit Umlaut oder weisen andere Unregelmäßigkeiten auf. Die wichtigsten sind:

lang	lengre	lengst	lang
stor	større	størst	groß
ung	yngre	yngst	jung
tung	tyngre	tyngst	schwer
gammel	eldre	eldst	alt
god	bedre	best	gut
vond	verre	verst	schlecht
mye	mer	mest	viel (sg.)
mange	flere	flest	viele (pl.)
få	færre	færrest	wenige (pl.)
liten	mindre	minst	klein; wenig (sg.)
nær	nærmere	nærmest	nahe

Die Komparativformen bleiben stets unverändert, der Superlativ erhält nach den Adjektivartikeln *den, det, de* die Endung -e, nach einem Verb bleibt er unverändert:

det billigste brødet — das billigste Brot

dette brødet er billigst — dieses Brot ist am billigsten

Adverbien (Umstandswörter)

Ursprüngliche Adverbien sind z. B.:

gjerne — gerne   ofte — oft   aldri — nie

Ortsadverbien treten meist in zwei Formen auf, von denen die erste die Richtung zu einem Ort hin, die zweite die Ruhelage an einem Ort bezeichnet:

Richtung		Ruhelage	
inn	hinein, herein	inne	drinnen
ut	hinaus, heraus	ute	draußen
hjem/heim	nach Hause	hjemme/heime	zu Hause
bort	weg	borte	weg (der borte = dort drüben)
fram/frem	hervor	framme/fremme	vorne
hit	hierher	her	hier
dit	dorthin	der	da, dort

Sollen Adjektive adverbial gebraucht werden, wird die Neutrumsform des Adjektiv verwendet.

Hvordan går det? – Det går fint. Wie geht's? – Es geht gut.

Han snakker bestandig så høyt. Er spricht immer so laut.

Zum Adjektiv *lang* gehören zwei Adverbien:

langt	weit
lenge	lange

Gesteigert werden die abgeleiteten und einige ursprüngliche Adverbien wie die Adjektive.

høyt	høyere	høyest	laut, lauter, am lautesten
ofte	oftere	oftest	oft etc.

Unregelmäßig:

gjerne	heller	helst	gerne, lieber, am liebsten
godt	bedre	best	gut etc.
langt	lenger	lengst	weit
lenge	lenger	lengst	lange

Pronomen (Fürwörter)

Personalpronomen (Persönliche Fürwörter)

Die Personalpronomen haben neben der Subjektform, die dem deutschen Nominativ entspricht, eine Objektform, der im Deutschen die Dativ- und Akkusativformen entsprechen.

Hier werden neben den Bokmålsformen auch einige Nynorsk- und Dialektformen aufgeführt, die in vielen Gegenden Norwegens häufig zu hören sind und deren Kenntnis das Verständnis des gesprochenen Norwegisch erleichtert.

jeg [jæi], eg* [eːg]	ich	meg [mæi], [meːg]*	mir, mich
du	du	deg [dæi], [deːg]*	dir, dich
han	er	ham/han	ihm, ihn
hun, ho*, hu°	sie	henne, ho*, hu°	ihr, sie
den	er/sie	den	ihm, ihn/
			ihr, sie
det [deː]	es	det	ihm, es
vi, me*	wir	oss	uns
dere, de*, dokk(er)°	ihr	dere, dykk*, dokk(er)°	euch
de [diː], dei*, dem°, dom°	sie	dem, dei*, di°, dom°	ihnen, Sie, sie

* = Nynorskform
° = verbreitete Dialektform, die aber in den beiden Schriftsprachen nicht zur Standardsprache gehört.

Als Anrede an eine Person wird heute praktisch nur noch *du* verwendet, als Höflichkeitsanrede kann wie im Deutschen die dritte Person Plural gebraucht werden:

De	Sie	Dem	Ihnen

Diese Formen klingen sehr steif und finden sowohl mündlich als auch schriftlich nur noch selten Verwendung. Mehrere Personen werden immer mit *dere* angeredet.

Die Formen *han* und *hun* werden im Bokmål nur für Personen gebraucht, bei Gegenständen und abstrakten Begriffen verwendet man *den* für Maskulinum und Femininum. Im Nynorsk und in den Dialekten beziehen sich *han* und *ho* auch auf Sachen.

Reflexivpronomen (Bezügliche Fürwörter)

Als Reflexivpronomen werden in der ersten und zweiten Person die Objektformen des Personalpronomen verwendet, in der dritten Person lautet die Reflexivform *seg* = sich.

jeg vasker meg	ich wasche mich
hun vasker seg	sie wäscht sich
de vasker seg	sie waschen sich

Die Höflichkeitsform lautet allerdings:

De vasker Dem	Sie waschen sich

Bei reziproker Bedeutung verwendet man im Deutschen auch meist das Reflexivpronomen, im Norwegischen wird hier nur *hverandre* gebraucht.

de elsker hverandre	sie lieben sich (= einander)

aber:

de elsker seg	sie lieben sich (= sich selbst)

Bisweilen hat die *s*-Form des Verbs (s. unten) reziproke Bedeutung:

vi treffes	wir treffen uns
de slåss	sie schlagen sich

Possessivpronomen (Besitzanzeigende Fürwörter)

Die Possessivpronomen *min, din, sin* und *vår* richten sich wie Adjektive in der Form nach dem Substantiv, das sie näher bestimmen, die übrigen auf -*s* endenden Possessivpronomen sind unveränderlich.

Mask.	Femin.	Neutrum	Plural	
bilen min	hytta mi	huset mitt	barna mine	
mein Auto	meine Hütte	mein Haus	meine Kinder	
bilen din	hytta di	huset ditt	barna dine	dein
bilen hans	hytta hans	huset hans	barna hans	sein
bilen hennes	hytta hennes	huset hennes	barna hennes	ihr
bilen vår	hytta vår	huset vårt	barna våre	unser
bilen deres	hytta deres	huset deres	barna deres	euer
bilen deres	hytta deres	huset deres	barna deres	ihr
(bilen Deres	hytta Deres	huset Deres	barna Deres	Ihr [höflich])
reflexiv:				
bilen sin	hytta si	huset sitt	barna sine	sein, ihr

In der Umgangssprache wird das Possessivpronomen gewöhnlich dem Substantiv nachgestellt. Das Substantiv hat dann die bestimmte Form und kann auch durch ein Adjektiv ergänzt werden.

Maskulinum	Femininum	Neutrum	Plural
den røde bilen min	den gamle hytta mi	det nye huset mitt	de nye syklene våre
mein rotes Auto	meine alte Hütte	mein neues Haus	unsere neuen Fahrräder

Es ist auch möglich, das Possessivpronomen voranzustellen. Dann hat das Substantiv die unbestimmte Form. Steht nach dem Possessivpronomen ein Adjektiv, so wird dieses, anders als im Deutschen, in der schwachen Form gebraucht.

Maskulinum	Femininum	Neutrum	Plural
min bil	mi(n) hytte	mitt hus	våre sykler
mein Auto	meine Hütte	mein Haus	unsere Fahrräder
min røde bil	mi(n) gamle hytte	mitt nye hus	våre nye sykler
mein rotes Auto	meine alte Hütte	mein neues Haus	unsere neuen Fahrräder

Diese Stellung kommt vor allem dann vor, wenn das Possessivpronomen besonders betont ist:
Dette er ikke dine penger, det er mine.
Dies ist nicht *dein* Geld, es gehört mir.

In der Schriftsprache wird die Konstruktion mit vorangestelltem Possessivpronomen auch dann gebraucht, wenn dieses nicht besonders betont ist.

Die reflexiven Formen in der 3. Person Singular und Plural werden nur verwendet, wenn der „Besitzer" Subjekt des Satzes ist.
De var nødt til å selge hytta si.   Sie mussten ihre Hütte verkaufen.
Hun har mistet nøklene sine.   Sie hat ihre Schlüssel verloren.

Sind „Besitzer" und Subjekt des Satzes nicht identisch, muss man *hans, hennes* oder *deres* verwenden.
Broren min kjøpte hytta deres.   Mein Bruder hat ihre Hütte gekauft.
Dessverre har vi ikke funnet nøklene hennes ennå.
Leider haben wir ihre Schlüssel noch nicht gefunden.

Demonstrativpronomen (Hinweisende Fürwörter)

Nach den Demonstrativpronomen *denne* und *den* steht das Substantiv gewöhnlich in der bestimmten Form. *Den* entspricht dem Adjektivartikel, wird aber stärker betont.

Maskulinum	Femininum	Neutrum	Plural
denne bilen	denne hytta	dette huset	disse barna
dieses Auto	diese Hütte	dieses Haus	diese Kinder
den bilen	den hytta	det huset	de barna
das Auto dort	die Hütte dort	das Haus dort	die Kinder dort

Der hinweisende Charakter kann durch *her* oder *der* verstärkt werden.
dennen fjorden her   dieser Fjord hier
den øya der   die Insel dort

Indefinite Pronomen (Unbestimmte Fürwörter)

Mask./Fem.	Neutrum	Plural	
noen	noe	noen	irgendein; jemand
annen	annet	andre	anderer
ingen, ikke noen	ikke noe	ingen, ikke noen	kein(er)
hver	hvert	–	jeder
all	alt	alle	all

Diese Pronomen können adjektivisch vor einem Substantiv oder auch
substantivisch gebraucht werden. Nach *all* steht das Substantiv in der
bestimmten Form, sonst in der unbestimmten. Von *annen*, *annet* gibt es
eine bestimmte adjektivische Form *den andre, det andre*.

Har du truffet noen / noen venner i byen?
Hast du jemanden / irgendwelche Freunde in der Stadt getroffen?

Var det noe annet du skulle ha? Nei takk, det var alt.
Brauchst du noch etwas anderes? Nein danke, das war alles.

Har du spist opp all maten?
Hast du das ganze Essen aufgegessen?

Relativpronomen (Bezügliche Fürwörter)

Das Relativpronomen lautet immer *som*. Wenn das Relativpronomen
nicht Subjekt des Relativsatzes ist, kann es weggelassen werden. Präpo-
sitionen, die sich auf das Relativpronomen beziehen stehen immer am
Ende des Relativsatzes.

I går fant jeg sykkelen min, som var blitt stjålet i forrige uke.
Gestern habe ich mein Fahrrad gefunden, das vorige Woche gestohlen worden war.

Den nye hytta vi har kjøpt, ligger bare 100 meter fra sjøen.
Die neue Hütte, die wir gekauft haben, liegt nur 100 Meter vom Meer entfernt.

Vennene vi reiser sammen med, ble vi kjent med for ti år siden.
Die Freunde, mit denen zusammen wir reisen, haben wir vor zehn Jahren kennen gelernt.

Interrogativpronomen (Fragende Fürwörter)

Auch hier werden einige für das Verständnis wichtige Nynorsk- und Dialektformen mit aufgeführt (vgl. Personalpronomen).

hvem, kven*, kem°	wer
hvem sin, kven sin*, kem sin°, si, sitt, sine	wessen
hva, kva*, ka°, å°	was
hva for en, ei, et, noen	was für ein, welcher
hva slags	was für (eine Art)
hvilken, hvilket, hvilke	welcher
hvor, kvar*, kor°	wo, wohin
hvor (stor, lenge, ofte, ...), kor* ...	wie (groß, lange, oft, ...)
hvorfor, kvifor*, korfor*, åffer°	warum
hvordan, åssen, korleis*, koss(en)°	wie
når	wann

Regelmäßige Verbformen

Die regelmäßigen oder schwachen Verben werden in vier Klassen unterteilt. Für die Zugehörigkeit zu den Klassen 1 bis 3 lassen sich keine einfachen Regeln aufstellen. Zur 4. Klasse gehören die einsilbigen Verben, die auf einen Vokal enden.

1.	å kaste	jeg kaster	jeg kastet/	jeg har kastet/
			jeg kasta	jeg har kasta
	werfen	ich werfe	ich warf	ich habe geworfen
2.	å leve	jeg lever	jeg levde	jeg har levd
	leben	ich lebe usw.		
3.	å ringe	jeg ringer	jeg ringte	jeg har ringt
	anrufen	ich rufe an usw.		
4.	å bo	jeg bor	jeg bodde	jeg har bodd
	wohnen	ich wohne usw.		

Der Infinitv endet auf -e oder bei einsilbigen Verben auf einen betonten Vokal. Den Stamm des Verbs erhält man, indem man dieses -e des Infinitivs weglässt. In der 4. Klasse ist der Stamm gleich dem Infinitiv. Vor dem Infinitv steht meist das Infinitivkennzeichen *å*.
Im Präsens wird die Endung -r an den Infinitiv angehängt. Diese Präsensform gilt für alle Personen; also *jeg, du, han, hun, den, det, vi, dere, de ringer*.
Im Präteritum werden die Endungen -et/-a, -de, -te, -dde im Partizip Perfekt -et/-a, -d, -t, -dd je nach Klasse an den Stamm angehängt. Die wichtigsten starken Verben, die Präteritum und Partizip Perfekt durch Veränderung des Stammvokals bilden, werden zusammen mit schwachen Verben, die Vokalveränderungen aufweisen, am Ende des Kapitels in der Liste der unregelmäßigen Verben aufgeführt.
Der Imperativ ist mit dem Stamm identisch, es gibt nur eine Form für Singular und Plural und für die Höflichkeitsform *De*.

| kast | wirf, werft, werfen Sie |
| ring | ruf an, ruft an, rufen Sie an |

Zur Verneinung dient das Adverb *ikke* (Nynorsk und regionale Varianten: *ikkje**, *itte*°, *itj*°).

jeg ringer ikke	ich rufe nicht an
jeg har ikke ringt	ich habe nicht angerufen
ikke ring *oder* ring ikke	ruf nicht an

Zusammengesetzte Zeiten

Die zusammengesetzten Vergangenheitszeiten werden mit dem Hilfsverb *ha* und dem Partizip Perfekt gebildet. Bei einigen Verben der Bewe-
gung ist *være* möglich, wenn man an das Resultat der Handlung denkt:
Har/er han alt kommet? Ist er schon gekommen? Ist er schon da? Normalerweise
werden aber auch diese Verben mit *ha* verbunden: *Hvor ofte har du reist
til Norge?* Wie oft bist du nach Norwegen gefahren?
Das Verb *å bli* kann sowohl mit *ha* als auch mit *være* gebraucht werden.
Hun hadde/var blitt syk. Sie war krank geworden.
Das Futur wird mit den Hilfsverben *skal* und *vil* oder mit *kommer til å* und
dem Infinitiv gebildet. Häufig wird wie im Deutschen Präsens statt Futur
gebraucht.

Jeg reiser i morgen.	Ich reise morgen ab.
Jeg vil reise i morgen.	Ich werde/will morgen abreisen.
Jeg skal reise i morgen.	Ich werde morgen abreisen.
Jeg kommer til å reise i morgen.	Ich werde morgen abreisen.

Da *vil* auch immer die Komponente „wollen" enthält, wird es selten zur
Bezeichnung der reinen Zukunft gebraucht, wenn das Subjekt des Satzes
eine Person ist.
Når skal du begynne på universitetet?
Wann wirst du an der Universität anfangen.

Wenn das Subjekt keine Person ist, ist *vil* üblich.
Utstillingen vil først bli åpnet etter påske.
Die Ausstellung wird erst nach Ostern eröffnet werden.

Passiv (Leideform)

Das Passiv wird mit dem Hilfsverb *bli* und dem Partizip Perfekt gebildet.

Huset blir solgt	Das Haus wird verkauft.
Huset ble solgt	Das Haus wurde verkauft.
Huset er blitt solgt *oder*	Das Haus ist verkauft worden.
Huset er solgt	
Huset var blitt solgt *oder*	Das Haus war verkauft worden.
Huset var solgt	
Huset vil/skal/kommer	
til å bli solgt	Das Haus wird verkauft werden.

Im Infinitiv (und damit auch im Futur), im Präsens und selten im Präteritum ist auch eine andere Passivform möglich, und zwar wird an das
Verb ein -s angehängt.

Huset selges	Das Haus wird verkauft.
Huset skal selges	Das Haus wird/soll verkauft werden.
Huset solgtes	Das Haus wurde verkauft.

In der gesprochenen Sprache wird vor allem der passive Infinitiv auf -s nach modalen Hilfsverben und im Futur häufig gebraucht, die übrigen Formen gehören fast nur der Schriftsprache an.

Schriftlich findet man das s-Passiv z. B. auf Hinweisschildern, in Rezepten und ähnlichen Fällen, wo es darauf ankommt, einen Sachverhalt möglichst kurz auszudrücken.

Eggene tas forsiktig opp og legges i kaldt vann. – Die Eier werden vorsichtig herausgenommen und in kaltes Wasser gelegt.

Portene stenges kl. 20. – Die Tore werden um 20 Uhr geschlossen.

Dørene lukkes! – Die Türen werden geschlossen (Ansage in Zug, U-Bahn etc.).

Einige Verben haben trotz der s-Form aktive oder reflexive Bedeutung:
å synes – finden, meinen
å trives – sich wohlfühlen.

Diese Verben können in allen Zeiten gebraucht werden, das Partizip Perfekt kommt jedoch nur selten vor.

Infinitiv	Präsens	Präteritum	Perfekt
å synes	jeg syns/synes	jeg syntes	jeg har synes/syns
å trives	jeg trivs/trives	jeg trivdes	jeg har trives/trivs

Weitere Beispiele:
det fins — es gibt
det spørs — es ist fraglich
Vi ses i morgen. — Wir sehen uns morgen.
Hvor skal vi treffes? — Wo sollen wir uns treffen?

Hilfsverben

Die Formen der Hilfsverben lauten:

Infinitiv	Präsens	Präteritum	Perfekt	
å bli	blir	ble/blei/vart	har/er blitt	werden; bleiben
å burde	bør	burde	har burdet	eigentlich sollen
å få	får	fikk	har fått	dürfen
å ha	har	hadde	har hatt	haben
å kunne	kan	kunne	har kunnet	können
å måtte	må	måtte	har måttet	müssen
å skulle	skal	skulle	har skullet	sollen, werden
å tore	tør	torde	har tort	wagen; dürfen
å ville	vil	ville	har villet	wollen, werden
å være	er	var	har vært	sein

Nach den modalen Hilfsverben steht der Infinitv ohne das Infinitivkennzeichen å.

Übersicht wichtiger unregelmäßiger Verben:

Infinitiv	Präsens	Präteritum	Perfekt	
å be	ber	ba(d)	har bedt	bitten, beten
å binde	binder	bandt	bundet	binden
å bite	biter	bet/beit	har bitt	beißen
å brekke	brekker	brakk	har brukket	brechen
å brenne	brenner	brant	har brent	brennen
å bringe	bringer	brakte	har brakt	bringen
å bryte	bryter	brøt/braut	har brutt	brechen
å by	byr	bød/bydde/ baud	har budt/ bydd	(an)bieten
å bære	bærer	bar	har båret	tragen
å dra	drar	dro(g)	har dratt/ dradd	ziehen, fahren
å drikke	drikker	drakk	har drukket	trinken
å drive	driver	drev/dreiv	har drevet	treiben
å ete	eter	åt	har ett	fressen, essen
å falle	faller	falt	har falt	fallen
å fare	farer	for	har fart	fahren
å finne	finner	fant	har funnet	finden
å finnes	det fin(ne)s	det fan(te)s	det har funnes	es gibt
å fly/flyge	flyr/flyger	fløy/flaug	har fløyet/ flydd	fliegen
å flyte	flyter	fløt/flaut	har flytt	fließen
å forstå	forstår	forsto(d)	har forstått	verstehen
å forsvin- ne	forsvinner	forsvant	har forsvunnet	verschwinden
å fortelle	forteller	fortalte	har fortalt	erzählen
å fortsette	fortsetter	fortsatte	har fortsatt	fortsetzen
å fryse	fryser	frøs/fraus	har frosset	frieren
å følge	følger	fulgte	har fulgt	folgen
å få	får	fikk	har fått	bekommen
å gi	gir	ga(v)	har gitt	geben
å gidde	gidder	gadd	har giddet	etw. tun mögen
å gjelde	gjelder	gjaldt/galdt	har gjeldt	gelten
å gjøre	gjør	gjorde	har gjort	machen
å gli	glir	gled/glei	har glidd	gleiten
å gråte	gråter	gråt/gret	har grått	weinen
å gå	går	gikk	har gått	gehen
å henge	henger	hang	har hengt	hängen
å hete	heter	het/hette	har hett	heißen
å hive	hiver	hev/heiv/ hivde	har hivd	wegwerfen
å hjelpe	hjelper	hjalp	har hjulpet	helfen
å hogge	hogger	hogg/hogde	har hogd	hauen
å holde	holder	holdt	har holdt	halten
å komme	kommer	kom	har kommet	kommen
å krype	kryper	krøp/kraup	har krøpet	kriechen
å la	lar	lot	har latt	lassen
å late	later	lot	har latt	so tun als ob

Infinitiv	Präsens	Präteritum	Perfekt	
å le	ler	lo	har ledd	lachen
å legge	legger	la	har lagt	legen
å ligge	ligger	lå	har ligget	liegen
å lyge/lyve/ljuge	lyger/lyver/ljuger	løy/laug	har løyet	lügen
å løpe	løper	løp	har løpt/løpet	laufen
å nyte	nyter	nøt/naut	har nytt	genießen
å ri/ride	rir/rider	red/rei	har ridd	reiten
å rive	river	rev/reiv	har revet	reißen
å ryke	ryker	røk/rauk	har røket	zerbrechen; rauchen (intransitiv)
å se	ser	så	har sett	sehen
å selge	selger	solgte	har solgt	verkaufen
å sette	setter	satte	har satt	setzen
å si	sier	sa	har sagt	sagen
å sitte	sitter	satt	har sittet	sitzen
å skjelve	skjelver	skalv	har skjelvet	zittern
å skjære	skjærer	skar	har skåret	schneiden
å skrike	skriker	skrek/skreik	har skreket	schreien
å skrive	skriver	skrev/skreiv	har skrevet	schreiben
å skyte	skyter	skjøt/skaut	har skutt	schießen
å skyve	skyver	skjøv/skauv	har skjøvet	schieben
å slippe	slipper	slapp	har sluppet	loslassen; nicht tun müssen
å slite	sliter	slet/sleit	har slitt	sich abmühen; abnutzen
å slå	slår	slo	har slått	schlagen
å slåss	slåss	sloss	har slåss	sich schlagen
å smelle	smeller	smalt	smelt	knallen
å smøre	smører	smurte	har smurt	schmieren; wachsen (Ski)
å sove	sover	sov	har sovet	schlafen
å springe	springer	sprang	har sprunget	springen
å spørre	spør	spurte	har spurt	fragen
å stige	stiger	steg/steig	har steget	steigen
å stikke	stikker	stakk	har stukket	stechen; stecken
å stjele	stjeler	stjal	har stjålet	stehlen
å stå	står	sto(d)	har stått	stehen
å synge	synger	sang	har sunget	singen
å synke	synker	sank	har sunket	sinken
å ta	tar	tok	har tatt	nehmen
å telle	teller	talte/telte	har talt/telt	zählen
å treffe	treffer	traff	har truffet	treffen
å trekke	trekker	trakk	har trukket	ziehen
å tvinge	tvinger	tvang	har tvunget	zwingen
å velge	velger	valgte	har valgt	wählen
å vinne	vinner	vant	har vunnet	gewinnen
å vite	vet/veit	visste	har visst	wissen

Der norwegische Satzbau entspricht häufig dem deutschen. Im Hauptsatz ist die normale Reihenfolge Subjekt – Prädikat – Objekt.

Terje kjøper dagsavisa.   Terje kauft die Tageszeitung.

Die Verneinung und andere modifizierende Adverbien stehen direkt hinter dem Prädikat.

Terje kjøper ikke/aldri/ofte/gjerne dagsavisa.
Terje kauft nicht/nie/oft/gerne die Tageszeitung.

Längere Adverbialkonstruktionen können am Anfang oder am Ende des Satzes stehen. Stehen sie am Anfang, so tritt wie im Deutschen Inversion ein, d. h. das Prädikat behält seinen Platz an zweiter Stelle im Satz, und das Subjekt folgt auf das Prädikat. In den zusammengesetzten Zeiten folgt das Subjekt auf das Hilfsverb, danach steht direkt das Vollverb, während es im Deutschen erst am Ende des Satzes folgt.

Terje kjøper dagsavisa i kiosken på torget.
Terje kauft die Tageszeitung am Kiosk auf dem Markt.

I morgen kjøper Terje dagsavisa.
Morgen kauft Terje die Tageszeitung.

I dag har Terje kjøpt to dagsaviser.
Heute hat Terje zwei Tageszeitungen gekauft.

In Nebensätzen bleibt die Satzstellung wie im Hauptsatz, auch hier steht das Verb nicht wie im Deutschen am Satzende nach dem Objekt.

Anne sier at Terje kjøper dagsavisa i kiosken på torget.
Anne sagt, dass Terje die Tageszeitung am Kiosk auf dem Markt kauft.

Die Verneinung und ähnliche Adverbien stehen im Nebensatz vor dem Verb.

Anne sier at Terje ikke kjøper dagsavisa.
Anne sagt, dass Terje die Tageszeitung nicht kauft.

Fragen werden wie im Deutschen gebildet, aber auch hier steht das Vollverb in zusammengesetzten Zeitformen vor dem Objekt und nicht am Satzende.

Kjøper Terje dagsavisa?
Kauft Terje die Tageszeitung?

Hvor kjøper Terje dagsavisa?
Wo kauft Terje die Tageszeitung?

Har Terje kjøpt dagsavisa i dag tidlig?
Hat Terje heute Morgen die Tageszeitung gekauft?

Eine Besonderheit des Norwegischen sind so genannte gespaltene Sätze. Satzteile, die besonders hervorgehoben werden sollen, werden mit Hilfe von *det er/det var* an den Anfang des Satzes gestellt.

Det er dagsavisa Terje kjøper i kiosken på torget.
Die Tageszeitung kauft Terje am Kiosk auf dem Markt.

Det er Terje som kjøper dagsavisa i kiosken på torget.
Terje kauft die Tageszeitung am Kiosk auf dem Markt.

Er det i kiosken på torget Terje kjøper dagsavisa?
Kauft Terje die Tageszeitung am Kiosk auf dem Markt?

Doppelformen im Norwegischen

Innerhalb des norwegischen Bokmåls gibt es häufig Doppelformen, d. h. ein Wort kann in zwei oder mehr Varianten geschrieben werden. Im vorliegenden Reisewörterbuch kann normalerweise nur eine Variante berücksichtigt werden, um aber die Orientierung zu erleichtern, werden im Folgenden einige wichtige Varianten in Form von Lautentsprechungen aufgeführt. Findet man ein Wort in der einen Form nicht im Wörterbuch, sollte unter der anderen Variante nachgeschlagen werden.

e	–	ei	ben	bein	Bein
ø	–	au	grøt	graut	Brei, Grütze
ø	–	øy	røke	røyke	rauchen
e	–	jø	melk	mjølk	Milch
y	–	ju	dyp	djup	tief
o	–	u	bro	bru	Brücke
å	–	a	gård	gard	Hof
v	–	g	torv	torg	Marktplatz

A

abbor [˅abɔr] ‹-en, -er› Barsch

abort [aˈbɔʈ] ‹-en, -er› Fehlgeburt

actionfilm [ækʃnfilm] ‹-en› Actionfilm

adapter [aˈdaptər] ‹-en, -e› Adapter, Zwischenstecker

administrasjon [administraˈʃuːn] ‹-en, -er› Verwaltung

adresse [aˈdresə] ‹-a/-en, -er› Adresse

advokat [advuˈkaːt] ‹-en, -e› Rechtsanwalt/anwältin

aerobic [eˈrɔbik] Aerobic

aften [˅aftən] ‹-en, -er› Abend

agentur [agenˈtʉr] ‹-et, -er› Agentur

agurk [aˈɡʉrk] ‹-en, -er› Gurke

akklimatisere [aklimatiˈserə] ‹-te, -t› s. akklimatisieren

aktbilde [ˈaktbildə] ‹-et, -er› Akt

akupunktur [akʉˈpʉnkˈtʉːr] ‹- en, -er› Akupunktur

akvarell [akvaˈrel] ‹-en, -er› Aquarell

akvarellmaling [akvaˈrelmaːliŋ] ‹-en› Aquarellmalen

alarmsystem [aˈlarmsysteːm] ‹-et, -er› Alarmanlage

alder [ˈaldər] ‹-en, aldre› Alter

aldri [˅aldri] nie

alene [a˅leːnə] allein

alkoholfri [alkuˈhuːlfriː] alkoholfrei

alkoholfritt øl [alkuˈhuːlfrit ˈøl] alkoholfreies Bier

alle [˅alə] sämtliche, alle

allerede [ula˅reːdə] bereits

allergi [alerˈɡiː] ‹-en, -er› Allergie

alltid [ˈalti(d)] immer

alt [alt] alles; bereits

alt/allerede [alt/ala˅reːdə] schon

alter [˅altər] ‹-et, -› Altar

altså [˅altsɔ] also

aluminiumsfolie [alʉˈmiːniʉmsfuːliə] ‹-en, -er› Alufolie

alvorlig [alˈvoːli] ernst, schwer *(Krankheit)*

ambassade [ambas˅aːdə] ‹-en, -er› *(dipl. Vertretung)* Botschaft

ankomme [ˈankomə] ‹ankom, ankommet› ankommen

ananas [ˈananas] ‹-en, -› Ananas

anbefale [ˈanbefaːlə] ‹-te, -t› empfehlen

andre [˅andrə] der/die/das andere

annen pinsedag [˅aːnən ˅pinsədaːg] Pfingstmontag

ankel [˅aŋkəl] ‹-en, ankler› Knöchel

ankelsokk [ɑːnkəlsɔk] ‹-en, -er› Söckchen

ankomst [˅ankɔmst] ‹-en› Ankunft

ankomstdag [˅ankɔmstdaːg] ‹-en, -er› Anreisetag

ankomsttid [˅ankɔmstiː] ‹-en, -er› Ankunftszeit

anmelde [ˈanmelə] ‹-te, -t› anmelden

anmelde [ˈanmelə] ‹-te, -t› anzeigen

annen [˅aːən] zweite(r, -s)

annen påskedag [˅aːən ˅poːskədaːg] Ostermontag

annerledes [˅anəɭeːdəs] anders

anorakk [anuˈrak] ‹-en, -er› Anorak

ansikt [˅ansikt] ‹-et, -er› Gesicht

ansiktsbehandling [ˈansiktsbeːhanliŋ] ‹-en, -er› Gesichtsbehandlung

anstrenge seg [ˈanstreŋə sæi] ‹-te, -t› s. bemühen

anstrengende [ˈanstreŋəndə] anstrengend

ansvarlig [anˈsvaːɭi] zuständig, verantwortlich

antibiotikum [antibiˈuːtikʉm] ‹-et, -biotika› Antibiotikum

antikk [anˈtik] ‹-en, -er› antik

antikvitetsforretning [antikviˈteːtsfɔretniŋ] ‹-en, -er› Antiquitätengeschäft

apparat [apaˈrat] ‹-et, -er› Apparat

apotek [apuˈteːk] ‹-et, -er› Apotheke

appelsin [apəlˈsiːn] ‹-en, -er› Apfelsine

appelsinjuice [apəlˈsiːnjuːs] ‹-en› Orangensaft

appetitt [apəˈtit] ‹-en› Appetit

applaus [apˈlæʉs] ‹-en› Beifall

aprikos [apriˈkus] ‹-en, -er› Aprikosen

april [aˈpriːl] April

arbeid [˅arbæid] ‹-et, -er› Arbeit

arbeide [arˈbæidə] ‹-dde, -dd/-et, -et› arbeiten

arbeidsløs [ˈarbeidsløːs] arbeitslos

arkeologi [arkeuluˈgiː] ‹-en› Archäologie

arkitekt [arkiˈtekt] ‹-en, -er› Architekt

arkitektur [arkitekˈtʉːr] ‹-en, -er› Architektur

arm [arm] ‹-en, -er› Arm

armbånd [˅armbɔn] ‹-et, -› Armband

armbåndsur [˅armbɔnsʉːr] ‹-et, -› Armbanduhr

armringer *(pl)* [˅armriŋər] Schwimmflügel

aromabad [ˈarʉːmabaːd] ‹- et, -› Aromabad

arr [ɑr] ‹-et, -› Narbe
arrangement [ɑrɑŋʃəˈmɑŋ] ‹-et, -› Veranstaltung
arrestere [ɑreˈsteːrə] ‹-te, -t› verhaften
artisjokk [ɑʈiˈʃɔk] ‹-en, -er› Artischocken
asjett [ɑːˈʃet] ‹-en› Untertasse
askebeger [ˇaskəbeːgər] ‹-et, -› Aschenbecher
asparges [ɑˈspɑrges] ‹-en› Spargel
aspirin [ɑspiˈriːn] ‹-en› Aspirin
astma [ˈɑstmɑ] ‹-en› Asthma
at [ɑt] dass
atrium [ˈɑtriʉm] ‹-et› Innenhof
atten [ˇatən] achtzehn
attest [ɑˈtest] ‹-en, -er› Bescheinigung, Attest
aubergine [ɔbærˈʃiːn] ‹-en, -er› Aubergine
august [æʉˈgʉst] August
automat [eʉtoˈmɑt] ‹-en, -er› Automat
automatgir [æʉtuˈmɑːtgiːr] ‹-et, -› Automatik(getriebe)
automatisk [æʉtuˈmɑːtisk] automatisch
av [ɑːv] (Passiv) von
av og til [ɑv ɔ til] von Zeit zu Zeit
avtale [ˈɑːvtɑːlə] ‹ble, blitt› vereinbaren
avbestille [ˈɑːvbestilə] ‹-te, -t› stornieren
avbryte [ˈɑːvbryːtə] ‹-brøt, -brutt› unterbrechen
avfall [ˇaːvfɑl] ‹-et› Abfall, Müll
avføring [ˈɑːvføːriŋ] ‹-en, -er› Stuhlgang
avføringsmiddel [ˈɑːvføːriŋsmidəl] ‹-et, -midler› Abführmittel
avgang [ˇaːvgɑŋ] ‹-en, -er› Abfahrt, Abflug
avgangstid [ˇaːvgɑŋstiː] ‹-en, -er› Abfahrtszeit
avgifter [ˇaːvjiftər] ‹pl› Gebühren
avgjøre [ˈɑːvjøːrə] ‹-gjorde, -gjort› entscheiden
avis [ɑˈviːs] ‹-a/-en, -er› Zeitung
aviskiosk [ɑviˈsçiɔsk] Zeitungshändler
avokado [ɑvuˈkɑːdu] ‹-en, -er› Avocado
avsender [ˇaːvsenər] ‹-en, -e› Absender
avslå [ˈɑːvʃloː] ‹-slo, -slått› ablehnen
avstand [ˇaːvstɑn] ‹-en, -er› Entfernung
avtale [ˇaːvtɑːlə] ‹-en, -er› Verabredung
ayurveda [ajʉrˈveːdɑ] ‹- en, -› Ayurveda

baby [ˈbeibi] ‹-en, -er› Baby
babyfon [beibiˈfuːn] ‹-en, -er› Babyfon
bacon [ˈbeikən] ‹-en› roher Schinken
bad [bɑːd] ‹-et, -› Badezimmer
badebukse [ˇbaːdəbuksə] ‹-a/-en, -er› Badehose

badedrakt [ˇbaːdədrɑkt] ‹-a/-en, -er› Badeanzug
badehette [ˇbaːdəhetə] ‹-a/-en, -er› Bademütze
badekar [ˇbaːdəkɑːr] ‹-et, -› Badewanne
badekåpe [ˇbaːdəkoːpə] ‹-a/-en, -er› Bademantel
badering [ˇbaːdəriŋ] ‹-en, -er› Schwimmring
badesko (pl) [ˇbaːdəskuː] Badeschuhe
badested [ˇbaːdəsteːd] ‹-et, -› Badeort
badevakt [ˇbaːdəvɑkt] ‹-a/-en, -er› Bademeister/in
badminton [ˈbædmintən] ‹-en› Federball
badminton [ˈbædmintən] Badminton
badstue [ˇbastuə] ‹-a/-en, -er› Sauna
bagasje [bɑˈgɑːʃə] ‹-en› Gepäck
bagasjeluke [bɑˈgɑːʃəluːkə] ‹-a/-en, -er› Gepäckschalter
bagasjeoppbevaring [bɑˈgɑːʃəɔpbevaːriŋ] ‹-en› Gepäckaufbewahrung
bagasjerom [bɑˈgɑːʃərum] ‹-met, -› Kofferraum
bagasjeutlevering [bɑˈgɑːʃəʉːtleveːriŋ] ‹-en› Gepäckausgabe
bak [bɑːk] hinten, hinter
bakeri [bɑkəˈriː] ‹-et, -er› Bäckerei
bakke [ˇbakə] ‹-en, -er› Hügel
baklengs [ˇbaːkleŋs] rückwärts
baklys [ˇbaːklyːs] ‹-et, -› Rücklicht
bakt [bɑkt] gebacken
bakverk [ˇbaːkværk] ‹-et› Gebäck
balkong [balˈkɔŋ] ‹-en, -er› Balkon
ball [bɑl] ‹-en, -er› Ball
ballett [bɑˈlet] ‹-en, -er› Ballett
banan [bɑˈnɑːn] ‹-en, -er› Bananen
band [bæn] ‹-et, -› Band
bank [bɑŋk] ‹-en, -er› Bank (Geldinstitut)
bankkort [ˈbankkurt] ‹-et, -› Geldkarte
bankkort [bankurt] ‹-et, -› Chipkarte
bar [bɑːr] ‹-en, -er› Bar
barberblad [bɑrˈbeːrblɑː] ‹-et, -er› Rasierklingen
barberkost [bɑrˈbeːrkɔst] ‹-en, -er› Rasierpinsel
barbermaskin [bɑrˈbeːrmɑʃiːn] ‹-en, -er› Rasierapparat
barberskum [bɑrˈbeːrskum] ‹-(m)en› Rasierschaum
barbervann [bɑrˈbeːrvɑn] ‹-et› Rasierwasser
bare [ˇbaːrə] nur
barn [bɑːɳ] ‹-et, -› Kind
barnebarn [ˇbaːɳəbaːɳ] ‹-et, -› Enkel/in
barnebasseng [ˇbaːɳəbaseŋ] ‹-et, -› Kinderbecken
barnebillett [ˇbaːɳəbilet] ‹-en, -er› Kinderfahrkarte

barneheis [ˇbɑːnəheis] ‹-en› Babylift

barneklær *(pl)* [ˇbɑːnəklæːr] Kinderkleidung

barnelege [ˇbɑːnəleːgə] ‹-en, -er› Kinderarzt/ärztin

barnemat [ˇbɑːnəmɑːt] ‹-en› Babynahrung

barnemoderasjon [ˇbɑːnəmudərɑʃuːn] ‹-en, -er› Kinderermäßigung

barnepass [ˇbɑːnəpɑs] ‹-et› Kinderbetreuung

barneporsjon [ˇbɑːnəpuʃuːn] ‹-en, -er› Kinderteller

barneseng [ˇbɑːnəseŋ] ‹-a/-en, -er› Kinderbett

barnesete [ba:rnəseːtə] ‹-t, -er› Kindersitz

barnesjukdom [ˇbɑːnəʃuːkdum] ‹-men, -mer› Kinderkrankheit

barnevakt [ˇbɑːnəvakt] ‹-a, -en› Babysitter

barokk [bɑˈrɔk] ‹-en› Barock

bart [bɑʈ] ‹-en, -er› Schnurrbart

basehopping [bɑsəhɔpiŋ] ‹-en› Basespringen

basilikum [bɑˈsiːlikum] ‹-et› Basilikum

basketball [ˈbɑːskətbal] ‹-en, -er› Basketball

batteri [batəˈriː] ‹-et, -er› Batterie

be [beː] ‹ba, bedt› beten

be noen om noe [ˈbeː nuːən um nuːə] ‹ba, bedt› jdn um etw bitten

bedrageri [bedrɑːgəˈriː] ‹-et, -er› Betrug

bedre [ˈbeːdrə] besser

befinne seg [beˈfinə sæi] ‹-fant, -funnet› s. befinden

begeistret (for) [beˈgæistrət (fɔr)] begeistert (von)

begge [ˇbegə] beide

begynne [beˈjynə] ‹-te, -t› anfangen

begynnelse [beˇjynəlsə] ‹-en, -er› Anfang

behage [beˈhɑːgə] ‹-et, -et› gefallen

behagelig [beˈhɑːgəli] bequem, angenehm

behandle [beˈhandlə] ‹-et, -et/-a, -a› behandeln

behandling [beˈhanliŋ] ‹- en, -er› Behandlung

beholde [beˈhɔlə] ‹-t, -t› behalten

beholder [beˈhɔlər] ‹-en, -e› Behälter

beige [beːʃ] beige

bein [bæin] ‹-et, -› Bein; Knochen

bekjentskap [beˈçentskɑːp] ‹-et, -et› Bekanntschaft

beklage [beˈklɑːgə] ‹-et, -et/-a, -a› bedauern

beklage seg over [beˈklɑːgə sæi oːvər] ‹-et, -et/-a, -a› s. beklagen (über)

bekrefte [beˈkreftə] ‹-et, -et › bescheinigen

bekrefte [beˈkreftə] ‹-et, -et/-a, -a› bestätigen

bekvem [beˈkveːm] bequem

bekymre seg om [beˈçymrə sæi um] ‹-et, -et/-a, -a› s. sorgen um

beliggenhet ‹-en, -er› Lage *(eines Ortes)*

belte [ˇbeltə] ‹-et, -er› Gürtel

belønning [beˈløniŋ] ‹-a/-en, -er› Belohnung

beløp [beˈløːp] ‹-et, -› Betrag

bemerke [beˈmærkə] ‹-et, -et/-a, -a› bemerken

benk [beŋk] ‹-en, -er› (Sitz-)Bank

bensinkanne [benˈsiːnkanə] ‹-a/-en, -er› Benzinkanister

bensinpumpe [benˈsiːnpumpə] ‹-a/-en, -er› Benzinpumpe

benytte [beˈnytə] ‹-et, -et/-a, -a› benutzen

beregne [beˈreiːnə] ‹-et, -et› berechnen

bergingsbil [ˇbergiŋsbiːl] ‹-en, -er› Abschleppwagen, Pannendienst

bergningstjeneste [ˇbergiŋstjenəstə] ‹-en, -er› Pannenhilfe

berolige [beˈruːliə] ‹-et, -et› s. beruhigen

beroligende middel [beˈruːligendə ˈmidəl] ‹-et, -midler› Beruhigungsmittel

beruset [beˈruːsət] betrunken

berømt [beˈrømt] berühmt

berøre [beˈrøːrə] ‹-te, -t› berühren

besiktigelse [beˈsiktigelsə] ‹-en, -er› Besichtigung

beskjed [beːˈʃeː] ‹-en, -er› Mitteilung

beskjeden [beːˈʃeːdən] schüchtern

beskrive [beˈskriːvə] ‹-skrev, -skrevet› beschreiben

beskyttelsesfaktor [beˈʃytelsəsfaktur] ‹-en, -er› Lichtschutzfaktor

beslaglegge [beˈslɑːgleɡə] ‹-la, -lagt› beschlagnahmen

beslutte [beˈʃlutə] ‹-et, -et/-a, -a› beschließen

bestefar [ˇbestəfɑːr] ‹-en, -fedre› Großvater

bestemor [ˇbestəmuːr] ‹-a/-en, -mødre› Großmutter

bestemt [beˈstemt] *adj* bestimmt

bestikk [beːˈstik] ‹-et› Geschirr

bestikk [beˈstik] ‹-et› Besteck

bestille [beˈstilə] ‹-te, -t› buchen

bestilling [beˈstiliŋ] ‹-en, -er› Bestellung, Buchung, Voranmeldung

bestå av [beˈstoː ɑːv] ‹-sto, -stått› bestehen aus

besvare [beˈsvɑːrə] ‹-te, -t› beantworten

besvimelse [beˈsviːmelsə] ‹-en› Ohnmacht

besøk [beˈsøːk] ‹-et, -› Besuch

besøke noen [besˈøːkə nuːən] ‹-te, -t› jdn besuchen

betale [beˈtɑːlə] ‹-te, -t› (be)zahlen

betale kontant [beˈtɑːlə kunˈtɑnt] ‹-te, -t› bar zahlen

betale ut [beˈtɑːlə] ‹-te, -t› auszahlen

betaling [beˈtɑːliŋ] ‹-en› Zahlung

betennelse [beˈtenelsə] ‹-en, -er› Entzündung

betjening [beˈtjeːniŋ] ‹-en/-a› Bedienung

betydning [beˈtyːdniŋ] ‹-en, -er› Bedeutung

bevegelseshemmet [beveˈgelsəshemət] Mobilitätsbehinderte/r

bevisstløs [beˈvistløːs] bewusstlos

BH [ˈbeːhoː] BH

bie [ˈbiːə] ‹-a/-en, -er› Biene

bifall [ˈbifɑl] ‹-et› Beifall

bihulebetennelse [ˈbiːhuːləbetenelsə] ‹-en, -er› Stirnhöhlenentzündung

bikini [biˈkiːni] ‹-en› Bikini

bil [biːl] ‹-en, -er› Auto

bilbelte [ˈbiːlbeltə] ‹-et, -er› Sicherheitsgurt

bilde [ˈbildə] ‹-et, -er› Bild *(Foto, Abbildung, Gemälde)*

biljekk [ˈbiːljek] ‹-en, -er› Wagenheber

billedhogger [ˈbiledhɔgər] ‹-en, -e› Bildhauer

billett [biˈlet] ‹-en, -er› Fahrkarte, Fahrschein

billettautomat [biˈletæutumɑːt] ‹-en, -er› Fahrkartenautomat

billettluke [biˈletluːkə] ‹-a/-en, -er› Fahrkartenschalter

billettmaskin [biˈletmɑʃiːn] ‹-en, -er› Fahrscheinentwerter

billettpris [biˈletpriːs] ‹-en, -er› Fahrpreis

billig [ˈbili] billig

bilradio [ˈbiːlrɑːdiu] ‹-en, -er› Autoradio

bilsete for baby [ˈbiːlseːtə fɔr beibi] Babyschale *(fürs Auto)*

biltog [ˈbiːltɔg] ‹-et, -› Autoreisezug

bite [ˈbiːtə] ‹bet/beit, bitt› beißen

bitter [ˈbitər] bitter

bjørnebær [ˈbjøːnəbæːr] ‹-et, -› Brombeeren

blad [blɑː] ‹-et, -› Blatt

blandet [ˈblɑnət] gemischt

blankett [blɑŋˈket] ‹-en, -er› Vordruck

blant [blɑnt] zwischen, unter

blazer [ˈbleisər] ‹-en, -e› Blazer

bleie [ˈblæiər] ‹-a/-en, -er› Windeln

blekksprut [ˈblekspruːt] ‹-en, -er› Tintenfisch

blemme [ˈblemə] ‹-en/a, -er› (Haut-)Blase

bli [bliː] ‹ble/blei, blitt› bleiben; werden

bli enige om [bli ˈeːniə um] vereinbaren

bli frisk [bliː ˈfrisk] ‹ble/blei, blitt› s. erholen

blikk [blik] ‹-et, -› Blick

blind [blin] blind; Blinde/r

blindehund [ˈblindəhun] ‹-en, -er› Blindenhund

blindeskrift [ˈblindəskrift] ‹-a/-en, -er› Braille

blindestokk [ˈblindəstɔk] ‹-en, -er› Taststock

blindtarmbetennelse [ˈblintarmbetenelsə] ‹-en, -er› Blinddarmentzündung

blinklys [ˈbliŋklyːs] ‹-et, -› Blinker

blitz [blits] ‹-en, -er› Blitzgerät

blod [bluː] ‹-et› Blut

blodforgiftning [ˈbluːfɔrjiftniŋ] ‹-en, -er› Blutvergiftung

blodtrykk [ˈbluːtryk] ‹-et› Blutdruck

blodtype [ˈbluːtyːpə] ‹-en, -er› Blutgruppe

blokk [blɔk] ‹-en› Block

blomkål [ˈblumkoːl] ‹-en› Blumenkohl

blomst [blɔmst] ‹-en, -er› Blume

blomsterbutikk [ˈblumstərbutik] ‹-en, -er› Blumengeschäft

blond [blɔn] blond

blues [bluːs] Blues

bluse [ˈbluːsə] ‹-en, -er› Bluse

blære [blæːrə] ‹-en/-a, -er› (Harn-)Blase

blø [bløː] ‹-dde, -dd› bluten

blødning [ˈbløːdniŋ] ‹-en, -er› Blutung

blå [bloː] blau

blåskjell [ˈbloːʃel] ‹-et, -› Miesmuscheln

bo/bu [buː/buː] ‹-dde, -dd› wohnen

boarding card [ˈbɔːdiŋ kɑːd] Bordkarte

bobil [ˈbuːbiːl] ‹-en, -er› Wohnmobil

body [ˈbɔdy] ‹-en› Body

bok [buːk] ‹-a/-en, bøker› Buch

bokhandel [ˈbuːkhɑndəl] ‹-en, -handler› Buchhandlung

boks [bɔks] ‹-en, -er› Dose

boksåpner [ˈbɔksoːpnər] ‹-en, -e› Dosenöffner

bompenger [ˈbuːmpæŋər] Autobahngebühr

bomull [ˈbumul] ‹-en› Baumwolle

bondegård [ˈbunəgoːr] ‹-en, -er› Bauernhof

bord [buːr] ‹-et, -› Tisch

bordtennis [ˈbuːtenis] ‹-en› Tischtennis

borg [bɔrg] ‹-a/-en, -er› Burg

borreliose [bɔrəliˈuːsə] Borreliose

bortimot [ˈbuʈimuːt] *(zeitlich)* gegen

bortimot klokka tolv [ˈbuʈimut klɔka ˈtɔl] gegen Mittag

bosted [ˈbuːsteːd] ‹-et, -er› Wohnort

bot [buːt] ‹-a/-en, bøter› Bußgeld; Geldstrafe

botanisk hage [buˈtɑːnisk ˇhɑːgə] ‹-en, -er› Botanischer Garten

boutique [bʉˈtik] Boutique

bowling [ˈbɔuliŋ] ‹-en› Bowling

bra [brɑː] gut

brannalarm [ˈbranalarm] ‹-en, -er› Feuermelder

brannfarlig [ˈbranfɑːˌ[i] feuergefährlich

brannsalve [ˈbransalvə] ‹-a/-en, -er› Brandsalbe

brannslokker [ˈbranʃlɔkər] ‹-en, -e› Feuerlöscher

brannvesen [ˈbranveːsən] ‹-et› Feuerwehr

bratt [brat] steil

bred [breːd] (Gegenteil von eng) weit

bredd [bred] ‹-en, -er› Ufer (Fluss)

bredde [ˇbredə] ‹-en, -er› Breite

breddeformat [ˇbrædəfuːmɑːt] ‹-et› Querformat

brei [bræi] (Gegenteil von eng) weit

brei/bred [bræi/breːd] breit

bremse [ˇbremsə] ‹-a/-en, -er› Bremse

bremselys [ˇbremsəlyːs] ‹-et, -› Bremslichter

bremsevæske [ˇbremsəveskə] ‹-en/-a› Bremsflüssigkeit

brev [breːv] ‹-et, -› Brief

brevpapir [ˇbreːvpapiːr] ‹-et, -› Briefpapier

bringe [ˇbriŋə] ‹brakte, brakt› (her)bringen

bringe tilbake [briŋə tilˇbɑːkə] ‹brakte, brakt› zurückbringen

broderi [brodeˈriː] ‹-et, -er› Stickerei

broket [ˇbruːkət] bunt

bronkier (pl) [ˈbruŋkiər] Bronchien

bronkitt [bruŋˈkit] ‹-en› Bronchitis

bronse [ˇbrunsə] ‹-en› Bronze

bror [bruːr] ‹-en, brødre› Bruder

brosjyre [bruˈʃyːrə] ‹-en, -er› Prospekt

bru [brʉː] ‹-a, -er› Brücke

brudd [brʉd] ‹-et, -› Bruch

brukket [ˇbrʉkət] gebrochen

brukthandel [ˇbrʉkthandəl] ‹-en, -dler› Trödler

brun [brʉːn] braun

bryllup [ˇbrylʉp] ‹-et, -› Hochzeit

bryst [bryst] ‹-et, -› Brust

bryte opp, brøt, brutt [bryːtə ˈɔp] aufbrechen

brød [brøː] ‹-et, -› Brot

brødrister [ˇbrøːristər] ‹-en, -e› Toaster

brønn [brøn] ‹-en, -er› Brunnen

bråk [broːk] ‹-et› Geräusch, Lärm

bu [bʉ] ‹-a› Schutzhütte

bue [ˇbʉːə] ‹-en, -er› Bogen

bukett [bʉˈket] ‹-en, -er› (Blumen)Strauß

bukse [ˇbʉksə] ‹-a/-en, -er› Hose

bukt [bʉkt] ‹-a, -er› Bucht

bulk [bʉlk] ‹- en, -er› Delle

bungalow [ˈbʉŋgɑlɔv] ‹-en, -er› Bungalow

businessklasse [ˈbisnisklɑsə] ‹- en, -er› Businessclass

buss [bʉs] ‹-en› Bus

by [byː] ‹bød/baud/bydde, budt› bieten

by [byː] ‹-en, -er› Stadt

bybuss [ˈbyːbʉs] ‹-en, -er› Stadtbus

bydel [ˈbyːdeːl] ‹-en, -er› Stadtteil

byge [ˇbyː(g)ə] ‹-a/-en, -er› Bö

byggeplass [ˈbygəplas] ‹-en› Baustelle

byggverk [ˈbygværk] ‹-et, -› Bauwerk

bygning [ˈbygniŋ] ‹-en, -er› Gebäude

bykart [ˈbyːkɑt] ‹-et, -› Stadtplan

byll [byl] ‹-en, -er› Geschwür, Abszess

bymur [ˈbyːmʉːr] ‹-en, -er› Stadtmauer

bypass [ˈbɑipɑːs] ‹-et› Bypass

byrundtur [ˇryntuːr] ‹-en, -er› Stadtrundfahrt

bysentrum [ˈbyːsentrʉm] ‹-et, -sentra› Stadtzentrum

bytte [ˇbytə] ‹-et, -et/-a, -a› (um)tauschen

bærbar CD-spiller [ˇbærbɑː ˇceːdeːspilər] tragbarer CD-Spieler

bærbar PC [ˇbærbɑː ˇpeːceː] Notebook

bære [ˇbærə] ‹bar,båret› tragen

bølgebad [ˈbøːlgəbɑd] ‹- en, -› Wellenbad

bønn [bøn] ‹-a/-en, -er› Bitte

bønne [ˇbønər] ‹-a/ en, cr› Bohnen

børste [ˇbøʃtə] ‹-en, -er› Bürste

bøtte [ˈbøte] ‹- en, -er› Eimer

bål [boːl] ‹-et, -› Feuer

båtførerkort [boːtførərkɔtə] ‹-et› Bootsführerschein

C

ca. [ˈsirka] gegen, um

camping [ˈkæmpiŋ] ‹-en› Camping

campingguide [ˈkæmpiŋgaid] ‹-n, -r› Campingführer

campingpass [ˈkæmpiŋpas] ‹-et, -› Campingausweis

campingplass [ˈkæmpiŋplas] ‹-en, -er› Campingplatz

campingvogn [ˈkæmpiŋvɔŋn] ‹-a/-en, -er› Wohnwagen

catering [kæiteriŋ] Partyservice

CD [ceːdeː] CD (Compactdisc)

CD-spiller [ˇceːdeːspilər] ‹-en, -e› CD-Spieler

cent [sænt] Cent
centimeter [ˈsentimeːtər] Zentimeter
champagne [ʃamˈpanjə] ‹-en› Champagner
cirka [ˈsirka] etwa
cruise [krʉːs] ‹-et, -› Kreuzfahrt
curling [ˈcørliŋ] Curling

D

da [daː] dann, als, da (zeitlich)
dadler pl [ˈdadlər] Datteln
dag [daːg] ‹-en, -er› Tag
dagens rett [ˈdaːgəns ret] ‹-en, -er› Tagesgericht
daglig [ˇdaːgli] täglich
dagligvareforretning [ˇdaːgliva:rəfɔretniŋ/-handəl] ‹-en, -er/-handel, -en, -dler› Lebensmittelgeschäft
dagskort [ˈdagskɔt] ‹-et, -› Tageskarte
dagstur [dagstʉr] ‹-en, -er› Tagesausflug
dagstur [ˈdakstʉr] ‹-en, -er› Tagestour
dal [daːl] ‹-en, -er› Tal
Damer [ˇdaːmər] Damen
dampkokt [ˈdampkukt] gedünstet, gedämpft
Danmark [ˇdanmark] Dänemark
danse [ˇdansə] ‹-et, -et/-a, -a› tanzen
danseorkester [ˇdansəɔrkestər] ‹-et, -› Tanzkapelle
danser [ˇdansər] ‹-en, -e›/**danserinne** [dansərˇinə] ‹-en, -er› Tänzer/in
danseteater [ˇdansete:atər] ‹-et› Tanztheater
dansk [dansk] dänisch
danske [ˇdanskə] ‹-en, -er› Däne
databutikk [ˈdaːtabutik] ‹- en, -er› Computerfachgeschäft
dato [ˈdaːtu] ‹-en, -er› Datum
datter [ˇdatər] ‹-a/-en, døtre› Tochter
de [diː] prn pl sie
defekt [deˈfekt] Defekt
definitiv [deˈfiːnitiv] endgültig
deg [dæi] dir, dich
deilig [ˇdæili] lecker
dekk [dek] ‹-et, -› Deck; Reifen
del [deːl] ‹-en, -er› Teil
delikatesseforretning [delikaˇtesəfɔretniŋ] ‹-en, -er› Feinkostgeschäft
delkasko [ˇdeːlkasku] ‹-en, -er› Teilkasko
delta (i) [ˈdeːltaː] ‹-tok, -tatt› teilnehmen (an)
dem [dem] pl sie, Sie
dempet [ˇdempət] (Ton, Farbe) weich
den bekjente [beˈçent] der/die Bekannte

den gangen [ˈden gaŋən] damals
den skadede [den ˇskadədə] der/die Verletzte
den/det/de beste [den/de/di ˇbestə] beste(r, -s)
denne/dette/disse [ˇdenə/ˇdetə/ˇdisə] diese(r, -s)
deodorant [deuduˈrant] ‹-en, -er› Deo(dorant)
deponere [deˈpuːnerə] hinterlegen
depositum [deˈpoːsiːtʉm] ‹-et, -› Kaution
der [dæːr] adv (Ort) da, dort
dere [ˇdeːrə] Pers prn pl ihr, euch
deres [ˇdeːrəs] poss prn pl ihr, euer, eure
deretter [ˈdæːretər] danach
derfor [ˈdærfɔr] deshalb
dersom [ˈdeʃɔm] falls
desember [deˈsembər] Dezember
desinfeksjonsmiddel [desinfekˈʃuːnsmidəl] ‹-et, -midler› Desinfektionsmittel
desinfisere [desinfiˈseːrə] ‹-te, -t› desinfizieren
dessert [deˈsæːr] ‹-en, -er› Nachtisch
dessuten [ˈdesʉːtən] außerdem
dessverre [desˈværə] leider
det er [de æːr] ‹var, vært› es gibt
det fins/finnes [de fins/finəs] ‹fantes/fans, funnes› es gibt
det samme [de ˇsamə] dasselbe
diabetes [diaˈbeːtes] Diabetes
diabetiker [diaˈbeːtikər] ‹-en, -e› Diabetiker/in
diagnose [diagˈnuːsə] ‹-en, -er› Diagnose
diare [diaˈreː] ‹-en› Durchfall
diett [diˈet] ‹-en, -er› Diät
diettmat [diˈetmaːt] ‹-en› Schonkost
difteri [diftəˈriː] ‹-en› Diphtherie
digitalkamera [digiˈtalkameːra] ‹-et› Digitalkamera
din [din]/**ditt** [dit]/**dine** [diːne] dein
direkte [ˈdiːrektə] direkt
direkte fly [diˈrektə flyː] ‹-et› Direktflug
dirigent [diriˈgent] ‹-en, -er› Dirigent/in
diskotek [diskuˈteːk] ‹-et, -er› Diskothek
djup/dyp [jʉːp/dyːp] tief
dobbel [ˈdɔbəl] doppelt
dobbel [ˈdubəl] Doppel
dokumentarfilm [dukumentaːrfilm] ‹-en› Dokumentarfilm
domkirke [ˈdumçirkə] ‹-en, -er› Dom
dommer [ˈdɔmər] ‹-en, -e› Richter/in
dongeribukse [ˈdɔŋəribuksə] ‹-a/-en, -er› Jeans
drakt [drakt] ‹-a/-en, -er› Kostüm
drakt [drakt] ‹-a/-en, -er› Tracht
drama [ˈdraːma] ‹-et, -er› Drama
dress [dres] ‹-en, -er› Anzug

219

dressing ['dresiŋ] ‹-en, -er› Dressing
drikk [ˇdrikk] ‹-en, -er› Getränk
drikke [ˇdrikə] ‹drakk, drukket› trinken
drikkepenger pl [ˇdrikəpeŋər] Trinkgeld
drikkevann [ˇdrikəvan] ‹-et› Trinkwasser
dronning [ˇdrɔniŋ] ‹-en, -er› Königin
drosjeholdeplass [ˇdrɔʃəhɔldəplas] ‹-en, -er› Taxistand
drosjesjåfør [ˇdrɔʃəʃɔføːr] ‹-en, -er› Taxifahrer/in
druesukker ['drʉəsʉkər] ‹-et, -› Traubenzucker
drøm [drøm] ‹-(m)en, -er› Traum
dråpe [ˇdrɔːpə] ‹-en, -er› Tropfen
du [dʉː] du
duk [dʉːk] ‹-en, -er› Tuch
duk [dʉːk] ‹-en, -er› Tischtuch
dum [dum] dumm, blöd(e)
dusj [dʉʃ] ‹-en, -er› Dusche
dusjkrakk [ˇduʃkrak] ‹-en, -er› Duschsitz
dusjsåpe ['dʉʃsoːpə] ‹-a/-en, -er› Duschgel
dykke [ˇdykə] ‹-et, -et/-a, -a› tauchen
dykkerbriller pl [ˇdykərbrilər] Taucherbrille
dykkerutrustning [ˇdykərʉːtrʉsniŋ] ‹-en, -er› Taucherausrüstung
dynamo [dyˈnaːmu] ‹-en, -er› Lichtmaschine
dynasti [dynaˈstiː] ‹-et, -er› Dynastie
dyr [dyːr] ‹-et, -› Tier
dyr [dyːr] teuer
dør [døːr] ‹-a/-en, -er› Tür
dør, automatisk [døːr, æʉtuˈmaːtisk] ‹-a/-en, -er› automatische Türöffnung
dørbredde [dørbrədə] ‹-en, -er› Türbreite
dørstokk [ˇdøːʃtɔk] ‹-en, -er› Türschwelle
døv [døːv] gehörlos; Gehörlose/r
døvstum [ˇdøːvstʉm] taubstumm, Taubstumme(r)
dårlig [ˇdoːlji] schlecht

eddik ['edik] ‹-en› Essig
edru [ˇeːdrʉ] nüchtern
egen [ˇeːgən] eigen
egentlig [ˇeːgəntli] eigentlich
egg [eg] ‹-et, -› Ei
eggeglass ['ægəglas] ‹- et, -› Eierbecher
ei [æi] art eine
ei uke til [æi ˇuːkə til] Verlängerungswoche
eier [ˇeiər] ‹-en, -ne› Besitzer/in
eier [ˇæiər] ‹-en, -e› Eigentümer/in

eksempel [ekˈsempəl] ‹-et, eksempler› Beispiel; for eksempel [fɔr ekˈsempəl] zum Beispiel
eksosrør [ekˈsuːsrøːr] ‹-et, -› Auspuff
ekspresjonisme [ekspreʃuˈnismə] ‹-en› Expressionismus
ekspressbrev [eksˈpresbreːv] ‹-et, -› Eilbrief
ekspressbuss [eksˈpresbus] ‹-en, -er› Überlandbus, Transferbus
ekstra ['ekstra] extra, zusätzlich
ekstrautgifter pl ['ekstraʉːtjiftər] Nebenkosten
ekte [ˇektə] echt
ektemann [ˇektəman] ‹-en, -menn› Ehemann
ektepar [ˇektəpaːr] ‹-et, -› Ehepaar
elastisk bind [eˈlastisk ˈbin] Elastikbinde
elektrisk [eˈlektrisk] elektrisch
elektrisk forretning [eˈlektrisk fɔˈretniŋ] Elektrohandlung
elektrisk komfyr [eˈlektrisk kumˈfyːr] ‹-en, -er› Elektroherd
elektrisk rullestol [eˈlektrisk ˇrʉləstuːl] Elektrorollstuhl
elektriske artikler [eˈlektriskə aˈtiklər] Elektrohandlung
Elektrolyttløsning [elektruˈlytløsniŋ] ‹-en, -er› Elektrolytlösung
eller ['elər] oder
elleve [ˇelvə] elf
elske [ˇelskə] ‹-et, -et/-a, -a› lieben
elskling [ˇelskliŋ] ‹-en, -er› Liebling
elskverdig [elskˈværdi] liebenswürdig
elv [elv] ‹-a/-en, -er› Fluss, Strom
elv [ælv] ‹-a/-en, -er› Fluss
en [eːn] man
en [en] art ein(e)
en gang [en gaŋ] einmal
en gang til [en ˈgaŋ til] wieder, noch einmal
en/ett [eːn/et] eins
enda [ˇenda] noch
endelig [ˇendəli] endlich
endestasjon [ˇendəstaʃuːn] ‹-en, -er› Endstation
eneste [ˇeːnəstə] einzig
eng [eŋ] ‹-a/-en, -er› Wiese
engelsk [ˇeŋəlsk] englisch
enhver [enˈvæːr] prn jeder
enke [ˇeŋkə] verwitwet
enkel ['eŋkəl] einfach; Einzel
enkemann [ˇeŋkəman] verwitwet
enn [en] (bei Vergleich) als
ennå ikke [ˇenɔ ˇikə] noch nicht
ensfarget [ˇeːnsfargət] einfarbig
ensom [ˇeːnsɔm] einsam
enten ... eller ['entən ... 'elər] entweder ... oder

epilepsi [epilepˈsi] ‹-en› Epilepsie
episode [epiˈsuːdə] ‹-en, -er› Zwischenfall
eple [ˇeplə] ‹-et, -er› Äpfel
epoke [eˇpuːkə] ‹-en, -er› Epoche
erfare [ærˈfɑːrə] ‹-te, -t› *(verb)* erfahren
ergre seg over [ˇærgrə sæi oːvər] ‹-et, -et/-a, -a› s. ärgern über
erme [ˇærmə] ‹-et, -er› Ärmel
erstatte [æˈʃtatə] ‹-et, -et/-a, -a› ersetzen
ert [ˈeʈ] ‹-a/-en, -er› Erbsen
et [et] *art* ein
et annet sted [et ˈɑnət steːd] anderswo
et avslitt leddbånd [et ˈɑvʃlit ˇledbɔn] Bänderriss
et par [et pɑːr] ein paar
etasje [eˈtɑːʃə] ‹-en, -er› Etage
etasje [eˈtɑːʃə] ‹-en, -er› Stockwerk
etasjeseng [eˈtɑːʃəseŋ] ‹-a/-en, -er› Etagenbett
etnologisk museum [etnuˈluːgisk mʉsˈeʉm] Volkskundemuseum
etter [ˇetər] nach *prp (zeitlich)*
ettermiddag [ˇetərmidag] ‹-en, -er› Nachmittag
etternavn [ˇetəŋavn] ‹-et, -› Familienname
ettersende [ˇetəʃenə] ‹-te, -t› nachsenden
ettroms leilighet [ˈetrums ˇlæilihet] Studio
EU-borger [eʉ-bɔrgər] EU-Bürger
euro [ˈæʉːru] Euro
Europa [æʉˈruːpɑ] Europa
europeer [æʉruˈpeːər] ‹-en, -e› Europäer/in
europeisk [æʉruˈpeːisk] europäisch

fabrikk [fɑˈbrik] ‹-en, -er› Fabrik
fair [fæːr] fair
faksapparat [ˈfɑksapɑːrɑːt] ‹-et› Faxgerät
falle [ˇfɑlə] ‹falt, falt› fallen, stürzen
fallskjermhopping [ˈfɑlʃærmhɔpiŋ] ‹-en› Fallschirmspringen
familie [fɑˈmiːliə] ‹-en, -er› Familie
fange [ˇfɑŋə] ‹-et, -et/-a, -a› fangen
fango [ˈfɑŋgo] ‹-, -› Fango
far [fɑːr] ‹-en, fedre› Vater
fare [ˇfɑːrə] ‹-en, -er› Gefahr
farge [ˇfɑrgə] ‹-et, -et› färben
fargeblyant [ˇfɑrgəblyɑnt] ‹-en, -er› Farbstift
fargebok [ˇfɑrgəbuːk] ‹-a/-en, -er› Malbuch

fargehandel [ˇfɑrgəhandəl] ‹-en, -dler› Drogerie
fargerik [ˇfɑrgeriːk] bunt
farget [ˇfɑrgət] farbig
farlig [ˇfɑːli] gefährlich
fart [fɑʈ] ‹-en› Geschwindigkeit
fartsmåler [ˈfɑʈsmoːlər] ‹-en, -e› Tachometer
fasade [fɑˇsɑːdə] ‹-en, -er› Fassade
faste [ˇfɑstə] ‹-et, -et› Fasten
fastelavn [ˇfɑstəlavn] Fastnacht
fastekur [ˇfɑstəkuːr] ‹-en, -er› Heilfasten
fastende [ˇfɑstəndə] *(Magen)* nüchtern
fastland [ˈfɑstlan] ‹-et› Festland
fat [fɑːt] ‹-et, -› Schüssel
fattig [ˇfɑti] arm
feber [ˈfeːbər] ‹-en› Fieber
febertermometer [ˈfeːbəʈærmumeːtər] ‹-et, -› Fieberthermometer
februar [febrʉˈɑːr] Februar
feiebrett [ˈfeiəbræt] ‹- et, -› Kehrschaufel
feil [fæil] ‹-en, -› Fehler
feil [fæil] falsch
feiltagelse [ˇfæilfɑ:gelsə] ‹-en, -er› Irrtum
feit/fet [fæit/feːt] fett
felles [ˈfeles] gemeinsam
fem [fem] fünf
femten [ˇfemtən] fünfzehn
femti [ˈfemti] fünfzig
fengsel [ˈfeŋʃəl] ‹-et, -› Gefängnis
fennikel [ˈfænikəl] Fenchel
ferdig [ˇferdi] fertig
ferdigkokt [ˇfæːdikukt] gar
ferie [ˈfeːriə] ‹-en, -er› Ferien, Urlaub
feriehus [ˈfeːriəhʉːs] ‹-et, -› Ferienhaus
ferje [ˇfærjə] ‹-a/-en, -er› Fähre
fersken [ˇfæʃkən] ‹-en, -er› Pfirsiche
Fest [fest] ‹-en, -er› Fest
festival [festiˈvɑːl] ‹-en, -er› Festival
festning [ˇfestniŋ] ‹-en, -er› Festung
fiken [ˈfiːkən] ‹-en, -er› Feigen
film [film] ‹-en, -er› Film
filmfølsomhet [ˈfilmfølsɔmheːt] ‹-en› Filmempfindlichkeit
filmskuespiller [ˈfilmskʉ:əspilər] ‹-en, -e› Filmschauspieler/in
fin [fiːn] vornehm
fin [fiːn] fein
finger [ˈfiŋər] ‹-en, fingrer› Finger
finne [ˇfinə] ‹fant, funnet› finden
finne sted [finə ˈsteː(d)] ‹fant, funnet› stattfinden
fiolett [fiɔˈlet] violett
fire [ˇfiːrə] vier
firma [ˈfirmɑ] ‹-et, -er› Firma
fisk [fisk] ‹-en, -er› Fisch
fiske [ˇfiskə] ‹-et, -et› angeln
fiskebein [ˇfiskəbæin] ‹-et, -› Gräte

fiskehandel [ˇfiskəhandəl] ‹-en, -dler› Fischgeschäft

fiskehavn [ˇfiskəhavn] ‹-a/-en, -er› Fischerhafen

fiskekort [ˇfiskəkuʈ] ‹-et, -› Angelschein

fiskestang [ˇfiskəstaŋ] ‹-a/-en, -stenger› Angel

fiskevær [ˇfiskəvæːr] ‹-et, -› Fischerort

fitnessenter [ˈfitnesentər] ‹-et, -sentra› Fitnesscenter

fjell [fjæl] ‹-et› Berg

fjell pl [fjel] Gebirge

fjellbygd [fjælbygd] ‹-a, -er› Bergdorf

fjellklatring [ˇfjelklatriŋ] ‹-en› Bergsteigen

fjellsko/trekkingsko [ˈfjelsku/ˈtrækiŋsku] ‹- en, -› Wander-/Trekkingschuh

fjelltopp [ˇfjæltɔp] ‹-en, -er› Gipfel

fjellvegg [fjælvæg] ‹-en› Felswand

fjernlys [ˇfjæːɳlyːs] ‹-et, -› Fernlicht

fjernsyn [ˇfjæːɳsyːn] ‹-et, -› Fernseher

fjernsynsrom [ˇfjæːɳsyːnsrum] ‹-met, -› Fernsehraum

fjord [fjuːr] ‹-en, -er› Fjord

fjorten [ˇfjuʈən] vierzehn

fjære [ˇfjæːrə] ‹-a› Ebbe

flaske [ˇflaskə] ‹-a/-en, -er› Flasche

flaskevarmer [ˇflaskəvarmər] ‹-en, -e› Fläschchenwärmer

flaskeåpner [ˇflaskəoːpnər] ‹-en, -e› Flaschenöffner

flass [flas] ‹-et› Schuppen

flat [flaːt] flach

flekk [flek] ‹-en, -er› Fleck(en)

flip-flop-sko [ˈflipflopskuː] ‹- en, -› Flip flops

flo [fluː] ‹-a/-en› Flut

flue [ˇfluːə] ‹-a/-en, -er› Fliege

flyplass [ˈflyːplas] ‹-en, -er› Flughafen

flyplassavgift [ˈflyːplasavjift] ‹-a/-en, -er› Flughafengebühr

flyplassbuss [ˈflyːplasbʉs] ‹-en, -er› Flughafenbus

flyreise [ˇfly:ræisə] ‹-a/-en, -er› Flug

flyselskap [ˈflyːselskaːp] ‹-et, -› Fluggesellschaft

flytende [ˇflyːtəndə] flüssig

flyvertinne [ˈflyːvæʈinə] ‹-en/-a, -er› Stewardess

flått [flɔt] Zecke

fløte [ˇfløːtə] ‹-en› Sahne

fløy [fløy] ‹-en, -er› Flügel

folk [fɔlk] ‹-et, -› Volk; Leute

folkemusikk [fɔlkəmʉˈsik] Volksmusik

folklore [ˇfɔlkloːr] ‹-en› Folklore

folkloreaften [fɔlkˈloːraftən] ‹-en, -er› Folkloreabend

for [fɔr] denn; für; zu *(mit adj)*; for mye [fɔr ˈmyːə] zu sehr, zu viel

for det andre [fɔ ɖe ˇandrə] zweitens

for min del [for miːn deːl] meinetwegen

for ti minutter siden [fɔ ˈtiː miˈnʉtə ʃiːdən] vor zehn Minuten

foran [ˈfɔran] *prp (räumlich)* vor, vorn

forberede [ˈfɔrbere:də] ‹-te, -t› vorbereiten

forbi [fɔrˈbiː] vorüber

forbinde, forbant, forbundet [fɔrˈbinə] verbinden

forbindelse [fɔrˈbinelsə] ‹-en, -er› *(Zug, tele)* Verbindung

forbindelse [fɔrˈbinelsə] ‹-en, -er› Anschluss

forbindingssaker pl [fɔrˈbiniŋsɑːkər] Verband

forbli [fɔrbliː] ‹-ble/-blei, -blitt› bleiben

forbrenning [fɔrˈbreniŋ] ‹-en, -er› Verbrennung

forbrytelse [fɔrˈbryːtelsə] ‹-n, -r› Verbrechen

forbudt [fɔrˈbʉt] verboten

forbund for funksjonshemmede [ˇfɔrbʉn fɔr fʉŋkˈʃuːnshemədə] Behindertenverband

fordel [ˇfɔɖeːl] ‹-en, -er› Vorteil

fordi [fɔˈɖiː] *(Grund)* weil, da

fordøyelse [fɔˈɖøyelsə] ‹-en› Verdauung

fordøyelsesvansker pl [fɔˈɖøyelsəsvanskər] Verdauungsstörung

foreldre [fɔrˈeldrə] ‹pl› Eltern

forestilling [ˇfoːrəstiliŋ] ‹-en/-a, -er› *(Begriff; Theater)* Vorstellung

forfriskning [fɔrˈfriskniŋ] ‹-en, -er› Erfrischung

forgiftning [fɔrˈjifniŋ] ‹-en, -er› Vergiftung

forhåpentligvis [fɔrˈhopəntliːviːs] hoffentlich

forkjølelse [fɔrˈçøːlelsə] ‹-en, -er› Erkältung

forlate [fɔˈl̥ɑːtə] ‹-lot, -latt› verlassen

forlenge [fɔˈl̥eŋə] ‹-et, -et/-a, -a› verlängern

forlovede [fɔrlovədə] ‹-en, -› der/die Verlobte

form [fɔrm] ‹-a/-en, -er› Form

formiddag [ˇfɔrmidag] ‹-en, -er› Vormittag

formular [fɔrmʉˈlaːr] ‹-en, -er› Formular

fornavn [ˇfɔnavn] ‹-et, -› Vorname

fornærmelse [fɔˈɳærmelsə] ‹-en, -er› Beleidigung

fornøyelse [fɔˈnøyelsə] ‹-en, -er› Vergnügen, Spaß

fornøyelsespark [fɔˈnøyelsəspark] ‹-en, -er› Vergnügungspark

forordne [fɔrˈɔrdnə] ‹-et, -et/-a, -a› verschreiben

forpleining [fɔrˈplæiniŋ] ‹-en, -er› Verpflegung

forregne seg [fɔˈræinə sæi] ‹-et, -et/-a, -a› s. verrechnen

forrett [ˇfɔret] ‹-en, -er› Vorspeise

forråd [ˇfɔroːd] ‹-et, -› Vorrat

forsalg [ˇfɔʃalg] ‹-et, -› Vorverkauf

forsesong [ˇfɔʃesɔŋ] ‹-en, -er› Vorsaison

forsikring [fɔˈʃikriŋ] ‹-en/-a, -er› Versicherung

Forsiktig! [fɔˈʃikti] Vorsicht!

forsiktig [fɔˈʃikti] vorsichtig

forsinkelse [fɔˈʃiŋkelsə] ‹-en, -er› Verspätung

forskrift [ˇfɔʃkrift] ‹-en/-a, -er› Vorschrift

forslag [ˇfɔʃlaːg] ‹-et, -› Vorschlag

forstad [ˇfɔʃtaː] ‹-en, -steder› Vorort

forstoppelse [fɔˈʃtɔpelsə] ‹-en, -er› Verstopfung

forstrekning [fɔˈʃtrekniŋ] ‹-en, -er› Zerrung

forstuet [fɔˈʃtuːət] verstaucht

forstyrre [fɔˈʃtyrə] ‹-et, -et› stören

forstå [fɔˈʃtoː] ‹-sto, -stått› verstehen

forsøke [fɔˈʃøːkə] ‹-te, -t› versuchen

fortelle [fɔˈtelə] ‹-talte, -talt› erzählen

fortid [ˇfɔʈiː(d)] ‹-en/-a› Vergangenheit

fortryllende [fɔrˈtrylenə] bezaubernd

forurolige [ˈfɔruruːliə] ‹-et, -et› s. beunruhigen

forveksle [fɔrˈvekʃlə] ‹-et, -et/-a, -a› verwechseln

forårsake [ˇfɔroːʃaːkə] ‹-et, -et/-a, -a› verursachen

foss [fɔs] ‹-en, -er› Wasserfall

fot [fuːt] ‹-en, føtter› Fuß

fotball [ˇfuːtbal] ‹-en, -er› Fußball

fotballkamp [ˇfuːtbalkamp] Fußballspiel

fotballplass [ˇfuːtbalplas] ‹-en, -er› Fußballplatz

fotgjenger [ˇfuːtjeŋər] ‹-en, -e› Fußgänger/in

foto [ˈfuːtu] ‹-et› Foto

fotoapparat [ˈfuːtuapaːraːt] ‹-et› Fotoapparat

fotoforretning [ˈfutufɔretniŋ] ‹-en, -er› Fotogeschäft

fotografering [futugraˈfeːriŋ] ‹-en, -er› fotografieren

fotografi [futugraˈfiː] ‹-et, -er› Fotografie

fotsoneterapi [ˈfuːtsuːnəterapiː] ‹- en, -er› Fuß(reflexzonen)massage

fra (og med) [fraː (ɔ meː)] ab

fra [fraː] (Herkunft) aus

framkalle [ˈframkalə] einen Film entwickeln

frakk [frak] ‹-en, -er› Mantel

framme [ˈframə] vorn

framover [ˈframoːvər] vorwärts

framtid [ˈframtiːd] ‹-en/-a› Zukunft

framtidig [ˇframtiːdi] zukünftig

frankere [fraŋˈkeːrə] ‹-te, -t› frankieren

franskbrød [ˈfranskbrøː] Weißbrot (mit Mohn)

fredag [ˈfreːdag] Freitag

fredningstid [ˇfreːdniŋstiː] Schonzeiten

fremmed [ˇfreməd] fremd

fremmed valuta [ˇfreməd vaˈlʉːta] ‹-er› Devisen

fremmede, den ~ [den ˇfremədə] der/die Fremde

fri [friː] frei

friidrett [ˈfriːiːdret] ‹-en› Leichtathletik

friklatring [ˈfriːklatriŋ] ‹-en› Freeclimbing

frimerke [ˈfriːmærkə] ‹-et, -er› Briefmarke

frimerkeautomat [ˈfriːmærkæʉtumaːt] ‹-en, -er› Briefmarkenautomat

frisere [friˈseːrə] ‹-te, -t› frisieren

frisk [frisk] frisch; gesund

frisyre [friˇsyːrə] ‹-en, -er› Frisur

frisør [friˈsøːr] ‹-en, -er› Friseur

fritidsanlegg [ˈfriːtidsanleg] ‹-et, -› Ferienanlage

fritidspark [ˈfriːtidspark] ‹-en, -er› Freizeitpark

frokost [ˈfruːkɔst] ‹-en, -er› Frühstück

frokostbuffet [ˈfruːkɔstbyfeː] ‹-en, -er› Frühstücksbüfett

frokostrom [ˈfruːkɔstrum] ‹-met, -› Frühstücksraum

frontrute [ˈfrɔntrʉːtə] ‹-a, -r› Windschutzscheibe

frost [frɔst] ‹-en› Frost

frostvæske [ˇfrɔstveskə] ‹-a/-en, -er› Frostschutzmittel

fru [frʉː] (Anrede, vor Namen) Frau

frukt [frʉkt] ‹-a/-en, -er› Obst

frykte [ˇfryktə] ‹-et, -et/-a, -a› befürchten

frykte [ˇfryktə] ‹-et, -et› fürchten

fryktelig [ˇfryktəli] fürchterlich

fryse [ˇfryːsə] ‹frøs/fraus, frosset› frieren

fugl [fʉːl] ‹-en, -er› Vogel

fuglereservat [ˇfʉːlərəsərvaːt] ‹-et, -er› Vogelschutzgebiet

fuktig [fʉkti] feucht

full [fʉl] voll, besetzt; betrunken

fullkasko [ˇfʉlkaskʉ] ‹-en, -er› Vollkasko

fullkornbrød [ˈfʉlkurnbrøː] Vollkornbrot

fullmakt [ˇfʉlmakt] ‹-en/-a, -er› Vollmacht
fungere [fʉŋˈgeːrə] ‹-te, -t› funktionieren
funksjonshemmede [funkˈʃunshemədə] Schwerbehinderte/r
funn [fʉn] ‹-et, -› Funde
fylle ut [fylə ˈʉːt] ‹-te, -t› ausfüllen
fylt [fylt] gefüllt
fyr [fyːr] ‹-et, -› Leuchtturm
fyrstikk [ˈfyːʃtik] ‹-en, -er› Streichholz
fyrverkeri [ˈfyːrværkəriː] ‹-et, -› Feuerwerk
fysisk funksjonshemming [ˈfyːsisk fʉŋkˈʃuːnshemiŋ] Körperbehinderung
fødested [ˇføːdəsteːd] ‹-et, -er› Geburtsort
fødselsdag [ˈføtsəlsdɑːg] ‹-en, -er› Geburtstag
fødselsdato [ˈfødsəlsdɑːtu] ‹-en, -er› Geburtsdatum
fødselsnavn [ˈfødsəlsnavn] ‹-et, -› Geburtsname
født [føt] geboren
føle [ˇføːlə] ‹-te, -t› fühlen
følelse [ˇføːlelsə] ‹-en, -er› Gefühl
følge [ˇfølə] ‹fulgte, fulgt› begleiten
føn [føːn] ‹-en› Föhn
føne [ˇføːnə] ‹-et, -et› föhnen
før [føːr] *prp (zeitlich)* vor, vorher
førerkort [ˇføːrərkɔʈ] ‹-et, -› Führerschein
først [føʃt] (zu)erst
første [ˇføʃtə] erste(r, -s)
første etasje [ˇføʃtə eˈtɑːʃə] Erdgeschoss
første gir [ˇføʃtə giːr] erster Gang
førstehjelp [ˇføʃtəjelp] ‹-a/-en› erste Hilfe
førstehjelpsskrin [ˈførstəjælpskriːn] ‹-et, -› Verbandskasten
førti [ˈføʈi] vierzig
få (lov til) [foː (ˈloːv til)] ‹fikk, fått› dürfen
få [foː] ‹fikk, fått› bekommen, erhalten
få vite [fɔ ˇviːtə] ‹fikk, fått› *(verb)* erfahren
fårekjøtt [ˇfoːrəçøt] ‹-et› Hammelfleisch

G

gaffel [ˈgɑfəl] ‹-en, gafler› Gabel
gal [gɑːl] verrückt
galleblære [ˇgɑləblæːrə] ‹-a/-en, -er› Gallenblase
galleri [gɑləˈriː] ‹-et, -er› Galerie
gamlebyen [ˇgɑmləbyːən] Altstadt
gammel [ˇgɑməl] alt
gangbru [ˇgɑŋbrʉː] ‹-a, -er›/**-bro** ‹-en, -er› Steg
garanti [gɑrɑnˈtiː] ‹-en, -er› Garantie
garderobe [gɑrdəˇroːbə] ‹-en, -er› Garderobe
gasbind [ˈgɑsbin] ‹-et, -› Mullbinde
gassapparat [ˈgɑsɑpɑrɑːt] ‹-et, -› Gaskocher
gassfyllingsstasjon/ladepunkt for elbiler [ˈgasfyliŋstaʃuː fɔr ˈelbiːlər] Erdgas-/Elektrotankstelle
gassflaske [ˈgɑsflɑskə] ‹-a/-en, -er› Gasflasche
gasskomfyr [ˈgɑskumfyːr] ‹-en, -er› Gasherd
gasspatron [ˈgɑspɑtruːn] ‹-en, -er› Gaskartusche
gasspedal [ˈgɑspedɑːl] ‹-en, -er› Gaspedal
gate [ˇgɑːtə] ‹-a/-en, -er› Straße
gate [gæit] Flugsteig
gave [ˇgɑːvə] ‹-a/-en, -er› Geschenk
gavl [ˈgɑvl] ‹-en, -er› Giebel
gebyr [geːbyr] ‹-et› Bearbeitungsgebühr
geitost [ˇjæitust] ‹-en› Ziegenkäse
genere [ʃeˈneːrə] ‹-te, -t› belästigen
genser [ˈgensər] ‹-en, -e› Pullover
gevinst [geːˈvinst] ‹-en, -er› Gewinn
gi [jiː] ‹ga, gitt› geben
gi tilbake [jiː tilˇbɑːkə] ‹ga, gitt› zurückgeben
gi ut [ji ˈʉːt] ‹ga, gitt› ausgeben
gi(bort) [jiː(buʈ)] ‹ga, gitt› schenken
gift [jift] ‹-en, -er› Gift
gift [jift] verheiratet
gifte seg [ˇjiftə sæi] ‹-et, -et/-a, -a› heiraten
giftig [ˇjifti] giftig
gir [giːr] ‹-et, -› Gang
girkasse [ˈgiːrkɑsə] ‹-a/-en, -er› Getriebe
gjeld [jel] ‹-a/-en› Schuld
gjennom [ˈjenɔm] (quer) durch
gjennomreise, på ~ [po ˇjenumreisə] auf der Durchreise
gjennomsnittlig [ˇjenumsnitli] durchschnittlich
gjennomstekt [ˈjenumsteːkt] durchgebraten
gjennomvåt [ˈjenɔmvoːt] nass, durchnässt
gjenstand [ˇjenstɑn] ‹-en, -er› Gegenstand, Ding
gjenta [ˈjentɑː] ‹-tok, -tatt› wiederholen
gjerne [ˇjæːɳə] gern
gjest [jest] ‹-en, -er› Gast
gjestfrihet [ˇjestfriːheːt] ‹-en› Gastfreundschaft
gjøre [ˇjøːrə] ‹gjorde, gjort› tun, machen
gjøre reint [jøːrə ˈræint] ‹gjorde, gjort› putzen

gjøre vondt [jøːrə ˈvunt] ‹gjorde, gjort› Schmerzen

gjøre vondt, gjorde, gjort [jøːrə ˈvunt] wehtun

gla [glɑː] froh

glad (for) [ˈglɑː (fɔr)] erfreut (über)

glad [glɑː] lustig

glass [glas] ‹-et, -› Glas

glassmaleri [ˇglɑsmɑːləriː] ‹-et, -er› Glasmalerei

glatt føre [glat ˇføːrə] Glatteis

glede seg til/over [ˇgleːdə sæi tilː/oːvər] ‹-et, -et/-a, -a› s. freuen auf/über

glemme [ˇglemə] ‹-te, -t› vergessen

glødelampe [ˇgløːdəlampə] ‹-a/-en, -er› Glühbirne

god [guː] gut

gods [gus] ‹-et, -› Landgut

godsvogn [ˈgudsvɔŋn] ‹-a/-en, -er› Gepäckwagen

godteri [gɔtəˈriː] ‹-et, -er› Süßigkeiten

godteributikk [gɔtəˈriːbutikː] ‹-en, -er› Süßwarengeschäft

godterier pl [gɔtəˈriːər] Bonbon

golf [gɔlf] ‹-en› Golf

golfklubb [gɔlfklubː] Golfclub

golfkølle [ˈgɔlfkølə] ‹-a/-en, -er› Golfschläger

golv [gɔlv] ‹-et, -› Fußboden

golvklut [ˈgɔlvklut] ‹- en, -er› Wischmopp

gotikk [guˈtik] ‹-en› Gotik

gradering [graˈdeːriŋ] ‹- en, -er› Stufen

grafikk [graˈfik] ‹-en› Grafik

gram [grɑm] Gramm

granne [ˇgranə] ‹-en, -er› Nachbar/in

grapefrukt [ˈgræipfrut] Grapefruit

grasplen til å sole seg på [ˇgrɑːspleːn til ɔ ˇsuːlə sæi po] Liegewiese

gratinert [gratiˈneːʈ] überbacken

gratis [ˈgrɑːtis] gratis, kostenlos

gratulere [gratʉˈleːrə] ‹-te, -t› gratulieren

grav [grɑːv] ‹-a/-en, -er› Grab

graviditet [gravidiˈteːt] ‹-en› Schwangerschaft

gravstøtte [ˇgrɑːvstøtə] ‹-a/-en, -r› Grabmal

grense [grensə] ‹-(e)n› Grenze

grenseovergang [ˇgrensəɔːvərgaŋ] ‹-en, -er› Grenzübergang

gresskar [ˇgreskɑːr] ‹-et, -› Kürbis

grill [gril] ‹-en, -er› Grill

grillet [ˈgrilət] vom Grill

grillkull [ˈgrilkul] ‹-et, -› Grillkohle

grilltenner [ˈgriltenər] ‹-en, -e› Grillanzünder

grotte [ˇgrɔtə] ‹-a/-en, -er› Grotte

grunn [grun] ‹-en, -er› Grund

gruppe [ˇgrupə] ‹-a/-en, -er› Gruppe

grytestekt [ˇgryːtəsteːkt] geschmort

grønn [grøn] grün

grønne bønner [ˇgrønə ˇbønər] grüne Bohnen

grønnsak [ˇgrønsɑːk] ‹-en, -er› Gemüse

grønt (forsikrings)kort [ˈgrønt (fɔˈʃikriŋs)ˈkɔʈ] grüne Versicherungskarte

grå [groː] grau

gråte [ˇgroːtə] ‹grått, grått› weinen

gud [gʉːd] ‹-en, -er› Gott

guide [gaid] ‹-en, -er› Fremdenführer/in, Reiseführer

gul [gʉːl] gelb

Gule sider [gʉlə siːdər] gelbe Seiten

gull [gʉl] ‹-et› Gold

gullsmedkunst [ˇgʉlsmeːkunst] ‹-en› Goldschmiedekunst

gulrot [ˇgʉlrɑːuːt (røtər)] ‹-a, -røtter› Karotten

gummibåt [ˈgʉmibɔːt] ‹-en, -er› Schlauchboot

gummistøvel [ˈgʉmistøvəl] ‹-en, -støvler› Gummistiefel

gutt [gʉt] ‹-en, -er› Junge

gyldig [ˇjyldi] gültig

gyllen [ˇjylən] goldfarben

gymnastikk [gymnɑˈstik] ‹-en› Gymnastik

gøtt [gøt] ‹-en› Angelsehne

gå [goː] ‹gikk, gått› gehen

gå over [gɔ ˈoːvər] ‹gikk, gått› überqueren

gå på ski [goː poː ʃi] Ski laufen

gå seg vill [goː sæi ˈvil] ‹gikk, gått› s. verirren

gå tur [goː ˈtʉːr] ‹gikk, gått› spazieren gehen

gå ut [gɔ ˈʉːt] ‹gikk, gått› ausgehen (Haus verlassen)

gå vekk [goː ˈvek] ‹gikk, gått› weggehen

gågate [ˈgʉːgɑːtə] ‹-a/-en, -er› Fußgängerzone

gård/gard [goːr/gɑːr] ‹-en, -er› Hof

H

ha [hɑː] ‹hadde, hatt› haben

ha det travelt [hɑː de ˈtrɑːvəlt] ‹hadde, hatt› es eilig haben

hage [ˇhɑːgə] ‹-en, -er› Garten

haike [ˇhaikə] ‹-et, -et/-a, -a› trampen

hals [hals] ‹-en, -er› Hals

halsbetennelse [ˇhalsbetenəlsə] ‹-en, -er› Angina

halsbrann [ˇhalsbran] ‹-en› Sodbrennen

halssmerter pl [ˇhɑlsmæʈər] Halsschmerzen
halstabletter pl [ˇhɑlstɑbletər] Halstabletten
halstørkle [ˇhɑlstørklə] ‹-et, -klær› Halstuch
halv [hɑl] halb
halvdel [ˇhɑldeːl] ‹-en, -er› Hälfte
halvpensjon [ˇhɑlpɑŋʃuːn] ‹-en, -er›
Halbpension
halvtørr [ˇhɑltør] (Wein) lieblich
hammer [ˇhamər] ‹-en› Hammer
han [hɑn] er
handikapbevis [ˈhændikæpbeviːs] ‹-et, -›
Behindertenausweis
handikaptoalett [ˈhændikæptualet] ‹-et,
-er› Behindertentoilette
handikapvennlig [ˈhændikæpvenli] behindertengerecht
handle [ˇhɑnlə] ‹-et, -et/-a, -a› einkaufen
hangglider [ˈhæŋglaidiŋ] Gleitschirm
hanggliding [ˈhæŋglaidiŋ] Drachenfliegen
hanske [ˇhɑnskər] ‹-en, -er› Handschuhe
hard [hɑːr] hart
hastig [ˇhɑsti] eilig
hatt [hɑt] ‹-en, -er› Hut
hav [hɑːv] ‹-et, -› Meer
havn [hɑvn] ‹-a/-en, -er› Hafen
havregryn [ˇhɑvrəgryːn] ‹-et› Haferflocken
hei [hæi] ‹-a, -er› Heide
heis [hæis] ‹-en, -er› Aufzug
heis [hæis] ‹-en, -er› Fahrstuhl
heis [hæis] ‹-en, -er› Hublift
hekseskudd [ˇheksəskʉd] ‹-et, -› Hexenschuss
hel [heːl] adj voll, ganz
helgepris [ˇhælgəpriːs] ‹-en› Wochenendpauschale
heller ikke [ˈhelər ikə] auch nicht
hellig [ˇheli] heilig
helpensjon [ˇheːlpɑŋʃuːn] ‹-en, -er› Vollpension
helsekostbutikk [ˇhelsəkɔstbʉtik] ‹-en,
-er› Reformhaus
helt [heːlt] adv ganz
henne [ˇhenə] Pers prn sie, Sie; dat sg ihr
hennes [ˇhenəs] poss prn ihr
hente [ˇhentə] ‹-et, -et/-a, -a› (ab)holen
henteservice [padlə] Rückholservice
her [hæːr] hier
herlig [ˇhæːli] herrlich
hermetikk [hærmeˈtik] ‹-en, -› Konserven
herpes [ˇhærpes] Herpes
herre [ˇhærə] ‹-en, -er› Herr
herrer [ˇherər] Herren

hest [hest] ‹-en, -er› Pferd
het [heːt] heiß
hete [ˇheːtə] ‹het/hette, hett› heißen
hevde [ˇhevdə] ‹-et, -et› behaupten
hevelse [ˇheːvelsə] ‹-en, -er› Schwellung
hilse [ˇhilsə] ‹-te, -t› grüßen
hilse på [ˇhilsə poː] ‹-te, -t› begrüßen
himmel [ˇhiməl] ‹-en, himler› Himmel
hindre [ˇhindrə] ‹-et, et› hindern
historie [hisˈtuːriə] ‹-a/-en, -er› Geschichte
hittegodskontor [ˇhitəgudskuntuːr] ‹-et,
-› Fundbüro
hittil [ˇhitil] bis jetzt
hjelm [jelm] ‹-en, -er› Sturzhelm
hjelp [jelp] ‹-a/-en› Hilfe
hjelpe noen [ˇjelpə nuːən] ‹hjalp, hjulpet› jdm helfen
hjelpesenter [ˇjelpəsentər] ‹-et, -sentra›
Sozialstation
hjemme [ˇjemə] daheim
hjemmelaget [ˇjeməlaːgət] hausgemacht
hjemreise [ˇjemræisə] ‹-a/-en, -er›
Heimreise
hjemsted [ˇjemsteː(d)] ‹-et, -er› Heimat
hjerne [ˇjæːɳə] ‹-en, -er› Gehirn
hjernerystelse [ˇjæːɳərystelsə] ‹-en, -er›
Gehirnerschütterung
hjerneslag [ˇjæːɳəʃlaːg] ‹-et, -› Gehirnschlag
hjerte [ˇjæʈə] ‹-et, -er› Herz
hjerteanfall [ˇjæʈəanfɑl] ‹-et, -› Herzanfall
hjerteinfarkt [ˇjæʈəinfarkt] ‹-et, -› Herzinfarkt
hjertelig [ˇjæʈəli] herzlich
hjerteproblemer pl [ˇjæʈəpruːbleːmər]
Herzbeschwerden
hjul [juːl] ‹-et, -› Rad
hjørne [ˇjøːɳə] ‹-et, -er› Ecke
hode [ˇhuːdə] ‹-et, -er› Kopf
hodepine [ˇhuːdəpiːnə] ‹-en› Kopfschmerzen
hodepinetabletter pl
[ˇhuːdəpiːnətɑbletər] Kopfschmerztabletten
hodepute [ˇhuːdəpʉtə] ‹-a/-en, -er›
Kopfkissen
hodesalat [ˇhuːdəsɑlɑːt] ‹-en, -er› Kopfsalat
hodesett [ˇhuːdəset] ‹-et, -› Kopfhörer
hofte [ˇhɔftə] ‹-a/-en, -er› Hüfte
holdbar [ˇhɔlbaːr] haltbar
holdbarhet [ˇhɔlbaheːt] ‹- en, -er› Haltbarkeit
holde [ˇhɔlə] ‹-t, -t› (fest)halten
holdeplass [ˇhɔləplɑs] ‹-en, -er› Haltestelle

honning [ˇhɔniŋ] ‹-en› Honig

honningmelon [ˇhɔniŋmelu:n] Honigmelone

horn [hu:ŋ] ‹-et, -› Hupe

hos [hus] *(Person)* bei

hoste [ˇhustə] ‹-en› Husten

hostesaft [ˇhustəsaft] ‹-a/-en, -er› Hustensaft

hotellgarasje [hu:telgaraʃə] ‹-n› Garage

hovedgate [ˇhu:vədgɑːtə] ‹-a/-en, -er› Hauptstraße

hovedpostkontor [ˈhu:vədpɔstkuntu:r] ‹-et, -› Hauptpostamt

hovedrett [ˇhu:vədret] ‹-en, -er› Hauptspeise

hovedrolle [ˇhu:vedrɔlə] ‹-a/-en, -er› Hauptrolle

hovedsakelig [ˇhu:vədsɑkli:] hauptsächlich

hovedstad [ˇhu:vədstɑːd] ‹-en, -er› Hauptstadt

hoven [ˇho:vən] dick

hud [hɯːd] ‹-a/-en, -er› Haut

hule [ˇhu:lə] ‹-en/-a, -er› Höhle

hull [hɯl] ‹-et, -› Loch

hun [hɯn] *prn sg f* sie

hund [hɯn] ‹-en, -er› Hund

hundre [ˇhɯndrə] hundert

hundreogen [hɯndrəɔˈeːn] hunderteins

hundreår [ˇhɯndrəɔ:r] ‹-et, -› Jahrhundert

hus [hɯːs] ‹-et, -› Haus

husdyr [ˇhɯsdyr] Haustiere

huseier [ˇhɯːsæiər] ‹-en, -e› Hausbesitzer/in

husholdningsartikler [ˇhɯshɔldniŋsartiklər] ‹pl› Haushaltswaren

huske [ˇhɯskə] ‹-et, -et/-a, -a› s. erinnern

husly [ˇhɯːsly:] ‹-et› Unterkunft

husnummer [ˇhɯːsnumər] ‹-et, -› Hausnummer

hva [vɑ:] was

hva for en/ei? [ˈvɑː fɔr eːn/æi] was für ein/eine

hvelving [ˇvelviŋ] ‹-en, -er› Gewölbe

hver [væːr] *adj* jeder

hver dag [væː dɑːg] jeden Tag

hver time [væː ˇtiːmə] stündlich

hver uke [væːr ˇɯːkə] wöchentlich

hvile [ˇvi:lə] ‹-en, -er› Ruhe

hvile ut [vi:lə ˈɯːt] ‹-te, -t› s. ausruhen

hvis [vis] wenn *(Bedingung)*

hvit [vi:t] weiß

hvitløk [ˇvi:tlø:k] ‹-en, -er› Knoblauch

hvitvin [ˇvi:tvi:n] Weißwein

hvordan [ˈvuɖɑn] *(Frage)* wie

hybridsykkel [hyˈbri:dsykəl] ‹-en› Trekkingrad

hyggelig [ˇhygeli] *(Ort)* gemütlich

hyggelig [ˇhygəli] freundlich, nett

hyppig [ˇhypi] häufig

hytte [ˇhytə] ‹-a/-en, -er› Ferienhaus

hytte [ˇhytə] ‹-en/-a› Schutzhütte

hæl [hæːl] ‹-en, -er› Absatz

høflig [ˇhøfli] höflich

høre [ˇhøːrə] ‹-te, -t› hören

høre musikk [høːrə mɯˈsik] Musik hören

høre på en [ˇhøːrə pɔ eːn] ‹-te, -t› jdm zuhören

hørsel [ˈhøʃəl] ‹-en› Gehör

hørselskadet [ˈhøʃəlskɑːdət] hörgeschädigt

høst [høst] ‹-en› Herbst

høy/høg [høy] hoch; laut

høybad [ˈhøybɑd] ‹- et, -› Heu-Bad

høyde [ˇhøydə] ‹-en, -er› Höhe

høydeformat [ˇhøidəfuːmɑːt] ‹-et› Hochformat

høydepunkt [ˇhøidəpunkt] ‹-et, -er› Höhepunkt

høyre [ˇhøyrə] rechte(r, -s)

høysesong [ˇhøysesɔŋ] ‹-en, -er› Hauptsaison

høysnue [ˇhøysnɯ:ə] ‹-en, -er› Heuschnupfen

høyspenning [ˇhøispəniŋ] ‹-en, er› Hochspannung

høyst [høyst] höchstens

høyttaler [ˈhøytɑːlər] ‹-en, -e› Lautsprecher

hålke [ˇhɔlkə] ‹-a/-en› Glatteis

hånd [hɔn] ‹-a/-en, hender› Hand

håndball [ˈhɔnbɑl] ‹-en› Handball

håndbremse [ˇhɔnbremsə] ‹-a/-en, -er› Handbremse

hånddreven sykkel [ˈhɔndrevən ˈsykəl] ‹-en, sykler› Handbike

håndgass [ˇhɔngas] ‹-en› *(Auto)* Handgas

håndkle [ˇhɔŋkle] ‹-et, -klær› Handtuch

håndkrem [ˇhɔnkræm] ‹-en› Handcreme

håndlaget [ˈhɔnlɑːgət] handgemacht

håndlist [ˇhɔnlist] ‹-a/-en, -er› Handlauf

håndtak [ˇhɔntɑ:k] ‹-et, -› Haltegriff

håndveske [ˇhɔnveskə] ‹-a/-en, -er› Handtasche

hår [hoːr] ‹-et› Haar

hårgele [ˇho:rʃele:] ‹-en› Haargel

hårnål [ˇho:ŋɔ:l] ‹-a/-en, -er› Haarklammern

hårstrikk [ˇho:ʃtrik] ‹-en, -er› Haargummi

i [i:] in

i blant [i ˈblant] gelegentlich

i dag [i ˈdɑːg] heute

i dag tidlig [i ˈdɑːg ˇtiːdli] heute Morgen
i forgårs [i ˈfɔrgoːʃ] vorgestern
i god form [i ˈguː fɔrm] fit
i går [í ˈgoːr] gestern
i helgen [i ˈhelgən] am Wochenende
i kveld [i ˈkvel] heute Abend
i løpet av [i ˈløːpet aːv] *prp* während
i morgen kveld [i ˇmoːɳ ˈkvel] morgen Abend
i morgen tidlig [i ˇmoːɳ ˈtiːdli] morgen früh
i overmorgen [i ˈoːvərmoːɳ] übermorgen
i rett tid [i ˈret ˈtiː] *adv* rechtzeitig
i slekt [i ˈʃlekt] verwandt
i stedet for [i ˈsteːdə fɔr] anstatt
i stykker [i ˈstykər] kaputt
i tillegg [i ˇtileg] zusätzlich

iblant [iˈblɑnt] manchmal
idé [iˈdeː] ⟨-en, -er⟩ Idee
idrettsmann [ˇiːdretsmɑn] ⟨-en, -menn⟩/**idrettskvinne** [ˇiːdretskvinə] ⟨-a/-en, -er⟩ Sportler/in
idrettsplass [ˇiːdretsplas] ⟨-en, -er⟩ Sportplatz
igjen [iˈjen] wieder
ikke [ˇikə] nicht
ikke-røykere [ˇikə røːkərə] Nichtraucher
ild [il] ⟨-en⟩ Feuer
impresjonisme [impreʃuˈnismə] ⟨-en⟩ Impressionismus
indre gårdsplass [indrə ˈgoːʃplas] Innenhof
indre kvestelser *pl* [ˇindrə ˇkvestelsər] Prellung
infeksjon [infekˈʃuːn] ⟨-en, -er⟩ Infektion
influensa [influˈensɑ] ⟨-en⟩ Grippe
informasjon [infɔrmɑˈʃuːn] ⟨-en, -er⟩ Auskunft
informere [infɔrˈmeːrə] ⟨-te, -t⟩ benachrichtigen
informere seg [infoˈmerə sei] ⟨-te, -t⟩ s. informieren
infusjon [infuˈʃuːn] ⟨-en, -er⟩ Infusion
ingen [ˇiŋən] niemand, kein
ingen steder [ˇiŋən ˇsteːdər] nirgends
ingenting [ˇiŋəntiŋ] nichts
inkludert [inkluˈdert] inbegriffen
inn-/avkjørsel [ˈin-/ɑvçøʃəl] ⟨-en, inn-kjørsler⟩ Auf-/Abfahrt
innbygger [ˇinbygər] ⟨-en, -e⟩ Einwohner/in
inne [ˇinə] drin, drinnen
innen [ˇinən] bevor
innenfor [ˇinənfɔr] innen

innenriksfly [ˇinənriksflyː] ⟨-et, -⟩ Inlandsflug
innertak [inərtɑːk] ⟨-et, -⟩ Decke
innfødt [ˈinføt] einheimisch
inngang [ˈingaŋ] ⟨-en, -er⟩ Eingang
inngang [ˇingaŋ] ⟨-en, -er⟩ Eintritt
inngangsbillett [ˇingaŋsbilet] ⟨-en, -er⟩ Eintrittskarte
inngangspenger [ˇingaŋspeŋər] *(pl)* Eintrittspreis
innhente [ˈinhentə] ⟨-et, -et/-a, -a⟩ überholen
innhold [inhɔl] ⟨-et, -⟩ Inhalt
innkjørsel [ˇinçørsəl] ⟨-en⟩ Einfahrt
innpakning [ˈinpakniŋ] ⟨-en, -er⟩ Verpackung
innreise [ˈinræisə] ⟨-a/-en, -er⟩ Einreise
innsjekking [ˈinʃekiŋ] ⟨-en, -er⟩ Anmeldung
innsjekking [ˈinʃekiŋ] ⟨-en⟩ Gepäckabfertigung
innsjø [ˈinʃøː] ⟨-en, -er⟩ See
innskrift [ˇinskrift] ⟨-en, -er⟩ Inschrift
inntil [ˈintil] bis
inntrykksfull [ˇintryksfʉl] beeindruckend
insekt [ˇinsekt] ⟨-et, -er⟩ Insekt
insektsmiddel [ˇinsektsmidəl] ⟨-et, -ler⟩ Insektenmittel
inspisere [inspiˈseːrə] ⟨-te, -t⟩ besichtigen
insulin [insuˈliːn] ⟨-en⟩ Insulin
interessant [intereˈsaŋ] interessant
interessere seg for [intereˈseːrə sæi for] ⟨-te, -t⟩ s. interessieren (für)
internasjonal [ˈintəɳɑʃunɑːl] international
interrail [ˇintəræil] Interrail
invitere [inviˈteːrə] ⟨-te, -t⟩ einladen
is [iːs] ⟨-en⟩ Eis
iscenesettelse [iˇseːnəsetelsə] ⟨-en, -er⟩ Inszenierung
ishockey [ˇiːʃɔki] ⟨-en⟩ Eishockey
isjias [ˈiːʃias] ⟨-en⟩ Ischias

jakke [ˇjɑkə] ⟨-a/-en, -er⟩ Jacke
januar [janʉˈɑːr] Januar
jazz [jas] ⟨-en⟩ Jazz
jente [ˇjentə] ⟨-a, -er⟩ Mädchen
jernbanestasjon [ˇjæɳbɑːnəstaʃuːn] ⟨-en, -er⟩ Bahnhof
jernvarehandel [ˇjæːɳvɑːrəhandəl] ⟨-en, -dler⟩ Eisenwarengeschäft
jod [jɔd] ⟨-en⟩ Jod(tinktur)
jogge [ˇjɔgə] ⟨-et, -et/-a, -a⟩ joggen

joggebukse [ˇjɔgəbuksə] ‹-a/-en, -er› Jogginghose
jord [ju:r] ‹-a, -en› Erde
jord [ju:r] ‹-a/-en› Boden
jordbær [ˈju:rbæ:r] ‹-et, -› Erdbeeren
joystick [ˈd ɔystik] ‹-en, -er› *(Auto)* Lenkrad-Drehknopf
jubileumsfrimerke [jʉbiˈle:ʉmsfri:mærkə] ‹-et, -er› Sondermarke
Jugendstil [ˈjʉgensti:l] ‹-en› Jugendstil
jul [jʉ:l] Weihnachten
julaften [ˇjʉlaftən] Heiliger Abend
juli [ˈjʉ:li] Juli
juni [ˈjʉ:ni] Juni
juveler [jʉvəˈle:r] ‹-en, -er› Juwelier

K

kabaret [kabaˈre:] ‹-en, -er› Kabarett
kabaretscene [kabaˈre:se:nə] ‹-a/-en, -er› Kleinkunstbühne
kafé [kaˈfe:] ‹-en, -er› Café
kafe [kaˈfe:] ‹-en, -er› Kneipe
kaffe [ˈkafe] ‹-en› Kaffee
kaffefilter [ˈkafəfiltər] ‹- en, -e› Kaffeefilter
kaffetrakter [ˈkafetraktər] ‹-en, -e› Kaffeemaschine
kai [kai] ‹-a/-en, -er› Kai
kajakk [ˈkajak] ‹-en, -er› Kajak
kake [ˇka:kə] ‹-a/-en, -er› Kuchen
kald [kal] kalt
kaldt vann [kalt van] kaltes Wasser
kalvekjøtt [ˇkalvaçøt] ‹-et› Kalbfleisch
kam [kam] ‹-men, -mer› Kamm
kamillete [kaˇmiləte:] ‹-en› Kamillentee
kanal [ˈkanal] ‹-en, -er› Kanal
kanin [kanˈi:n] ‹-en, -er› Kaninchen
kano [ˈka:nu] ‹-en, -er› Kanu, Paddelboot
kanskje [ˇkanʃə] vielleicht
kapell [kaˈpel] ‹-et, -› Kapelle
kappe [ˇkapə] ‹-a/-en, -er› Mantel
kaptein [kapˈtæin] ‹-en, -er› Kapitän
karaffel [kaˈrafəl] ‹-en, -karafler› Karaffe
karneval [ˈka:rnəval] ‹-et› Karneval
kart [kaʈ] ‹-et, -› Landkarte
karve [ˇkarvə] Kümmel
kasse [ˇkasə] ‹-a/-en, -er› Kasse
kasse [ˇkasə] ‹-en, -er› Kiste
kassett [ˈkasət] ‹-en, -er› Kassette
kassettspiller [kaˈsetspilər] ‹-en, -er› Kassettenrekorder
katedral [katəˈdra:l] ‹-en, -er› Kathedrale
katt [kat] ‹-en, -er› Katze
keiser [ˇçæisər] ‹-en, -e›**/keiserinne /** [çæisərˇinə] ‹-en, -er› Kaiser/in
kelner [ˈkelnər] ‹-en, -e› Kellner/in
keramikk [çera:mik] ‹-en› Töpferwaren, Keramik
ketchup [ˈketʃʉp] ‹-en› Ketschup
kikert [ˇçi:keʈ] ‹-a/-en, -er› Kichererbsen
kikhoste [ˇçi:khustə] ‹-en› Keuchhusten
kikke [ˇçikə] ‹-et, -et/-a, -a› schauen
kikke på [ˇçikə po:] ‹-et, -et/-a, -a› zuschauen
kilde [çildə] ‹-en, -er› Quelle
kilogram [ˈçi:lugram] Kilogramm
kilometer [ˈçilume:tər] Kilometer
kilometerpris [ˈçilume:tərpri:s] ‹-en› Kilometerpreis
kinnskjegg [çinʃæg] Koteletten
kino [ˈçi:nu] ‹-en, -er› Kino
kirke [ˇçirkə] ‹-en, -er› Kirche
kirkegård [ˇçirkəgo:r] ‹-en, -er› Friedhof
kirketårn [ˇçirkəto:ɳ] ‹-et, -› Kirchturm
kirsebær [ˈçiʃəbæ:r] ‹-et, -› Kirschen
kirurg [çirˈʉrg] ‹-en, -er› Chirurg/in
kiwi [ˈki:wi] ‹- en, -er› Kiwi
kjede [ˇçe:də] ‹-et, -er› Kette *(am Fahrrad)*
kjedelig [ˇçe:dəli] langweilig
kjeks [çeks] ‹-en, -er› Kekse
kjelke [ˇçelkə] ‹-en, -er› Schlitten
kjemme [ˇçemə] ‹-te, -t› kämmen
kjenne [ˇçenə] ‹-te, -t› kennen
kjennemerke [ˇçenəmærkə] ‹-et, -er› Wahrzeichen
kjent [çent] bekannt, berühmt
kjernemelk/-mjølk [ˇçæɳəmelk/-mjølk] ‹-a/-en› Buttermilch
kjeve [ˇçe:və] ‹-en, -er› Kiefer
kjole [ˇçu:lə] ‹-en, -er› Kleid
kjær [ˇçæ:] lieb
kjærlig [ˇçæ:ɭi] zärtlich
kjærlighet [ˇçæ:ɭihe:t] ‹-en› Liebe
kjøkken [ˈçøken] ‹-et, -er› Küche
kjøkkenhåndkle [ˈçøkənhɔŋkle] ‹-et, -klær› Geschirrtuch
kjøkkenkrok [ˈçøkənkru:k] ‹-en, -er› Kochnische
kjølebag [ˇçø:ləbæg] ‹-en, -er› Kühltasche
kjøleelement [ˇçø:ləelement] ‹-et, -er› Kühlelement
kjøler [ˇçø:lər] ‹-en, -e› Kühler
kjøleskap [ˇçø:ləska:p] ‹-et, -› Kühlschrank
kjølevæske [ˇçø:ləveskə] ‹-a/-en, -er› Kühlwasser
kjølig [ˇçø:li] kühl
kjøpe [ˇçø:pə] ‹-te, -t› kaufen
kjøre [ˇçø:rə] ‹-te, -t› fahren
kjøre bil [çø:rə ˈbi:l] ‹-te, -t› Auto fahren

kjøre bort (fra) [çøːrə ˈbuʈ (frɑː)] ‹-te, -t› abfahren (von)

kjøre forbi [çøːrə fɔrˈbi] ‹-te, -t› *(mit dem Auto)* überholen

kjøre tilbake [çøːrə tilˈbɑːkə] ‹-te, -t› zurückfahren

kjører [ˇçøːrər] ‹-en, -e› Fahrer/in

kjøtt [çøt] ‹-et› Fleisch

kjøttdeig [ˇçøtdæig] ‹-en› Hackfleisch

klage (over) [ˇklɑːgə] ‹-et, -et/-a, -a/-de, -d› s. beschweren (über)

klage [ˇklɑːgə] ‹-et, -et/-a, -a› reklamieren

klar [klɑːr] klar

klasse [ˇklɑsə] ‹-en, -er› Klasse

klassiker [klɑsikər] ‹-en› Klassiker

klassisisme [klɑsiˈsismə] ‹-en› Klassizismus

klassisk [klɑsisk] Klassik

kle seg om [kle: sæiˈum] ‹kledte, kledt› s. umziehen

kleshenger [ˇkle:sheŋər] ‹-en, -e› Kleiderbügel

klesklype [ˇkleskly:pər] ‹-a/-en, -er› Wäscheklammern

klesnor [ˇklesnu:r] ‹-a/-en, -er› Wäscheleine

klima [ˈkliːmɑ] ‹-et› Klima

klimaanlegg [kliːmɑɑnlegə] ‹-et› Klimaanlage

klippe [ˇklipə] ‹-en, -er› Fels

klippekort [ˇklipəkɔʈ] ‹-et, -› Mehrfahrtenkarte

klok [kluːk] klug

kloster [ˈklɔstər] ‹-et, klostre› Kloster, Abtei

klubbhus [ˇsykəl] ‹-et› Clubhaus

klær ‹-nø› Wäsche

klø [kløː] ‹-dde, -dd› jucken

kløft [kløft] ‹-a/-en, -er› Schlucht

kløtsj [kløtʃ] ‹-en, -er› Kupplung

knapp [knɑp] ‹-en, -er› Knopf

knapt [knɑpt] kaum

kne [kneː] ‹-et, knær› Knie

kneipp-behandling [ˈknæipbeːhɑnliŋ] ‹-en, -er› Kneipp-Anwendung

kniv [kniːv] ‹-en, -er› Messer

knokkelbrudd [ˈknɔkəlbrʉd] ‹-et, -› Knochenbruch

kode [ˇkuːdə] ‹-en, -er› Geheimzahl

koffert [ˈkufəʈ] ‹-en, -er› Koffer

koke [ˇkuːkə] ‹-te, -t› *(Wasser)* kochen

kokeapparat [ˇkuːkəɑpɑrɑːt] ‹-et, -er› Kocher

kokebok [ˇkuːkəbuːk] ‹-a/-en, -bøker› Kochbuch

kokk [kɔk] ‹-en, -er›/**kokke** [ˇkɔkə] ‹-a, -er› Koch/Köchin

kokt [kukt] gekocht

kokt skinke [kukt ˇʃiŋkə] gekochter Schinken

kolera [ˈkuːlərɑ] ‹-en› Cholera

kolikk [kuˈlik] ‹-en› Kolik

kollega [kuˈlega] ‹-en/-, -er› Kollege/Kollegin

kom inn! [kɔm ˈin] herein!

komedie [kuˈmeːdiə] ‹-en, -er› Komödie

komfyr [kumˈfyːr] ‹-en, -er› Herd; Backofen

komme [ˇkɔmə] ‹kom, kommet› kommen

komme igjen [kɔmə iˈjen] ‹kom, kommet› wiederkommen

komme inn [kɔmə ˈin] ‹kom, kommet› hereinkommen

komme til krefter [kɔmə til ˇkreftər] ‹kom, kommet› s. erholen

komme til skade [kɔmə til ˇskɑːdə] ‹kom, kommet› verunglücken

kompass [kumˈpɑs] ‹-et, -› Kompass

komponist [kumpuˈnist] ‹-en, -er› Komponist/in

konditori [kundituˈriː] ‹-et, -er› Konditorei

kondom [kunˈduːm] ‹-en, -er› Präservativ

kondom [kunˈduːm] ‹-et, -er› Kondom

Konduktør [kondʉktør] Schaffner/in

kone [ˇkuːnə] ‹-a, -er› Ehefrau

konge [ˇkɔŋə] ‹-en, -er› König/in

konj før [føːr] bevor

konkurranse [kunkʉˈrɑnsə] ‹-en, -er› Wettkampf

konsert [kunˈsæʈ] ‹-en, -er› Konzert

konsulat [kunsʉˈlɑːt] ‹-et, -er› Konsulat

kontakt [kunˈtɑkt] ‹-en, -er› Kontakt

kontant [kunˈtɑnt] bar

kontanter *pl* [kunˈtɑntər] Bargeld

konto [ˈkuntu] ‹-en, -er› Konto

kontor [kunˈtuːr] ‹-et, -› Büro

kontortid [kunˈtuːʈiː] ‹-a/-en, -er› Sprechstunde

kontrakt [kunˈtrɑkt] ‹-en, -er› Vertrag

kontrollere [kuntruˈleːrə] ‹-te, -t› kontrollieren

kontrollør [kuntruˈløːr] ‹-en, -er› Kontrolleur

konvolutt [kɔnvɔˈlʉt] ‹-en, -er› Briefumschlag

kopi [kuˈpiː] ‹-en, -er› Kopie

kopp [kɔp] ‹-en, -er› Tasse

kor [kuːr] ‹-et, -› Chor

korketrekker [ˇkɔrkətrekər] ‹-en, -e› Korkenzieher

kors [kɔʃ] ‹-et, -› Kreuz

korsgang [ˇkɔʃgɑŋ] ‹-en, -er› Kreuzgang

kort [kɔrt] kurz

kortfilm [kortfilm] ‹-en› Kurzfilm

kortslutning [ˇkuʈʃlʉtniŋ] ‹-en, -er› Kurzschluss

kost [kust] ‹- en, -er› Besen

koste [ˇkɔstə] ‹-et, -et/-a, -a› kosten

kostnadsfri [ˇkɔstnɑːdsfriː] kostenlos

kotelett [kutəˈlet] ‹-en, -er› Kotelett

kraftstasjon [ˈkraftstaʃun] ‹-en, -er› Kraftstation, -werk

kragebein [ˇkrɑːgəbæin] ‹-et, -› Schlüsselbein

krampe [ˇkrampə] ‹-en› Krampf

kreativ [kreːativ] kreativ

kredittkort [kreˈditkɔʈ] ‹-et, -› Kreditkarte

kreft [kreft] ‹-en› (med) Krebs

krem [kreːm] ‹-en, -er› Creme

kremfløte [ˈkræmfløːtə] ‹-en› Schlagsahne

kreps [kreps] ‹-en› Krebs

kristendom [ˇkristəndum] ‹-men› Christentum

kro [kruː] ‹-en, -er› Kneipe

krok [kruk] ‹-en, -er› Haken

krok [kruken] ‹-en› Angelhaken

krone [ˇkruːnə] ‹-a/-en, -er› Krone

kropp [krɔp] ‹-en, -er› Körper

kroppsbygging [ˈkrɔpsbyːgiŋ] Bodybuilding

kroppsmassasje [ˈkrɔps masaːʃə] ‹- en, -er› Ganzkörpermassage

krydder [ˈkrydər] ‹-et, -› Gewürz

krydre [ˇkrydrə] ‹-et, -et/-a, -a› würzen

krykke [ˇkrykə] ‹-a/-en, -er› Krücke

kryss [krys] ‹-et, -› Kreuzung

krystall [krysˈtal] ‹-en, -er› Kristall

krøller pl [ˇkrøˈlər] Locken

kuldegysninger pl [ˇkʉldəjyːsniŋər] Schüttelfrost

kulepenn [ˇkʉːləpen] ‹-en, -er› Kugelschreiber

kultur [kʉlˈtʉːr] ‹-en, -er› Kultur

kulturminnevern [ˇfreːdniŋ ɑːv kʉlˈtʉːrminnesmærkər] Denkmalschutz

kontor [kunˈtuːr] ‹-et, -› Amt

kunde [ˇkʉndə] ‹-en, -er› Kunde/Kundin

kunne [ˇkʉnə] ‹kunne, kunnet› können

kunst [kʉnst] ‹-en› Kunst

kunsthandler [ˈkʉnsthandlər] ‹-en, -e› Kunsthändler

kunsthåndverk [ˈkʉnsthɔnværk] ‹-et› Kunstgewerbe

kupé [kʉˈpeː] ‹-en, -er› Abteil

kupé for ikke-røkere [kʉˈpeː fɔr ˇikə røːkərə] Nichtraucherabteil

kuppel [ˇkʉpəl] ‹-en, kupler› Kuppel

kuravgift [ˇkuːravgift] ‹- en, -er› Kurtaxe

kurbad [ˇkuːrbad] ‹- et, -› Heilbad

kurs [kʉːʃ] ‹-en, -er› Kurs

kurv [kʉrv] ‹-en, -er› Korb

kusine [kʉˇsiːnə] ‹-en, -er› Cousin/e

kusma [ˈkʉsma] ‹-en› Mumps

kuvert [kʉˈveʈ] ‹-en, -er› Gedeck

kvadratmeter [kvaˈdrɑːtmeːtər] Quadratmeter

kvalitet [kvaliˈteːt] ‹-en, -er› Qualität

kvalme [ˇkvalmə] ‹-en› Übelkeit, Brechreiz

kvark [kvark] ‹-en› Quark

kveld [kvel] ‹-en, -er› Abend

kveldsgarderobe [kvelsgarderuːbə] ‹-en, -r› Abendgarderobe

kvinne [ˇkvinə] ‹-a/-en, -er› Frau

kvittering [kviˈteːriŋ] ‹-en/-a, -er› Quittung

kylling [ˇcyliŋ] ‹-en, -er› Hähnchen

kyss [çys] ‹-et, -› Kuss

kysse [ˇçysə] ‹-et, -et/-a, -a› küssen

kyst [çyst] ‹-en, -er› Küste

kø [køː] ‹-en, -er› Menschenschlange

kø [køː] ‹-en, -er› Stau

kål [koːl] ‹-en› Kohl

kåpe [ˇkoːpə] ‹-a/-en, -er› Damenmantel

L

lader [ˈlɑːdər] ‹- en, -ne› Ladekabel (Handy/Laptop)

lag [lɑːg] ‹-et, -› Mannschaft (Sport)

lage [ˇlɑːgə] ‹-de, -d› herstellen, machen

lage [ˇlɑːgə] ‹-et, -et/-a, -a› zubereiten

lage mat [lɑːgə ˈmaːt] ‹-et, -et/-a, -a› kochen, Essen zubereiten

lammekjøtt [ˇlaməçøt] ‹-et› Lammfleisch

lammelse [ˇlaməlsə] ‹-en, -er› Lähmung

lampe [ˇlampə] ‹-a/-en, -er› Lampe

land [lan] ‹-et, -› Land

landevei [ˇlanəvæi] ‹-en, -er› Landstraße

landevei/landeveg [ˇlanəvæi] ‹-en, -er› Landstraße

landing [ˇlaniŋ] ‹-en, -er› Landung

landsby [ˈlansbyː] ‹-en, -er› Ortschaft, Dorf

landskap [ˇlanskap] ‹-et, -› Landschaft

lang [laŋ] lang, weit (Weg)

langfredag [ˇlaŋfreːdag] Karfreitag

langrennski [ˇlangrennʃi] ‹-er› Langlaufski

langsom [ˇlaŋsom] langsam

lappesaker pl [ˇlapəsaːkər] Flickzeug

lastebil [ˇlastəbiːl] ‹-en, -er› Lastwagen

lat [lɑːt] faul

late seg [ˇlɑːtə sei] ‹-et, -et› faulenzen

latterlig [ˇlatərli] lächerlich

laurbær [ˈlæʉrbæːr] ‹-et, -› Lorbeer

lav/låg [lɑːv/loːg] nieder, niedrig

lavfett [ˈlɑːwfet] fettarm

lavsesong [ˈlɑːvsesɔŋ] ⟨-en, -er⟩ Nebensaison

lavkalori [ˈlɑːwkaluriː] kalorienarm

le [leː] ⟨lo, ledd⟩ lachen

ledd [led] ⟨-et, -⟩ Gelenk

leder [ˈleːdər] ⟨-en, -e⟩ Leiter/in

ledig [ˈleːdi] (unbesetzt) frei

ledsage [ˈleːdsɑːgə] ⟨-et, -et⟩ begleiten

ledsager [ˈleːdsɑːgər] ⟨-en, -e⟩ Begleitperson

legge [ˈlegə] ⟨la, lagt⟩ legen

legge bort [legə ˈbuʈ] ⟨la, lagt⟩ s. hinlegen

legge merke til [legə ˈmærkə til] ⟨la, lagt⟩ beachten, Acht geben

legge til, la, lagt [legə ˈtil] anlegen in

leggings [ˈlegiŋs] Leggins

legitimasjonskort [legitimɑˈʃuːnskɔʈ] ⟨-et, -⟩ Personalausweis

leie (ut) [ˈlæiə] ⟨-de, -d⟩ mieten

leie [ˈlæiə] ⟨-a/-en, -er⟩ Miete

leie ut [læiə ˈuːt] ⟨-de, -d⟩ vermieten

leilighet [ˈlæilihe:t] ⟨-en, -er⟩ Apartment

leilighet [ˈlæilihe:t] ⟨-en, -er⟩ Wohnung

leke [leːkə] ⟨-te, -t⟩ spielen

lekekamerat [ˈleːkəkamərɑːt] ⟨-en, -er⟩ Spielkamerad

lekeplass [ˈleːkəplɑs] ⟨-en, -er⟩ Spielplatz

leketøy [ˈleːkətøy] ⟨-et, -⟩ Spielsachen

leketøysbutikk [ˈleːkətøysbʉtik] ⟨-en, -er⟩ Spielwarengeschäft

lenestol [leːnestul] ⟨-en.-er⟩ Sessel

lengde [ˈleŋdə] ⟨-en/-a, -er⟩ Länge

leppe [ˈlepə] ⟨-a/-en, -er⟩ Lippe

leppestift [ˈlepəstift] ⟨-en, -er⟩ Lippenstift

lese [ˈleːsə] ⟨-te, -t⟩ lesen

lete [ˈleːtə] ⟨lette, lett⟩ suchen

lett [let] leicht

lett måltid [let ˈmoːltiːd] ⟨-et, -er⟩ Imbiss

lettmelk [ˈletmelk/-mjølk] ⟨-a/-en-lettmjølk, -a⟩ fettarme Milch

levende musikk [ˈleːvənə mʉsik] Livemusik

lever [ˈleːvər] ⟨-en, levrer⟩ Leber

levere [ˈleːveːrə] ⟨-te, -t⟩ abgeben

leverpostei [ˈleːvərpustæi] ⟨-en, -er⟩ Leberpastete

ligge [ˈligə] ⟨lå, ligget⟩ liegen

liggevogn [ˈligəvɔŋ] ⟨-a/-en, -er⟩ Liegewagen

like [ˈliːkə] gleich, bald

like [ˈliːkə] ⟨-te, -t⟩ gefallen, gern haben, mögen

likevel [ˈliːkəvəl] trotzdem, doch

liknende [ˈliŋnəndə] ähnlich

lilla [ˈlila] lila

limonade [limuˈnɑːdə] ⟨-en⟩ Limonade

lin [liːn] ⟨-et⟩ Leinen

linje [ˈlinjə] ⟨-a/-en, -er⟩ Linie

linse [ˈlinsə] ⟨-a/-en, -er⟩ Linse

linse [ˈlinsər] ⟨-a/-en, -er⟩ Linsen

lite [ˈliːtə] wenig

liten [ˈliːtən] klein

liter [ˈliːtər] Liter

litt (av) [lit] ein wenig (von)

litt [lit] ein bisschen

liv [liːv] ⟨-et, -⟩ leben

livbøye [ˈliːvbøyə] ⟨-a/-en, -er⟩ Rettungsring

livlig [ˈliːvli] lebhaft

lokalsamtale [luˈkɑːlsamtɑːlə] ⟨-en, -er⟩ Ortsgespräch

lokaltog [luˈkɑːltoːg] ⟨-et, -⟩ Nahverkehrszug

lommebok [ˈluməbuːk] ⟨-a/-en, -bøker⟩ Brieftasche

lommekalkulator [luməkɑːlkʉlɑːtur] ⟨-en⟩ Taschenrechner

lommekniv [ˈluməkniːv] ⟨-en, -er⟩ Taschenmesser

lommetjuv [ˈluməçʉːv] ⟨-en, -er⟩ Taschendieb

loppemarked [ˈlɔpəmarked] ⟨-et, -er⟩ Flohmarkt

losje [ˈluːʃə] ⟨-en, -er⟩ Loge

lue [ˈlʉːə] ⟨-a/-en, -er⟩ Mütze

luft [lʉft] ⟨-a/-en⟩ Luft

luft i magen [lʉft i ˈmɑːgən] Blähungen

luftmadrass [ˈlʉftmadras] ⟨-en, -er⟩ Luftmatratze

luftpumpe [ˈlʉftpʉmpə] ⟨-en, -er⟩ Luftpumpe

lugar [lʉˈgɑːr] ⟨-en, -er⟩ Kabine

luksuriøs [lʉksʉriˈøːs] luxuriös

lukt [lʉkt] ⟨-a/-en, -er⟩ Geruch

lukte [ˈlʉktə] ⟨-et, -et⟩ riechen

lummert [ˈlʉməʈ] schwül

lunge [ˈlʉŋə] ⟨-a/-en, -er⟩ Lunge

lungebetennelse [ˈlʉŋəbetenelsə] ⟨-en, -er⟩ Lungenentzündung

lunsj [lønʃ] ⟨-en, -er⟩ Mittagessen

lunsjpakke [ˈlønʃpakə] ⟨-en, -er⟩ Lunchpaket

lus [lʉːs] ⟨- en/-a, -⟩ Läuse

lykke [ˈlykə] ⟨-en/-a, -er⟩ Glück

lykkelig [ˈlykəli] glücklich

lykkeønskning [ˈlykønskniŋ] ⟨-en, -er⟩ Glückwunsch

lymfedrenasje [ˈlymfədre:naʃə] ⟨- en, -er⟩ Lymphdrainage

lyn [lyːn] ⟨-et, -⟩ Blitz

lys [lyːs] ⟨-et, -⟩ Licht

lysbilde [ˈlyːsbildə] ⟨- et, -er⟩ Dia

lysbryter [ˇly:sbry:tər] ‹-en, -e› Lichtschalter
lyseblå/lysegrønn... [ˇly:sə] hellblau/hellgrün
lyskaster [ˇly:skastər] ‹-en, -e› Scheinwerfer
lyskebrokk [ˇlyskəbrɔk] ‹-en› Leistenbruch
lysmåler [ˇlysmɔ:lər] ‹-en, -e› Belichtungsmesser
lyspære [ˇly:spæ:rə] ‹-a/-en, -er› Glühbirne
lystig [ˇlysti] lustig
lære [ˇlæ:rə] ‹-te, -t› lernen
lærvarebutikk [ˇlæ:rva:rəbʉtik] ‹-en, -er›**/-handel** [-handəl] ‹-en, -dler› Lederwarengeschäft
løk [lø:k] ‹-en, -er› Zwiebeln
løp [lø:p] ‹-et› Rennen
løpe [ˇlø:pə] ‹løp, løpt› laufen, rennen
lørdag [ˈlø:ɖag] Samstag
løype [ˇløypə] ‹-a, -er› Loipe
låne av [ˇlo:nə ɑ:v] ‹-te, -t› (ent)leihen
låne ut [lo:nə ˈʉ:t] ‹-te, -t› (ver)leihen
låse [ˇlo:sə] ‹-te, -t› abschließen, verschließen

M

madrass [maˈdras] ‹-en, -er› Matratze
mage [ˇma:gə] ‹-en, -er› Magen, Bauch
mager [ˈma:gər] mager
magesmerter *pl* [ˇma:gəsmæʈər] Magenschmerzen
mai [ˈma:i] Mai
mais [ˈma:is] ‹-en› Mais
majones [majuˈne:s] ‹-en› Mayonnaise
makrell [maˈkrel] ‹-en, -er› Makrele
male [ˇma:lə] malen
maler [ma:ler] ‹-en, -e› Maler/in
maleri [ma:ləˈri:] ‹-et, -er› Gemälde
maleri [maləˈri:] ‹-et, -er› Malerei
man [man] man
mandag [ˈmandag] Montag
mandarin [mandaˈri:n] ‹-en, -er› Mandarinen
mandel [ˈmandəl] ‹-en, mandler› Mandeln
mandelbetennelse [ˈmandəlbetenelsə] ‹-en, -er› Mandelentzündung
manet [maˈne:t] ‹- en, -er› Qualle
mangle [ˈmaŋlə] ‹-et, -et/-a, -a› fehlen
mango [ˈmangu] ‹- en, -er› Mango
mann [man] ‹-en, menn› Mann
mannskap [ˇmanska:p] ‹-et, -er› Mannschaft *(Schiff)*
margarin [margaˈri:n] ‹-en› Margarine
mark [mark] ‹-a/-en, -er› Feld
mark [mark] ‹-en, -er› Wurm
marked [ˇmarked] ‹-et, -er› Markt
mars [maʃ] März
massasje [maˈsa:ʃə] ‹- en, -er› Massage
mascara [masˈka:ra] ‹-en› Wimperntusche
maskin [maˈʃi:n] ‹-en, -er› Maschine
mat [ma:t] ‹-en› Nahrung, Essen
matbit [ˇma:tbi:t] ‹-en, -er› Imbiss
materiale [materiˈa:lə] ‹-et, -er› Material
materie [maˈte:riə] ‹-en› Eiter
matforgiftning [ˇma:tfɔrjiftniŋ] ‹-en, -er› Lebensmittelvergiftung
med [me:] mit
med kort frist [me: ˈkɔʈ ˈfrist] kurzfristig
med luftpost [me: ˈlʉftpɔst] mit Luftpost
medikament [medikaˈment] ‹-et, -er› Medikament
medisin for blodomløpet [mediˈsi:n fɔr ˇblu:umlø:pə] Kreislaufmittel
meditasjon [me:di:taˈʃu:n] ‹- en, -er› Meditation
meg [mæi] mir, mich
mel/mjøl [me:l/mjø:l] ‹-et› Mehl
melding [ˇmeldiŋ] ‹-en/-a, -er› Nachricht
melk [melk/mjølk] ‹-a/-en/mjølk, -a› Milch
mellom [ˈmelɔm] zwischen
mellomlanding [ˈmelɔmlaniŋ] ‹-en/-a, -er› Zwischenlandung
melon [ˇmelu:n] Melone
men [men] aber
mene [ˇme:nə] ‹-te, -t› meinen
mening [ˇme:niŋ] ‹-en, -er› Meinung
menneske [ˇmeneskə] ‹-et, -er› Mensch
mens [mens] *konj* während
menstruasjon [menstrʉaˈʃu:n] ‹-en, -er› Menstruation
meny [meˈny] ‹-en, -er› Speisekarte
meny [meˈny:] ‹-en, -er› Menü
mer [me:r] mehr
mer enn [me:r en] mehr als
merke [ˇmerkə] ‹-et, -et› merken
merke [ˇmærkə] ‹-et, -er› *(Zigaretten)* Sorte
merke [ˇmærkə] ‹-et, -et/-a, -a› fühlen, bemerken
merkelig [ˇmærkəli] eigen, eigenartig
meslinger *pl* [ˇmeʃliŋər] Masern
messe [ˇmesə] ‹-a/-en, -er› Messe *(rel, Ausstellung)*
meter [ˈme:tər] Meter
mett [met] satt
middag [ˈmida:g] ‹-en› Abendessen
middag [ˈmidag] ‹-en, -er› Mittag
middel [ˈmidəl] ‹-et, midler› Mittel
middel mot ~ [ˈmidəl mu:t ~] Mittel gegen ~

middelalder ['midəlaldər] ‹-en› Mittelalter

midte [˅mitə] ‹-en› Mitte

migrene [mi'greːnə] ‹-en› Migräne

mikrobølgeovn [miːkrubølgəoːvn] ‹-en, -er› Mikrowelle

mikser ['miksər] ‹- en, -› Mixer

mild [mil] mild

miljø [mil'jøː] ‹-et, -er› Umwelt

millimeter ['milimeːtər] Millimeter

min [min] mein(e)

mineralvann [minə'raːlvan] ‹-et› Mineralwasser

minibank [˅peŋəæʉtumaːt] ‹-en, -er› Geldautomat

minibar ['minibaːr] ‹-en, -er› Minibar

minigolf ['miːnigɔlf] ‹-en› Minigolf

minne en om noe [˅minə eːn um nuːə] ‹-te, -t› jdn an etw erinnern

minnekort ['minekɔrt] ‹- et, -› Speicherkarte

minnepinne ['minəpinə] ‹- en, -er› Memorystick

minnesmerke [˅minesmærkə] ‹-et, -er› Denkmal

minnested [˅minəsteːd] ‹-et, -er› Gedenkstätte

minst [minst] mindestens

minste, i det ~ [i de ˅minstə] mindestens, wenigstens

minutt [mi'nʉt] ‹-et, -er› Minute

misforståelse [˅misfɔ[toːelsə] ‹-en, -er› Missverständnis

miste [˅mistə] ‹-et, -et/-a, -a› verlieren

miste [˅mistə] ‹-et, -et› *(Zug)* verpassen

mjuk [mjuːk] weich

mobiltelefon [mubiːltələfun] ‹-en, -er› Mobiltelefon

mobiltelefon [mubiːltelefuːn] ‹-en› Handy

modell [mu'del] ‹-en, -er› Modell

moden [˅muːdən] reif

moderne [mu'dæːnə] modern

molo ['muːlu] ‹-en, -er› Mole

mor [muːr] ‹-a/-en, mødre› Mutter

more seg [˅muːrə sæi] ‹-et, -et/-a, -a› s. amüsieren, s. vergnügen, s. unterhalten

morgen [˅mɔːŋ] ‹-en, -er› Morgen

mosaikk [musa'ik] ‹-en› Mosaik

mot [muːt] gegen, wider; in Richtung auf

mote [˅muːtə] ‹-en, -er› Mode

motell [mu'tel] ‹-et, -er› Motel

motesmykke [˅muːtəsmykə] ‹-et, -er› Modeschmuck

motor ['muːtur] ‹-en, -er› Motor

motorbåt ['muːturboːt] ‹-en, -er› Motorboot

motorvei ['muːturvæi] ‹-en, -er› Autobahn

motorvei klasse B ['muːturvæi klasə beː] Schnellstraße

motorveiutkjørsel ['muːturvæiʉtçørsəl] Autobahnausfahrt

motsatt ['muːtsat] entgegengesetzt

motsetning ['mutsetniŋ] ‹-en, -er› Gegenteil

mottaker [˅muːtɑːkər] ‹-en, -e› Empfänger

MP3-spiller/iPod ['empeːtreː 'spilər/'eipɔd] ‹- en, -e› MP3Player/iPod

mulig [˅muːli] möglich

munn [mʉn] ‹-en, -er› Mund

munning [˅mʉniŋ] ‹-en, -er› Mündung

mur [mʉːr] ‹-en, -er› Mauer

museum [mʉ'seːʉm] ‹-et, museer› Museum

musical ['mjuːsikəl] ‹-en, -er› Musical

musikk [mʉ'sik] ‹-en› Musik

musikkforretning [˅mʉːˈsikforətniŋ] ‹-en, -er› Musikgeschäft

muskat [mʉs'kat] Muskatnuss

muskel ['mʉskəl] ‹-en, muskler› Muskel

musli ['mʉsli] ‹-en› Müsli

musling [˅mʉ[liŋ] ‹-en, -er› Muscheln

mye [˅myːə] viel

mygg [myg] ‹-en, -er› Mücke

myggnetting [˅mygnətiŋ] ‹- en, -er› Mückenschutz

myk [myːk] weich

mykost [˅myːkust] ‹-en› Weichkäse

myndighet [˅myndihəːt] ‹-en, -er› Behörde

mynt [mynt] ‹-en, -er› Münze

myntvaskeri ['myntvaskəriː] ‹-et, -er› Waschsalon

myr [myːr] ‹-a/-en, -er› Sumpf

møbel ['møːbəl] ‹-et, møbler› Möbel

mør [møːr] zart

mørk [mørk] dunkel

mørkeblå/mørkegrønn... [˅mørkə] dunkelblau/dunkelgrün

mørkt brød [mørkt brøː] Schwarzbrot

møte [˅møːtə] ‹møtte, møtt› abholen *(auf dem Bahnhof ...)*

møte ‹møtte, møtt› [˅møːtə] begegnen

mål [moːl] ‹-et, -› Ziel

målmann [˅moːlman] ‹-en, -menn› Torwart

måltid [˅moːltiːd] ‹-et, -er› Mahlzeit, Essen

måne [˅moːnə] ‹-en, -er› Mond

måned [˅moːnəd] ‹-en, -er› Monat

månedlig [˅moːnədli] monatlich

måse [˅moːsə] ‹-en, -er› Möwe

N

nabo [ˈnɑːbu] ‹-en, -er› Nachbar/in
naken [ˈnɑːkən] nackt
narkose [narˈkuːsə] ‹-en, -er› Narkose
nasjonalitet [naʃunaliˈteːt] ‹-en, -er› Staatsangehörigkeit
nasjonalitetstegn [naʃunaliˈteːtstæin] ‹-et, -› Nationalitätskennzeichen
nasjonalpark [naʃuˈnɑːlpɑrk] ‹-en, -er› Nationalpark
natt [nɑt] ‹-a/-en, netter› Nacht
nattbord [ˈnɑtbuːr] ‹-et, -› Nachttisch
nattbordlampe [nɑtbuːrlɑmpə] ‹-n› Nachttischlampe
nattklubb [ˈnɑtklʉb] ‹-en, -er› Nachtklub
natur [nɑˈtʉːr] ‹-en› Natur
naturkostbutikk [nɑˈtʉrkɔstbʉtik] ‹-en› Bioladen
naturlig [nɑˈtʉːlɪ] natürlich
naturligvis [nɑˈtʉːlɪviːs] natürlich
naturreservat [nɑˈtʉːrreservɑːt] ‹-et, -er› Naturschutzgebiet
navn [nɑvn] ‹-et, -› Name
nede [ˈneːdə] unten
nedenfor [ˈneːdənfɔr] unterhalb
negativ [ˈneːgɑtiv] negativ
neglelakk [ˈnæiləlɑk] ‹-en› Nagellack
neglelakkfjerner [ˈnæiləlɑkfjæːɳər] ‹-en, -e› Nagellackentferner
neglesaks [ˈnæiləsɑks] ‹-a/-en, -er› Nagelschere
nekte [ˈnektə] ‹-et, -et/-a, -a› ablehnen
neoprendrakt [neuˈpreːndrɑkt] ‹-en› Neoprenanzug
neppe [ˈnepə] kaum
nerve [ˈnærvə] ‹-a/-en, -er› Nerv
nervøs [nerˈvøːs] nervös
nese [ˈneːsə] ‹-a/-en, -er› Nase
neseblod [ˈneːsəbluː] ‹-et› Nasenbluten
neste [nestə] nächste(r, -s)
neste år [ˈnestə ˈoːr] nächstes Jahr
nesten [ˈnestən] fast
nestsiste [ˈnestsistə] vorletzte(r, -s)
nett [net] ‹-et, -› Netz
nettopp [ˈnetəp] *(zeitlich)* gerade
ni [niː] neun
nipping [ˈnipiŋ] ‹- en, -› Augenbrauen zupfen
nitten [ˈnitən] neunzehn
nitti [ˈniti] neunzig
noe [ˈnuːə] etwas
noen [ˈnuːən] jemand, einige, ein paar
nok [nɔk] genug
Norden [ˈnurdən] Norden
nordlig [ˈnuːlɪ] nördlich
nordmann [ˈnuːrmɑn] ‹-en, -menn› Norweger/in

Norge [ˈnɔrgə] Norwegen
normal [nurˈmɑːl] normal
normalt [nurˈmɑːlt] normalerweise
norsk [nɔʃk] norwegisch
november [nuˈvembər] November
nudiststrand [nʉˈdiststrɑn] ‹-a/-en, -strender› FKK-Strand
nudler *pl* [ˈnʉdlər] Nudeln
null [nʉl] null
nummer [ˈnumər] ‹-et, -› Nummer
nummerskilt [ˈnuməʃilt] ‹-et, -› Nummernschild
ny [nyː] neu
nyhet [ˈnyːheːt] ‹-en, -er› Nachricht
nylig [ˈnyːlɪ] kürzlich
nyre [ˈnyːrə] ‹-a/-en, -er› Niere
nyrebelte [ˈnyːrəbeltə] ‹-et, -er› Nierengurt
nyrebetennelse [ˈnyːrəbetenelsə] ‹-en, -er› Nierenentzündung
nyrestein [ˈnyːrəstæin] ‹-en, -er› Nierenstein
nyse/nøs/nyste [nyːsə] niesen
nysgjerrig [nyˈʃæri] neugierig
nysnø [ˈnysnø] ‹-en› Pulverschnee
nyss [nys] kürzlich
nyte [ˈnyːtə] ‹nøt/naut, nytt› genießen
nyttår [ˈnytoːr] Neujahr
nyttårsaften [ˈnytoːʃaftən] Silvester
nær [næːr] nah, nahe
nærlys [ˈnæːlyːs] ‹-et, -› Abblendlicht
nødbremse [ˈnøːdbremsə] ‹-a/-en, -er› Notbremse
nødsfall [ˈnøːdsfɑl] ‹-et, -› Notfall
nødtelefon [ˈnøːdtelefuːn] ‹-en, -er› Notrufsäule
nødutgang [ˈnøːdʉːtgɑŋ] ‹-en, -er› Notausgang
nødvendig [nødˈvendi] notwendig
nøkkel [ˈnøkəl] ‹-en, nøkler› Schlüssel
nøktern [ˈnøktən] nüchtern
nøtt [nøt] ‹-a/-en, -er› Nüsse
nøyaktig [nøyˈɑkti] genau
nøyaktig som [nøyˈɑkti sɔm] genauso ... wie
nå [noː] ‹-dde, -dd› erreichen
nå [noː] jetzt
nål [noːl] ‹-en/-a› Nadel
nål [noːl] ‹-a/-en, -er› Brosche
når [nɔr] *(zeitlich)* wenn

O

objektiv [ubjekˈtiːv] ‹-et, -er› Objektiv
offentlig [ˈɔfentli] öffentlich
offisielt [ɔfiˈsiəlt] offiziell
offside [ˈɔfsaid] abseits
ofte [ˈɔftə] oft, häufig

og [oː] und

også [ˈɔːsɔ] auch

oksekjøtt [ˈuksəçøt] ‹-et› Rindfleisch

oktober [ɔkˈtoːbər] Oktober

oliven [uˈliːvən] ‹-en› Oliven

olivenolje [uˈliːvənɔljə] Olivenöl

olje [ˈɔljə] ‹-en› Öl

oljemaleri [ˈɔljəmaːləriː] ‹-et, -er› Ölmalerei

oljeskift [ˈɔljəʃift] ‹-et, -er› Ölwechsel

om [ɔm] ob; von, über

om dagen [ɔm ˈdaːɡən] tagsüber

om ei uke [ɔm æi ˈʉkə] in einer Woche

om ettermiddagen [ɔm ˈetərmidaɡən] nachmittags

om formiddagen [ɔm ˈfɔrmidaɡən] am Vormittag, vormittags

om kvelden [ɔm ˈkvelən] abends

om morgenen [ɔm ˈmoːɳən] morgens

om natta [ɔm ˈnataː] nachts

ombestille [ˈɔmbestilə] ‹-te, -t› umbuchen

omfang [ˈɔmfaŋ] ‹-et› (Ausdehnung) Größe

omgivelser [ˈɔmjiːvelsər] ‹pl› Umgebung

omkjørsel [ˈɔmçørsəl] ‹-en, omkjørsler› Umleitung

omkostninger [ˈɔmkɔstniŋər] ‹pl› Unkosten

omkring [ɔmˈkriŋ] etwa

område [ˈɔmroːdə] ‹-et, -er› Gegend

område [ˈɔmrodə] ‹-t, -er› Region

omtrent [ɔmˈtrent] etwa, ungefähr

omvei/omveg [ˈɔmvæi] ‹-en, -er› Umweg

omvendt [ˈɔmvənt] umgekehrt

omverden [ˈɔmværdən] ‹-en› Umwelt

omvisning [ˈɔmviːsniŋ] ‹-en, -er› Führung

ond [un] böse

onsdag [ˈunsdaɡ] Mittwoch

opera [ˈuːpəra] ‹-en, -er› Oper

operasjon [upəraˈʃuːn] ‹-en, -er› Operation

operette [upəˈretə] ‹-en, -er› Operette

oppbevare [ˈɔpbevaːrə] ‹-te, -t› aufbewahren

Oppbevaringsboks [ˈupbeːvariŋsbɔks] Schließfach

oppdage [ˈɔpdaːɡə] ‹-et, -et/-a, -a› entdecken

oppe [ˈɔpə] oben

oppførelse [ˈɔpføːrelsə] ‹-en, -er› Aufführung

opphold [ˈɔphɔl] ‹-et, -› Aufenthalt

oppholde seg [ˈɔphɔlə sæi] ‹-t, -t› s. aufhalten

oppholdsrom [ˈɔphɔlsrum] ‹-et, -› Aufenthaltsraum

oppland [ˈuplan] ‹-et, -› Hinterland

opplysning [ɔpˈlyːsniŋ] ‹-en, -er› Angabe

opplysning [ˈɔplysniŋ] ‹-en, -er› Auskunft

oppnå [ˈɔpnoː] ‹-dde, -dd› (durch Bemühung) erhalten

oppover [ˈɔpoːvər] adv aufwärts

oppskjært ost Schnittkäse

oppsvulmet [ˈupsvulmət] geschwollen

opptatt [ˈɔptat] (Platz) besetzt

opptatt [ˈuptat] voll, besetzt

oppvaskbørste [ˈɔpvaskbøʃtə] ‹-en, -er› Spülbürste

oppvaskklut [ˈɔpvaskklʉt] ‹-en› Spültuch

oppvaskkum [ˈupvaskkum] ‹-men, -er› Geschirrspülbecken

oppvaskmaskin [ˈupvaskmaʃiːn] ‹-en, -er› Geschirrspülmaschine

oppvaskmiddel [ˈɔpvaskmidəl] ‹-et, -midler› Spülmittel

optiker [ˈɔptikər] ‹-en, -e› Optiker

orange [ɔˈraŋʃə] orange

ord [uːr] ‹-et, -› Wort

orgel [ˈɔrɡəl] ‹-et, orgler› Orgel

original [ɔriɡiˈnaːl] Original

originalversjon [ɔriɡiˈnaːlveʃuːn] ‹-en, -er› Originalfassung

orkester [ɔrˈkestər] ‹-et, -› Orchester

orm [ɔrm] ‹-en, -er› Schlange

oss [ɔs] uns

ost [ust] ‹-en, -er› Käse

over [ˈoːvər] prp (räumlich) über

overalt [oːvəˈralt] überall

overfall [ˈoːvərfal] ‹-et, -› Überfall

overfor [ˈɔːvarfɔr] gegenüber

overføring [ˈoːvərføːriŋ] ‹-en, -er› Überweisung

overgang [ˈoːvərɡaŋ] ‹-en, -er› Übergang

overlevering av nøkler [ˈoːvəˌleveriŋ av ˈnøkʲlər] Schlüsselübergabe

overnatte [ˈoːvəˌnatə] ‹-et, -et/-a, -a› übernachten

overnatting [ˈoːvəˌnatiŋ] ‹-en, -er› Übernachtung

overnattingssted [ˈoːvəˌnatiŋstə(d)] ‹-et, -er› Unterkunft

overrasket [ˈoːvəraskət] überrascht

oversette [ˈoːvəʃetə] ‹-satte, -satt› übersetzen

P

pacemaker [ˈpeismeikər] ‹-en, -e› Herzschrittmacher

paddle [ˈpadlə] ‹-et, -et› paddeln

pakke [˅pɑkə] ‹-a/-er, -er› Paket
pakke inn [pɑkə ˈin] ‹-et, -et/-a, -a› einpacken
pakkepris [˅pɑkəpriːs] ‹-en, -er› Pauschalpreis
palass [pɑˈlɑs] ‹-et, -er› Palast
pannelugg [˅pɑnəlɵg] ‹-en, -er› Pony
pannerett [˅pɑnəret] ‹-en, -er› Pfannengericht
panser [ˈpɑnsər] ‹-et› Motorhaube
pant [pɑnt] ‹-et, -› Pfand
papir [pɑˈpiːr] ‹-et, -› Papier
papirer pl [pɑˈpiːrər] Papiere
papirhandel [pɑˈpiːrhɑndəl] ‹-en, -dler› Schreibwarengeschäft
papirlommetørkle [pɑˈpiːlɵmətørklæːr] ‹-et, -klær› Papiertaschentücher
papirserviett [pɑˈpiːʃærvietər] ‹-en, -er› Papierservietten
paprika [ˈpɑprikɑ] ‹-en› Paprika(schote)
paprika [ˈpɑpriːkɑ] Paprika
par [pɑːr] ‹-et, -› Paar
paraply [pɑrɑˈplyː] ‹-en, -er› Schirm
parfyme [pɑrˈfyːmə] ‹-en, -er› Parfüm
parfymeri [pɑrfyməˈriː] ‹-et, -er› Parfümerie
park [pɑrk] ‹-en, -er› Park
parkere [pɑrˈkeːrə] ‹-te, -t› parken
parkeringslys [pɑrˈkeːriŋslyːs] ‹-et, -› Standlicht
parkeringsplass [pɑrˈkeːriŋsplɑs] ‹-en, -er› Parkplatz
parkeringsplass for funksjonshemmede [pɑrˈkeːriŋsplɑs fɔr fʉŋkˈʃuːnshemədə] Behindertenparkplatz
parkett [pɑrˈket] ‹-en, -er› Parkett
parkometer [pɑrkuˈmeːtər] ‹-et, -metre› Parkuhr
parykk [pɑˈryk] ‹-en, -er› Perücke
pass [pɑs] ‹-et, -› (Reise-)Pass
Pass på! [pɑs ˈpoː] (bei Gefahr) Achtung!
passasjer [pɑsɑˈʃeːr] ‹-en, -er› Fahrgast
passasjer [pɑsɑˈʃeːr] ‹-en, -er› Passagier
passe (på) [˅pɑsə (poː)] ‹-et, -et/-a, -a› aufpassen (auf)
passe [˅pɑsə] ‹-et, -et/-a, -a› passen
passende [˅pɑsəndə] geeignet, richtig
passkontroll [ˈpɑskuntrɔl] ‹-en, -er› Passkontrolle
pause [˅pæʉsə] ‹-en, -er› Pause
pedalbåt [peˈdɑːlboːt] ‹-en, -er› Tretboot
peke [˅peːkə] ‹-te, -t› hinweisen, zeigen
pen [peːn] hübsch, schön
pengeanvisning [˅peŋəɑnviːsniŋ] ‹-en, -er› Geldanweisung
pengepung [˅peŋəpuŋ] ‹-en, -er› Geldbeutel
penger [˅peŋər] ‹pl› Geld

pengeseddel [˅peŋəsedəl] ‹-en, -sedler› Geldschein
pensjonat [pɑŋʃɑˈnaːt] ‹-et, -er› Pension
pepper [ˈpepər] ‹-en› Pfeffer
pepperbøsse [˅pepərbøsə] ‹-a/-en, -er› Pfefferstreuer
perle [˅pæːlə] ‹-a/-en, -er› Perle
permanent [pærmɑˈnent] ‹-en, -er› Dauerwelle
perrong [peˈrɔŋ] ‹-en, -er› Bahnsteig
persille [peˈʃilə] ‹-en› Petersilie
person [peˈʃuːn] ‹-en, -er› Person
personalia [persoˈnɑliɑ] Personalien
personlig [perˈʃunliː] persönlich
petroleum [peˈtruːleʉm] ‹-en› Petroleum
pinse [˅pinsə] Pfingsten
pinsett [pinˈset] ‹-en, -er› Pinzette
pissoar [pisuɑːr] ‹-et› Stehklosett
plage [˅plɑːgə] ‹-et, -et/-a, -a› belästigen
plagsom [˅plɑːgsɔm] lästig
plakat [plɑˈkɑːt] ‹-en, -er› Plakat
plante [˅plɑntə] ‹-a/-en, -er› Pflanze
plaskebasseng [˅plɑskəbɑseŋ] ‹-et, -› Planschbecken
plass [plɑs] ‹-en, -er› Platz, Sitz
Plass i liggevogn [plɑs i ˅ligəvɔŋ] Liegewagenplatz
plassbillett [ˈplɑsbilet] ‹-en, -er› Platzkarte
plast [ˈplɑst] ‹-en, -› Plastik
plaster [ˈplɑstər] ‹-et, -› Pflaster
plastfolie [ˈplɑstfuːliə] ‹-en› Frischhaltefolie
plastpose [ˈplɑstpuːsə] ‹-en, -er› Plastikbeutel
pleietrengende [˅plæiətreŋəndə] pflegebedürftig
plen [pleːn] ‹-en, -er› Rasen
plombe [˅plumbə] ‹-en, -er› Plombe
plomme [˅plumə] ‹-a/-en, -er› Pflaumen
plutselig [˅plʉtsəliː] plötzlich
pocketbok [ˈpɔketbuːk] ‹-a/-en, -bøker› Taschenbuch
poliomyelitt [puliumyəˈlit] ‹-en› Kinderlähmung
politi [puliˈtiː] ‹-et› Polizei
politibil [puliˈtiːbiːl] ‹-en, -er› Polizeiwagen
politimann [puliˈtiːmɑn] ‹-en, -menn› Polizist/in
porselen [puʃəˈleːn] ‹-et› Porzellan
porsjon [puˈʃuːn] ‹-en, -er› Portion
port [puʈ] ‹-en, -er› Tor
portal [puˈʈɑːl] ‹-en, -er› Portal
portier [puʈiˈeːr] ‹-en, -er› Portier
porto [ˈpuʈu] ‹-en, -er› Porto
portrett [puˈʈret] ‹-et, -er› Porträt
pose [˅puːsə] ‹-en, -er› Tüte

237

poste restante [pɔstə restɑntə] postlagernd

postkasse [ˈpɔstkasə] ‹-a/-en, -er› Briefkasten

postkontor [ˈpɔstkuntuːr] ‹-et, -› Postamt

postkort [ˈpɔstkɔt] ‹-et, -› Postkarte

postnummer [ˈpɔstnumər] ‹-et, -› Postleitzahl

postsparebankbok [ˈpɔstspɑːrəbaŋkbuːk] ‹-a/-en, -bøker› Postsparbuch

poteter pl [puˈteːtər] Kartoffeln

pottemakerverksted [ˇpɔtəmɑːkərværkstɛːd] ‹-et, -er› Töpferei

p-pille [ˈpeːpilə] ‹-a/-en, -er› Antibabypille

praktisk [ˈprɑktisk] praktisch

premiere [premiˈæːrə] ‹-en, -er› Premiere

presentasjon [presɑŋtɑˈʃuːn] ‹-en, -er› Vorstellung

presentere noen for noen [presɑŋˈteːrə nuːən fɔ nuːən] ‹-te, -t› jdn mit jdm bekannt machen

presis [preˈsiːs] genau

presserende [preˈseːrəndə] dringend

prest [prest] ‹-en, -er› Priester

prevensjon [preˈvɛnʃuːn] Verhütungsmittel

printer [ˈprintər] Drucker

pris [priːs] ‹-en, -er› Preis

privat [priˈvɑːt] privat

prn jeg [jæi] ich

problem [pruˈblem] ‹-et, -er› Problem

problemer med blodomløpet [pruˈbleːmər meː ˇbluːumløːpə] Kreislaufstörung

produkt [pruˈdukt] ‹-et, -› Produkt

program [pruˈgrɑm] ‹-met, -› Programm

programhefte [pruˈgrɑmhɛftə] ‹-et, -er› Programmheft

promille [pruˇmilə] ‹-en, -er› Promillegrenze

prosent [pruˈsɛnt] ‹-en, -er› Prozent

prosesjon [prusɑˈʃuːn] ‹-en, -er› Prozession

prospektkort [pruˈspɛktkut] ‹-et, -› Ansichtskarte

protese [pruˈteːsə] ‹-en, -er› Prothese

provisorisk [pruviˈsuːrisk] provisorisch

prp (räumlich) **omkring** [ɔmˈkriŋ] um

prp fra [frɑː] von

prp på [pɔː] auf

prp siden [ˇsiːdən] seit

prp ved siden av [ve ˇsiːdən ɑːv] neben

prøve [ˇprøːvə] ‹-en, -er› Probe

pudder [ˈpudər] ‹-et› Puder

puls [puls] ‹-en› Puls

punktert [puŋteʈ] Platten

punktlig [ˇpuŋktli] pünktlich

purreløk [ˇpurəløːk] ‹-en, -er› Lauch

pusse [ˇpusə] ‹-et, -et/-a, -a› putzen

puste [ˇpustə] ‹-et, -et/-a, -a› atmen

pustevansker pl [ˇpustəvanskər] Atembeschwerden

pære [ˇpæːrə] ‹-a/-en, -er› Birnen

pølse [ˇpølsə] ‹-a/-en, -er› Wurst

pølser pl [ˇpølsər] Würstchen

på [pɔː] (räumlich) an

på bakkenivå [pɔ ˇbakenivɔː] ebenerdig

på baksiden [pɔ ˇbɑːksiːdən] hinten

på denne tiden [pɔ ˇdenə ˈtiːdən] um diese Zeit

på forhånd [pɔ ˈforhɔn] im Voraus

på grunn av [pɔ ˈgrun ɑːv] wegen

på hverdager [pɔː ˇvæɖɑːgər] wochentags

på norsk [pɔ ˈnɔʃk] auf Norwegisch

påfyllingsterminal [ˈpofulinstɛːrm>inɑːl] ‹- en, -er› Ladeterminal

påkledning [ˈpoːkleːdniŋ] ‹-en, -er› Kleidung

pålegg [ˇpoːleg] ‹-et› Aufschnitt

påske [ˇpoːskə] Ostern

påstigningshjelp [ˈpoːstiːgniŋsjelp] ‹-a/-en› Einstiegshilfe

rabatt [rɑˈbat] ‹-en, -er› Rabatt, Ermäßigung

racersykkel [ˈræːsersykəl] ‹-en› Rennrad

racket [ˈrækət] ‹-en, -er› Schläger

radarkontroll [ˈrɑːdɑrkuntrɔl] ‹-en, -er› Radarkontrolle

radering [rɑˈdeːriŋ] ‹-en, -er› Radierung

radio [ˈrɑːdiu] ‹-en, -er› Radio

rampe [ˇrampə] ‹-a/-en, -er› Rampe

rasende [ˇrɑːsəndə] wütend

rask [rɑsk] adj schnell, eilig

raskt [rɑskt] adv schnell

rasteplass [ˇrɑstəplas] ‹-en, -er› Rastplatz

redningsbåt [ˇredniŋsboːt] ‹-en, -er› Rettungsboot

redningstjeneste [ˇrædniŋstjeːnestə] ‹-en› Abschleppdienst

redningsvest [ˇredniŋsvest] ‹-en, -er› Schwimmweste

regelmessig [ˇreːgəlmesi] regelmäßig

regi [reˈʃiː] ‹-en, -er› Regie

regjering [reˈjeːriŋ] ‹-en/-a, -er› Regierung

regn [ræin] ‹-et› Regen

regnfrakk [ˈʳræinfrɑk] ‹-en, -er› Regenmantel
regnfullt [ˈʳræinfult] regnerisch
regning [ˈʳræiniŋ] ‹-en/-a, -er› Rechnung
regnskur [ˈʳræinskur] ‹-a/-en, -er› Regenschauer
rein/ren [ræin/reːn] sauber
reise (fra) [ˈʳræisə (frɑː)] ‹-te, -t› abfahren (von)
reise (til) [ˈʳræisə (til)] ‹-te, -t› abreisen (nach)
reise [ˈʳræisə] ‹-a/-en, -er› Reise, Fahrt, Tour
reise [ˈræise] reisen
reise bort [ˈʳræisə burt] ‹-te, -t› verreisen
reisebyrå [ˈʳræisəbyroː] ‹-et, -er› Reisebüro
reisehåndbok [ˈʳræisəhɔnbuːk] ‹-a/-en, -bøker› (Buch) Reiseführer
reiseselskap [ˈʳræisəselskɑp] ‹-et, -› Reisegesellschaft
reisesjekk [ˈʳræisəʃek] ‹-en, -er› Reisescheck
reiseveske [ˈʳræisəveskə] ‹-a/-en, -er› Reisetasche
reke [ˈʳreːkə] ‹-a/-en, -er› Garnelen
reker, [ˈʳrekər] ‹pl› Krabben
reklamere [reklɑˈmeːrə] ‹-te, -t› reklamieren
rekommandert brev [rekumanˈdeːʈ breːv] Einschreibebrief
religion [religiˈuːn] ‹-en, -er› Religion
renessanse [reːneˈsɑnsə] ‹-en› Renaissance
rengjøringsmiddel [ˈreːnjöːriŋsmidəl] ‹-et, -› Putzmittel
rense [ˈʳrensə] ‹-et, -et› reinigen
rense kjemisk [ˈʳrensə ˈçeːmisk] chemisch reinigen
renseri [renseˈriː] ‹-et› Reinigung
reparere [repɑˈreːrə] ‹-te, -t› reparieren
resepsjon [reːsepʃun] ‹-en› Empfangshalle
resepsjon [resepˈʃuːn] ‹-en, -er› Rezeption
resept [reˈsept] ‹-en, -er› Rezept
reserve [reˈsærvə] ‹-en, -er› Ersatz
reservehjul [reˈsærvəjuːl] ‹-et, -› Ersatzrad
reservere [resærˈveːrə] ‹-te, -t› reservieren
reservering [reserˈveːriŋ] ‹-en, -er› Reservierung
respekt [reˈspekt] ‹-en› Achtung
rest [rest] ‹-en, -er› Überreste
restaurantvogn [restauˈrɑŋvɔŋn] ‹-a/-en, -er› Speisewagen
retning [ˈʳretniŋ] ‹-en, -er› Richtung

retningsnummer [ˈʳretniŋsnumər] ‹-et, -› Vorwahlnummer
rett [ret] ‹-en, -er› (Essen, Justiz) Gericht
rett [ret] gerade
rett fram [ˈret ˈfrɑm] geradeaus
returbillett [reˈtuːrbilet] ‹-en, -er› Rückfahrkarte
revers [reˈvæʃ] ‹-en› Rückwärtsgang
revy [reˈvy] Kabarett
revyartist [reˈvyɑrtist] ‹-en› Kabarettist/in
rheumatisme [ræumɑˈtismə] ‹-en› Rheuma
ri(de), red, ridd [riː ˈriːdə)] reiten
rideskole [ˈʳriːdeskulə] ‹-en› Reitschule
ridetur [ˈʳriːdətuːr] ‹-en, -er› Ausritt
rik [riːk] reich
rikstelefon [ˈriːkstelefuːn] ‹-en, -er› Ferngespräch
riktig [ˈʳrikti] (Gegensatz zu falsch) richtig
ring [riŋ] ‹-en, -er› Ring
ringe [ˈʳriŋə] ‹-te, -t› anrufen
ringe [ˈʳriŋə] ‹-te, -t› telefonieren
ringeklokke [riŋəˈklɔkə] ‹-a/-en, -er› Klingel
ripe [ˈriːpə] ‹-a, -er› Kratzer
ris [riːs] ‹-en› Reis
ristet [ˈʳristət] geröstet
ristet brød [ˈʳristət brøː] Toast
rivjern [ˈriːwjærn] ‹- et, -› Reibe
ro [ruː] ‹-dde, -dd› rudern
ro ‹-en/-a› Ruhe
robåt [ˈruːboːt] ‹-en, -er› Ruderboot
rolig [ˈʳruːli] ruhig
rom [ruːm] ‹-(m)et, -› Raum
rom [rum] ‹-met, -› Zimmer
roman [ruˈmɑːn] ‹-en, -er› Roman
romtelefon [ˈʳrumtelefuːn] ‹-en, -er› Zimmertelefon
rope [ˈʳruːpə] ‹-te, -t› rufen
rosa [ˈrusɑ] rosa
rosévin [ruˈseːviːn] ‹-en› Rosé
rosmarin [rusmɑˈriːn] ‹-en› Rosmarin
rugbrød [ˈʳrʉːgbrøː] Schwarzbrot
ruin [rʉˈiːn] ‹-en, -er› Ruine
rulleskøyter [rʉləˈʃøiter] Rollschuh
rulleskøyter pl [ˈrʉləʃøiter] Inliner
rullestol [ˈrʉləstuːl] ‹-en, -er› Rollstuhl
rullestolkjører [ˈʳrʉləstuːlçøːrɑr/brʉːkər] ‹-bruker, -en, -e› Rollstuhlfahrer/in
rullestollugar [ˈʳrʉləstuːlʉ̈ˈgɑːr] ‹-en, -er› (Schiff) Rollstuhlkabine
rullestolrampe [ˈʳrʉləstuːlrɑmpə] ‹-a/-n, -r› Auffahrtrampe
rullestolvennlig [ˈʳrʉləstuːlvenli] rollstuhlgerecht
rund [rʉn] rund
rundstykke [ˈrʉnstykə] ‹-t, -r› Brötchen

rundstykker med pålegg [ˈrʉnstykər me ˇpoːleg] belegtes Brötchen
rundtur [ˇrʉntuːr] ⟨-en, -er⟩ Rundfahrt
rundtur til øyer [ˇrʉntuːr til ˇøyər] Inselrundfahrt
rute [ˇrʉːtə] ⟨-a/-en, -er⟩ Route
rutebilstasjon [ˇrʉːtəbiːlstaʃuːn] ⟨-en, -er⟩ Busbahnhof
ruteplan [rʉːtəplɑːn] ⟨-en, -er⟩ Fahrplan
rygg [ryg] ⟨-en, -er⟩ Rücken
ryggrad [ˇrygrɑːd] ⟨-en, -er⟩ Wirbelsäule
ryggsekk [ˇrygsek] ⟨-en, -er⟩ Rucksack
ryggsmerter pl [ˇrygsmæʈər] Rückenschmerzen
rød [røː] rot
røde hunder [ˇrøːəˇhʉnər] Röteln
rødsprit [ˇrøːspriːt] ⟨-en⟩ Brennspiritus
rødvin [ˇrøːviːn] Rotwein
røkekupé [ˇrøːkəkʉpeː] ⟨-en, -er⟩ Raucherabteil
røkt [røːkt] geräuchert
røkt skinke [røːkt ˇʃiŋkə] roher Schinken
rømme [ˇrømə] ⟨-en⟩ saure Sahne
røntgen [ˈrøntkən] röntgen
røntgenbilde [ˈrøntkənbildə] ⟨-et, -er⟩ Röntgenaufnahme
røyke/røke [ˇrøykə/ˇrøːkə] ⟨-te, -t⟩ rauchen
røyker [ˇrøykər] ⟨-en, -e⟩ Raucher
rå [roː] roh
rådhus [ˇroːdhʉːs] ⟨-et, -⟩ Rathaus
råtten [ˇrɔtən] faul, verdorben
råtten (Obst) faul

safe [seif] ⟨-en, -er⟩ Safe
safran [saˈfrɑn] ⟨-en, -er⟩ Safran
saftig [ˇsafti] saftig
sak [sɑːk] ⟨-a/-en, -er⟩ Angelegenheit, Sache
saks [saks] ⟨-en/-a⟩ Schere
sal [sɑːl] ⟨-en, -er⟩ Saal
salami [salɑːˈmi] ⟨-en⟩ Salami
salat [saˈlɑːt] ⟨-en, -er⟩ Salat
salatbuffet [saˈlɑːtbyfeː] ⟨-en, -er⟩ Salatbüfett
salmonelleforgiftning [salmuːnelə fʉrˈjiftniŋ] Salmonellenvergiftung
salmoneller [salmuːˈnelər] Salmonellen
salt [salt] ⟨-et⟩ Salz
saltbøsse [ˇsaltbøsə] ⟨-a/-en, -er⟩ Salzstreuer
salve [ˇsalvə] ⟨-a/-en, -er⟩ Salbe
salvie [salˇviə] Salbei
samle [ˇsamlə] ⟨-et, -et/-a, -a⟩ sammeln
sammen [ˈsamən] zusammen

sammenleggbar rullestol [ˈsamənlegbɑːr ˇrʉləstuːl] Faltrollstuhl
sammenstøt [ˈsamənstøːt] ⟨-et, -⟩ Zusammenstoß
samtale [ˇsamtɑːlə] ⟨-en, -er⟩ Anruf
samtale [ˇsamtɑːlə] ⟨-en, -er⟩ Gespräch, Unterhaltung
samtale med noteringsoverføring [ˇsamtɑːlə me nʉˈteːriŋsːʋərføːriŋ] R-Gespräch
samtidig [samˈtiːdi] gleichzeitig
sandal [sanˈdɑːlər] ⟨-en, -er⟩ Sandalen
sandborg [ˇsanbɔrg] ⟨-a/-en, -er⟩ Sandburg
sandkasse [ˇsankasə] ⟨-a/-en, -er⟩ Sandkasten
sang [saŋ] ⟨-en, -er⟩ Lied
sanger [ˇsaŋər] ⟨-en, -e⟩/sangerinne [saŋərˇinə] ⟨-en/-a, -er⟩ Sänger/in
sanitetsbind [saniˈteːtsbin] ⟨-et, -⟩ Damenbinden
sanitærinnretninger pl [saniˈtæːrinretniŋər] Sanitäreinrichtungen
sann [san] wahr
sannsynlig [sanˈsyːnli] wahrscheinlich
saueost [ˇsæʉəust] ⟨-en⟩ Schafskäse
saus [sæʉs] ⟨-en, -er⟩ Soße
scooter [ˈskʉtər] ⟨-en, -e⟩ Roller
se [seː] ⟨så, sett⟩ sehen
se opp! [ˈseː ˈɔp] Vorsicht!
Se opp! [seː ˈup] (bei Gefahr) Achtung!
se på [ˈseː pɔ] ⟨så, sett⟩ ansehen, besichtigen
seig [sæig] zäh
seilbåt [ˇsæilboːt] ⟨-en, -er⟩ Segelboot
seile [ˇsæilə] ⟨-te, -t⟩ segeln
seilflyging [ˇsæilflyːgiŋ] ⟨-en⟩ Segelfliegen
seiltur [ˈsæiltʉr] Segeltörn
seks [seks] sechs
seksten [ˇsæistən] sechzehn
seksti [ˈseksti] sechzig
sekund [seˈkʉn] ⟨-et, -⟩ Sekunde
selge [ˇselgə] ⟨solgte, solgt⟩ verkaufen
selleri [seləˈriː] ⟨-en⟩ Sellerie
selskap [ˇselskap] ⟨-et, -⟩ Party
selv [sel] selbst
selvbetjening [ˇselbetjeːniŋ] ⟨-en⟩ Selbstbedienung
selvutløser [ˇselʉtløːsər] ⟨-en, -e⟩ Selbstauslöser
sende [ˇsenə] ⟨-te, -t⟩ schicken
senere [seˈnærə] später
seng [seŋ] ⟨-a/-en, -er⟩ Bett
sengeteppe [ˇseŋətepə] ⟨-et, -er⟩ Bettdecke
sengetøy [ˇseŋətøy] ⟨-et⟩ Bettwäsche
sennep [ˈsenep] ⟨-en⟩ Senf

sent [se:nt] spät

sentral [sen'trɑ:l] ‹-en, -er› zentral

sentralstasjon [sen'trɑ:lstaʃu:n] ‹-en, -er› Hauptbahnhof

sentralvarme [sen'trɑ:lvarmə] ‹-en› Zentralheizung

sentrum ['sentrum] ‹sentret, sentra› Zentrum

september [sep'tembər] September

servere [sær've:rə] ‹-te, -t› servieren

service ['sørvis] ‹-en› Betreuungsdienst für Behinderte

serviett [servi'et] ‹-en, -er› Serviette

seskuell trakassering [sæksuel trakɑ:se:riŋ] sexuelle Belästigung

sesong [se'sɔŋ] ‹-en, -er› Saison

sesongprogram [sæ:songprugam] ‹-(m) et› Spielplan

setning ['setniŋ] ‹-en, -er› Satz

sette på [setə 'pɔ:] ‹satte, satt› einschalten

setting lotion ['setiŋ 'loʉʃən] Haarfestiger

severdigheter pl [se'værdihe:tər] Sehenswürdigkeiten

shorts [ʃɔ:ʈs] ‹-en, -› Shorts

show [ʃou] ‹-et, -› Show

si [si:] ‹sa, sagt› sagen

si ja [si: jɑ:] ‹sa, sagt› (Einladung) zusagen

side ['si:də] ‹-en/-a, -er› Seite

sidegate ['si:dəgɑ:tə] ‹-a/-en, -er› Nebenstraße

sigar [si:'gɑ:r] ‹-en -er› Zigarre

sigarett [si:gɑ:'ret] ‹-en, -er› Zigarette

sigarillo [si:gɑ:'rilu] Zigarillo

sightseeing ['saitsi:iŋ] ‹-en, -er› Stadtrundfahrt

sikker ['sikər] sicher

sikkerhet ['sikərhe:t] ‹-en› Sicherheit

sikkerhetskontroll ['sikərhe:tskuntrɔl] ‹-en, -er› Sicherheitskontrolle

sikkerhetsnål ['sikərhe:tsno:l] ‹-en/a› Sicherheitsnadel

sikkert ['sikəʈ] adv bestimmt

sikori ['si:kuri] ‹-en› Chicoree

sikring ['si:kriŋ] ‹-en/-a, -er› Sicherung

sikt [sikt] ‹- en/-a, -er› Küchensieb

sild [sil] ‹-a, -er› Hering

silke ['silkə] ‹-en› Seide

silkemaleri ['silkəmɑ:leri] ‹-et› Seidenmalerei

sin [sin] ihr poss prn (subjektbezogen)

sint/sinna [sint/'sinɑ] verärgert, böse

sirkus ['sirkus] ‹-et, -› Zirkus

sist mandag [sist 'mandɑg] letzten Montag

siste ['sistə] letzte(r, -s)

sitron [si'tru:n] ‹-en, -er› Zitronen

sitte ['sitə] ‹satt, sittet› sitzen

sitteplass ['sitəplas] ‹-en, -er› Sitz

sitteputte for barn ['sitəpu:tə fɔr bɑ:ŋ] Kindersitzkissen (fürs Auto)

situasjon [situɑ'ʃu:n] ‹-en, -er› Lage

sjal [ʃɑ:l] ‹-et, -› Schal

sjampo ['ʃampu] ‹-en, -er› Shampoo

sjarmerende [ʃar'me:rəndə] entzückend

sjef [ʃe:f] ‹-en, -er› Chef

sjekke inn [ʃekə 'in] ‹-et, -et/-a, -a› einchecken

sjelden ['ʃeldən] selten

sjokolade [ʃuku'lɑ:də] ‹-n› Schokolade

sjokoladekubbe [ʃu:kulɑ:dəkubə] Schokoriegel

sju [ʃu:] sieben

sjuk/syk [ʃu:k/sy:k] krank

sjukdom [ʃu:kdum] ‹-men, -mer› Krankheit

sjukebil ['ʃu:kəbi:l] Krankenwagen

sjukesøster ['ʃu:kəsøstər] ‹-a/-en, -søstre› Krankenschwester

sjø [ʃø:] ‹-en, -er› See

sjøgang ['ʃø:gaŋ] ‹-en› Seegang

sjøl [ʃø:l] (sølvə)] ‹sjølvepl› selbst

sjøtunge ['ʃø:tuŋə] ‹-a/-en, -er› Seezunge

sjåfør [ʃɔ'fø:r] ‹-en, -er› Fahrer/in

skade ['skɑ:də] ‹-en, -er› Schaden

skade ['skɑ:də] ‹-en, -er› Verletzung

skade ['skɑ:də] ‹-et, -et/-a, -a› beschädigen

skade ['skɑ:də] ‹-et, -et/-a, -a› verletzen

skaffe ['skafə] ‹-et, -et/-a, -a› besorgen

skap [skɑ:p] ‹-et, -› Schrank

skarp [skarp] scharf

skateboard ['skeitbo:d] ‹-et, -er› Skateboard

ski [ʃi:] ‹-a, -er› Ski

skibinding ['ʃi:biniŋ] ‹-a/-en, -er› Skibindung

skibriller pl ['ʃi:brilər] Skibrille

skibukse ['ʃi:buksə] ‹-a/-en, -er› Skihose

skift [ʃiftə] ‹-et, -› (Kleidung, Rad) Wechsel

skifte ut ['ʃkiftə ʉt] ‹-et, -et› austauschen

skiftende ['ʃiftəndə] wechselhaft

skiinstruktør [ʃiinstruktør] ‹-en› Skilehrer/in

skikurs ['ʃi:kʉ:ʃ] ‹-et, -› Skikurs

skill [ʃil] ‹-en, -er› Scheitel

skilt [ʃilt] ‹-et, -› Schild

skinke ['ʃiŋkə] ‹-a/-en, -er› Schinken

skinn [ʃin] ‹-et, -› Fell

skinne ['ʃinə] ‹-a/-en, -er› Schiene

skinnebein ['ʃinbæin] ‹-et, -› Schienbein

skinnjakke ['ʃinjakə] ‹-a/-en, -er› Lederjacke

241

skinnvarer [ˈʃinvarər] ⟨pl⟩ Lederwaren

skistav [ˈʃiːstɑːv] ⟨-en, -er⟩ Skistöcke

skistøvel [ˈʃiːstøvəl] ⟨-en, -støvler⟩ Skistiefel

skitrekk [ˈʃiːtrek] ⟨-et, -⟩ Schlepplift

skitten [ˈʃitən] schmutzig

skive [ˈʃiːvə] ⟨-a/-en, -er⟩ Scheibe

skje [ʃeː] ⟨-en/-a, -er⟩ Löffel

skjegg [ʃeg] ⟨-et⟩ Bart

skjell [ʃel] ⟨-et, -⟩ Muscheln

skjenke [ˈʃeŋkə] ⟨-et, -et⟩ schenken

skjerf [ʃerf] ⟨-et, -⟩ Schal

skjorte [ˈʃuʈə] ⟨-a/-en, -er⟩ Hemd

skjære [ˈʃæːrə] ⟨skar, skåret⟩ schneiden

skjærebrett [ˈʃæːrebræt] ⟨- et, -⟩ Schneidebrett

skjærtorsdag [ˈʃæːʈuːʃdɑg] ⟨-en, -er⟩ Gründonnerstag

skjønt [ʃønt] obwohl

skjørt [ʃøf] ⟨-et, -⟩ Rock

skjøteledning [ˈʃøːtəledniŋ] ⟨-en, -er⟩ Verlängerungsschnur

sko [skuː] ⟨-en, -⟩ Schuh

skobutikk [ˈskuːbʉtik] ⟨-en, -er⟩ Schuhgeschäft

skobørste [ˈskuːbøʃtə] ⟨-en, -er⟩ Schuhbürste

skog [skuːg] ⟨-en, -er⟩ Wald

skokrem [ˈskuːkreːm] ⟨-en⟩ Schuhcreme

skole [ˈskuːlə] ⟨-en, -er⟩ Schule

skolebarn [ˈskuːləbaːɳ] ⟨-et, -⟩ Schulkinder

skolisse [skuːlisə] ⟨-n, -r⟩ Schnürsenkel

skomaker [ˈskumɑːkər] ⟨-en, -e⟩ Schuhmacher

skredder [ˈskredər] ⟨-en, -e⟩ Schneider/in

skrekkelig [ˈskrekəli] schrecklich

skremme [ˈskremə] ⟨-te, -t⟩ erschrecken

skrift [skrift] ⟨-en, -er⟩ Schrift

skriftlig [ˈskriftli] schriftlich

skrike [ˈskriːkə] ⟨skrek/skreik, skreket⟩ schreien

skrive [ˈskriːvə] ⟨skrev/skreiv, skrevet⟩ schreiben

skrive opp [skriːvə ˈɔp] ⟨skrev, skrevet⟩ aufschreiben

skrive ut, skrev ut, skrevet ut [skriːvə ˈʉːt] verschreiben

skrivesaker [ˈskriːvəsɑːkər] ⟨pl⟩ Schreibwaren

skrue [ˈskrʉːə] ⟨-en, -er⟩ Schraube

skuespiller [ˈskuːəspilər] ⟨-en, -e⟩/**skuespillerinne** [skuːəspilərˈinə] ⟨-en, -er⟩ Schauspieler/in

skuffet [ˈskʉfət] enttäuscht

skulder [ˈskuldər] ⟨-en, skuldrer⟩ Schulter

skulderveske [ˈskuldərveskə] ⟨-a/-en, -er⟩ Umhängetasche

skulle [ˈskʉlə] ⟨skulle, skullet⟩ sollen

skulptur [skʉlpˈtuːr] ⟨-en, -er⟩ Skulptur

skur [skʉr] ⟨-a/-en, -er⟩ (Regen-) Schauer

sky [ʃyː] ⟨-a/-en, -er⟩ Wolke

skyet [ˈʃyːət] bewölkt

skygge [ˈʃygə] ⟨-en, -er⟩ Schatten

skyld [ʃyl] Schuld

skynde seg [ˈʃynə sæi] ⟨-te, -t⟩ s. beeilen

skøytebane [ˈʃøytəbaːnə] ⟨-a/-en, -er⟩ Eisbahn

skøyteløp [ˈʃøytələøːp] ⟨-et, -⟩ Eislauf

skøyter pl [ˈʃøytər] Schlittschuhe

skål [ˈskoːl] ⟨- en/-a, -er⟩ Schüssel

sladrespeil [ˈʃladrəspæil] ⟨-et, -⟩ Rückspiegel

slag [ʃlɑːg] ⟨-et, -⟩ Sorte, Art

slaganfall [ˈʃlɑːganfal] ⟨-et, -⟩ Schlaganfall

slagge, avgifte [ʃlagə, ˈawjiftə] entschlacken, entgiften

slakter [ˈʃlaktər] ⟨-en, -e⟩ Metzgerei

slange [ˈʃlaŋə] ⟨- en⟩ Schlauch

slange [ˈʃlaŋə] ⟨-en, -er⟩ Schlange

slank [ʃlaŋk] schlank

slede [ˈʃleːdə] ⟨-n, -er⟩ Schlitten

slepe bort [sleːpə ˈbuʈ] ⟨-te, -t⟩ abschleppen

slepetau [ˈsleːpətæʉ] ⟨-et, -⟩ Abschleppseil

slette [ˈʃletə] ⟨-a, -er⟩ Ebene

slikkepott [ˈʃlikəpɔt] ⟨- en, -er⟩ Rührlöffel

slips [ʃlips] ⟨-et, -⟩ Krawatte

slott [ʃlɔt] ⟨ ct, ⟩ Schloss

slutt [ʃlʉt] ⟨-en⟩ Ende

slutte [ˈʃlʉtə] ⟨-t, -t⟩ aufhören

sluttreingjøring [ˈʃlʉtræinjøːriŋ] ⟨-en, -er⟩ Endreinigung

slå [ʃloː] ⟨slo, slått⟩ *(tele)* wählen

slå ned, slo, slått [sloː ˈneː] zusammenschlagen

slå på [ʃloː ˈpoː] ⟨slo, slått⟩ *(Licht)* einschalten

smak [smɑːk] ⟨-en, -er⟩ Geschmack

smake [ˈsmɑːkə] ⟨-te, -t⟩ schmecken, *(Speisen)* versuchen

smal [smɑːl] schmal

smerte [ˈsmæʈə] ⟨-et, -et⟩ Schmerzen

smertestillende tabletter pl [ˈsmæʈəstiləndə tɑblˈetər] Schmerztabletten

smittsom [ˈsmitsɔm] ansteckend

smokk [smɔk] ⟨-en, -er⟩ Schnuller

smug [smʉg] ⟨-et, -⟩ Gasse

smugling [ˈsmʉgliŋ] ⟨-en⟩ Schmuggel

smykke [ˈsmykə] ⟨-et, -er⟩ Schmuck

smør [smøːr] ⟨-et⟩ Butter

småpakke [ˈsmoːpakə] ‹-a/-en, -er› Päckchen

småpenger pl [ˈsmoːpeŋər] Kleingeld

snakke [ˈsnakə] ‹-et, -et/-a, -a› sprechen

snakke sammen [ˈsnakə samən] ‹-et, -et/-a, -a› (reden) s. unterhalten

snapshot [ˈsnæpʃut] ‹-et› Schnappschuss

snart [snaːt] bald

snart [snart] gleich, bald

snarvei [ˈsnaːrvæi] ‹-en, -er› (Weg.) Abkürzung

snelle [ˈsnælə] ‹-en› Angelrolle

snittsår [ˈsnitsoːr] ‹-et, -› Schnittwunde

snorke [ˈsnorkə] ‹-et, -et› schnarchen

snorkel [ˈsnorkəl] ‹-en, snorkler› Schnorchel

snu [snuː] ‹-dde, -dd› umkehren

snue [ˈsnuːə] ‹-en› Schnupfen

snø [snøː] ‹-en› Schnee

snøre [ˈsnøːrə] ‹-et› Angelsehne

sokk [ˈsɔk] ‹-en, -er› Socken

sol [suːl] ‹-a/-en, -er› Sonne

solarium [suˈlaːriʉm] ‹-et, -rier› Solarium

solbeskyttelse [ˈsuːlbeʃytelsə] ‹-en› Sonnenschutz

solbrenthet [ˈsuːlbrenthe:t] ‹-en› Sonnenbrand

solhatt [ˈsuːlhat] ‹-en, -er› Sonnenhut

solist [suˈlist] ‹-en, -er› Solist/in

solkrem [ˈsuːlkreːm] ‹-en, -er› Sonnencreme

sololje [ˈsuːloljə] ‹-en› Sonnenöl

solppgang [ˈsuːlopgaŋ] ‹-en, -er› Sonnenaufgang

solrikt [ˈsuːlrikt] sonnig

solstikk [ˈsuːlstik] ‹-et, -› Sonnenstich

sommer [ˈsɔmər] ‹-en› Sommer

sopp [sɔp] ‹-en, -er› Pilze

soppinfeksjon [ˈsɔpinfekˈʃuːn] ‹- en, -er› Pilzinfektion

sort [suʈ] ‹-en, -er› Art

sov i ro [soːv i ˈruː] Ohropax

sove [ˈsoːvə] ‹sov, sovet› schlafen

sovekupé [sovəkʉpeː] ‹-et, -er› Schlafwagen

soverom [ˈsoːvərum] ‹-met, -› Schlafzimmer

sovesofa [ˈsoːvəsuːfa] ‹-en, -er› Schlafcouch

sovetablett [ˈsoːvətablet] ‹-en, -er› Schlaftabletten

spasertur [spaˈseːʈʉːr] ‹-en, -er› Spaziergang

spebarn [ˈspeːbarn] ‹-et, -› Säugling

speil [spæil] ‹-et, -› Spiegel

spenning [ˈspeniŋ] ‹-en› Stromspannung

spenningsfilm [spæniŋsfilm] ‹-en› Thriller

spesialist [spesiaˈlist] ‹-en, -er› Facharzt/ärztin

spesialitet [spesialiˈteːt] ‹-en, -er› Spezialität

spesielt [spesiˈelt] speziell, besonders

spill [spil] ‹-et, -› Spiel

spille musikk [spilə mʉˈsik] musizieren

spinat [spiˈnaːt] ‹-en› Spinat

spise [ˈspiːsə] ‹-te, -t› essen

spise frokost [spiːsə ˈfruːkɔst] ‹-te, -t› frühstücken

spisekart [ˈspiːsəkaʈ] ‹-et, -› Speisekarte

spiselig [ˈspiːsəli] essbar

spiserør [ˈspiːsərøːr] ‹-et, -› Speiseröhre

spisesal [ˈspiːsəsaːl] ‹-en, -er› Speisesaal

spor [spuːr] ‹-et, -› Gleis

sport [spuʈ] ‹-en› Sport

sportsartikler pl [ˈspuʈsaʈiklər] Sportartikel

sprøyte [ˈsprøytə] ‹-a/-en, -er› Spritze

språk [sproːk] ‹-et, -› Sprache

språkkurs [ˈsproːkkuʂ] ‹-et› Sprachkurs

spøk [spøːk] ‹-en, -› Scherz, Spaß

spørre [ˈspørə] ‹spurte, spurt› fragen

spørsmål [ˈspøʂmoːl] ‹-et, -› Frage

squash [skwɔʃ] ‹- en, -› Zucchini

stadion [ˈstaːdiun] ‹-et› Stadion

stamme (fra) [ˈstamə] ‹-et, -et› stammen (aus)

startkabel [ˈstaʈkaːbəl] ‹-en, -kabler› Starthilfekabel

startmotor [ˈstaʈmuːtur] ‹-en, -er› Anlasser

stasjon [staˈʃuːn] ‹-en, -er› Station

stat [staːt] ‹-en, -er› Staat

stativ [staˈtiːv] ‹-et, -er› Stativ

statue [ˈstaːtʉə] ‹-en, -er› Statue

stave [ˈstaːvə] ‹-et, -et/-a, -a› buchstabieren

stavkirke [staˈvçirkə] ‹-en› Stabkirche

stearinlys [steaˈriːnlyːs] ‹-et, -› Kerzen

sted [steː(d)] ‹-et, -er› Ort

stein [stæin] ‹-en, -er› Stein

steinete [ˈstæinətə] steinig

stekepanne [ˈsteːkəpanə] ‹- en/-a, -er› Pfanne

stekt [steːkt] gebraten

stellebord [ˈsteləbuːr] ‹-et, -› Wickeltisch

stemme (fra) [ˈstemə] ‹stemte, stemt› (pol.) wählen

stempel [ˈstæmpəl] ‹-et, stempler› Stempel

stemple [ˈstemplə] ‹-et, -et/-a, -a› entwerten

stengt [steŋt] geschlossen, zu

sterk [stærk] stark; scharf

243

steward [ˈstjuːəʃ] ‹-en, -er› Steward

stige av, steg av, steget av [stiːgə ˈɑːv] aussteigen

stige på, steg, steget [stiːgə ˈpoː] einsteigen

stigning [ˈstiːgniŋ] ‹-en, -er› Steigung

stikke [ˈstikə] ‹stakk, stukket› stechen

stikkontakt [ˈstikuntakt] ‹-en, -er› Stecker

stikkpille [ˈstikpilə] ‹-a/-en, -er› Zäpfchen

stil [stiːl] ‹-en, -er› Stil

stille [ˈstilə] still, leise

stilleben [stiˈleːbən] ‹-et, -› Stillleben

stillhet ‹-en› Stille, Ruhe

stilongs [ˈstiːlɔŋs] ‹-en› Damen-/Herrenunterhose, lang

stinke [ˈstiŋkə] ‹-et, -et› stinken

stivkrampe [ˈstiːvkrampə] ‹-en› Tetanus

stjele [ˈstjeːlə] ‹stjal, stjålet› stehlen

stjerne [ˈstjeːɳə] ‹-a/-en, -er› Stern

stoff [stɔf] ‹-et, -er› Stoff

stol [stuːl] ‹-en, -er› Stuhl

stolheis [ˈstuːlhæis] ‹-en, -er› Sessellift

stopp! [stɔp] halt!

stoppe [ˈstɔpə] ‹-et, -et/-a, -a› (an)halten, stehen bleiben

stoppested [ˈstɔpəsteːd] ‹-et, -er› Haltestelle

stor [stuːr] groß

storm [stɔrm] ‹-en› Sturm

straff [straf] ‹-en, -er› Strafe

straks [straks] sofort, direkt

strand [stran] ‹-a/-en, strender› Strand

strandsko [ˈstranskuː] ‹-en, -› Strandschuhe

strandvolleyball [stranvɔlæiball] Beach-Volleyball

strikkejakke [ˈstrikəjakə] ‹-a/-en, -er› Strickjacke

strikkhopping [strikhɔpiŋ] Bungeejumping

striper [ˈstriːpər] ‹pl› Strähnchen

stromuttak [ˈstrɔmuttaːk] ‹-et, -› Stromanschluss

stryke, strøk, strøket [ˈstryːkə] bügeln

strykejern [ˈstryːkəjærn] ‹- et, -› Bügeleisen

strøm [strøm] ‹-men› (el.) Strom

strømavgift [ˈstrømɑːvjift] ‹-en/-a, -er› Strompauschale

strømning [ˈstrømniŋ] ‹-en, -er› Strömung

strømpe [ˈstrømpər] ‹-a/-en, -er› Strümpfe

strømpebukse [ˈstrømpəbuksə] ‹-a/-en, -er› Strumpfhose

strømspenning [strømˈspeniŋ] ‹-en› Stromspannung

studere [stuˈdeːrə] ‹-te, -t› studieren

stue [ˈstuːə] ‹-a/-en, -er› Wohnzimmer

stum [stum] stumm

stussing [ˈstusiŋ] ‹-en, -› Spitzen schneiden

stygg [styg] hässlich

stykke [ˈstykə] ‹-et, -er› Stück

styrmann [ˈstyrmaːn] ‹-en› Pilot/in

styrte [ˈstyɽə] ‹-et, -et› stürzen

størrelse [ˈstørəlsə] ‹-en, -er› (Kleidung, Schuhe) Größe

støtfanger [ˈstøːtfaŋər] ‹-en, -e› Stoßstange

støv [støːv] ‹-et› Staub

støvel [ˈstøːvəl] ‹-en, støvler› Stiefel

støvsuger [ˈstøwsuːgər] ‹- en, -e› Staubsauger

stå [stoː] ‹sto, stått› stehen

stå i kø [stoː i ˈkøː] ‹sto, stått› Schlange stehen

stå opp [stɔ ˈɔp] ‹sto, stått› aufstehen

sugerør [ˈsuːgərøːr] ‹-et, -› Strohhalm

sukker [ˈsukər] ‹-et› Zucker

sum [sum] ‹-men, -mer› Summe

supermarked [ˈsupərmarkeːd] ‹-et, -er› Supermarkt

suppe [ˈsupə] ‹-a/-en, -er› Suppe

suppetallerken [ˈsupətaˈlærkən] ‹-en› Suppenteller

sur [suːr] sauer

surfbrett [sørfbret] Surfbrett

surfe [sørfə] surfen

surfing [sørfiŋ] windsurfen

surstoffflaske [ˈsurstɔfflaskə] Sauerstoffgerät

sutt [sut] ‹-cn, er› Schnuller

suvenir [suvəˈniːr] ‹-en› Mitbringsel

suvenirbutikk [suveniˈrbutik] ‹-en› Souvenirladen

svak [svaːk] schwach

svangerskap [ˈsvaŋəʃkɑːp] ‹-en› Schwangerschaft

svare [ˈsvaːrə] ‹-te, -t› antworten

svare på [ˈsvaːrə pɔ] ‹-te, -t› beantworten

svart [svaʈ] schwarz

svarthvitfilm [svartviːtfilm] ‹-en› Schwarzweißfilm

Sveits [svæits] Schweiz

sveitser [ˈsvæitsər] ‹-en, -e› Schweizer/in

sveitsiske francs [ˈsvæitsiskə fraŋ] Schweizer Franken

svensk [svensk] schwedisch

svenske [ˈsvenskə] ‹-en, -er› Schwede/Schwedin

Sverige [ˈsverigə] Schweden

svette [ˈsvetə] ‹-et, -et/-a, -a› schwitzen

svi [swiː] brennen

svigerinne [sviːɡərˈinə] ‹-en/a, -(e)r› Schwägerin

svimmel [ˈsvimǝl] schwindlig

svimmelhet [ˈsvimǝlheːt] ‹-en› Schwindel

svinekjøtt [ˈsviːnəçøt] ‹-et› Schweinefleisch

sving [sviŋ] ‹-en, -er› Kurve

svoger [ˈsvoːɡər] ‹-en, -e› Schwager

svulst [svʉlst] ‹-en, -er› Geschwulst

svært [svæːʈ] sehr

svømme [ˈsvømə] ‹-te, -t› schwimmen

svømmeføtter pl [ˈsvømǝføtǝr] Schwimmflossen

svømmehall [ˈsvømǝhal] ‹-en, -er› Swimmingpool

svømmekurs [ˈsvømǝkʉːʃ] ‹-et, -› Schwimmkurs

svømmer [ˈsvømǝr] ‹-en› Schwimmer/in

sy [syː] ‹-dde, -dd› nähen

Syden [ˈsyːdǝn] Süden

sykeattest [ˈsyːkǝatest] ‹-en, -er› Krankenschein

sykehus [ˈsyːkehus] ‹-et, -› Krankenhaus

sykekasse [ˈsyːkǝkasǝ] ‹-a/-en, -er› Krankenkasse

sykepleier [ˈsyːkǝatest] ‹-en, -ne› Krankenpfleger, Krankenschwester

sykkel [ˈsykǝl] ‹-en, sykler› Fahrrad

sykkelhjelm [ˈsykǝljelm] ‹-en› Fahrradhelm

sykkelsport [ˈsykǝlspuʈ] ‹-en› Radsport

sykkelsti [ˈsykǝlstiː] ‹-en, -er› Fahrradweg

sykkeltur [ˈsykǝltʉːr] ‹-en, -er› Radtour

sykle [ˈsyklǝ] ‹-et, -et/-a, -a› Rad fahren

syltetøy [ˈsyltǝtøy] ‹-et› Marmelade

symbol [symˈbuːl] ‹-et, -er› Wahrzeichen

symfonikonsert [symfuˈniːkunsæt] ‹-en, -er› Sinfoniekonzert

sympatisk [symˈpɑːtisk] sympathisch

synge [ˈsyŋǝ] ‹sang, sunget› singen

synshemmet [ˈsyːnshemǝt] sehbehindert; Sehbehinderte/r

syste [ˈsyːstǝ] ‹- en, -er› Zyste

sytråd [sytrɔː] ‹-en› Bindfaden

sytten [ˈsøtǝn/ˈsytǝn] siebzehn

sytti [ˈsøti/ˈsyti] siebzig

syv [syːv] sieben

særlig [ˈsæːli] besonders

søke [ˈsøːkǝ] ‹-te, -t› suchen

søker [ˈsøːkǝr] ‹-en, -e› Sucher

sølv [søl] ‹-et› Silber

sølv [søl] silberfarben

søndag [ˈsøndɑɡ] Sonntag

søndag, på - [(pɔ) ˈsøndɑɡ] am Sonntag

sønn [søn] ‹-en, -er› Sohn

søppel [ˈsøpǝl] ‹søpla› Abfall

søppel [ˈsøpǝl] ‹søpla› Müll

søppelpose [ˈsøpǝlpuːsǝ] ‹-en, -er› Abfallbeutel

søppelsortering [ˈsøpelsoːrteriŋ] ‹- en, -er› Mülltrennung

søppeltønne [ˈsøpǝltønǝ] ‹-a, -er› Mülltonne

sør for [ˈsøːr fɔr] südlich von

sørgelig [ˈsørɡǝli] traurig

søster [ˈsøstǝr] ‹-a/-en, -søstre› Schwester

søt [søːt] süß; nett

søtningsmiddel [ˈsøːtniŋsmidǝl] ‹-et, -midler› Süßstoff

søtsaker pl [ˈsøːtsɑːkǝr] Süßigkeiten

søvnløshet [ˈsøvnløːsheːt] ‹-en› Schlaflosigkeit

søyle [ˈsøylǝ] ‹-a/-en, -er› Säule

så [soː] also, dann

så snart som mulig [sɔ ˈsnɑːt sɔm ˈmʉːli] so bald wie möglich

så synd [sɔ ˈsyn] schade!

såle [ˈsoːlǝ] ‹-en, -er› Sohle

såpe [ˈsoːpǝ] ‹-a/-en, -er› Seife

sår [soːr] ‹-et, -› Wunde

T

ta [tɑː] ‹tok, tatt› nehmen

ta ‹tok, tatt› (Verkehrsmittel) benutzen

ta av røret [tɑ ɑːv ˈrøːrǝ] abnehmen

ta avskjed [tɑː ˈɑːvʃeːd] ‹tok, tatt› s. verabschieden

ta bort [tɑ ˈbuʈ] ‹tok, tatt› (weg)bringen

ta feil [tɑ ˈfæil] ‹tok, tatt› s. täuschen

ta feil [tɑː ˈfæil] ‹tok, tatt› s. verrechnen

ta hensyn til [tɑː ˈhensyn til] ‹tok, tatt› berücksichtigen, beachten

ta imot [tɑː iˈmuːt] ‹tok, tatt› empfangen

ta med [tɑː ˈme] ‹tok, tatt› mitnehmen

ta med [tɑː ˈmeː] ‹tok, tatt› mitbringen

ta på (seg) [tɑː ˈpoː (sæi)] ‹tok, tatt› (Kleidungsstück) anziehen

ta seg av [tɑː sæi ˈɑːv] ‹tok, tatt› s. kümmern um

tablett [tɑˈblet] ‹-en, -er› Tablette

tak [tɑːk] ‹-et, -› Dach, Decke

takke [ˈtɑkǝ] ‹-et, -et/-a, -a› danken

takluke [ˈtɑːklʉːkǝ] ‹-a/-en, -er› Schiebedach

tale [ˈtɑːlǝ] ‹-te, -t› reden

tall [tɑl] ‹-et, -› Zahl

tallerken [tɑˈlærkǝn] ‹-en, -er› Teller

tampong [tɑmˈpɔŋǝr] ‹-en, -er› Tampons

tank [tɑŋk] ‹-en, -er› Tank

tanke opp [tɑŋkǝ ˈop] ‹-et, -et/-a, -a› tanken

tann [tɑn] ‹-a/-en, tenner› Zahn

tannbørste [ˇtɑnbøʃtə] ‹-en, -er› Zahnbürste

tannhjulbane [ˈtɑnjʉːlbɑːnə] ‹-a/-en, -er› Zahnradbahn

tannkjøtt [ˇtɑnçøt] ‹-et› Zahnfleisch

tannkrem [ˇtɑnkrəm] ‹-en› Zahnpasta

tannpirker [ˇtɑnpirkər] ‹-en, -e› Zahnstocher

tannverk [ˇtɑnværk] ‹-en› Zahnschmerzen

tape [ˇtɑːpə] ‹-te, -t› verlieren

tappet [ˇtɑpət] vom Fass

tarm [tɑrm] ‹-en, -er› Darm

tau [tæʉ] ‹-et, -› Seil

taubane [ˇtæʉbɑːnə] ‹-a/-en, -er› Seilbahn

taxfree shop [ˈtæksfriː ʃɔp] zollfreier Laden

T-bane (tunnelbane) [ˈteːbɑːnə (ˈtʉnəlbɑːnə)] U-Bahn

T-bane [ˈteːbɑːnə] ‹-a/-en, -er› S-Bahn

te [teː] ‹-en› Tee

teater [teˈɑːtər] ‹-et, -› Theater

teatergruppe [teːˈɑtergrʉpə] ‹-en› Theatergruppe

teaterstykke [teˈɑːtəʃtykə] ‹-et, -er› Theaterstück

tegn [tæin] ‹-et, -› Zeichen

tegne [tæinə] zeichnen

tegnefilm [teinəfilm] ‹-en› Zeichentrickfilm

tegneseriehefte [ˇteineseːriəhæftə] ‹-et› Comic-Heft

tegning [ˇtæiniŋ] ‹-en, -er› Zeichnung

tegnspråk [ˈteinsproːk] ‹-et, -› Zeichensprache

telebutikk [ˈteːləbʉtik] ‹- en, -er› Handygeschäft

telefaks [ˇteːlefaks] ‹-en› Fax

telefon [teleˈfuːn] ‹-en, -er› Telefon

telefonere [telefuˈneːrə] ‹-te, -t› telefonieren

telefonkatalog [teleˈfuːnkatɑlɔːg] ‹-en, -er› Telefonbuch

telefonkiosk [teleˈfuːnçɔsk] ‹-en, -er› Telefonzelle

telefonkort [teleˈfuːnkɔt] ‹-et, -› Telefonkarte

telefonnummer [teleˈfuːnumər] ‹-et, -› Telefonnummer

telefonrør [teleˈfuːnrøːr] ‹-et, -› Hörer

telefonsamtale [teləˈfuːnsamtɑːlə] ‹-en, -er› Telefonanruf

telefonsamtale [teleˈfuːnsamtɑːlə] ‹-en, -er› Telefongespräch

telefonsvarer [teleˈfuːnsvɑːrər] ‹-en, -e› Anrufbeantworter

telegrafisk overføring [teleˈgrɑːfisk ˈoːvərføːriŋ] telegrafische Überweisung

telegram [teleˈgrɑm] ‹-met, -› Telegramm

teleks [ˈteːleks] ‹-en› Telex

teleobjektiv [ˇteːleubjektiːv] ‹-et, -er› Teleobjektiv

teleslynge [ˇteləʃlyŋə] ‹-a/-en, -er› Induktionsschleife

telle [ˇtelə] ‹-te, -t/talte, talt› zählen

telt [telt] ‹-et, -› Zelt

telte [ˇteltə] ‹-et, -et/-a, -a› zelten

teltsnor [ˈteltsnuːr] ‹-a/-en, -er› Zeltschnur

teltstang [ˈteltstɑŋ] ‹-a/-en, -stenger› Zeltstange

temmelig [ˇteməli(g)] ziemlich

tempel [ˈtɔmpəl] ‹-et, templer› Tempel

temperatur [tempərɑˈtʉːr] ‹-en, -er› Temperatur

tenke på [ˇteŋkə pɔ] ‹-te, -t› denken an

tenne [ˇtenə] ‹-te, -t› anzünden

tenning [ˇteniŋ] ‹-en› Zündung

tenningsnøkkel [ˇteniŋsnøkəl] ‹-en› Zündschlüssel

tennis [ˈtenis] ‹-en› Tennis

tennisracket [ˈtenisrækət] ‹-en, -er› Tennisschläger

tennplugg [ˈtenplʉg] ‹-en, -er› Zündkerze

tepose [ˈteːpuːsə] ‹-en, -er› Teebeutel

terapi [teːrɑˈpiː] ‹- en, -er› Therapie

termalbad [terˈmɑlbɑd] ‹- et, -› Thermalbad

terminal [termiˈnɑːl] ‹-en, -er› Terminal

termosflaske [ˈtærmusflɑskə] ‹-a/-en, -er› Thermosflasche®

terrasse [teˈrɑsə] ‹-en, -er› Terrasse

terreng [teːˈreŋ] ‹-et› Gelände

terrengsykkel [teˈræsykəl] ‹-en› Mountainbike

terskel [ˈteʃkəl] ‹-en, terskler› Türschwelle

teskje [ˈteːʃeː] ‹-en/-a, -er› Teelöffel; Kaffeelöffel

ti [tiː] zehn

tid [tiːd] ‹-en/-a, -er› Zeit

tidlig [ˈtidli] früh

tidligere [ˇtiːdliərə] vorher

tidligere [ˈtidliærə] früher

tidsskrift [ˈtidskrift] ‹-et, -› Zeitschrift

til [til] *(Richtung)* nach, bis, zu; für

til høyre [til ˇhøyrə] rechts

til sist [til ˈsist] zuletzt

til tross for [til ˈtrɔs fɔr] trotzdem

til venstre [til ˈvenstrə] links

tilbake [tilˇbaːkə] zurück

tilbakereise [tilˇbaːkəræise] ‹-a/-en, -er› Rückfahrt

tilberede [ˈtilbereːdə] ‹-te, -t› zubereiten

tilfeldig [tilˈfeldi] zufällig

tilfreds [tilˈfreds] zufrieden
tilføye [ˈtilføiə] ‹-et, -et› hinzufügen
tilgjengelighet [tilˈjeŋəlihe:t] ‹-en› Zugänglichkeit
tilgodelapp [tilˈguːdəlap] ‹-en, -er› Gutschein
tilhenger [ˈtilheŋər] ‹-en, -e› Anhänger
tilhøre [ˈtilhøːrə] ‹-te, -t› gehören
tillatelig [tiˈlaːtəli] zulässig
tillegg [ˈtileg] ‹-et, -› Zuschlag
tilskuer [ˈtilskʉːər] ‹-en, -e› Zuschauer/in
tiltro [ˈtiltruː] ‹-en›/**tiltru** [ˈtiltrʉː] ‹-a› Vertrauen
time [tiːmə] ‹-en, -er› Termin
time [ˈtiːmə] ‹-en, -er› Stunde
timian [ˈtimian] ‹-en› Thymian
ting [tiŋ] ‹-en, -› Ding, Sache, Gegenstand
tips [tips] ‹-et, -› Tipp
tirsdag [ˈtiːʃdag] Dienstag
tivoli [ˈtiːvuli] ‹-et› Jahrmarkt
tivoli [ˈtivuli] ‹-et, -er› Kirmes
tjue [ˈçʉːə] zwanzig
tjueen [çʉːəˈeːn] einundzwanzig
tjuefem [çʉːəˈfem] fünfundzwanzig
tjuefire [çʉːəˈvfiːrə] vierundzwanzig
tjueni [çʉːəˈniː] neunundzwanzig
tjueseks [çʉːəˈseks] sechsundzwanzig
tjuesju [çʉːəˈʃʉː] siebenundzwanzig
tjueto [çʉːəˈtu] zweiundzwanzig
tjuetre [çʉːəˈtreː] dreiundzwanzig
tjueåtte [çʉːəˈɔtə] achtundzwanzig
tjukk/tykk [çʉk/tyk] dick
to [tuː] zwei
toalett [tuaˈlet] ‹-et, -er› Toilette
toalettartikler [tuaˈletartiklər] Drogerieartikel
toalettpapir [tuaˈletpapiːr] ‹-et, -› Toilettenpapier
toast [tɔust] Toast
tobakk [ˈtubak] ‹-en› Tabak
tobakksforretning [ˈtubaksɔretniŋ] ‹-en, -er› Tabakladen
tog [toːg] ‹-et, -› Zug
tog [tog] ‹-et› Umzug
togtjeneste [ˈtuːgçeːnestə] ‹-en› Fahrdienst
togvogn med rullestoltilgjengelighet [ˈtuːgvɔgn meːd ˈrʉlestuːltiljeŋəlihe:t] *(Zug)* rollstuhlgängiger Wagen
tohundre [tuːˈhʉndrə] zweihundert
toll [tɔl] ‹-en› Zoll
tollavgift [ˈtɔlaːvjift] Zollgebühren
tolldeklarasjon [ˈtɔldeklaraʃuːn] ‹-en, -er› Zollerklärung
tollfri [ˈtɔlfriː] zollfrei
tollpliktig [ˈtɔlplikti] zollpflichtig

tolv [tɔl] zwölf
tom [tum] leer
tom CD/DVD [tum ˈceːdeː/deːweː ˈdeː] Rohling
tomat [tuˈmaːt] ‹-en, -er› Tomaten
tomgang [ˈtumgaŋ] ‹-en› Leerlauf
tone [ˈtuːnə] ‹-en, -er› Ton
tone [ˈtuːnə] ‹-et, -et/-a, -a› tönen
tordenvær [ˈtɔrdn] ‹-et› Gewitter
torg [tɔrg] ‹-et, -› Obst- und Gemüsemarkt
torg [tɔrgə] ‹-et› Marktplatz
torsdag [ˈtuːʃdag] Donnerstag
trafikk [traˈfik] ‹-en› Verkehr
trafikklys [traˈfikly traːs] ‹-et, -› Ampel
tragedie [traˈgeːdiə] ‹-en, -er› Tragödie
trang [traŋ] eng
trapp [trap] ‹-a/-en, -er› Treppe
tre [treː] ‹-et, trær› Baum
tre [treː] ‹-et› Holz
tre [treː] drei
tredje [ˈtreːdjə] dritte(r, -s)
tredve [ˈtredvə] dreißig
treffe [ˈtrefə] ‹traff, truffet› treffen
trehundre [treːˈhʉndrə] dreihundert
trekke [ˈtrekə] ‹trakk, trukket› ziehen
trene [ˈtreːnə] ‹-te, -t› üben
trenge [ˈtreŋə] ‹-te, -t› brauchen, benötigen
treskjærerarbeide [ˈtreːʃæːrərarbæidə] ‹-et, -er› Schnitzerei
tresnitt [ˈtreːsnit] ‹-et, -› Holzschnitt
tretten [ˈtretən] dreizehn
trettendedagen [ˈtretəndəˈdaːgən] Dreikönigstag
tretti [ˈtreti] dreißig
trettien [tretiˈeːn] einunddreißig
trettito [tretiˈtuː] zweiunddreißig
trikk [trik] Straßenbahn
trinn [trin] ‹-et, -› Stufe
trinnfri adgang [ˈtrinfriː ˈaːdgaŋ] ‹-en, -er› stufenloser Zugang
trist [trist] traurig
tro [truː] ‹-dde, -dd› glauben
trommehinne [ˈtruməhinə] ‹-a/-en, -er› Trommelfell
tru [trʉː] ‹-dde, -dd› glauben
truse [trʉːsə] ‹-a/-en, -er› Slip
truseinnlegg [ˈtrʉːsəinleg] ‹-et, -› Slipeinlagen
trøtt [trøt] müde
tråd [trɔː] ‹-en› Draht; Faden
t-skjorte [ˈteːʃutə] ‹-a/-en, -er› T-Shirt
tunfisk [ˈtʉːnfisk] ‹-en, -er› Thunfisch
tung [tuŋ] *(Gewicht)* schwer
tunge [tuŋə] ‹-a/-en, -er› Zunge
tunnel [ˈtʉnəl] ‹-en, -er› Tunnel, Unterführung
tur [tʉːr] ‹-en, -er› Tour, Fahrt

turgåing [ˈturgoːiŋ] ‹-en› Trekking
turist [tʉˈrist] ‹-en, -er› Tourist/in
turistkontor [tʉˈristkuntuːr] ‹-et› Fremdenverkehrsamt
turkart [ˈtʉːrkɑʈ] ‹-et, -› Wanderkarte
turkis [turˈkiːs] Türkis, türkis
turnsko [ˈtʉːnʂkuː] ‹-en, -› Turnschuhe
tursti [ˈtʉːʃtiː] ‹-en, -er› Wanderweg
tusen [ˈtʉːsən] tausend
TV [ˈteːveː] Fernseher
tverrsnittlammet [ˈtverʃnitlamət] querschnittsgelähmt
tvers gjennom [tvɛrs jənum] quer durch
TV-rom [ˈteːveːrum] ‹-met, -› Fernsehraum
tydelig [ˈtyːdəli] deutlich
tyfus [ˈtyːfʉs] ‹-en› Typhus
tyggis [ˈtygiːs] ‹-en› Kaugummi
tynn [tyn] dünn
typisk [ˈtyːpisk] typisch
tysk [tysk] deutsch
tysker [ˈtyskər] ‹-en, -e› der/die Deutsche
Tyskland [ˈtysklɑn] Deutschland
tyv [tyːv] ‹-en, -er› Dieb
tyve [ˈtyːvə] zwanzig
tyveri [tyːvəˈriː] ‹-et, -er› Diebstahl
tømming [ˈtømiŋ] ‹-en, -er› Leerung
tørke [ˈtørkə] ‹-en, -et/-a, -a› trocknen
tørkeautomat [ˈtørkəautumat] ‹- en, -er› Trockner
tørketrommel [ˈtørkətruməl] ‹-en, -tromler› Wäschetrockner
tørr [tør] trocken
tørrfisk [ˈtørfisk] ‹-en, -er› Stockfisch
tørst [tøʃt] durstig
tørt hår [tøʈ ˈhoːr] trockenes Haar
tøy [tøːi] ‹-et› Wäsche
tå [toː] ‹-a, tær› Zehe
tåke [ˈtoːkə] ‹-a/-en, -er› Nebel
tålmodighet [tolˈmuːdihet] ‹-en› Geduld
tårn [toːɳ] ‹-et, -› Turm
tåteflaske [ˈtoːtəflaskə] ‹-a/-en, -er› Saugflasche
tåteflaske [ˈtoːtəflaskə] ‹-a/-en, -er› Trinkflasche
tåtesmokk [ˈtoːtəsmɔk] ‹-en, -er› Sauger

U

uavgjort [ˈʉɑːvjuʈ] unentschieden
ubehagelig [ˈʉːbehaɡəli] unangenehm
ubetinget [ˈʉːbetiŋət] unbedingt
uegnet [ˈʉːæinət] ungeeignet
uforpliktende [ˈʉfɔrpliktəndə] unverbindlich
uforskammet [ˈʉːfɔʃkamət] unverschämt

ugift [ˈʉjift] ledig
uhell [ˈʉːhel] ‹-et, -› Panne
uke [ˈʉːkə] ‹-a/-en, -er› Woche
ukeblad [ˈʉːkəblɑː] ‹-et, -› Illustrierte
ukekort [ˈʉːkəkɔʈ] ‹-et, -er› Wochenkarte
ulik [ˈʉːliːk] anders
ull [ʉl] ‹-a/-en› Wolle
ullteppe [ˈʉltepə] ‹-et, -er› Wolldecke
ulykke [ˈʉːlykə] ‹-a/-en, -er› Unglück, Unfall
umulig [ʉˈmuːli] unmöglich
under [ˈʉnər] *prp* unter; während
underbukse [ˈʉndərbuksə] ‹-a/-en, -er› Herrenunterhose
underholdning [undərˈhɔlniŋ] ‹-en› Vergnügen, Unterhaltung
underlig [ˈʉndəli] eigen, eigenartig
underliv [ˈʉnəliːv] ‹-et› Unterleib
underrette [ˈʉnəretə] ‹-et, -et/-a, -a› benachrichtigen
underskrift [ˈʉnəʃkrift] ‹-a/-en, -er› Unterschrift
underskrive [ˈʉnəʃkriːvə] ‹-skrev/-skreiv, -skrevet› unterschreiben
undersøkelse [ʉnəˈʃøːkelsə] ‹-en, -er› Untersuchung
undertittel [ˈʉndətitəl] ‹-en, -titler› Untertitel
undertrøye [ˈʉndətrøyə] ‹-a/-en, -er› Unterhemd
undertøy [ˈʉndətøy] ‹-et› Unterwäsche
undervannskamera [ˈʉnərvanskame:ra] ‹-et› Unterwasserkamera
underveis [ʉn(d)ərˈvæis] unterwegs
undervise [ˈʉnəviːsə] ‹-te, -t› unterrichten
undre seg (over) [ˈʉndrə sæi oːvər] ‹-et, et/-a, -a› s. wundern (über)
ung [ʉŋ] jung
ungdom [ˈʉŋdum] ‹-en, -er› Jugendliche(r)
ungkar [ˈʉŋkar] ‹-en, -er› Junggeselle
universitet [ʉnivæʃiˈteːt] ‹-et, -er› Universität
unnskylde seg [ˈʉnʃylə sæi] s. entschuldigen
unnskyldning [ˈʉnʃylniŋ] ‹-en, -er› Entschuldigung
unntatt [ˈʉntat] außer
urin [ʉˈriːn] ‹-en› Urin
urmaker [ˈʉːrmaːkər] ‹-en, -e› Uhrmacher
urter [ʉrtər] ‹pl› Kräuter
usannsynlig [ˈʉːsansynli] unwahrscheinlich
usedvanlig [ʉsedˈvanli] außergewöhnlich
utdannelse [ˈʉːtdanelsə] ‹-en, -er› Ausbildung

ute [ˈʉːtə] *adv* draußen

uten [ˈʉːtən] ohne

uten hinder for rullestoler [ˈʉːtən hindər fɔr ˈrʉlæstuːlər] barrierefrei

utenfor [ˈʉːtənfɔr] *adv* außen, außerhalb

utenlandsk [ˈʉːtənlɑnsk] ausländisch

utenlandssamtale [ˈʉːtənlɑnsɑmtɑːlə] ‹-en, -er› Auslandsgespräch

utenom, [ˈʉːtənum] außer

utenpå [ˈʉːtənpɔ] *adv* außen

utenriksfly [ˈʉːtənriksflyː] ‹-et, -› Auslandsflug

utflukt [ˈʉːtflʉkt] ‹-en, -er› Ausflug

utgang [ˈʉːtgɑŋ] ‹-en, -er› Ausgang

utgått på dato [ˈʉːtgɔt poː ˈdɑːtɔ] abgelaufen

utgravinger *pl* [ˈʉːtgrɑvingər] Ausgrabungen

utkjørsel [ʉtçørsəl] ‹-en› Ausfahrt

utkjørt [ˈʉːtçøːʈ] erschöpft

utland [ˈʉːtlɑn] ‹-et, -› Ausland

utlending [ˈʉːtleniŋ] ‹-en, -er› Ausländer/in

utløser [ˈʉːtløːsər] ‹-en, -e› Auslöser

utmerket [ˈʉːtmærkət] ausgezeichnet

utreise [ˈʉːtræisə] ‹-a/-en, -er› Ausreise

utrolig [ʉˈtruːli] unglaublich

utsalg [ˈʉːtsɑlg] ‹-et, -› Ausverkauf

utsette [ˈʉːtsetə] ‹-satte, -satt› *(zeitlich)* verschieben

utsikt [ˈʉːtsikt] ‹-en, -er› Aussicht

utsiktspunkt [ˈʉːtsiktspʉnt] ‹-et, -› Aussichtspunkt

utslett [ˈʉːtʃlet] ‹-et› Ausschlag

utstilling [ˈʉːtstiliŋ] ‹-en, -er› Ausstellung

utstillingsgjenstand [ˈʉːtstiliŋsjenstan] ‹-en, -er› Exponat

utstillingsvindu [ˈʉːtstiliŋsvindʉ] ‹-et, -er› Schaufenster

uttale [ˈʉːtɑːlə] ‹-te, -t› aussprechen

uttrykk [ˈʉːtryk] ‹-et, -› Ausdruck

uttrykkelig [ʉˈtrykəli] ausdrücklich

utvalg [ˈʉːtvɑlg] ‹-et, -› Auswahl

utvikle [ˈʉːtviklə] entwickeln

utålelig [ʉˈtoːləli] unerträglich

uvanlig [ʉˈvɑːnli] ungewöhnlich

uviktig [ˈʉːvikti] unwichtig

V

vaksinasjon [vɑksinɑˈʃuːn] ‹-en, -en› Impfung

vaksinasjonsattest [vɑksinɑˈʃuːnsɑtest] ‹-en, -er› Impfpass

vaktskifte ,-et [vɑktʃiftə] Wachablösung

valfartssted [ˈvɑlfɑʈsteːd] ‹-et, -er› Wallfahrtsort

valuta [vɑˈlʉːtɑ] ‹-en, -er› Währung

valutakurs [vɑˈlʉːtɑkuːʃ] ‹-en, -er› Wechselkurs

vandre [ˈvɑndrə] ‹-et, -et/-a, -a› wandern

vandresti [ˈvɑndrəstiː] ‹-en, -er› Wanderweg

vanlig [ˈvɑːnli] üblich, gewöhnlich, gebräuchlich

vann [vɑn] ‹-et› Wasser

vannforbruk [ˈvɑnfɔrbrʉːk] ‹-et› Wasserverbrauch

vannglass [ˈvɑnglɑs] ‹-et, -› Wasserglas

vannjogging [ˈvɑnjɔgiŋ] ‹- en, -› Aqua-Jogging

vannkanne [ˈvɑnkɑnə] ‹-a/-en, -er› Wasserkanister

vannkoker [ˈvɑnkuːkər] ‹- en, -e› Wasserkocher

vannkopper *pl* [ˈvɑnkɔpər] Windpocken

vannkran [ˈvɑnkrɑːn] ‹-en, -er› Wasserhahn

vannmelon [ˈvɑnmeluːn] Wassermelone

vannski [vɑnˈʃi] Wasserski

vannskylling [ˈvɑnʃyliŋ] ‹-en› Wasserspülung

vanntett [ˈvɑntæt] wasserdicht

vanskelig [ˈvɑnskəli] schwierig, schwer

vare [ˈvɑːrə] ‹-te, -t› dauern, halten

varehus [ˈvɑːrɑhʉːs] ‹-et, -› Kaufhaus

varetektsfengsel [ˈvɑːrɑtektsfeŋsəl] ‹-et, -› Untersuchungshaft

variete [vɑrieˈteː] ‹-en, -er› Varietee

varm [vɑrm] warm, heiß

varme [ˈvɑrmə] ‹-en› Hitze; Heizung

varmebølge [ˈvɑrməbølgə] ‹-a/-en, -r› Hitzewelle

varmluftballong [vɑrmlʉftbɑːlɔŋ] ‹-en› Heißluftballon

varmt vann [vɑrmt vɑn] warmes Wasser

varsellys [ˈvɑrʃellys] ‹-et, -ene› Warnblinkanlage

varseltrekant [ˈvɑʃəltreːkɑnt] ‹-en, -er› Warndreieck

vase [ˈvɑːsə] ‹-a/-en, -ar› Vase

vask [ˈvɑskən] ‹-en› Handwaschbecken

vaske [ˈvɑskə] ‹-et, -et/-a, -a› waschen

vaskeklut [vɑskəklʉt] ‹-en› Waschlappen

vaskemaskin [ˈvɑskəmɑʃiːn] ‹-en, -er› Waschmaschine

vaskemiddel [ˈvɑskəmidəl] ‹-et, -midler› Waschmittel

vaskeri [vɑskəˈriː] ‹-et, -er› Wäscherei

vaskerom [ˇvaskərum] ‹-met, -› Waschraum

vaskeservant [ˇvaskəsærvant] ‹-en, -er› Waschbecken

vatt [vat] ‹-en› Watte

ved [ve:] ‹-en› Brennholz

ved [ve:(d)] *(räumlich)* an, bei; *(Zeitangabe)* um

ved hjelp av [ve ˈjelp ɑːv] mittels, durch

ved middagstid [ve ˈmidagsti:] mittags

vegetarisk [vege'ta:risk] vegetarisch

vegg [veg] ‹-en, -er› Wand

veggkontakt [ˇvegkuntakt] ‹-en, -er› Steckdose

vei/veg [væi] ‹-en, -er› Weg, Landstraße

veikart [ˇvæikaʈ] ‹-et, -› Straßenkarte

veikro [ˇvæikru] ‹-en, -er› Raststätte

veiskilt [ˇvæivi:sər] ‹-et› Wegweiser

vekk [vek] weg, fort

vekke [ˇvekə] ‹-et, -et/-a, -a› wecken

vekkeklokke [ˇvækərklɔkə] ‹-en/-a› Wecker

vekselkurs ['veksəlkʉ:ʃ] ‹-en, -er› Wechselkurs

vekslepenger [ˇvekʃləpeŋər] ‹pl› Wechselgeld

veksling [ˇvekʃliŋ] ‹-en› Geldwechsel

vekt [vekt] ‹-a/-en, -er› Gewicht

velge [ˇvelgə] ‹valgte, valgt› wählen

velge ut [velgə ˈʉ:t] ‹valgte, valgt› aussuchen

velkommen! [ˇvelkɔmən] willkommen!

vende tilbake [venə tilˇbɑ:kə] ‹-te, -t› zurückkehren

venn [ven] ‹-en, -er›**/venninne** [venˇinə] ‹-a/-en, -er› Freund/in

vennlig [ˇvenli] freundlich

venstre [ˇvenstrə] linke(r, -s)

vente [ˇventə] ‹-et, -et/-a, -a› (er)warten

venterom [ˇventərum] ‹-met, -› Wartezimmer, Wartesaal

veps [veps] ‹-en, -er› Wespe

verden ['værdən] ‹-en, -er› Welt

verdiangivelse [væ'dʑi:aŋi:velsə] ‹-en, -er› Wertangabe

verdiløs [væ'dʑi:lø:s] wertlos

verdisaker [væ'dʑi:sa:kər] ‹pl› Wertsachen

verksted ['værkste:] ‹-et, -er› Werkstatt

verktøy [ˇværktøy] ‹-et› Werkzeug

vert [væʈ] ‹-en, -er›**/vertinne** [væʈˇinə] ‹-a/-en, -er› Gastgeber/in

vertshus [ˇveʈshu:s] ‹-et, -› Kneipe

veske [ˇveskə] ‹-a/-en, -er› Tasche

vest [vest] ‹-en, -er› Weste

vestlig [ˇvestli] westlich

vi [vi:] wir

viadukt [via'dʉkt] ‹-en, -er› Unterführung

vid [vi:] *(Gegenteil von eng)* weit

videofilm ['vi:deufilm] ‹-en, -er› Videofilm

videokamera [ˇvi:de:ukame:ra] ‹-et› Camcorder

videokamera [ˇvi:deuka:mərɑ] ‹-et, -er› Videokamera

videokassett ['vi:deukaset] ‹-en, -er› Videokassette

videospiller ['vi:deuspilər] ‹-en, -e› Videorekorder

vidunderlig [vid'ʉndəl̩i] wunderbar

vifte [ˇviftə] ‹-a/-en, -er› Ventilator

vik [vi:k] ‹-a/-en, -er› Bucht

viktig [ˇvikti] wichtig

vill [vil] wild

villa [vila] ‹-en, -er› Villa

ville gjerne [ˇvilə ˇjæ:ŋə] ‹ville, villet› mögen *(möchte)*

viltreservat [ˇviltreserva:t] ‹-et, -er› Wildreservat

vin [vi:n] ‹-en, -er› Wein

vind [vin] ‹-en, -er› Wind

vindretning ['vinretniŋ] Windrichtung

vindrue [ˇvi:ndru:ə] ‹-a/-en, -er› Weintrauben

vindstille [ˇvinstilə] Flaute

vindstyrke [ˇvinstyrkə] ‹-en, -er› Windstärke

vindu [ˇvindu:] ‹-et, -er› Fenster

vindusplass [ˇvindusplas] ‹-en, -er› Fensterplatz

vindusvisker [ˇvindusviskər] ‹-en, -e› Scheibenwischer

vinglass [ˇvi:nglas] ‹-et, -› Weinglas

Vinmonopolet [ˇvi:nmunupu:lə] Weinhandlung, Spirituosengeschäft

vinne, vant, vunnet [ˇvinə] gewinnen

vinter ['vintər] ‹-en› Winter

vinterdekk [ˇvintədek] ‹-et, -› Winterreifen

virkedag [ˇvirkəda:g] ‹-en, -er› Werktag

virkelig [ˇvirkəli] wirklich

virus ['vi:rʉs] ‹-et› Virus

visdomstann [vi:sdɔmstan] ‹-en/-a› Weisheitszahn

vise [ˇvi:sə] ‹-a/-en, -er› Lied

vise [ˇvi:sə] ‹-te, -t› zeigen

visittid [vi'siti:] ‹-en/-a, -er› Besuchszeit

visp [wisp] ‹-en, -› Schneebesen

visum [vi:sʉm] ‹-et› Visum

vite [ˇvi:tə] ‹visste, visst› wissen

vitne [vitnə] ‹-et, -er› Zeuge/Zeugin

vittighet [ˇvitihe:t] ‹-en, -er› Witz

vognkort [ˇvɔŋkɔʈ] ‹-et, -› Kfz-Schein

vognnummer [ˇvɔŋnumər] ‹-et, -› Wagennummer

voksen/voksne [ˇvɔksən/ˇvɔksnə] ‹pl› Erwachsene(r)

voldtekt [ˇvɔltekt] ‹-en, -er› Vergewaltigung

volleyball [ˇvɔlibal] ‹-en› Volleyball

vulkan [vʉlˈkɑːn] ‹-en, -er› Vulkan

være [ˇvæːrə] ‹var, vært› *verb* sein

være for [ɔ væːrə for] dafür sein

være hes [væːrə ˈheːs] heiser sein

være mot [ɔ væːrə muːt] dagegen sein

være redd [væːrə ˈred] ‹var, vært› erschrecken, erschrocken sein

være sjøsyk [værə ˇʃøːʃʉːk] ‹var , vært› seekrank sein

være sulten [væːrə ˇsʉltən] hungrig sein

være til overs [væːrə til ˈoːvəʃ] ‹var, vært› übrig bleiben

være vant med [værə ˈvɑnt meː] gewohnt sein

være venn med [værə ˈven me] befreundet sein (mit)

værelse [ˇvæːrelsə] ‹-et, -er› Zimmer

værelsespike [ˇvæːrelsəspiːkə] ‹-en/-a, -er› Zimmermädchen

værmelding [ˇvæːrmeldiŋ] ‹-en/-a, -er› Wetterbericht, Wettervorhersage

våken [ˇvoːkən] wach

våkne [ˇvoːknə] ‹-t, -t› aufwachen

vår [voːr] ‹-en› Frühling

vår [voːr] unser, unsere

våt [voːt] nass

westernfilm [væsternfilm] ‹-en› Western

yndling [ˇyndliŋ] ‹-en, -er› Liebling

yoga [ˈjoːgɑ] Yoga

yoghurt [ˈjɔgʉt] ‹-en, -er› Joghurt

yrke [ˇyrkə] ‹-et, -er› Beruf

yttertak [ytərtɑːk] ‹-et, -› Dach

zoologisk hage [suuˈloːgisk ˇhɑːgə] ‹-en, -er› Zoo

ødelagt [ˇøːdəlɑkt] verdorben

øl [øl] ‹-et› Bier

øm [øm] zärtlich

ønske [ˇønskə] ‹-et, -et/-a, -a› wünschen

øre [ˇøːrə] ‹-et, -er› Ohr

ørebetennelse [ˇøːrəbetenelsə] ‹-en› Mittelohrentzündung

øredråper *pl* [ˇøːrədroːpər] Ohrentropfen

ørering [ˇøːrəriŋ] ‹-en, -er› Ohrringe

øse [ˈøːsə] ‹- en/-a, -er› Schöpfkelle

Østen [ˈøstən] Osten

Østerrike [ˇøstəriːkə] Österreich

østerriker [ˇøstəriːkər] ‹-en, -e› Österreicher/in

østers [ˈøstəʃ] ‹-en, -er› Austern

østlig [ˇøstliː] östlich

øve [ˇøːvə] ‹-de, -d› üben

øvre stasjon [øvrə stɑˈʃun] Bergstation

øy [øy] ‹-a, -er› Insel

øye [ˇøyə] ‹-et, -øyne› Augen

øyebetennelse [ˈøyebeːtenelsə] ‹- en, -er› Bindehautentzündung **øyeblikk** [ˇøyəblik] ‹-et, -› Augenblick

øyendråper *pl* [ˇøyəndroːpər] Augentropfen

ål [oːl] ‹-en, -er› Aal

åpen [ˇoːpən] *adv* offen, auf

åpen vogn [ˇoːpən vɔŋn] Großraumwagen

åpne [ˇoːpnə] ‹-et, -et/-a, -a› öffnen

åpnet [ˇoːpnət] geöffnet

åpningstider [opniŋstiːdər] Öffnungszeiten

år [oːr] ‹-et, -› Jahr

åre [ˇoːrə] ‹-en, -er› Ruder

årlig [ˇoːli] jährlich

årsak [ˇoːʃɑːk] ‹-en/-a, -er› Grund

årstid [ˈoːʃtiː] ‹-a/-en, -er› Jahreszeit

åtte [ˇɔtə] acht

åtti [ˈɔti] achtzig

A

Aal ål [oːl] ‹-en, -er›
ab fra (og med) [fraː (ɔ meː)]
Abblendlicht nærlys [ˇnæːlyːs] ‹-et, -›
Abend kveld [kvel] ‹-en, -er›, aften [ˇaftən] ‹-en, -er›
Abendessen middag [ˈmidɑːg] ‹-en›
Abendgarderobe kveldsgarderobe [kvelsgɑrderuːbə] ‹-en, -r›
abends om kvelden [ɔm ˈkvelən]
aber men [men]
abfahren (von) reise (fra) [ˇræisə (frɑː)] ‹-te, -t› / kjøre bort (fra) [çøːrə ˈbuʈ (frɑː)] ‹-te, -t›
Abfahrt avgang [ˇɑːvgɑŋ] ‹-en, -er›
Abfahrtszeit avgangstid [ˇɑːvgɑŋsti:] ‹-en, -er›
Abfall avfall [ˇɑːvfɑl] ‹-et›, søppel [ˈsøpəl] ‹søpla›
Abfallbeutel søppelpose [ˈsøpəlpuːsə] ‹-en, -er›
Abflug avgang [ˇɑːvgɑŋ] ‹-en, -er›
Abführmittel avføringsmiddel [ˈɑːvføːriŋsmidəl] ‹-et, -midler›
abgeben levere [leˈveːrə] ‹-te, -t›
abgelaufen utgått på dato [ˈuːtgɔt poː ˈdɑːto]
abholen hente [ˇhentə] ‹-et, -et/-a, -a›; *(auf dem Bahnhof)* møte [ˇmøːtə] ‹møtte, møtt›
Abkürzung *(Weg)* snarvei [ˇsnɑːrvæi] ‹-en, -er›
ablehnen nekte [ˇnektə] ‹-et, -et/-a, -a›, avslå [ˈɑːvʃloː] ‹-slo, -slått›
abnehmen ta av røret [ta ɑːv ˈrøːrə]
abreisen (nach) reise (til) [ˇræisə (til)] ‹-te, -t›
Absatz hæl [hæːl] ‹-en, -er›
Abschleppdienst redningstjeneste [ˇrædniŋstje:nestə] ‹-en›
abschleppen slepe bort [sleːpə ˈbuʈ] ‹-te, -t›
Abschleppseil slepetau [ˇsleːpətæu] ‹-et, -›
Abschleppwagen bergingsbil [ˇbergiŋsbiːl] ‹-en, -er›
abschließen låse [ˇloːsə] ‹-te, -t›
abseits offside [ˈɔfsɑid]
Absender avsender [ˇɑːvsenər] ‹-en, -e›
Abszess byll [byl] ‹-en, -er›
Abtei kloster [ˈklɔstər] ‹-et, klostre›
Abteil kupé [kʉˈpeː] ‹-en, -er›
acht åtte [ˇɔtə]
achtundzwanzig tjueåtte [çʉːəˇɔtə]

Achtung respekt [reˈspekt] ‹-en›; *(bei Gefahr)* Se opp! [seː ˈup], pass på! [pɑs ˈpoː]
achtzehn atten [ˇatən]
achtzig åtti [ˈɔti]
Actionfilm actionfilm [ækʃnfilm] ‹-en›
Adapter adapter [ɑˈdɑptər] ‹-en, -e›
Adresse adresse [ɑˈdresə] ‹-a/-en, -er›
Agentur agentur [ɑgenˈtʉr] ‹-et, -er›
ähnlich liknende [ˇliŋnəndə]
akklimatisieren, s. ~ [ɑklimatiˈseːrə] ‹-te, -t›
Akt aktbilde [ˈɑktbildə] ‹-et, -er›
Aktzeichnen [ˈɑkteiniŋ] ‹-ɑ/-en, -er›
Akupunktur akupunktur [ɑkʉˈpʉnkˈtʉːr] ‹- en, -er›
Alarmanlage alarmsystem [ɑˈlɑrmsysteːm] ‹-et, -er›
alkoholfrei alkoholfri [ɑlkʉˈhuːlfriː]
alkoholfreies Bier alkoholfritt øl [ɑlkʉˈhuːlfrit ˈøl]
alle *(sämtliche)* alle [ˇɑlə]
allein alene [ɑˇleːnə]
Allergie allergi [ɑlerˈgiː] ‹-en, -er›
alles alt [ɑlt]
als *(zeitlich)* da [dɑː]; *(bei Vergleich)* enn [en]
also altså [ˈɑltsɔ], så [soː]
alt gammel [ˇgaməl]
Altar alter [ˇɑltər] ‹-et, -›
Alter alder [ˈɑldər] ‹-en, aldre›
Altstadt gamlebyen [ˇgamləbyːən]
Alufolie aluminiumsfolie [ɑlʉˈmiːniʉmsfuːliə] ‹-en, -er›
am Sonntag *(på)* søndag [(pɔ) ˈsøndɑg]
am Vormittag om formiddagen [ɔm ˇformidagən]
am Wochenende i helgen [i ˈhelgən]
Ampel trafikklys [trɑˈfikly trɑ ːs] ‹-et, -›
Amt [kunˈtuːr] ‹-et, -›
amüsieren, s. ~ more seg [ˇmuːrə sæi] ‹-et, -et/-a, -a›
an *(räumlich)* ved [ve], på [poː]
Ananas ananas [ˈɑnɑnɑs] ‹-en, -›
andere, der/die/das ~ andre [ˇɑndrə]
anders ulik [ˇʉːliːk], annerledes [ˇɑnəlɛːdəs]
anderswo et annet sted [et ˈɑnət steːd]
Anfang begynnelse [beˇjynelsə] ‹-en, -er›
anfangen begynne [beˈjynə] ‹-te, -t›
Angabe opplysning [ɔpˈlyːsniŋ] ‹-en, -er›
Angel fiskestang [ˇfiskəstɑŋ] ‹-ɑ/-en, -stenger›
Angelhaken krok [kruken] ‹-en›
angeln fiske [ˇfiskə] ‹-et, -et›

Angelrolle snelle [ˇsnælə] ‹-en›
Angelschein fiskekort [ˇfiskəkuʈ] ‹-et, -›
Angelsehne snøre [ˇsnørə] ‹-et›, gøtt [gøt] ‹-›
angenehm behagelig [beˈhɑːgəli]
Angina halsbetennelse [ˇhɑlsbetenelsə] ‹-en, -er›
anhalten stoppe [ˇstɔpə] ‹-et, -et/-a, -a›
Anhänger tilhenger [ˇtilheŋər] ‹-en, -e›
ankommen [ˈɑnkɔmə] ‹ankom, ankommet›
Ankunft ankomst [ˇɑnkɔmst] ‹-en›
Ankunftszeit ankomsttid [ˇɑnkɔmsti:] ‹-en, -er›
Anlasser startmotor [ˈstɑʈmuːtur] ‹-en, -er›
anlegen in legge til, la, lagt [legə ˈtil]
anmelden anmelde [ˈɑnmelə] ‹-te, -t›
Anmeldung innsjekking [ˈinʃekiŋ] ‹-en, -er›
Anorak anorakk [ɑnuˈrɑk] ‹-en, -er›
Anreisetag ankomstdag [ˇɑnkɔmstdɑːg] ‹-en, -er›
Anruf (telefon)samtale [(teləˈfuːn) ˇsɑmtɑːlə] ‹-en, -er›
Anrufbeantworter telefonsvarer [teleˈfuːnsvɑrər] ‹-en, -e›
anrufen ringe [ˇriŋə] ‹-te, -t›
Anschluss forbindelse [fɔrˈbinelsə] ‹-en, -er›
ansehen se på [ˈseː pɔ] ‹så, sett›
Ansichtskarte prospektkort [pruˈspektkuʈ] ‹-et, -›
anstatt i stedet for [i ˈsteːdə fɔr]
ansteckend smittsom [ˇsmitsɔm]
anstrengend anstrengende [ˈɑnstreŋəndə]
Antibabypille p-pille [ˈpeːpilə] ‹-a/-en, -er›
Antibiotikum antibiotikum [ɑntibiˈuːtikɵm] ‹-et, -biotika›
antik antikk [ɑnˈtik] ‹-en, -er›
Antiquitätengeschäft antikvitetsforretning [ɑntikviˈteːtsfɔretniŋ] ‹-en, -er›
antworten svare [ˇsvɑːrə] ‹-te, -t›
anzeigen anmelde [ˈɑnmelə] ‹-te, -t›
anziehen *(Kleidungsstück)* ta på (seg) [tɑː ˈpɔː (sæi)] ‹tok, tatt›
Anzug dress [dres] ‹-en, -er›
anzünden tenne [ˇtenə] ‹-te, -t›
Apartment leilighet [ˇlæilihe:t] ‹-en, -er›
Apfel eple [ˇeplə] ‹-et, -er›
Apfelsine appelsine [ɑpəlˈsiːn] ‹-en, -er›
Apotheke apotek [ɑpuˈteːk] ‹-et, -er›
Apparat [ɑpɑˈrɑt] ‹-et, -er›
Appetit appetitt [ɑpəˈtit] ‹-en›
Aprikosen aprikos [ɑpriˈkus] ‹-en, -er›
April april [ɑˈpriːl]

Aqua-Jogging vannjogging [ˈvɑnjɔgiŋ] ‹-en, -›
Aquarell akvarell [ɑkvɑˈrel] ‹-en, -er›
Aquarellmalen akvarellmaling [ɑkvɑˈrelmɑːliŋ] ‹-en›
Arbeit arbeid [ˇɑrbæid] ‹-et, -er›
arbeiten arbeide [ɑrˈbæidə] ‹-dde, -dd/-et, -et›
arbeitslos arbeisløs [ˈɑrbeidsløːs]
Archäologie arkeologi [ɑrkeuluˈgiː] ‹-en›
Architekt arkitekt [ɑrkiˈtekt] ‹-en, -er›
Architektur arkitektur [ɑrkitekˈtɵːr] ‹-en, -er›
ärgern, s. ~ über ergre seg over [ˇærgrə sæi oːvɑr] ‹-et, -et/-a, -a›
Arm fattig [ˇfɑti]
arm fattig [ˇfɑti]
Armband armbånd [ˇɑrmbɔn] ‹-et, -›
Armbanduhr armbåndsur [ˇɑrmbɔnsuːr] ‹-et, -›
Ärmel erme [ˇærmə] ‹-et, -er›
Aromabad aromabad [ɑˈɑru:mɑbɑ:d] ‹- et, -›
Art slag [ʃlɑːg] ‹-et, -›, sort [suʈ] ‹-en, -er›
Aschenbecher askebeger [ˇɑskəbe:gər] ‹-et, -›
Aspirin aspirin [ɑspiˈriːn] ‹-en›
Asthma astma [ˈɑstmɑ] ‹-en›
Atembeschwerden pustevansker *pl* [ˇpɵstəvɑnskər]
atmen puste [ˇpɵstə] ‹-et, -et/-a, -a›
Attest attest [ɑˈtest] ‹-en, -er›
auch også [ˈɔsɔ]; **~ nicht** heller ikke [ˈhelər ikə]
auf *prp* på [pɔː]; **~ Norwegisch** på norsk [pɔ ˈnɔʃk]; *adv (offen)* åpen [ˇoːpən]
Auf-/Abfahrt inn-/avkjørsel [ˈin-/ ɑvçøʃəl] ‹-en, innkjørsler›
aufbewahren oppbevare [ˈɔpbevɑːrə] ‹-te, -t›
aufbrechen bryte opp, brøt, brutt [bryːtə ɔp]
Aufenthalt opphold [ˇɔphɔl] ‹-et, -›
Aufenthaltsraum oppholdsrom [ˇɔphɔlsrum] ‹-et, -›
Auffahrtrampe rullestolrampe [ˇrɵləstuːlrɑmpə] ‹-a/-n, -r›
Aufführung oppførelse [ˈɔpføːrelsə] ‹-en, -er›
aufhalten, s. ~ oppholde seg [ˇɔphɔlə sæi] ‹-t, -t›
aufhören slutte [ˇslɵtə] ‹-t, -t›
aufpassen (auf) passe (på) [ˇpɑsə (po:)] ‹-et, -et/-a, -a›
Aufschnitt pålegg [ˇpoːleg] ‹-et›
aufschreiben skrive opp [skriːvə ɔp] ‹skrev, skrevet›
aufstehen stå opp [stɔ ˈɔp] ‹sto, stått›
aufwachen våkne [ˇvoːknə] ‹-t, -t›

aufwärts *adv* oppover ['ɔpo:vər]
Aufzug heis [hæis] ‹-en, -er›
Augen øye [ˇøyə] ‹-et, -øyne›
Augenblick øyeblikk [ˇøyəblik] ‹-et, -›
Augenbrauen zupfen nipping ['nipiŋ] ‹-en, -›
Augentropfen øyendråper *pl* [ˇøyəndro:pər]
August august [æʉ'gʉst]
aus *(Herkunft)* fra [frɑ:]
Ausbildung utdannelse ['ʉtdɑnelsə] ‹-en, -er›
Ausdruck uttrykk [ˇʉ:tryk] ‹-et, -›
ausdrücklich uttrykkelig [u'trykəli]
Ausfahrt utkjørsel, en [ʉtçørsəl]
Ausflug utflukt [ˇʉ:tflʉkt] ‹-en, -er›
ausfüllen fylle ut [fylə 'ʉ:t] ‹-te, -t›
Ausgang utgang [ˇʉ:tgɑŋ] ‹-en, -er›
ausgeben gi ut [ji 'ʉ:t] ‹ga, gitt›
ausgehen *(Haus verlassen)* gå ut [gɔ 'ʉ:t] ‹gikk, gått›
ausgezeichnet utmerket ['ʉ:tmærkət]
Ausgrabungen utgravinger *pl* ['ʉ:tgrɑvingər]
Auskunft opplysning [ˇɔplysniŋ] ‹-en, -er›, informasjon [infɔrmɑ'ʃu:n] ‹-en, -er›
Ausland utland [ˇʉ:tlɑn] ‹-et, -›
Ausländer/in utlending [ˇʉ:tleniŋ] ‹-en, -er›
ausländisch utenlandsk [ˇʉ:tənlɑnsk]
Auslandsflug utenriksfly [ˇʉ:tənriksfly:] ‹-et, -›
Auslandsgespräch utenlandssamtale [ˇʉ:tənlɑnsɑmtɑ:lə] ‹-en, -er›
Auslöser utløser [ˇʉ:tlø:sər] ‹-en, -e›
Auspuff eksosrør [ek'su:srø:r] ‹-et, -›
Ausreise utreise [ˇʉ:træisə] ‹-a/-en, -er›
Ausritt ridetur [ˇri:dətʉ:r] ‹-en, -er›
ausruhen, s. ~ hvile ut [vi:lə 'ʉ:t] ‹-te, -t›
Ausschlag utslett [ˇʉ:tʃlet] ‹-et›
außen *adv* utenfor [ˇʉ:tənfɔr], utenpå [ˇʉ:tənpɔ]
außer utenom, [ˇʉ:tənum], unntatt ['ʉntɑt]
außerdem dessuten ['desʉ:tən]
außergewöhnlich usedvanlig [ʉsed'vɑnli]
außerhalb utenfor [ˇʉ:tənfɔr]
Aussicht utsikt [ˇʉ:tsikt] ‹-en, -er›
Aussichtspunkt utsiktspunkt [ˇʉ:tsiktspʉŋt] ‹-et, -›
aussprechen uttale ['ʉ:tɑ:lə] ‹-te, -t›
aussteigen stige av, steg av, steget av [sti:gə 'ɑ:v]
Ausstellung utstilling ['ʉ:tstiliŋ] ‹-en, -er›
aussuchen velge ut [velgə 'ʉ:t] ‹valgte, valgt›
austauschen skifte ut [ˇʃiftə ʉt] ‹-et, -et›
Austern østers ['østəʃ] ‹-en, -er›
Ausverkauf utsalg [ˇʉ:tsɑlg] ‹-et, -›
Auswahl utvalg [ˇʉ:tvɑlg] ‹-et, -›
auszahlen betale ut [be'tɑ:lə] ‹-te, -t›
Auto bil [bi:l] ‹-en, -er›; ~ fahren kjøre bil [çø:rə 'bi:l] ‹-te, -t›
Autobahn motorvei ['mu:turvæi] ‹-en, -er›
Autobahnausfahrt motorveiutkjørsel ['mu:turvæiʉtçørsəl]
Autobahngebühr bompenger ['bu:mpæŋgər]
Automat automat [eʉto'mat] ‹-en, -er›
Automatik(getriebe) automatgir [æʉtu'mɑ:tgi:r] ‹-et, -›
automatisch automatisk [æʉtu'mɑ:tisk]
automatische Türöffnung dør, automatisk [dø:r' æʉtu'mɑ:tisk] ‹-a/-en, -er›
Autoradio bilradio [ˇbi:lrɑ:diu] ‹-en, -er›
Autoreisezug biltog [ˇbi:ltɔg] ‹-et, -›
Avocado avocado [ɑvu'kɑ:du] ‹-en, -er›
Ayurveda ayurveda [ajʉr've:da] ‹- en, -›

B

Baby baby ['beibi] ‹-en, -er›
Babyfon babyfon [beibi'fu:n] ‹-en, -er›
Babylift barneheis [ˇbɑ:ɳəheis] ‹-en›
Babynahrung barnemat [ˇbɑ:ɳəmɑ:t] ‹-en›
Babyschale *(fürs Auto)* bilsete for baby [ˇbi:lse:tə fɔr beibi]
Babysitter barnevakt [ˇbɑ:ɳəvakt] ‹-a, -en›
Bäckerei bakeri [bɑ:kə'ri:] ‹-et, -er›
Backofen komfyr [kɔm'fy:r] ‹-en, -er›
Badeanzug badedrakt [ˇbɑ:dədrɑkt] ‹-a/-en, -er›
Badehose badebukse [ˇbɑ:dəbuksə] ‹-a/-en, -er›
Bademantel badekåpe [ˇbɑ:dəko:pə] ‹-a/-en, -er›
Bademeister/in badevakt [ˇbɑ:dəvɑkt] ‹-a/-en, -er›
Bademütze badehette [ˇbɑ:dəhetə] ‹-a/-en, -er›
Badeort badested [ˇbɑ:dəste:d] ‹-et, -›
Badeschuhe badesko *pl* [ˇbɑ:dəsku:]
Badewanne badekar [ˇbɑ:dəkɑ:r] ‹-et, -›
Badezimmer bad [bɑ:d] ‹-et, -›
Bahnhof jernbanestasjon [ˇjæɳbɑ:nəstɑʃu:n] ‹-en, -er›
Bahnsteig perrong [perɔŋ] ‹-en, -er›
bald snart [snɑ:t]; so ~ wie möglich så snart som mulig [sɔ 'snɑ:t sɔm ˇmʉ:li]
Balkon balkong [bɑl'kɔŋ] ‹-en, -er›
Ball ball [bɑl] ‹-en, -er›

Ballett ballett [baˈlet] ‹-en, -er›
Bananen banan [baˈnɑːn] ‹-en, -er›
Band band [bæn] ‹-et, -›
Bänderriss et avslitt leddbånd [et ˈɑvʃlit ˅ledbɔn]
Bank *(Geldinstitut.)* bank [baŋk] ‹-en, -er›; *(Sitz~)* benk [beŋk] ‹-en, -er›
Bar bar [bɑːr] ‹-en, -er›
bar bar [bɑːr] ‹-en, -er›
bar zahlen betale kontant [beˈtɑːlə kunˈtant] ‹-te, -t›
Bargeld kontanter *pl* [kunˈtantər]
Barock barokk [baˈrɔk] ‹-en›
barrierefrei uten hinder for rullestoler [˅ʉːtən hindər fɔr ˅rʉləstuːlər]
Barsch abbor [˅abɔr] ‹-en, -er›
Bart skjegg [ʃeg] ‹-et›
Basespringen basehopping [basəhɔpiŋ] ‹-en›
Basilikum basilikum [baˈsiːlikɵm] ‹-et›
bar kontant [kunˈtant]
Batterie batteri [batəˈriː] ‹-et, -er›
Bauch mage [˅mɑːgə] ‹-en, -er›
Bauernhof bondegård [ˈbʉnəgɔːr] ‹-en, -er›
Baum tre [treː] ‹-et, trær›
Baumwolle bomull [˅bʉmʉl] ‹-en›
Baustelle byggeplass [ˈbygəplas] ‹-en›
Bauwerk byggverk [ˈbygværk] ‹-et, -›
beachten *(Acht geben)* legge merke til [legə ˅mærkə til] ‹la, lagt›; *(berücksichtigen)* ta hensyn til [tɑː ˅hensyːn til] ‹tok, tatt›
Beach-Volleyball strandvolleyball [stranvɔlæibal]
beantworten svare på [˅svɑːrə pɔ] ‹-te, -t›, besvare [beˈsvɑːrə] ‹-te, -t›
Bearbeitungsgebühr gebyr [geˈbyr] ‹-et›
bedauern beklage [beˈklɑːgə] ‹-et, -et/-a, -a›
Bedeutung betydning [beˈtyːdniŋ] ‹-en, -er›
Bedienung betjening [beˈtjeːniŋ] ‹-en/-a›
beeilen, s. ~ skynde seg [˅ʃynə sæi] ‹-te, -t›
beeindruckend inntrykksfull [˅intryksfɵlt]
befinden, s. ~ befinne seg [beˈfinə sæi] ‹-fant, -funnet›
befreundet sein (mit) være venn med [værə ˅ven me]
befürchten frykte [˅fryktə] ‹-et, -et/-a, -a›
begegnen møte ‹møtte, møtt› [˅møːtə]
begeistert (von) begeistret (for) [beˈgæistrət (fɔr)]
begleiten følge [˅føləʃə] ‹fulgte, fulgt›, ledsage [˅leːdsɑːgə] ‹-et, -et›

Begleitperson ledsager [˅leːdsɑːgər] ‹-en, -e›
begrüßen hilse på [˅hilsə poː] ‹-te, -t›
behalten beholde [beˈhɔlə] ‹-t, -t›
Behälter beholder [beˈhɔlər] ‹-en, -e›
behandeln behandle [beˈhandlə] ‹-et, -et/-a, -a›
Behandlung behandling [beˈhanliŋ] ‹-en, -er›
behaupten hevde [˅hevdə] ‹-et, -et›
Behindertenausweis handikapbevis [ˈhændikæpbeviːs] ‹-et, -›
behindertengerecht handikapvennlig [ˈhændikæpvenli]
Behindertenparkplatz parkeringsplass for funksjonshemmede [parˈkeːriŋsplas fɔr fɵŋkˈʃuːnshemədə]
Behindertentoilette handikaptoalett [ˈhændikæptualet] ‹-et, -er›
Behindertenverband forbund for funksjonshemmede [˅fɔrbɵn fɔr fɵŋkˈʃuːnshemədə]
Behörde myndighet [˅myndihøːt] ‹-en, -er›
bei *(Sache, Ort)* ved [veː]; *(Person)* hos [hus]
beide begge [˅begə]
Beifall bifall [˅bifal] ‹-et›, applaus [apˈlæus] ‹-en›
beige beige [beːʃ]
Bein bein [bæin] ‹-et, -›
Beispiel eksempel [ekˈsempəl] ‹-et, eksempler›; zum ~ for eksempel [fɔr ekˈsempəl]
beißen bite [˅biːtə] ‹bet/beit, bitt›
bekannt *(berühmt)* kjent [çent]; jdn mit jdm ~ machen presentere noen for noen [presaŋˈteːrə nuːən fɔ nuːən] ‹-te, -t›
Bekannte, der/die ~ den bekjente [beˈçent]
Bekanntschaft bekjentskap [beˈçentskɑːp] ‹-et, -er›
beklagen, s. ~ (über) beklage seg over [beˈklɑːgə sæi oːvər] ‹-et, -et/-a, -a›
bekommen få [foː] ‹fikk, fått›
belästigen plage [˅plɑːgə] ‹-et, -et/-a, -a›, genere [ʃeˈneːrə] ‹-te, -t›
belegtes Brötchen rundstykker med pålegg [ˈrɵnstykər me ˅poːleg]
Beleidigung fornærmelse [fɔˈnærmelsə] ‹-en, -er›
Belohnung belønning [beˈløniŋ] ‹-a/-en, -er›
bemerken bemerke [beˈmærkə] ‹-et, -et/-a, -a›; *(fühlen)* merke [˅mærkə] ‹-et, -et/-a, -a›
bemühen, s. ~ anstrenge seg [ˈanstreŋə sæi] ‹-te, -t›

benachrichtigen underrette [ˇʉnəretə] ‹-et, -et/-a, -a›, informere [infɔrˈmeːrə] ‹-te, -t›

benötigen trenge [ˇtreŋə] ‹-te, -t›

benutzen benytte [beˈnytə] ‹-et, -et/-a, -a›; (Verkehrsmittel) ta ‹tok, tatt›

Benzinkanister bensinkanne [benˈsiːkanə] ‹-a/-en, -er›

Benzinpumpe bensinpumpe [benˈsiːpumpə] ‹-a/-en, -er›

bequem bekvem [beˈkveːm], behagelig [beˈhɑːgəli]

berechnen beregne [beˈreiːnə] ‹-et, -et›

bereits allerede [ɑləˇreːdə], alt [ɑlt]

Berg fjell [fjæl] ‹-et›

Bergdorf fjellbygd [fjælbygd] ‹-a, -er›

Bergstation øvre stasjon [øvrə stɑˇʃun]

Bergsteigen fjellklatring [ˇfjelklɑtriŋ] ‹-en›

Beruf yrke [ˇyrkə] ‹-et, -er›

beruhigen, s. berolige [beˈruːliə] ‹-et, -et›

Beruhigungsmittel beroligende middel [beˈruːligendə ˈmidəl] ‹-et, -midler›

berühmt berømt [beˈrømt]

berühren berøre [beˈrøːrə] ‹-te, -t›

beschädigen skade [ˇskɑːdə] ‹-et, -et/-a, -a›

bescheinigen bekrefte [beˈkreftə] ‹-et, -et›

Bescheinigung attest [ɑˈtest] ‹-en, -er›

beschlagnahmen beslaglegge [beˈslɑːglegə] ‹-la, -lagt›

beschließen beslutte [beˈʃlʉtə] ‹-et, -et/-a, -a›

beschreiben beskrive [beˈskriːvə] ‹-skrev, -skrevet›

beschweren, s. – (über) klage (over) [ˇklɑːgə] ‹-et, -et/-a, -a/-de, -d›

Besen kost [kust] ‹- en, -er›

besetzt (Platz) opptatt [ˈɔptɑt]; (voll) full [fʉl]

besichtigen se på [ˈseː pɔ] ‹så, sett›, inspisere [inspiˈseːrə] ‹-te, -t›

Besichtigung besiktigelse [beˈsiktigelsə] ‹-en, -er›

Besitzer/in eier [ˇeiər] ‹-en, -ne›

besonders særlig [sæːˌḷi], spesielt [spesiˈelt]

besorgen skaffe [ˇskɑfə] ‹-et, -et/-a, -a›

besser bedre [ˈbeːdrə]

bestätigen bekrefte [beˈkreftə] ‹-et, -et/-a, -a›

beste(r, -s) den/det/de beste [den/de/di ˇbestə]

Besteck bestikk [beˈstik] ‹-et›

bestehen aus bestå av [beˈstoː: ɑːv] ‹-sto, -stått›

Bestellung bestilling [beˈstiliŋ] ‹-en, -er›

bestimmt adj bestemt [beˈstemt]; adv sikkert [ˈsikəṭ]

Besuch besøk [beˈsøːk] ‹-et, -›

besuchen, jdn – besøke noen [besˈøːkə nuːən] ‹-te, -t›

Besuchszeit visittid [viˈsitiː] ‹-en/-a, -er›

beten be [beː] ‹ba, bedt›

Betrag beløp [beˈløːp] ‹-et, -›

Betreuungsdienst für Behinderte service [ˈsørvis] ‹-en›

Betrug bedrageri [bedrɑgəˈriː] ‹-et, -er›

betrunken full [fʉl], beruset [beˈrʉːsət]

Bett seng [seŋ] ‹-a/-en, -er›

Bettdecke sengeteppe [ˇseŋətepə] ‹-et, -er›

Bettwäsche sengetøy [ˇseŋətøy] ‹-et›

beunruhigen, s. – forurolige [ˇforʉruːliə] ‹-et, -et›

bevor konj før [føːr], innen [ˇinən]

bewölkt skyet [ˇʃyːət]

bewusstlos bevisstløs [beˈvistløs]

bezahlen betale [beˈtaːlə] ‹-te, -t›

bezaubernd fortryllende [fɔrˈtrylenə]

Biene bie [ˇbiːə] ‹-a/-en, -er›

Bier øl [øl] ‹-et›

bieten by [byː] ‹bød/baud/bydde, budt›

Bild (Foto, Abbildung, Gemälde) bilde [ˇbildə] ‹-et, -er›

Bildhauer billedhogger [ˇbiledhɔgər] ‹-en, -e›

billig billig [ˇbili]

Bindehautentzündung øyebetennelse [ˈøyebeˈtenelsə] ‹- en, -er›

Bindfaden sytråd [syˈtrɔː] ‹-en›

Bioladen naturkostbutikk [nɑˈtʉrkɔstbʉtik] ‹-en›

Birnen pære [ˇpæːrə] ‹-a/-en, -er›

bis (inn)till [(ˈin)til]; jetzt hittil [ˈhitil]

bisschen, ein – litt [lit]

Bitte bønn [bøn] ‹-a/-en, -er›

bitten, jdn um etw – be noen om noe [ˈbeː nuːən um nuːə] ‹bɑˈ, bedt›

bitter bitter [ˈbitər]

Blähungen luft i magen [lʉft i ˇmɑːgən]

Blase (Harnblase) blære [blæːrə] ‹-en/-a, -er›; (Hautblase) blemm [ˇblemə] ‹-en/a, -er›

Blatt blad [blɑː] ‹-et, -›

blau blå [blɔː]

Blazer blazer [ˈbleisər] ‹-en, -e›

bleiben (for)bli [(fɔr)bliː] ‹ble/blei, blitt›

Blick blikk [blik] ‹-et, -›

blind blind [blin]

Blinddarmentzündung blindtarmbetennelse [ˇblintarmbetenelsə] ‹-en, -er›

Blinde/r blind [blin]

Blindenhund blindehund [ˇblindəhʉn] ‹-en, -er›

Blinker blinklys [ˇbliŋklyːs] ‹-et, -›

Blitz lyn [ly:n] ‹-et, -›
Blitzgerät blitz [blits] ‹-en, -en›
Block blokk [blɔk] ‹-en›
blöd(e) dum [dum]
blond blond [blɔn]
Blues blues [blu:s]
Blume blomst [blɔmst] ‹-en, -er›
Blumengeschäft blomsterbutikk ['blumstərbutik] ‹-en, -er›
Blumenkohl blomkål ['blumko:l] ‹-en›
Bluse bluse [ˇblʉ:sə] ‹-en, -er›
Blut blod [blu:] ‹-et›
Blutdruck blodtrykk [ˇblu:tryk] ‹-et›
bluten blø [blø:] ‹-dde, -dd›
Blutgruppe blodtype [ˇblu:ty:pə] ‹-en, -er›
Blutung blødning [ˇblø:dniŋ] ‹-en, -er›
Blutvergiftung blodforgiftning [ˇblu:fɔrjiftniŋ] ‹-en, -er›
Bö byge [ˇby:(g)ə] ‹-a/-en, -er›
Boden jord [ju:r] ‹-a/-en›; (Fuß-) golv [gɔlv] ‹-et, -›
Body body [ˇbɔdy] ‹-en›
Bodybuilding kroppsbygging ['krɔpsby:giŋ]
Bogen bue [ˇbʉ:ə] ‹-en, -er›
Bohnen bønne [ˇbønər] ‹-a/-en, -er›
Bonbon godterier pl [gɔte'rier]
Bootsführerschein båtførerkort [bo:tførərkorta] ‹-et›
Bordkarte boarding card ['bo:diŋ ka:d]
Borreliose borreliose [bɔrəli:'usə]
böse ond [un]; (verärgert) sint/sinna [sint/ˇsina]
Botanischer Garten botanisk hage [bu'ta:nisk ˇha:gə] ‹-en, -er›
Botschaft (dipl. Vertretung) ambassade [ambasˇa:də] ‹-en, -er›
Braille blindeskrift [ˇblindəskrift] ‹-a/-en, -er›
Brandsalbe brannsalve ['bransalvə] ‹-a/-en, -er›
Bräter grill [gril] ‹- en, -er›
brauchen trenge [ˇtreŋə] ‹-te, -t›
braun brun [brʉ:n]
Brechreiz kvalme [ˇkvalmə] ‹-en›
breit brei/bred [bræi/bre:d]
Breite bredde [ˇbredə] ‹-en, -er›
Bremse bremse [ˇbremsə] ‹-a/-en, -er›
Bremsflüssigkeit bremsevæske [ˇbremsəveskə] ‹-en/-a›
Bremslichter bremselys [ˇbremsəly:s] ‹-et, -›
brennen svi [swi:]
Brennspiritus rødsprit [ˇrø:spri:t] ‹-en›
Brief brev [bre:v] ‹-et, -›
Briefkasten postkasse ['pɔstkasə] ‹-a/-en, -er›

Briefmarke frimerke [ˈfri:mærkə] ‹-et, -er›
Briefmarkenautomat frimerkeautomat [ˈfri:mærkæʉtuma:t] ‹-en, -er›
Briefpapier brevpapir [ˇbre:vpapi:r] ‹-et, -›
Brieftasche lommebok [ˇluməbu:k] ‹-a/-en, -bøker›
Briefumschlag konvolutt [kɔnvɔ'lʉt] ‹-en, -er›
bringen (her ~) bringe [ˇbriŋə] ‹brakte, brakt›; (weg ~) ta bort [ta ˈbuʈ] ‹tok, tatt›
Brombeeren bjørnebær [ˇbjøŋəbæ:r] ‹-et, -›
Bronchien bronkier pl ['bruŋkiər]
Bronchitis bronkitt [bruŋ'kit] ‹-en›
Brosche nål [no:l] ‹-a/-en, -er›
Brot brød [brø:] ‹-et, -›
Brötchen rundstykke [ˈrunstykə] ‹-t, -r›
Bruch brudd [brʉd] ‹-et, -›
Brücke bru [brʉ:] ‹-a, -er›
Bruder bror [brʉ:r] ‹-en, brødre›
Brunnen brønn [brøn] ‹-en, -er›
Brust bryst [bryst] ‹-et, -›
Buch bok [bu:k] ‹-a/-en, bøker›
buchen bestille [be'stilə] ‹-te, -t›
Buchhandlung bokhandel [ˇbu:khandəl] ‹-en, -handler›
buchstabieren stave [ˇsta:və] ‹-et, -et/-a, -a›
Bucht bukt [bʉkt] ‹-a, -er›, vik [vi:k] ‹-a/-en, -er›
Buchung bestilling [be'stiliŋ] ‹-en, -er›
bügeln stryke, strøk, strøket [ˇstry:kə]
Bügeleisen strykejern ['stry:kəjærn] ‹- et, -›
Bungalow bungalow ['buŋgalɔv] ‹-en, -er›
Bungeejumping strikkhopping [strikhɔpiŋ]
bunt fargerik [ˇfɑrgəri:k], broket [ˇbru:kət]
Burg borg [bɔrg] ‹-a/-en, -er›
Büro kontor [kun'tu:r] ‹-et, -›
Bürste børste [ˇbøʃtə] ‹-en, -er›
Bus buss [bʉs]
Busbahnhof rutebilstasjon [ˇrʉ:təbi:lstaʃu:n] ‹-en, -er›
Bußgeld bot [bu:t] ‹-a/-en, bøter›
Butter smør [smø:r] ‹-et›
Buttermilch kjernemelk/-mjølk [ˇçæŋəmelk/-mjølk] ‹-a/-en›
Bypass bypass [ˈbaipɑ:s] ‹-et›

C

Café kafé [kaˈfe:] ‹-en, -er›
Camcorder videokamera ['vi:de:ukame:ra] ‹-et›
Camping camping [ˈkæmpiŋ] ‹-en›

Campingausweis campingpass
['kæmpiŋpas] ‹-et, -›

Campingführer campingguide
['kæmpiŋgaid] ‹-n, -r›

Campingplatz campingplass
['kæmpiŋplas] ‹-en, -er›

CD (Compactdisc) CD [ce:de:]

CD-Spieler CD-spiller [ˇce:de:spilər]
‹-en, -e›

Champagner champagne [ʃamˈpanjə]
‹-en›

Chef sjef [ʃe:f] ‹-en, -er›

chemisch reinigen rense kjemisk [ˇrensə
ˈçe:misk]

Chicoree sikori ['si:kuri] ‹-en›

Chipkarte bankkort [bankurt] ‹-et›

Chirurg/in kirurg [çirˈʉrg] ‹-en, -er›

Chor kor [ku:r] ‹-et, -›

Christentum kristendom [ˇkristəndum]
‹-men›

Clubhaus klubbhus ['sykəl] ‹-et›

Comic-Heft tegneseriehefte
[ˇteinese:riəhæftə] ‹-et›

Computerfachgeschäft databutikk
['da:tabʉtik] ‹-en, -er›

Cousin/e kusine [kʉˇsi:nə] ‹-en, -er›

Creme krem [kre:m] ‹-en, -er›

D

da (Ort) der [dæ:r]; (Grund) fordi [fɔˈdi:];
(Zeit) da [da:]

Dach (ytter)tak [(ytər)ta:k] ‹-et, -›

dafür sein være for [ɔ væ:rə for]

dagegen sein være mot [ɔ væ:rə mu:t]

daheim hjemme [ˇjemə]

damals den gangen ['den gaŋən]

Damen Damer [ˇda:mər]

Damenbinden sanitetsbind
[sani'te:tsbin] ‹-et, -›

danach deretter ['dæ:retər]

Däne danske [ˇdanskə] ‹-en, -er›

Dänemark Danmark [ˇdanmark]

dänisch dansk [dansk]

danken takke [ˇtakə] ‹-et, -et/-a, -a›

dann da [da:], så [so:]

Darm tarm [tarm] ‹-en, -er›

dass at [at]

dasselbe det samme [de ˇsamə]

Datteln dadler pl ['dadlər]

Datum dato ['da:tu] ‹-en, -er›

dauern vare [ˇva:rə] ‹-te, -t›

Deck dekk [dek] ‹-et, -›

Decke (inner)tak [(inər)ta:k] ‹-et, -›

Defekt defekt [de'fekt]

dein din [din]/ditt [dit]/dine [di:ne]

denken an tenke på [ˇteŋkə pɔ] ‹-te, -t›

Denkmal minnesmerke [ˇminesmærkə]
‹-et, -er›

Denkmalschutz kulturminnevern
[ˇfre:diŋ ɑ:v kʉlˈtu:rminesmærkər]

Delle bulk [bʉlk] ‹- en, -er›

denn for [fɔr]

Deo(dorant) deodorant [deuduˈrant]
‹-en, -er›

deshalb derfor ['dærfɔr]

Desinfektionsmittel desinfeksjonsmiddel [desinfekˈʃu:nsmidəl] ‹-et, -midler›

desinfizieren desinfisere [desinfiˈse:rə]
‹-te, -t›

deutlich tydelig [ˇty:dəli]

deutsch tysk [tysk]

Deutsche, der/die ~ tysker ['tyskər] ‹-en,
-e›

Deutschland Tyskland ['tysklɑn]

Devisen fremmed valuta [ˇfreməd
vaˈlʉ:ta] ‹-en, -er›

Dezember desember [deˈsembər]

Dia lysbilde [ˇly:sbildə] ‹- et, -er›

Diabetes diabetes [diaˈbe:tes]

Diabetiker/in diabetiker [diaˈbe:tikər]
‹-en, -e›

Diät diett [di'et] ‹-en, -er›

dich deg [dæi]

dick tjukk/tykk [çʉk/tyk], hoven
[ˇho:vən]

Dieb tyv [ty:v] ‹-en, -er›

Diebstahl tyveri [ty:vəˈri:] ‹-et, -er›

Dienstag tirsdag ['ti:ʃdag]

diese(r, -s) denne/dette/disse
[ˇdenə/ˇdetə/ˇdisə]

Digitalkamera digitalkamera
[digiˈtalkame:ra] ‹-et›

Ding ting [tiŋ] ‹-en, -›

Diphtherie difteri [difteˈri:] ‹-en›

dir deg [dæi]

direkt direkte ['di:rektə]; (sofort) straks
[straks]

Direktflug direkte fly [di'rektə fly:] ‹-et›

Dirigent/in dirigent [diriˈgent] ‹-en, -er›

Diskothek diskotek [diskuˈte:k] ‹-et, -er›

doch likevel [ˇli:kəvel]

Dokumentarfilm dokumentarfilm
[dukʉmentaˈrfilm] ‹-en›

Dom domkirke ['dumçirkə] ‹-en, -er›

Donnerstag torsdag ['tu:ʃdag]

Doppel dobbel ['dubəl]

doppelt dobbel ['dɔbəl]

Dorf landsby ['lansby:] ‹-en, -er›

dort adv der [dæ:r]

Dose boks [bɔks] ‹-en, -er›

Dosenöffner boksåpner [ˇbɔkso:pnər]
‹-en, -e›

Drachenfliegen hanggliding
[ˇhæŋglaidiŋ]

Draht tråd [trɔ:] ‹-en›

Drama drama [ˈdrɑːmɑ] ‹-et, -er›
draußen *adv* ute [ˈᵛʉːtə]
drei tre [treː]
dreihundert trehundre [treːˈᵛhʉndrə]
Dreikönigstag trettendedagen [ᵛtretəndəˈdɑːgən]
dreißig tretti [ˈtreti] (tredve [ˈᵛtredvə])
dreiundzwanzig tjuetre [çʉːəˈtreː]
dreizehn tretten [ˈᵛtretən]
Dressing dressing [ˈdresiŋ] ‹-en, -er›
drin, drinnen inne [ˈᵛinə]
dringend presserende [preˈseːrəndə]
dritte(r, -s) tredje [ˈᵛtreːdjə]
Drogerie fargehandel [ᵛfɑrgəhɑndəl] ‹-en, -dler›
Drogerieartikel toalettartikler [tuaˈletɑrtiklər]
Drucker printer [ˈprintər]
du du [dʉː]
dumm dum [dum]
dunkel mørk [mørk]
dünn tynn [tyn]
durch *(quer)* gjennom [ˈjenəm]; *(mittels)* ved hjelp av [ve ˈjelp aːv]
Durchfall diare [diaˈreː] ‹-en›
durchgebraten gjennomstekt [ˈjenumsteːkt]
Durchreise, auf der ~ gjennomreise, på ~ [po ᵛjenumreisə]
durchschnittlich gjennomsnittlig [ᵛjenumsnitli]
dürfen få (lov til) [foː: (ˈloːv til)] ‹fikk, fått›
durstig tørst [tøʃt]
Dusche dusj [dʉʃ] ‹-en, -er›
Duschgel dusjsåpe [ˈdʉʃsoːpə] ‹-a/-en, -er›
Duschsitz dusjkrakk [ˈdʉʃkrak] ‹-en, -er›
Dynastie dynasti [dynaˈstiː] ‹-et, -er›

E

Ebbe fjære [ˈᵛfjæːrə] ‹-a›
Ebene slette [ˈᵛʃletə] ‹-a, -er›
ebenerdig på bakkenivå [pɔ ᵛbakəniˈvoː]
echt ekte [ᵛektə]
Ecke hjørne [ᵛjøːnə] ‹-et, -er›
Ehefrau kone [ᵛkuːnə] ‹-a, -er›, [ᵛhʉstrʉː]
Ehemann ektemann [ᵛektəman] ‹-en, -menn›
Eier egg [eg] ‹-et, -›
Eierbecher eggeglass [ˈægəglas] ‹- et, -›
eigen egen [ᵛeːgən]; *(eigenartig)* underlig [ᵛʉndəli], merkelig [ᵛmærkəli]
eigentlich egentlig [ᵛeːgəntli]
Eigentümer/in eier [ᵛæiər] ‹-en, -e›

Eilbrief ekspressbrev [eksˈpresbreːv] ‹-et, -›
eilig hastig [ᵛhasti], rask [rask]; **es ~ haben** ha det travelt [ha: de ˈtrɑːvəlt] ‹hadde, hatt›
Eimer bøtte [ˈbøtə] ‹- en, -er›
ein(e) art en [en], ei [æi], et [et]
einchecken sjekke inn [ʃekə ˈin] ‹-et, -et/-a, -a›
einfach enkel [ˈeŋkəl]
Einfahrt innkjørsel [ᵛinçørsəl] ‹-en›
einfarbig ensfarget [ᵛeːnsfɑrgət]
Eingang inngang [ˈingɑŋ] ‹-en, -er›
einheimisch innfødt [ˈinføt]
einige noen [ᵛnuːən]
einkaufen handle [ᵛhanlə] ‹-et, -et/-a, -a›
einladen invitere [inviˈteːrə] ‹-te, -t›
einmal en gang [en gaŋ]
einpacken pakke inn [pakə ˈin] ‹-et, -et/-a, -a›
Einreise innreise [ᵛinræisə] ‹-a/-en, -er›
eins en/ett [eːn/et]
einsam ensom [ᵛeːnsom]
einschalten sette på [setə ˈpoː] ‹satte, satt›; *(Licht)* slå på [ʃloː ˈpoː] ‹slo, slått›
Einschreibebrief rekommandert brev [rekumanˈdeːt breːv]
einsteigen stige på, steg, steget [stiːgə ˈpoː]
Einstiegshilfe påstigningshjelp [ˈpoːstiˈgniŋsjelp] ‹-a/-en›
Eintritt inngang [ˈingaŋ] ‹-en, -er›
Eintrittskarte inngangsbillett [ᵛingaŋsbilet] ‹-en, -er›
Eintrittspreis inngangspenger [ᵛingaŋspeŋər] ‹pl›
einunddreißig trettien [tretiˈeːn]
einundzwanzig tjueen [çʉːˈeːn]
Einwohner/in innbygger [ᵛinbygər] ‹-en, -e›
Einzel enkel [ˈeŋkəl]
einzig eneste [ᵛeːnəstə]
Eis is [iːs] ‹-en›
Eisbahn skøytebane [ᵛʃøytəbɑːnə] ‹-a/-en, -er›
Eishockey ishockey [ᵛiːshɔki] ‹-en›
Eislauf skøyteløp [ᵛʃøytəløːp] ‹-et, -›
Eiter materie [maˈteːriə] ‹-en›
Elastikbinde elastisk bind [eˈlastisk ˈbin]
elektrisch elektrisk [eˈlektrisk]
Elektrohandlung elektrisk forretning [eˈlektrisk fɔˈretniŋ], elektriske artikler [eˈlektriskə aˈtiklər]
Elektroherd elektrisk komfyr [eˈlektrisk kumˈfyːr] ‹-en, -er›
Elektrolytlösung Elektrolyttløsning [elektruˈlytløsniŋ] ‹-en, -er›

259

Elektrorollstuhl elektrisk rullestol [eˈlektrisk ˇrʉləstuːl]

elf elleve [ˇelvə]

Eltern foreldre [fɔrˈeldrə] ‹pl›

empfangen ta imot [taː iˈmuːt] ‹tok, tatt›

Empfänger mottaker [ˇmuːtɑːkər] ‹-en, -e›

empfehlen anbefale [ˈanbefɑːlə] ‹-te, -t›

Ende slutt [ʃlʉt] ‹-en›

endgültig definitiv [deˈfiːnitiv]

endlich endelig [ˇendəli]

Endreinigung sluttreingjøring [ˈʃlʉtræinjøːriŋ] ‹-en, -er›

Endstation endestasjon [ˇendəstɑʃuːn] ‹-en, -er›

eng trang [traŋ]

englisch engelsk [ˈeŋəlsk]

Enkel/in barnebarn [ˇbɑːnəbɑːŋ] ‹-et, -›

entdecken oppdage [ˈɔpdɑːgə] ‹-et, -et/-a, -a›

Entfernung avstand [ˇɑːvstan] ‹-en, -er›

entgegengesetzt motsatt [ˈmuːtsat]

entscheiden avgjøre [ˈɑːvjøːrə] ‹-gjorde, -gjort›

entschuldigen, s. ~ unnskylde seg [ˈʉnʃylə sæi]

Entschuldigung unnskyldning [ˈʉnʃylniŋ] ‹-en, -er›

enttäuscht skuffet [ˇskʉfət]

entweder ... oder enten ... eller [ˈentən ... ˈelər]

entwerten stemple [ˇstemplə] ‹-et, -et/-a, -a›

entwickeln utvikle [ˈʉːtviklə]; **einen Film ~** [ˈframkalə]

entzückend sjarmerende [ʃarˈmeːrəndə]

Entzündung betennelse [beˈtennelsə] ‹-en, -er›

Epilepsie epilepsi [epilepˈsi] ‹-en›

Epoche epoke [eˇpuːkə] ‹-en, -er›

er han [han]

Erbsen ert [ˈeʈ] ‹-a/-en, -er›

Erdbeeren jordbær [ˈjuːrbæːr] ‹-et, -›

Erde jord [juːr] ‹-a, -en›

Erdgeschoss første etasje [ˇføʃtə eˈtɑːʃə]

erfahren *(verb)* erfare [ærˈfɑːrə] ‹-te, -t›, **få vite** [fɔ ˇviːtə] ‹fikk, fått›

erfreut (über) glad (for) [ˈglɑː (fər)]

Erfrischung forfriskning [fɔrˈfriskniŋ] ‹-en, -er›

erhalten få [foː] ‹fikk, fått›; *(durch Bemühung)* oppnå [ˈɔpnoː] ‹-dde, -dd›

erholen, s. ~ komme til krefter [kɔmə til ˇkreftər] ‹kom, kommet›, **bli frisk** [bliˈfrisk] ‹ble/blei, blitt›

erinnern, jdn an etw ~ minne en om noe [ˇminə eːn um nuːə] ‹-te, -t›; **s. ~ huske** [ˇhʉskə] ‹-et, -et/-a, -a›

Erkältung forkjølelse [fɔrˈçøːlelsə] ‹-en, -er›

Ermäßigung rabatt [rɑˈbat] ‹-en, -er›

ernst alvorlig [alˈvoːˌli]

erreichen nå [noː] ‹-dde, -dd›

Ersatz reserve [reˈsærvə] ‹-en, -er›

Ersatzrad reservehjul [reˈsærvəjuːl] ‹-et, -›

erschöpft utkjørt [ˈʉːtçøːʈ]

erschrecken skremme [ˇskremə] ‹-te, -t›; *(erschrocken sein)* være redd [væːrə ˈred] ‹var, vært›

ersetzen erstatte [æˇʃtatə] ‹-et, -et/-a, -a›

erst først [føʃt]

erste(r, -s) første [ˇføʃtə]

erster Gang første gir [ˇføʃtə giːr]

Erwachsene(r) voksen/voksne [ˇvɔksən/ˇvɔksnə] ‹pl›

erwarten vente [ˇventə] ‹-et, -et/-a, -a›

erzählen fortelle [fɔˈtelə] ‹-talte, -talt›

essbar spiselig [ˇspiːsəli]

Essen *(Nahrung)* mat [mɑːt] ‹-en›; *(Mahlzeit)* måltid [ˇmoːltiːd] ‹-et, -er›

essen spise [ˇspiːsə] ‹-te, -t›

Essig eddik [ˈedik] ‹-en›

Etage etasje [eˈtɑːʃə] ‹-en, -er›

Etagenbett etasjeseng [eˈtɑːʃəseŋ] ‹-a/-en, -er›

etwa omkring [ɔmˈkriŋ], cirka [ˈsirkɑ], omtrent [ɔmˈtrent]

etwas noe [ˇnuːə]

EU-Bürger EU-borger [eʉ-bɔrgər]

euch dere [ˇdeːrə]

euer, eure deres [ˇdeːrəs]

Euro euro [ˈæʉːru]

Europa Europa [æʉˈruːpɑ]

Europäer/in europeer [æʉruˈpeːər] ‹-en, -e›

europäisch europeisk [æʉruˈpeːisk]

Exponat utstillingsgjenstand [ˈʉːtstiliŋsjenstan] ‹-en, -er›

Expressionismus ekspresjonisme [ekspreʃuˈnismə] ‹-en›

extra ekstra [ˈekstrɑ]

Fabrik fabrikk [fɑˈbrik] ‹-en, -er›

Facharzt/ärztin spesialist [spesiaˈlist] ‹-en, -er›

Faden tråd [troː] ‹- en, -er›

Fahrdienst togtjeneste [ˇtuːgçeːnestə] ‹-en›

Fähre ferje [ˇfærjə] ‹-a/-en, -er›

fahren kjøre [ˇçøːrə] ‹-te, -t›

Fahrer/in kjører [ˇçøːrər] ‹-en, -e›, **sjåfør** [ʃɔˈføːr] ‹-en, -er›

Fahrgast passasjer [pasaˈʃeːr] ‹-en, -er›

Fahrkarte billett [biˈlet] ‹-en, -er›

Fahrkartenautomat billettautomat [biˈletæutumaːt] ‹-en, -er›
Fahrkartenschalter billettluke [biˈletluːkə] ‹-a/-en, -er›
Fahrplan ruteplan [ruːtəplɑːn] ‹-en, -er›
Fahrpreis billettpris [biˈletpriːs] ‹-en, -er›
Fahrrad sykkel [ˈsykəl] ‹-en, sykler›
Fahrradhelm sykkelhjelm [ˈsykəljelm] ‹-en›
Fahrradweg sykkelsti [ˈsykəlstiː] ‹-en, -er›
Fahrschein billett [biˈlet] ‹-en, -er›
Fahrscheinentwerter billettmaskin [biˈletmaʃiːn] ‹-en, -er›
Fahrstuhl heis [hæis] ‹-en, -er›
Fahrt reise [ˈʀæisə] ‹-a/-en, -er›, tur [tuːr] ‹-en, -er›
fair fair [fæːr]
fallen falle [ˈfɑlə] ‹falt, falt›
falls dersom [ˈdeʃɔm]
falsch feil [fæil]
Faltrollstuhl sammenleggbar rullestol [ˈsɑmənlegbɑːr ˈrulləstuːl]
Familie familie [fɑˈmiːliə] ‹-en, -er›
Familienname etternavn [ˈetənɑvn] ‹-et, -›
fangen fange [ˈfɑŋə] ‹-et, -et/-a, -a›
Fango fango [ˈfɑŋo] ‹-, -›
färben farge [ˈfɑrɡə] ‹-et, -et›
farbig farget [ˈfɑrɡət]
Farbstift fargeblyant [ˈfɑrɡəblyɑnt] ‹-en, -er›
fast nesten [ˈnestən]
Fasten faste [ˈfɑstə] ‹-et, -et›
Fastnacht fastelavn [ˈfɑstəlɑvn]
faul lat [lɑːt]; *(Obst)* råtten
faulenzen late seg [ˈlɑːtə sei] ‹-et, -et›
Fax telefaks [ˈteːlefɑks] ‹-en›
Faxgerät faksapparat [ˈfɑksɑpɑːrɑːt] ‹-et›
Februar februar [febrʉˈɑːr]
fehlen mangle [ˈmɑŋlə] ‹-et, -et/-a, -a›
Fehler feil [fæil] ‹-en, -er›
Fehlgeburt abort [ɑˈbɔʈ] ‹-en, -er›
Feigen fiken [ˈfiːkən] ‹-en, -er›
fein fin [fiːn]
Feinkostgeschäft delikatesseforretning [delikɑˈtesəfɔretniŋ] ‹-en, -er›
Feld mark [mɑrk] ‹-a/-en, -er›
Fell skinn [ʃin] ‹-et, -›
Fels klippe [ˈklipə] ‹-en, -er›
Felswand fjellvegg [fjælvæɡ] ‹-en›
Fenchel fennikel [ˈfænikəl]
Fenster vindu [ˈvindʉː] ‹-et, -er›
Fensterplatz vindusplass [ˈvindʉsplɑs] ‹-en, -er›
Ferien ferie [ˈfeːriə] ‹-en, -er›
Ferienanlage fritidsanlegg [ˈfriːtidsɑnleɡ] ‹-et, -›
Ferienhaus feriehus [ˈfeːriəhʉːs] ‹-et, -›, hytte [ˈhytə] ‹-a/-en, -er›

Ferngespräch rikstelefon [ˈrikstelefuːn] ‹-en, -er›
Fernlicht fjernlys [ˈfjæːɳlyːs] ‹-et, -›
Fernseher fjernsyn [ˈfjæːɳsyːn] ‹-et, -›, TV [ˈteːveː]
Fernsehraum fjernsynsrom [ˈfjæːɳsyːnsrum] ‹-met, -›, TV-rom [ˈteːveːrum] ‹-met, -›
fertig ferdig [ˈferdi]
Fest fest [fest] ‹-en, -er›
Festival festival [festiˈvɑːl] ‹-en, -er›
Festland fastland [ˈfɑstlɑn] ‹-et›
Festung festning [ˈfestniŋ] ‹-en, -er›
fett feit/fet [fæit/feːt]
fettarm lavfett [ˈlɑːwfet]
fettarme Milch lettmelk [ˈletmelk/-mjølk] ‹-a/-en/lettmjølk, -a›
feucht fuktig [fukti]
Feuer ild [il] ‹-en›, bål [boːl] ‹-et, -›
feuergefährlich brannfarlig [ˈbrɑnfɑːɭi]
Feuerlöscher brannslokker [ˈbrɑnʃlɔkər] ‹-en, -e›
Feuermelder brannalarm [ˈbrɑnɑlɑrm] ‹-en, -er›
Feuerwehr brannvesen [ˈbrɑnveːsən] ‹-et›
Feuerwerk fyrverkeri [ˈfyːrværkəriː] ‹-et, -›
Fieber feber [ˈfeːbər] ‹-en›
Fieberthermometer febertermometer [ˈfeːbəʈærmumeːtər] ‹-et, -›
Film film [film] ‹-en, -er›
Filmempfindlichkeit filmfølsomhet [ˈfilmføɭsɔmheːt] ‹-en›
Filmschauspieler/in filmskuespiller [ˈfilmskʉːəspilər] ‹-en, -e›
finden finne [ˈfinə] ‹fant, funnet›
Finger finger [ˈfiŋər] ‹-en, fingrer›
Firma firma [ˈfirmɑ] ‹-et, -er›
Fisch fisk [fisk] ‹-en, -er›
Fischerort fiskevær [ˈfiskəvæːr] ‹-et, -›
Fischgeschäft fiskehandel [ˈfiskəhɑndəl] ‹-en, -dler›
Fischerhafen fiskehavn [ˈfiskəhɑvn] ‹-a/-en, -er›
fit i god form [i ˈɡuː fɔrm]
Fjord fjord [fjuːr] ‹-en, -er›
Fitnesscenter fitnessenter [ˈfitnesentər] ‹-et, -sentra›
FKK-Strand nudiststrand [nʉˈdiststrɑn] ‹-a/-en, -strender›
flach flat [flɑːt]
Fläschchenwärmer flaskevarmer [ˈflɑskəvɑrmər] ‹-en, -e›
Flasche flaske [ˈflɑskə] ‹-a/-en, -er›
Flaschenöffner flaskeåpner [ˈflɑskəɔːpnər] ‹-en, -e›
Flaute vindstille [ˈvinstilə]
Fleck(en) flekk [flek] ‹-en, -er›

261

Fleisch kjøtt [çøt] ‹-et›

Flickzeug lappesaker pl [ˈlapəsaːkər]

Fliege flue [ˇfluːə] ‹-a/-en, -er›

fliegen fly(ge) [flyː(ˇflyːgə)] ‹fløy/flaug, fløyet/flydd›

Flipflops flip-flop-sko [ˈflipflopskuː] ‹-en, -›

Flohmarkt loppemarked [ˇlɔpəmarked] ‹-et, -er›

Flug flyreise [ˈflyːræisə] ‹-a/-en, -er›

Fluggesellschaft flyselskap [ˈflyːselskaːp] ‹-et, -›

Flughafen flyplass [ˈflyːplas] ‹-en, -er›

Flughafenbus flyplassbuss [ˈflyːplasbʉs] ‹-en, -er›

Flughafengebühr flyplassavgift [ˈflyːplasavjift] ‹-a/-en, -er›

Flugsteig gate [gæit]

Fluss elv [ælv] ‹-a/-en, -er›

flüssig flytende [ˇflyːtəndə]

Flut flo [fluː] ‹-a/-en›

Föhn føn [føːn] ‹-en›

föhnen føne [ˇføːnə] ‹-et, -et›

Folklore folklore [ˇfɔlkloːr] ‹-en›

Form form [fɔrm] ‹-a/-en, -er›

Formular formular [fɔrmʉˈlaːr] ‹-en, -er›

fort vekk [vek]

Foto foto [ˈfuːtu] ‹-et›

Fotoapparat fotoapparat [ˈfuːtuapaˌraːt] ‹-et›

Fotogeschäft fotoforretning [ˈfutuˌfɔretniŋ] ‹-en, -er›

Fotografie fotografi [futuɡraˈfiː] ‹-et, -er›

fotografieren fotografering [futuɡraːˈferiŋ] ‹-en›

Frage spørsmål [ˈspøʂmoːl] ‹-et, -›

fragen spørre [ˇspørə] ‹spurte, spurt›

frankieren frankere [fraŋˈkeːrə] ‹-te, -t›

Frau kvinne [ˇkvinːə] ‹-a/-en, -er›; (Anrede, vor Namen) fru [frʉː]; (Ehe~) kone [ˇkuːnə] ‹-a, -er›

Freeclimbing friklatring [ˈfriːklatriŋ] ‹-en›

frei fri [friː]; (unbesetzt) ledig [ˇleːdi]; (gratis) gratis [ˈɡraːtis]

Freitag fredag [ˈfreːdaɡ]

Freizeitpark fritidspark [ˈfriːtidspark] ‹-en, -er›

fremd fremmed [ˇfreməd]

Fremde, der/die ~ den fremmede [den ˇfremədə]

Fremdenführer/in guide [ɡaid] ‹-en›

Fremdenverkehrsamt turistkontor [tʉˈristkuntuːr] ‹-et›

freuen, s. ~ auf/über glede seg til/over [ˇɡleːdə sæi til/oːvər] ‹-et, -et/-a, -a›

Freund/in venn [ven] ‹-en, -er›/venninne [venˇinə] ‹-a/-en, -er›

freundlich vennlig [ˇvenli]

Friedhof kirkegård [ˇçirkəɡoːr] ‹-en, -er›

frieren fryse [ˇfryːsə] ‹frøs/fraus, frosset›

frisch frisk [frisk]

Frischhaltefolie plastfolie [ˈplastfuːliə] ‹-en›

Friseur frisør [friˈsøːr] ‹-en, -er›

frisieren frisere [friˈseːrə] ‹-te, -t›

Frisur frisyre [friˇsyːrə] ‹-en, -er›

froh gla [ɡlaː]

Frost frost [frɔst] ‹-en›

Frostschutzmittel frostvæske [ˇfrɔstveskə] ‹-a/-en, -er›

früh tidlig [ˈtidli]

früher tidligere [ˈtidliærə]

Frühling vår [voːr] ‹-en›

Frühstück frokost [ˈfruːkɔst] ‹-en, -er›

frühstücken spise frokost [spiːsə ˈfruːkɔst] ‹-te, -t›

Frühstücksbüfett frokostbuffet [ˈfruːkɔstbyfeː] ‹-en, -er›

Frühstücksraum frokostrom [ˈfruːkɔstrum] ‹-met, -›

fühlen føle [ˇføːlə] ‹-te, -t›

Führer (für Fremde) guide [ɡaid] ‹-en, -er›

Führerschein førerkort [ˇføːrərkɔʈ] ‹-et, -›

Führung omvisning [ˈɔmviːsniŋ] ‹-en, -er›

Fundbüro hittegodskontor [ˇhitəɡudskuntuːr] ‹-et, -›

Funde funn [fʉn] ‹-et, -›

fünf fem [fem]

fünfundzwanzig tjuefem [çʉːəˈfem]

fünfzehn femten [ˇfemtən]

fünfzig femti [ˈfemti]

funktionieren fungere [fʉŋˈgeːrə] ‹-te, -t›

für for [fɔr], til [til]

fürchten frykte [ˇfryktə] ‹-et, -et›

fürchterlich fryktelig [ˇfryktəli]

Fuß fot [fuːt] ‹-en, føtter›

Fußball fotball [ˇfuːtbal] ‹-en, -er›

Fußballplatz fotballplass [ˇfuːtbalplas] ‹-en, -er›

Fußballspiel fotballkamp [ˇfuːtbalkamp]

Fußgänger/in fotgjenger [ˇfuːtjeŋər] ‹-en, -e›

Fußgängerzone gågate [ˈɡuːɡaːtə] ‹-a/-en, -er›

Fuß(reflexzonen)massage fotsoneterapi [ˈfuːtsuːnəterapi:] ‹- en, -er›

G

Gabel gaffel [ˈɡafəl] ‹-en, gafler›

Galerie galleri [ɡaləˈriː] ‹-et, -er›

Gallenblase galleblære [ˇɡaləblæːrə] ‹-a/-en, -er›

Gang gir [giːr] ‹-et, -›

ganz *adj* hel [heːl]; *adv* helt [heːlt]

Ganzkörpermassage kroppsmassasje ['krɔps masaːʃə] ‹- en, -er›

gar ferdigkokt [ˇfæːdikukt]

Garage hotellgarasje [huˈtelgaraʃə] ‹-n›

Garantie garanti [garanˈtiː] ‹-en, -er›

Garderobe garderobe [gardəˇroːbə] ‹-en, -er›

Garnelen reke [ˇreːkə] ‹-a/-en, -er›

Garten hage [ˇhaːgə] ‹-en, -er›

Gasflasche gassflaske ['gasflaskə] ‹-a/-en, -er›

Gasherd gasskomfyr [ˈgaskumfyːr] ‹-en, -er›

Gaskartusche gasspatron ['gaspatruːn] ‹-en, -er›

Gaskocher gassapparat ['gasaparaːt] ‹-et, -›

Gaspedal gasspedal ['gaspedaːl] ‹-en, -er›

Gasse smug [smʉːg] ‹-et, -›

Gast gjest [jest] ‹-en, -er›

Gastfreundschaft gjestfrihet [ˇjestfriːheːt] ‹-en›

Gastgeber/in vert [væʈ] ‹-en, -er›/vertinne [væʈˇinə] ‹-a/-en, -er›

Gebäck bakverk [ˈbɑːkværk] ‹-et›

gebacken bakt [bɑːkt]

Gebäude bygning [ˇbygniŋ] ‹-en, -er›

geben gi [jiː] ‹ga, gitt›

Gebirge fjell *pl* [fjel]

geboren født [føt]

gebraten stekt [steːkt]

gebräuchlich vanlig [ˇvɑːnli]

gebrochen brukket [ˇbrukət]

Gebühren avgifter [ˇɑːvjiftər] ‹pl›

Geburtsdatum fødselsdato ['fødsəlsdaːtu] ‹-en, -er›

Geburtsname fødselsnavn ['fødsəlsnavn] ‹-et, -›

Geburtsort fødested [ˇføːdəsteːd] ‹-et, -er›

Geburtstag fødselsdag ['føtsəlsdaːg] ‹-en, -er›

gedämpft dampkokt ['dampkukt]

Gedeck kuvert [kʉˇveʈ] ‹-en, -er›

Gedenkstätte minnested [ˇminəsteːd] ‹-et, -er›

Geduld tålmodighet [tolˈmuːdihet] ‹-en›

gedünstet dampkokt ['dampkukt]

Gefahr fare [ˇfɑːrə] ‹-en, -er›

gefährlich farlig [ˇfɑːli]

gefallen behage [beˈhɑːgə] ‹-et, -et›, like [ˇliːkə] ‹-te, -t›

Gefängnis fengsel [ˇfeŋsəl] ‹-et, -›

Gefühl følelse [ˇføːlelsə] ‹-en, -er›

gefüllt fylt [fylt]

gegen *(wider; in Richtung auf)* mot [muːt]; *(zeitlich)* bortimot [ˇbuʈimuːt]

Gegend område [ˇɔmroːdə] ‹-et, -er›

Gegenteil motsetning ['mutsetniŋ] ‹-en, -er›

gegenüber overfor ['oːvərfɔr]

Geheimzahl kode [ˇkuːdə] ‹-en, -er›

gehen gå [goː] ‹gikk, gått›

Gehirn hjerne [ˇjæːnə] ‹-en, -er›

Gehirnerschütterung hjernerystelse [ˇjæːnərystelsə] ‹-en, -er›

Gehirnschlag hjerneslag [ˇjæːnəʃlɑːg] ‹-et, -›

Gehör hørsel [ˈhøʃəl] ‹-en›

gehören tilhøre ['tilhøːrə] ‹-te, -t›

gehörlos; Gehörlose/r døv [døːv]

gekocht kokt [kukt]

gekochter Schinken kokt skinke [kukt ˇʃiŋkə]

Gelände terreng [teˈreŋ] ‹-et›

gelb gul [gʉːl]

gelbe Seiten Gules sider [gʉlə siːdər]

Geld penger [ˇpeŋər] ‹pl›

Geldanweisung pengeanvisning [ˇpeŋəanviːsniŋ] ‹-en, -er›

Geldautomat minibank [ˇpeŋəæʉtumaːt] ‹-en, -er›

Geldbeutel pengepung [ˇpeŋəpuŋ] ‹-en, -er›

Geldkarte bankkort ['bankkurt] ‹-et, -›

Geldschein pengeseddel [ˇpeŋəsedəl] ‹-en, -sedler›

Geldwechsel veksling [ˇvekʃliŋ] ‹-en›

gelegentlich i blant [i ˈblant]

Gelenk ledd [led] ‹-et, -›

Gemälde maleri [mɑːləˈriː] ‹-et, -er›

gemeinsam felles [ˇfeles]

gemischt blandet [ˇblanət]

Gemüse grønnsak [ˇgrønsaːk] ‹-en, -er›

gemütlich *(Ort)* hyggelig [ˇhygeli]

genau nøyaktig [nøyˈakti], presis [preˈsiːs]

genauso ... wie nøyaktig som [nøyˈakti sɔm]

genießen nyte [ˇnyːtə] ‹nøt/naut, nytt›

genug nok [nɔk]

geöffnet åpnet [ˇoːpnət]

Gepäck bagasje [bɑˈgaːʃə] ‹-en›

Gepäckabfertigung innsjekking [ˈinʃekiŋ] ‹-en›

Gepäckaufbewahrung bagasjeoppbevaring [bɑˈgaːʃəɔɔpbevaːriŋ] ‹-en›

Gepäckausgabe bagasjeutlevering [bɑˈgaːʃəʉtleveːriŋ] ‹-en›

gerade rett [ret]; *(zeitlich)* nettopp ['netɔp]

geradeaus rett fram ['ret ˈfram]

geräuchert røkt [røːkt]

Geräusch bråk [broːk] ‹-et›

Gericht (Essen, Justiz) rett [ret] ‹-en, -er›

gern gjerne [ˇjæːŋə]

geröstet ristet [ˇristət]

Geruch lukt [lʉkt] ‹-a/-en, -er›

Geschenk gave [ˇgɑːvə] ‹-ə/-en, -er›

Geschichte historie [hisˈtuːriə] ‹-a/-en, -er›

Geschirr bestikk [beˈstik] ‹-et›

Geschirrspülbecken oppvaskkum [ˇupvaskkʉm] ‹-men, -er›

Geschirrspülmaschine oppvaskmaskin [ˇupvaskmaʃiːn] ‹-en, -er›

Geschirrtuch kjøkkenhåndkle [ˈçøkənhɔŋkle] ‹-et, -klær›

geschlossen stengt [steŋt]

Geschmack smak [smɑːk] ‹-en, -er›

geschmort grytestekt [ˇgryːtəsteːkt]

Geschwindigkeit fart [faʈ] ‹-en›

geschwollen oppsvulmet [ˈupsvʉlmət]

Geschwür byll [byl] ‹-en, -er›

Gesicht ansikt [ˇansikt] ‹-et, -er›

Gesichtsbehandlung ansiktsbehandling [ˈansiktsbeːhanliŋ] ‹- en, -er›

Gespräch samtale [ˇsamtɑːlə] ‹-en, -er›

gestern i går [i ˈgoːr]

gesund frisk [frisk]

Getränk drikk [ˇdrikɑ] ‹-en, -er›

Getriebe girkasse [ˈgiːrkɑsə] ‹-a/-en, -er›

Gewicht vekt [vekt] ‹-a/-en, -er›

Gewinn gevinst [geˈvinst] ‹-en, -er›

gewinnen vinne, vant, vunnet [ˇvinə]

Gewitter tordenvær [ˈtʉrdn] ‹-et›

gewöhnlich vanlig [ˇvɑːnli]

gewohnt sein være vant med [værə ˈvant meː]

Gewölbe hvelving [ˇvelviŋ] ‹-en, -er›

Gewürz krydder [ˈkrydər] ‹-et, -›

gibt, es – det er [de æːr] ‹var, vært›, det fins/finnes [de fins/finəs] ‹fantes/fans, funnes›

Giebel gavl [ˈgavl] ‹-en, -er›

Gift gift [jift] ‹-en, -er›

giftig giftig [ˇjifti]

Gipfel fjelltopp [ˇfjæltɔp] ‹-en, -er›

Glas glass [glɑs] ‹-et, -›

Glatteis hålke [ˇhɔlkə] ‹-a/-en›, glatt føre [glat ˇføːrə]

glauben tro/tru [truː], [trʉː] ‹-dde, -dd›

gleich (bald) snart [snaʈ], like [ˇliːkə]

gleichzeitig samtidig [samˈtiːdi]

Gleis spor [spuːr] ‹-et, -›

Gleitschirm hangglider [ˈhæŋglaidiŋ]

Glück lykke [ˇlykɑ] ‹-en/-a, -er›

glücklich lykkelig [ˇlykəli]

Glückwunsch lykkeønskning [ˇlykønskniŋ] ‹-en, -er›

Glühbirne lyspære [ˇlyːspæːrə] ‹-a/-en, -er›, glødelampe [ˇgløːdəlampə] ‹-a/-en, -er›

Gold gull [gʉl] ‹-et›

goldfarben gyllen [ˇjylən]

Goldschmiedekunst gullsmedkunst [ˇgʉlsmeːkʉnst] ‹-en›

Golf golf [gɔlf] ‹-en›

Golfclub golfklubb [gɔlfklʉb]

Golfschläger golfkølle [ˈgɔlfkølə] ‹-a/-en, -er›

Gotik gotikk [guˈtik] ‹-en›

Gott gud [gʉːd] ‹-en, -er›

Grab grav [grɑːv] ‹-a/-en, -er›

Grabmal gravstøtte [ˇgrɑːvstøtə] ‹-a/-en, -r›

Grafik grafikk [grɑˈfik] ‹-en›

Gramm gram [grɑm]

Grapefruit grapefruit [ˈgræipfrʉt]

Gräte fiskebein [ˇfiskəbæin] ‹-et, -›

gratis gratis [ˈgrɑːtis]

gratulieren gratulere [grɑtʉˈleːrə] ‹-te, -t›

grau grå [groː]

Grenze grense [grɛnsə] ‹-(e)n›

Grenzübergang grenseovergang [ˇgrɛnsəːʋərgaŋ] ‹-en, -er›

Grill grill [gril] ‹-en, -er›

Grillanzünder grilltenner [ˈgriltenər] ‹-en, -e›

Grillkohle grillkull [ˈgrilkʉl] ‹-et, -›

Grippe influensa [inflʉˈensɑ] ‹-en›

groß stor [stuːr]

Größe (Ausdehnung) omfang [ˇɔmfaŋ] ‹-et›; (Kleidung, Schuhe) størrelse [ˇstøːrelsə] ‹-en, -er›

Großmutter bestemor [ˇbestəmuːr] ‹-a/-en, -mødre›

Großvater bestefar [ˇbestəfɑːr] ‹-en, -fedre›

Grotte grotte [ˇgrɔtə] ‹-a/-en, -er›

grün grønn [grøn]

Gründonnerstag skjærtorsdag [ˇʃæːʈuːʃdag] ‹-en, -er›

Grund grunn [grʉn] ‹-en, -er›, årsak [ˇoːʃɑːk] ‹-en/-a, -er›

grüne Bohnen grønne bønner [ˇgrønə ˇbønər]

grüne Versicherungskarte grønt (forsik-rings)kort [ˈgrønt (fɔˇʃikriŋs)ˈkɔʈ]

Gruppe gruppe [ˇgrʉpə] ‹-a/-en, -er›

grüßen hilse [ˇhilsɑ] ‹-te, -t›

gültig gyldig [ˇjyldi]

Gummistiefel gummistøvel [ˈgʉmistøvəl] ‹-en, -støvler›

Gurke agurk [ɑˇgʉrk] ‹-en, -er›

Gürtel belte [ˇbeltɑ] ‹-et, -er›

gut god [gʉː], bra [brɑː]

Gutschein tilgodelapp [tilˇgu:dəlap] ‹-en, -er›

Gymnastik gymnastikk [gymnɑˈstik] ‹-en›

Haar hår [hoːr] ‹-et›

Haarfestiger setting lotion ['setiŋ 'ləʊʃən]

Haargel hårgele [ˇhoːrʃeleː] ‹-en›

Haargummi hårstrikk [ˇhoːʃtrik] ‹-en, -er›

Haarklammern hårnål [ˇhoːŋoːl] ‹-a/ -en, -er›

Haarwaschmittel sjampo ['ʃampu] ‹-en, -er›

haben ha [haː] ‹hadde, hatt›

Hackfleisch kjøttdeig [ˇçøtdæig] ‹-en›

Hafen havn [havn] ‹-a/-en, -er›

Haferflocken havregryn [ˇhavrəgryːn] ‹-et›

Hähnchen kylling [ˇçyliŋ] ‹-en, -er›

Haken krok [kruk] ‹-en, -er›

halb halv [hal]

Halbpension halvpensjon [ˇhalpaŋʃuːn] ‹-en, -er›

Hälfte halvdel [ˇhaldeːl] ‹-en, -er›

Hals hals [hals] ‹-en, -er›

Halsschmerzen halssmerter *pl* [ˇhalsmæʈər]

Halstabletten halstabletter *pl* [ˇhalstabletər]

Halstuch halstørkle [ˇhalstørklə] ‹-et, -klær›

halt! stopp! [stɔp]

haltbar holdbar [ˇhɔlbaːr]

Haltegriff håndtak [ˇhɔntaːk] ‹-et, -›

halten *(fest-)* holde [ˇhɔlə] ‹-t, -t›; *(dauern)* vare [ˇvaːrə] ‹-te, -t›; *(stehen bleiben)* stoppe [ˇstɔpə] ‹-et, -et/-a, -a›

Haltbarkeit holdbarhet ['hɔlbaheːt] ‹- en, -er›

Haltestelle stoppested [ˇstɔpəsteːd] ‹-et, -er›, holdeplass [ˇhɔləplas] ‹-en, -er›

Hammelfleisch fårekjøtt [ˇfoːrəçøt] ‹-et›

Hammer hammer [ˇhamər] ‹-en›

Hand hånd [hɔn] ‹-a/-en, hender›

Handball håndball [ˇhɔnbal] ‹-en›

Handbike hånddreven sykkel [ˇhɔndreven ˈsykəl] ‹-en, sykler›

Handbremse håndbremse [ˇhɔnbremsə] ‹-a/-en, -er›

Handcreme håndkrem [ˇhɔnkræm] ‹-en›

Handgas *(Auto)* håndgass [ˇhɔngas] ‹-en›

handgemacht håndlaget [ˇhɔnlaːgət]

Handlauf håndlist [ˇhɔnlist] ‹-a/-en, -er›

Handschuhe hanske [ˇhanskər] ‹-en, -er›

Handtasche håndveske [ˇhɔnveskə] ‹-a/-en, -er›

Handtuch håndkle [ˇhɔŋkle] ‹-et, -klær›

Handwaschbecken vask [ˇvaskən] ‹-en›

Handy mobiltelefon [mubiːltelefuːn] ‹-en›

Handygeschäft telebutikk ['teːləbʉtik] ‹-en, -er›

hart hard [haːr]

hässlich stygg [styg]

häufig ofte [ˇɔftə], hyppig [ˇhypi]

Hauptbahnhof sentralstasjon [senˈtraːlstaʃuːn] ‹-en, -er›

Hauptpostamt hovedpostkontor ['huːvədpɔstkuntuːr] ‹-et, -›

Hauptrolle hovedrolle [ˇhuːvedrɔlə] ‹-a/-en, -er›

hauptsächlich hovedsakelig [ˇhuːvədsakliː]

Hauptsaison høysesong [ˇhøysesɔŋ] ‹-en, -er›

Hauptspeise hovedrett [ˇhuːvədret] ‹-en, -er›

Hauptstadt hovedstad [ˇhuːvədstaːd] ‹-en, -er›

Hauptstraße hovedgate [ˇhuːvədgaːtə] ‹-a/-en, -er›

Haus hus [hʉːs] ‹-et, -›

Hausbesitzer/in huseier [ˇhʉːsæiər] ‹-en, -e›

hausgemacht hjemmelaget [ˇjeməlaːgət]

Haushaltswaren husholdningsartikler [ˇhʉshɔldniŋsartiklər] ‹pl›

Hausnummer husnummer [ˇhʉːsnumər] ‹-et, -›

Haustiere husdyr [ˇhʉsdyr]

Haut hud [hʉːd] ‹-a/-en, -er›

Heide hei [hæi] ‹-a, -er›

Heilbad kurbad [ˈkuːrbaːd] ‹- et, -›

Heilfasten fastekur ['fastəkuːr] ‹- en, -er›

heilig hellig [ˇheli]

Heiliger Abend julaften [ˇjʉlaftən]

Heimat hjemsted [ˇjemsteː(d)] ‹-et, -er›

Heimreise hjemreise [ˇjemræisə] ‹-a/-en, -er›

heiraten gifte seg [ˇjiftə sæi] ‹-et, -et/-a, -a›

heiser sein være hes [væːrə ˈheːs]

heiß varm [varm], het [heːt]

heißen hete [ˇheːtə] ‹het/hette, hett›

Heißluftballon varmluftballong [varmlʉftbaːlɔŋ] ‹-en›

Heizung varme [ˇvarmə] ‹-en›

helfen, jdm – hjelpe noen [ˇjelpə nuːən] ‹hjalp, hjulpet›

hellblau/hellgrün lyseblå/lysegrønn... [ˇlyːsɔ]

Hemd skjorte [ˇʃʉ[ə] ‹-a/-en, -er›

Herbst høst [høst] ‹-en›

Herd komfyr [kumˈfyːr] ‹-en, -er›

herein! kom inn! [kɔm ˈin]

hereinkommen komme inn [kɔmə ˈin] ‹kom, kommet›

Hering sild [sil] ‹-a, -er›

Herpes herpes [ˈhærpes]

Herr herre [ˈhærə] ‹-en, -er›

Herren Herrer [ˈherər]

herrlich herlig [ˈhæːlɪ]

Herz hjerte [ˈjæʈə] ‹-et, -er›

Herzanfall hjerteanfall [ˈjæʈəanfɑl] ‹-et, -›

Herzbeschwerden hjerteproblemer pl [ˈjæʈəpruble:mər]

Herzinfarkt hjerteinfarkt [ˈjæʈəinfɑrkt] ‹-et, -›

herzlich hjertelig [ˈjæʈəli]

Herzschrittmacher pacemaker [ˈpeismeikər] ‹-en, -e›

Heu-Bad høybad [ˈhøybad] ‹- et, -›

Heuschnupfen høysnue [ˈhøysnu:ə] ‹-en, -er›

heute i dag [i ˈdɑːg]

Hexenschuss hekseskudd [ˈheksəskʉd] ‹-et, -›

hier her [hæːr]

Hilfe (auch erste ~) hjelp [jelp] ‹-a/-en›; førstehjelp [ˈføʃʈəjelp] ‹-a/-en›

Himmel himmel [ˈhiməl] ‹-en, himler›

hindern hindre [ˈhindrə] ‹-et, et›

hinlegen, s. ~ legge bort [legə ˈbuʈ] ‹la, lagt›

hinten bak [bɑːk], på baksiden [pɔ ˈbɑːksi:dən]

hinter bak [bɑːk]

Hinterland oppland [ˈuplɑn] ‹-et, -›

hinterlegen deponere [dɛˈpuːnerə]

hinzufügen tilføye [ˈtilføiə] ‹-et, -et›

Hirnhautentzündung hjernehinnebetennelse [ˈjæːrnəhinnəbe:tænelsə] ‹- en, -er›

Hitze varme [ˈvarmə]

Hitzewelle varmebølge [ˈvarməbølgə] ‹-a/-en, -er›

HIV-positiv HIV-positiv [ˈhoː iː weː po:siti:w]

hoch høy/høg [høy]

Hochformat høydeformat [ˈhøidəfuːmaːt] ‹-et›

Hochspannung høyspenning [ˈhøispəniŋ] ‹-en, er›

höchstens høyst [høyst]

Hochzeit bryllup [ˈbrylʉp] ‹-et, -›

Hof gård/gard [gɔːr/gɑːr] ‹-en, -er›

hoffentlich forhåpentligvis [fɔrˈhopəntliːviːs]

höflich høflig [ˈhøfli]

Höhe høyde [ˈhøydə] ‹-en, -er›

Höhle hule [ˈhʉːlə] ‹-en/-a, -er›

Holz tre [treː] ‹-et›; (Brenn-) ved [veː] ‹-en›

Holzschnitt tresnitt [ˈtreːsnit] ‹-et, -›

Honig honning [ˈhɔniŋ] ‹-en›

hören høre [ˈhøːrə], [ˈhøːrə pɔ] ‹-te, -t›

Hörer telefonrør [teleˈfuːnrøːr] ‹-et, -›

hörgeschädigt hørselskadet [ˈhøʃəlskaːdət]

Hose bukse [ˈbuksə] ‹-a/-en, -er›

Hublift heis [hæis] ‹-en, -er›

hübsch pen [peːn]

Hüfte hofte [ˈhɔftə] ‹-a/-en, -er›

Hügel bakke [ˈbakə] ‹-en, -er›

Hund hund [hʉn] ‹-en, -er›

hundert hundre [ˈhʉndrə]

hunderteins hundreogen [hʉndrɔˈeːn]

hungrig sein være sulten [væːrə ˈsʉltən]

Hupe horn [huːn] ‹-et, -›

Husten hoste [ˈhustə] ‹-en›

Hustensaft hostesaft [ˈhustəsaft] ‹-a/-en, -er›

Hut hatt [hat] ‹-en, -er›

I

ich prn jeg [jæi]

Idee idé [iˈdeː] ‹-en, -er›

ihr (pers prn; poss prn f) Pers prn nom pl: dere [ˈdeːrə]; dat sg: henne [ˈhenə]; poss prn: hennes [ˈhenəs], pl: deres [ˈdeːrəs], (subjektbezogen) sin [sin]

Illustrierte ukeblad [ˈʉːkəblɑ] ‹-et, -›

Imbiss lett måltid [let ˈmoːltiːd] ‹-et, -er›, matbit [ˈmaːtbiːt] ‹-en, -er›

immer alltid [ˈɑltiːd]

Impfpass vaksinasjonsattest [vaksinaˈʃuːnsatest] ‹-en, -er›

Impfung vaksinasjon [vaksinaˈʃuːn] ‹-en, -er›

Impressionismus impresjonisme [ɪmpreʃuˈnismə] ‹-en›

in i [iː]

in einer Woche om ei uke [ɔm ei ˈʉːkə]

inbegriffen inkludert [inklʉˈdert]

Induktionsschleife teleslynge [ˈteleʃlyŋə] ‹-a/-en, -er›

Infektion infeksjon [infekˈʃuːn] ‹-en, -er›

informieren, s. ~ informere seg [infoˈmerə sei] ‹-te, -t›

Infusion infusjon [infʉˈʃuːn] ‹-en, -er›

Inhalt innhold [inhɔl] ‹-et, -›

Inlandsflug innenriksfly [ˈinənriksfly:] ‹-et, -›

Inliner rulleskøyter pl [ˈrʉləʃøiter]

innen innenfor [ˈinənfɔr]

Innenhof atrium [ˈatriʉm] ‹-et›, indre gårdsplass [indrə ˈgoːʃplas]

Inschrift innskrift [ˈinskrift] ‹-en, -er›

Insekt insekt [ˈinsekt] ‹-et, -er›

Insektenmittel insektsmiddel [ˈinsektsmidəl] ‹-et, -ler›

Insel øy [øy] ‹-a, -er›
Inselrundfahrt rundtur til øyer [ˇrʉntu:r til ˇøyər]
Insulin insulin [insʉˈli:n] ‹-en›
Inszenierung iscenesettelse [iˇse:nəsetelsə] ‹-en, -er›
interessant interessant [intereˈsaŋ]
interessieren, s. - (für) interessere seg for [intereˈse:rə sæi for] ‹-te, -t›
Irrtum feiltagelse [ˇfæilfa:gelsə] ‹-en, -er›
Ischias isjias [ˈi:ʃias] ‹-en›

Jacke jakke [ˇjakə] ‹-a/-en, -er›
Jahr år [oːr] ‹-et, -›
Jahreszeit årstid [ˇoːʃti:] ‹-a/-en, -er›
Jahrhundert hundreår [ˇhʉndrəoːr] ‹-et, -›
jährlich årlig [ˇoːli]
Jahrmarkt tivoli [ˈti:vuli] ‹-en›
Januar januar [janʉˈaːr]
Jeans dongeribukse [ˈdɔŋəribuksə] ‹-a/-en, -er›
jeden Tag hver dag [væː ɖaːg]
jeder *adj:* hver [væːr]; *prn:* enhver [enˈvæːr]
jemand noen [ˇnu:ən]
jetzt nå [noː]
Jod(tinktur) jod [jɔd] ‹-en›
joggen jogge [ˇjɔgə] ‹-et, -et/-a, -a›
Jogginghose joggebukse [ˇjɔgəbuksə] ‹-a/-en, -er›
Joghurt yoghurt [ˈjɔgʉt] ‹-en, -er›
jucken klø [kløː] ‹-dde, -dd›
Jugendliche(r) ungdom [ˇuŋdum] ‹-en, -er›
Jugendstil Jugendstil [ˈjʉgensti:l] ‹-en›
Juli juli [ˈjʉ:li]
jung ung [uŋ]
Junge gutt [gʉt] ‹-en, -er›
Junggeselle ungkar [ˇuŋkar] ‹-en, -er›
Juni juni [ˈjʉ:ni]
Juwelier juveler [jʉvəˈle:r] ‹-en, -er›

Kabarett kabaret [kabaˈre:] ‹-en, -er›, revy [re:vy]
Kabarettist/in revyartist [re:vyartist] ‹-en›
Kabine lugar [lʉˈga:r] ‹-en, -er›
Kaffee kaffe [ˈkafe] ‹-en›
Kaffeefilter kaffefilter [ˈkafəfiltər] ‹- en, -e›
Kaffeelöffel teskje [ˈte:ʃe:] ‹- et, -er›

Kaffeemaschine kaffetrakter [ˈkafetraktər] ‹-en, -e›
Kai kai [kai] ‹-a/-en, -er›
Kaiser/in keiser [ˇcæisər] ‹-en, -e›/keiserinne / [cæisərˇinə] ‹-en, -er›
Kajak kajakk [ˈkajak] ‹-en, -er›
Kalbfleisch kalvekjøtt [ˇkalvəçøt] ‹-et›
kalorienarm lavkalori [ˈlaːwkaluri:]
kalt kald [kal]
kaltes Wasser kaldt vann [kalt van]
Kamillentee kamillete [kaˇmiləte:] ‹-en›
Kamm kam [kam] ‹-men, -mer›
kämmen kjemme [ˇçemə] ‹-te, -t›
Kanal kanal [ˈkanal] ‹-en, -er›
Kaninchen kanin [kanˈi:n] ‹-en, -er›
Kanu kano [ˈka:nu] ‹-en, -er›
Kapelle kapell [kaˈpel] ‹-et, -›
Kapitän kaptein [kapˈtæin] ‹-en, -er›
kaputt i stykker [i ˈstykər]
Karaffe karaffel [kaˈrafəl] ‹-en, -karafler›
Karfreitag langfredag [ˇlaŋfre:dag]
Karneval karneval [ˈka:rnəval] ‹-et›
Karotten gulrot [ˇgʉləru:t (røtər)] ‹-a, -røtter›
Kartoffeln poteter *pl* [pʉˈte:tər]
Käse ost [ust] ‹-en, -er›
Kasse kasse [ˇkasə] ‹-a/-en, -er›
Kassette kassett [ˈkasət] ‹-en, -er›
Kassettenrekorder kassettspiller [kaˈsetspilər] ‹-en, -er›
Kathedrale katedral [kateˈdra:l] ‹-en, -er›
Katze katt [kat] ‹-en, -er›
kaufen kjøpe [ˇçø:pə] ‹-te, -t›
Kaufhaus varehus [ˇva:rəhu:s] ‹-et, -›
Kaugummi tyggis [ˈtygi:s] ‹-en›
kaum neppe [ˇnepə], knapt [knapt]
Kaution depositum [deˈpo:si:tʉm] ‹-et, -›
Kehrschaufel feiebrett [ˈfeiəbræt] ‹- et, -›
kein ingen [ˇiŋən]
Kekse kjeks [çeks] ‹-en, -er›
Kellner/in kelner [ˈkelnər] ‹-en, -e›
kennen kjenne [ˇçenə] ‹-te, -t›
Keramik keramikk [çeraˈmik] ‹-en›
Kerzen stearinlys [steaˈri:nly:s] ‹-et, -›
Kette *(am Fahrrad)* kjede [ˇçe:də] ‹-et, -er›
Keuchhusten kikhoste [ˇçi:khustə] ‹-en›
Kfz-Schein vognkort [ˇvɔŋkɔʈ] ‹-et, -›
Kichererbsen kikert [ˇçi:keʈ] ‹-a/-en, -er›
Kiefer kjeve [ˇçe:və] ‹-en, -er›
Kilogramm kilogram [ˈçi:lugram] ‹-en›
Kilometer kilometer [ˈçilume:tər]
Kilometerpreis kilometerpris [ˈçilume:tərpri:s] ‹-en›
Kind barn [ba:ɳ] ‹-et, -›
Kinderarzt/ärztin barnelege [ˇba:ɳəle:gə] ‹-en, -e›

Kinderbecken barnebasseng
['ba:nəbaseŋ] ‹-et, -›

Kinderbetreuung barnepass ['ba:nəpas]
‹-et›

Kinderbett barneseng ['ba:nəseŋ] ‹-a/-
en, -er›

Kinderermäßigung barnemoderasjon
['ba:nəmudərafu:n] ‹-en, -er›

Kinderfahrkarte barnebillett
['ba:nəbilet] ‹-en, -er›

Kinderkleidung barneklær *pl*
['ba:nəklæ:r]

Kinderkrankheit barnesjukdom
['ba:nəfu:kdum] ‹-men, -mer›

Kinderlähmung poliomyelitt
[puliumyə'lit] ‹-en›

Kindersitz barnesete ['ba:rnəse:tə] ‹-t,
-er›

Kindersitzkissen *(fürs Auto)* sittepute for
barn ['sitəpu:tə fər ba:n]

Kinderteller barneporsjon
['ba:nəpufu:n] ‹-en, -er›

Kino kino ['çi:nu] ‹-en, -er›

Kirche kirke ['çirkə] ‹-en, -er›

Kirchturm kirketårn ['çirkəto:ŋ] ‹-et, -›

Kirmes tivoli ['tivuli] ‹-et, -er›

Kirschen kirsebær ['çifəbæ:r] ‹-et, -›

Kiste kasse ['kasə] ‹-en, -er›

Kiwi kiwi ['ki:wi] ‹- en, -er›

klar klar [klɑ:r]

Klasse klasse ['klɑsə] ‹-en, -er›

Klassik klassisk [klasisk]

Klassizismus klassisisme [klasi'sismə]
‹-en›

Kleid kjole ['çu:lə] ‹-en, -er›

Kleiderbügel kleshenger ['kle:sheŋər]
‹-en, -e›

Kleidung påkledning ['po:kle:dniŋ] ‹-en,
-er›

klein liten ['li:tən]

Kleingeld småpenger *pl* ['smɔ:peŋər]

Kleinkunstbühne kabaretscene
[kabɑ're:se:snə] ‹-a/-en, -er›

Klima klima ['kli:mɑ] ‹-et›

Klimaanlage klimaanlegg [kli:mɑɑnlegə]
‹-et›

Klingel ringeklokke [riŋə'klɔkə] ‹-a/-en,
-er›

Kloster kloster ['klɔstər] ‹-et, klostre›

klug klok [klu:k]

Kneipe vertshus ['veţshu:s] ‹-et, -›, kro
[kru:] ‹-en, -er›, kafe [ka'fe:] ‹-en, -er›

Kneipp-Anwendung kneipp-behandling
['knæipbe:hanliŋ] ‹- en, -er›

Knie kne [kne:] ‹-et, knær›

Knoblauch hvitløk ['vi:tlø:k] ‹-en, -er›

Knöchel ankel ['aŋkəl] ‹-en, ankler›

Knochenbruch knokkelbrudd
['knɔkəlbrud] ‹-et, -›

Knopf knapp [knap] ‹- en, -er›

Koch/Köchin kokk [kɔk] ‹-en, -er›/kokke
['kɔkə] ‹-a, -er›

Kochbuch kokebok ['ku:kəbu:k] ‹-a/-en,
-bøker›

kochen *(Wasser)* koke ['ku:kə] ‹-te, -t›;
(Essen zubereiten) lage mat [lɑ:gə 'mɑ:t]
‹-et, -et/-a, -a›

Kocher kokeapparat ['ku:kəapɑrɑ:t] ‹-et,
-er›

Kochnische kjøkkenkrok ['çøkənkru:k]
‹-en, -er›

Koffer koffert ['kufəţ] ‹-en, -er›

Kofferraum bagasjerom [bɑ'gɑ:ʃərum]
‹-met, -›

Kohl kål [ko:l] ‹-en›

Kolik kolikk [ku'lik] ‹-en›

Kollege/Kollegin kollega [ku'lega]
‹-en/-, -er›

kommen komme ['kɔmə] ‹kom, kommet›

Komödie komedie [ku'me:diə] ‹-en, -er›

Kompass kompass [kum'pas] ‹-et, -›

Komponist/in komponist [kumpu'nist]
‹-en, -er›

Konditorei konditori [kunditu'ri:] ‹-et, -er›

Kondom kondom [kun'du:m] ‹-et, -er›

König/in konge ['kɔŋə] ‹-en, -er›/dron-
ning ['drɔniŋ] ‹-en, -er›

können kunne ['kunə] ‹kunne, kunnet›

Konserven hermetikk [hərme'tik] ‹-en, -er›

Konsulat konsulat [kunsu'lɑ:t] ‹-et, -er›

Kontakt kontakt [kun'takt] ‹-en, -er›

Konto konto ['kuntu] ‹-en, -er›

Kontrolleur kontrollør [kuntru'lø:r] ‹-en,
-er›

kontrollieren kontrollere [kuntru'le:rə]
‹-te, -t›

Konzert konsert [kun'sæţ] ‹-en, -er›

Kopf hode ['hu:də] ‹-et, -er›

Kopfhörer hodesett ['hu:dəset] ‹-et, -›

Kopfkissen hodepute ['hu:dəpu:tə] ‹-a/-
en, -er›

Kopfsalat hodesalat ['hu:dəsɑlɑ:t] ‹-en,
-er›

Kopfschmerzen hodepine ['hu:dəpi:nə]
‹-en›

Kopfschmerztabletten hodepinetabletter *pl* ['hu:dəpi:nətabletər]

Kopie kopi [ku'pi:] ‹-en, -er›

Korb kurv [kurv] ‹-en, -er›

Korkenzieher korketrekker
['kɔrkətrekər] ‹-en, -e›

Körper kropp [krɔp] ‹-en, -er›

Körperbehinderung fysisk funksjonshemming ['fy:sisk fuŋk'ʃu:nshemiŋ]

kosten koste ['kɔstə] ‹-et, -et/-a, -a›

kostenlos kostnadsfri ['kɔstnɑ:dsfri:],
gratis ['grɑ:tis]

Kostüm drakt [drɑkt] ‹-a/-en, -er›
Kotelett kotelett [kutəˈlet] ‹-en, -er›
Koteletten kinnskjegg [çinʃæg]
Krabben reker, [˅rekər] ‹pl›
Kraftstation, -werk kraftstasjon
  [ˈkrɑftstɑʃun] ‹-en, -er›
Krampf krampe [˅krɑmpə] ‹-en›
krank sjuk/syk [ʃʉːk/syːk]
Krankenhaus sykehus [˅syːkehʉs] ‹-et, -›
Krankenkasse sykekasse [˅syːkəkɑsə]
  ‹-a/-en, -er›
Krankenpfleger sykepleier [˅syːkəɑtest]
  ‹-en, -ne›
Krankenschein sykeattest [˅syːkəɑtest]
  ‹-en, -er›
Krankenschwester sykepleier
  [˅syːkəɑtest] ‹-en, -ne›
Krankenwagen sjukebil [˅ʃuːkəbiːl]
Krankheit sjukdom [ʃuːkdum] ‹-men,
  -mer›
Kratzer ripe [ˈriːpə] ‹-a, -er›
Kräuter urter [ʉrtər] ‹pl›
Krawatte slips [ʃlips] ‹-et, -›
kreativ kreativ [kreːɑtiv]
Krebs kreps [kreps] ‹-en›
Krebs *(med)* kreft [kreft] ‹-en›
Kreditkarte kredittkort [kreˈditkɔt] ‹-et, -›
Kreislaufmittel medisin for blodomløpet
  [mediˈsiːn fɔr ˅bluːumløːpə]
Kreislaufstörung problemer med blo-
  domløpet [pruˈbleːmər meː
  ˅bluːumløːpə]
Kreuz kors [kɔʃ] ‹-et, -›
Kreuzfahrt cruise [kruːs] ‹-et, -›
Kreuzgang korsgang [˅kɔʃgɑŋ] ‹-en, -er›
Kreuzung kryss [krys] ‹-et, -›
Kristall krystall [krysˈtɑl] ‹-en, -er›
Krone krone [˅kruːnə] ‹-a/-en, -er›
Krücke krykke [˅krykə] ‹-a/-en, -er›
Küche kjøkken [ˈçøken] ‹-et, -er›
Kuchen kake [˅kɑːkə] ‹-a/-en, -er›
Küchensieb sikt [sikt] ‹- en/-a, -er›
Kugelschreiber kulepenn [˅kuːləpen]
  ‹-en, -er›
kühl kjølig [˅çøːli]
Kühlelement kjøleelement
  [˅çøːləelement] ‹-et, -er›
Kühler kjøler [˅çøːlər] ‹-en, -e›
Kühlschrank kjøleskap [˅çøːləskɑːp] ‹-et,
  -›
Kühltasche kjølebag [˅çøːləbæg] ‹-en, -er›
Kühlwasser kjølevæske [˅çøːləveskə]
  ‹-a/-en, -er›
Kultur kultur [kʉlˈtuːr] ‹-en, -er›
Kümmel karve [˅kɑrvə]
kümmern, s. - um ta seg av [tɑː sæi ˈɑːv]
  ‹tok, tatt›
Kunde/Kundin kunde [˅kʉndə] ‹-en, -er›
Kunst kunst [kʉnst] ‹-en›

Kunstgewerbe kunsthåndverk
  [ˈkʉnsthɔnværk] ‹-et›
Kunsthändler kunsthandler
  [ˈkʉnsthandlər] ‹-en, -e›
Kuppel kuppel [ˈkʉpəl] ‹-en, kupler›
Kupplung kløtsj [kløtʃ] ‹-en, -er›
Kürbis gresskar [˅greskɑːr] ‹-et, -›
Kurs kurs [kʉːʃ] ‹-en, -er›
Kurtaxe kuravgift [ˈkuːrawçift] ‹- en, -er›
Kurve sving [sviŋ] ‹-en, -er›
kurz kort [kort]
Kurzfilm kortfilm [kortfilm] ‹-en›
kurzfristig med kort frist [meː ˈkɔt ˈfrist]
kürzlich nylig [˅nyːli], nyss [nys]
Kurzschluss kortslutning [˅kuʃʃlʉtniŋ]
  ‹-en, -er›
Kuss kyss [çys] ‹-et, -›
küssen kysse [˅çysə] ‹-et, -et/-a, -a›
Küste kyst [çyst] ‹-en, -er›

L

lachen le [leː] ‹lo, ledd›
lächerlich latterlig [˅latərli]
Ladekabel *(Handy/Laptop)* lader [ˈlɑːdər]
  ‹- en, -ne›
Ladeterminal påfyllingsterminal
  [ˈpofʉliŋstɛːrminɑːl] ‹- en, -er›
Lage situasjon [sitʉɑˈʃuːn] ‹-en, -er›;
  (eines Ortes) beliggenhet ‹-en, -er›
Lähmung lammelse [˅lɑmelsə] ‹-en, -er›
Lammfleisch lammekjøtt [˅lɑmەçøt]
  ‹-et›
Lampe lampe [˅lɑmpə] ‹-a/-en, -er›
Land land [lɑn] ‹-et, -›
Landausflug utflukt [˅ʉːtflʉkt] ‹-en, -er›
Landgut gods [gus] ‹-et, -›
Landkarte kart [kɑt] ‹-et, -›
Landschaft landskap [˅lanskɑp] ‹-et, -›
Landstraße landevei [˅lanəvæi] ‹-en,
  -er›
Landung landing [˅laniŋ] ‹-en, -er›
lang lang [lɑŋ]
Länge lengde [˅leŋdə] ‹-en/-a, -er›
Langlaufski langrennski [˅langrennʃi]
  ‹-er›
langsam langsom [˅laŋsom]
langweilig kjedelig [˅çeːdəli]
Laptop bærbar ‹PC› [ˈbæːrbar ‹peː ceː›]
Lärm bråk [broːk] ‹-et›
lästig plagsom [˅plɑːgsom]
Lastwagen lastebil [˅lɑstəbiːl] ‹-en, -er›
Lauch purreløk [˅pʉrələːk] ‹-en, -er›
laufen løpe [˅løːpə] ‹løp, løpt›
Läuse lus [lʉːs] ‹- en/-a, -›
laut høy/høg [høy]
Lautsprecher høyttaler [ˈhøytɑːlər] ‹-en,
  -e›

269

leben liv [liːv] ‹-et, -›
Lebensmittelgeschäft dagligvareforretning [ˈdɑːɡliːvɑːrəfɔretniŋ/-ˈhandəl] ‹-en, -er/-handel, -en, -dler›
Lebensmittelvergiftung matforgiftning [ˈmɑːtfɔrjiftniŋ] ‹-en, -er›
Leber lever [ˈleːvər] ‹-en, levrer›
Leberpastete leverpostei [ˈleːvərpustæi] ‹-en, -er›
lebhaft livlig [ˈliːvli]
lecker deilig [ˈdæili]
Lederjacke skinnjakke [ˈʃinjakə] ‹-a/-en, -er›
Lederwaren skinnvarer [ˈʃinvarər] ‹pl›
Lederwarengeschäft lærvarebutikk [ˈlærːvɑːrəbutik] ‹-en, -er›/-handel [-handəl] ‹-en, -dler›
ledig ugift [ˈʉjift]
leer tom [tum]
Leerlauf tomgang [ˈtumɡaŋ] ‹-en›
Leerung tømming [ˈtømiŋ] ‹-en, -er›
legen legge [ˈleɡə] ‹la, lagt›
Leggins leggings [ˈlæɡiŋs]
leicht lett [let]
Leichtathletik friidrett [ˈfriːiːdret] ‹-en›
leider dessverre [desˈværə]
leihen *(verleihen)* låne ut [loːnə ˈʉːt] ‹-te, -t›; *(entleihen)* låne av [ˈloːnə ɑːv] ‹-te, -t›
Leinen lin [liːn] ‹-et›
leise stille [ˈstilə]
Leistenbruch lyskebrokk [ˈlyskəbrɔk] ‹-en›
Leiter/in leder [ˈleːdər] ‹-en, -e›
Lenkrad-Drehknopf *(Auto)* joystick [ˈdʒɔystik] ‹-en, -er›
lernen lære [ˈlæːrə] ‹-te, -t›
lesen lese [ˈleːsə] ‹-te, -t›
letzte(r, -s) siste [ˈsistə]
letzten Montag sist mandag [sist ˈmandaɡ]
Leuchtturm fyr [fyːr] ‹-et, -›
Leute folk [fɔlk] ‹-et, -›
Licht lys [lyːs] ‹-et, -›
Lichtmaschine dynamo [dyˈnaːmu] ‹-en, -er›
Lichtschalter lysbryter [ˈlyːsbryːtər] ‹-en, -e›
Lichtschutzfaktor beskyttelsesfaktor [beˈʃytelsəsfaktur] ‹-en, -er›
lieb kjær [ˈçæː]
Liebe kjærlighet [ˈçæːliheːt] ‹-en›
lieben elske [ˈelskə] ‹-et, -et/-a, -a›
liebenswürdig elskverdig [elskˈværdi]
lieblich *(Wein)* halvtørr [ˈhaltør]
Liebling elskling [ˈelskliŋ] ‹-en, -er›, yndling [ˈyndliŋ] ‹-en, -er›
Lied sang [saŋ] ‹-en, -er›, vise [ˈviːsə] ‹-a/-en, -er›

liegen ligge [ˈliɡə] ‹lå, ligget›
Liegewagen liggevogn [ˈliɡəvɔŋ] ‹-a/-en, -er›
Liegewagenplatz Plass i liggevogn [plas i ˈliɡəvɔŋ]
lila lilla [ˈlila]
Linie linje [ˈlinjə] ‹-a/-en, -er›
linke(r, -s) venstre [ˈvenstrə]
links til venstre [til ˈvenstrə]
Linse linse [ˈlinsə] ‹-a/-en, -er›
Linsen linse [ˈlinsər] ‹-a/-en, -er›
Lippe leppe [ˈlepə] ‹-a/-en, -er›
Lippenstift leppestift [ˈlepəstift] ‹-en, -er›
Liter liter [ˈliːtər]
Livemusik levende musikk [ˈlevənə mʉsik]
Loch hull [hʉl] ‹-et, -›
Löffel skje [ʃeː] ‹-en/-a, -er›
Loge losje [ˈluːʃə] ‹-en, -er›
Loipe løype [ˈløypə] ‹-a, -er›
Lorbeer laurbær [ˈlæurbæːr] ‹-et, -›
Luft luft [lʉft] ‹-a/-en›
Luftmatratze luftmadrass [ˈlʉftmadras] ‹-en, -er›
Luftpumpe luftpumpe [lʉftpʉmpə] ‹-en, -er›
Lunchpaket lunsjpakke [ˈlønʃpakə] ‹-en, -er›
Lunge lunge [ˈlʉŋə] ‹-a/-en, -er›
Lungenentzündung lungebetennelse [ˈlʉŋəbetenelsə] ‹-en, -er›
lustig lystig, glad [ɡlɑː]
Lymphdrainage lymfedrenasje [ˈlymfədreːnaʃə] ‹- en, -er›

M

machen *(herstellen)* lage [ˈlaːɡə] ‹-de, -d›; gjøre [ˈjøːrə] ‹gjorde, gjort›
Mädchen jente [ˈjentə] ‹-a, -er›
Magen mage [ˈmaːɡə] ‹-en, -er›
Magenschmerzen magesmerter *pl* [ˈmaːɡəsmæːtər]
mager mager [ˈmaːɡər]
Mahlzeit måltid [ˈmoːltiːd] ‹-et, -er›
Mai mai [ˈmaːi]
Mais mais [ˈmaːis] ‹-en›
Makrele makrell [maˈkrel] ‹-en, -er›
Malbuch fargebok [ˈfarɡəbuːk] ‹-a/-en, -er›
malen male [ˈmaːlə]
Maler/in maler [maːler] ‹-en, -e›
Malerei maleri [maləˈriː] ‹-et, -er›
man man [man], en [eːn]
manchmal iblant [iˈblant]
Mandarinen mandarin [mandaˈriːn] ‹-en, -er›

270

Mandelentzündung mandelbetennelse [ˈmandəlbetenelsə] ‹-a/-en, -er›

Mandeln mandel [ˈmandəl] ‹-en, mandler›

Mango mango [ˈmangu] ‹- en, -er›

Mann mann [man] ‹-en, menn›

Mannschaft *(Schiff)* mannskap [ˈmanskɑːp] ‹-et, -er›; *(Sport)* lag [lɑːg] ‹-et, -›

Mantel kappe [ˈkɑpə] ‹-a/-en, -er›, frakk [frak] ‹-en, -er›; *(Damenmantel)* kåpe [ˈkoːpə] ‹-a/-en, -er›

Margarine margarin [mɑrgɑˈriːn] ‹-en›

Markt marked [ˈmɑrked] ‹-et, -er›

Marktplatz torg [tɔrgə] ‹-et›

Marmelade syltetøy [ˈsyltətøy] ‹-et›

März mars [maʃ]

Maschine maskin [mɑˈʃiːn] ‹-en, -er›

Masern meslinger *pl* [ˈmeʃliŋər]

Massage masasje [mɑˈsɑːʃə] ‹-en›

Matratze madrass [mɑˈdrɑs] ‹-en, -er›

Mauer mur [mʉːr] ‹-en, -er›

Mayonnaise majones [mɑjuˈneːs] ‹-en›

Medikament medikament [medikaˈment] ‹-et, -er›

Meditation meditasjon [meːdiˈtɑˈʃuːn] ‹-en, -er›

Meer hav [hɑːv] ‹-et, -›

Mehl mel/mjøl [meːl/mjøːl] ‹-et›

mehr mer [meːr]; ~ als mer enn [mer en]

Mehrfahrtenkarte klippekort [ˈklipəkɔʈ] ‹-et, -›

mein(e) min [min]

meinen mene [ˈmeːnə] ‹-te, -t›

meinetwegen for min del [for miːn deːl]

Meinung mening [ˈmeːniŋ] ‹-en›

Melone *(Honigmelone)* honningmelon [ˈhɔniŋmelu:n]; *(Wassermelone)* vannmelon [ˈvɑnmelu:n]

Memorystick minnepinne [ˈminəpinə] ‹-en, -er›

Mensch menneske [ˈmeneskə] ‹-et, -er›

Menstruation menstruasjon [menstrʉɑˈʃuːn] ‹-en, -er›

Menü meny [meˈnyː] ‹-en, -er›

merken merke [ˈmerkə] ‹-et, -et›

Messe *(rel., Ausstellung)* messe [ˈmesə] ‹-a/-en, -er›

Messer kniv [kniːv] ‹-en, -er›

Meter meter [ˈmeːtər]

Metzgerei slakter [ˈʃlaktər] ‹-en, -e›

mich meg [mæi]

Miesmuscheln blåskjell [ˈbloːʃel] ‹-et, -›

Miete leie [ˈlæiə] ‹-a/-en, -er›

mieten leie (ut) [ˈlæiə] ‹-de, -d›

Migräne migrene [miˈgreːnə] ‹-en›

Mikrowelle mikrobølgeovn [miːkrubølgɔːvn] ‹-en, -er›

Milch melk [melk/mjølk] ‹-a/-en/mjølk, -a›

mild mild [mil]

Millimeter millimeter [ˈmilimeːtər]

mindestens minst [minst], i det minste [i de ˈminstə]

Mineralwasser mineralvann [minəˈrɑːlvɑn] ‹-et›

Minibar minibar [ˈminibɑːr] ‹-en, -er›

Minigolf minigolf [ˈmiːnigɔlf] ‹-en›

Minute minutt [miˈnʉt] ‹-et, -er›

mir meg [mæi]

Missverständnis misforståelse [ˈmisfɔʃtoːelsə] ‹-en, -er›

mit med [meː]

mitbringen ta med [tɑː ˈmeː] ‹tok, tatt›

Mitbringsel suvenir [suvəˈniːr] ‹-en, -er›

mitnehmen ta med [tɑː ˈmeː] ‹tok, tatt›

Mittag middag [ˈmidɑg] ‹-en, -er›

Mittagessen lunsj [lønʃ] ‹-en, -er›

mittags ved middagstid [ve ˈmidɑgsti:]

Mitte midte [ˈmitə] ‹-en›

Mittel gegen ~ middel mot ~ [ˈmidəl mu:t ~]

Mitteilung beskjed [beˈʃeː] ‹-en, -er›

Mittel middel [ˈmidəl] ‹-et, midler›

Mittelalter middelalder [ˈmidəlɑldər] ‹-en›

Mittelohrentzündung ørebetennelse [ˈøːrəbetenelsə] ‹-en›

Mittwoch onsdag [ˈunsdɑg]

Mixer mikser [ˈmiksər] ‹- en, -›

Möbel møbel [ˈmøːbəl] ‹-et, møbler›

Mobilitätsbehinderte/r bevegelseshemmet [beveˈgelsəshemət]

Mobiltelefon mobiltelefon [mubiˈlteːləfun] ‹-en, -er›

Mode mote [ˈmuːtə] ‹-en, -er›

Modell modell [muˈdel] ‹-en, -er›

modern moderne [muˈdæːɳə]

Modeschmuck motesmykke [ˈmuːtəsmykə] ‹-en, -er›

mögen *(gern haben)* like [ˈliːkə] ‹-te, -t›; *(möchte)* ville gjerne [ˈvilə ˈjæːɳə] ‹ville, villet›

möglich mulig [ˈmʉːli]

Mole molo [ˈmuːlu] ‹-en, -er›

Monat måned [ˈmoːnəd] ‹-en, -er›

monatlich månedlig [ˈmoːnədli]

Mond måne [ˈmoːnə] ‹-en, -er›

Montag mandag [ˈmandɑg]

morgen morgen [ˈmoːɳ] ‹-en, -er›

Morgen morgen [ˈmoːɳ] ‹-en, -er›

morgen Abend i morgen kveld [i ˈmoːɳ ˈkvel]

morgen früh i morgen tidlig [i ˈmoːɳ ˈtiːdli]

morgens om morgenen [ɔm ˈmoːɳən]

Mosaik mosaikk [muˈsaik] ‹-en›

Motel motell [muˈtel] ‹-et, -er›
Motor motor [ˈmuːtur] ‹-en, -er›
Motorboot motorbåt [ˈmuːturboːt] ‹-en, -er›
Motorhaube panser [ˈpansər] ‹-et›
Mountainbike terrengsykkel [teˈræsykəl] ‹-en›
Möwe måse [ˇmoːsə] ‹-en, -er›
MP3Player/iPod MP3-spiller/iPod [ˈempeːtreː ˈspilər/ˈeipɔd] ‹- en, -e›
Mücke mygg [myg] ‹-en, -er›
müde trøtt [trøt]
Müll søppel [ˈsøpəl] ‹søpla›, avfall [ˇaːvfal] ‹-et›
Mullbinde gasbind [ˈgɑsbin] ‹-et, -›
Mülltonne søppeltønne [ˈsøpəltønə] ‹-a, -er›
Mülltrennung søppelsortering [ˈsøpelsoːrteriŋ] ‹- en, -er›
Mumps kusma [ˈkusmɑ] ‹-en›
Mund munn [mʉn] ‹-en, -er›
Mündung munning [ˇmʉniŋ] ‹-en, -er›
Münze mynt [mynt] ‹-en, -er›
Muscheln musling [ˇmʉʃliŋ] ‹-en, -er›, skjell [ʃel] ‹-et, -›
Museum museum [mʉˈseːʉm] ‹-et, museer›
Musical musical [ˈmjʉːsikəl] ‹-en, -er›
Musik musikk [mʉˈsik] ‹-en›
Musik hören høre musikk [høːrə mʉˈsik]
Musikgeschäft musikkforretning [ˈmʉːˈsikforətniŋ] ‹-en, -er›
musizieren spille musikk [spilə mʉˈsik]
Muskatnuss muskat [musˈkat]
Muskel muskel [ˇmʉskəl] ‹-en, muskler›
Müsli musli [ˇmʉsli] ‹-en›
Mutter mor [muːr] ‹-a/-en, mødre›
Mütze lue [ˇlʉːə] ‹-a/-en, -er›

N

nach prp (zeitlich) etter [ˇetər]; (räumlich) til [til]
Nachbar/in nabo [ˇnɑːbu] ‹-en, -er›, granne [ˇgranə] ‹-en, -er›
Nachmittag ettermiddag [ˇetərmidag] ‹-en, -er›
nachmittags om ettermiddagen [ɔm ˇetərmidagən]
Nachricht nyhet [ˈnyːheːt] ‹-en, -er›, melding [ˇmeldiŋ] ‹-en/-a, -er›
Nachsaison lavsesong [ˇlɑːvsesɔŋ] ‹-en, -er›
nachsenden ettersende [ˇetəʃenə] ‹-te, -t›
nächste(r, -s) neste [nestə]

nächstes Jahr neste år [ˇnestə ˈoːr]
Nacht natt [nat] ‹-a/-en, netter›
Nachtisch dessert [deˈsæːr] ‹-en, -er›
Nachtklub nattklubb [ˇnatklʉb] ‹-en, -er›
nachts om natta [ɔm ˈnatɑ]
Nachttisch nattbord [ˇnatbuːr] ‹-et, -›
Nachttischlampe nattbordlampe [natbuːrlampə] ‹-n›
nackt naken [ˇnaːkən]
Nadel nål [noːl] ‹-en/-a›
Nagellack neglelakk [ˇnæilalak] ‹-en›
Nagellackentferner neglelakkfjerner [ˇnæilalakfjæːŋər] ‹-en, -e›
Nagelschere neglesaks [ˇnæiləsaks] ‹-a/-en, -er›
nah nær [næːr]
nahe nær [næːr]
nähen sy [syː] ‹-dde, -dd›
Nahverkehrszug lokaltog [luˈkɑːltoːg] ‹-et, -›
Name navn [navn] ‹-et, -›
Narbe arr [ar] ‹-et, -›
Narkose narkose [narˈkuːsə] ‹-en, -er›
Nase nese [ˇneːsə] ‹-a/-en, -er›
Nasenbluten neseblod [ˇneːsəbluː] ‹-et›
nass våt [voːt]; (durchnässt) gjennomvåt [ˈjenɔmvoːt]
Nationalitätskennzeichen nasjonalitetstegn [naʃunaliˈteːtstæin] ‹-et, -›
Nationalpark nasjonalpark [naʃuˈnɑːlpark] ‹-en, -er›
Natur natur [naˈtʉːr] ‹-en, -er›
natürlich naturlig [naˈtʉːli], naturligvis [naˈtʉːlivis]
Naturschutzgebiet naturreservat [naˈtʉːrreservɑːt] ‹-et, -er›
Nebel tåke [ˇtoːkə] ‹-a/-en, -er›
neben prp ved siden av [ve ˇsiːdən ɑːv]
Nebenkosten ekstrautgifter pl [ˈekstrɑʉːtjiftər]
Nebenstraße sidegate [ˇsiːdəgatə] ‹-a/-en, -er›
negativ negativ [ˈneːgativ]
nehmen ta [tɑː] ‹tok, tatt›
Neoprenanzug neoprendrakt [neːuˈpreːndrakt] ‹-en, -er›
Nerv nerve [ˇnærvə] ‹-a/-en, -er›
nervös nervøs [nerˈvøːs]
nett søt [søːt]; (freundlich) hyggelig [ˇhygəli]
Netz nett [net] ‹-et, -›
neu ny [nyː]
neugierig nysgjerrig [nyˈʃæri]
Neujahr nyttår [ˈnytoːr]
neun ni [niː]
neunundzwanzig tjueni [çʉːəˈniː]
neunzehn nitten [ˇnitən]
neunzig nitti [ˈniti]

nicht ikke [ˇikə]
Nichtraucher ikke-røykere [ˇikə rø:kərə]
Nichtraucherabteil kupé for ikke-røkere [kʉˈpe: fɔr ˇikə rø:kərə]
nichts ingenting [ˇiŋəntiŋ]
nie aldri [ˇɑldri]
nieder, niedrig lav/låg [lɑ:v/lo:g]
niemand ingen [ˇiŋən]
Niere nyre [ˇny:rə] ‹-a/-en, -er›
Nierenentzündung nyrebetennelse [ˇny:rəbetenelsə] ‹-en, -er›
Nierengurt nyrebelte [ˇny:rəbeltə] ‹-et, -er›
Nierenstein nyrestein [ˇny:rəstæin] ‹-en, -er›
niesen nyse/nøs/nyste [ny:sə]
nirgends ingen steder [ˇiŋən ˇste:dər]
noch enda [ˇendɑ]; ~ nicht ennå ikke [ˇenɔ ˇikə]
Norden Norden [ˈnurdən]
nördlich nordlig [ˇnu:[i]
normal normal [nurˈmɑ:l]
normalerweise normalt [nurˈmɑ:lt]
Norwegen Norge [ˇnɔrgə]
Norweger/in nordmann [ˈnu:rmɑn] ‹-en, -menn›
norwegisch norsk [nɔʃk]
Notausgang nødutgang [ˈnø:dʉ:tgɑŋ] ‹-en, -er›
Notbremse nødbremse [ˇnø:dbremsə] ‹-a/-en, -er›
Notebook bærbar PC [ˇbærba: ˇpe:ce:]
Notfall nødsfall [ˈnø:dsfɑl]
Notrufsäule nødtelefon [ˈnø:dtelefu:n] ‹-en, -er›
notwendig nødvendig [nødˈvendi]
November november [nuˈvembər]
nüchtern nøktern [ˈnøktəŋ], edru [ˇe:drʉ]; *(Magen)* fastende [ˇfɑstəndə]
Nudeln nudler *pl* [ˈnʉdlər]
null null [nʉl]
Nummer nummer [ˈnumər] ‹-et, -›
Nummernschild nummerskilt [ˈnuməʃilt] ‹-et, -›
nur bare [ˇbɑ:rə]
Nüsse nøtt [nøt] ‹-a/-en, -er›

O

ob om [ɔm]
oben oppe [ˇɔpə]
Ober kelner [ˈkelnər] ‹-en, -e›
Objektiv objektiv [ubjekˈti:v] ‹-et, -er›
Obst frukt [frʉkt] ‹-a/-en, -er›
Obst- und Gemüsemarkt torg [tɔrg] ‹-et, -›
obwohl skjønt [ʃønt]
oder eller [ˈelər]
offen åpen [ˇo:pən]
öffentlich offentlig [ˈɔfentli]
öffnen åpne [ˇo:pnə] ‹-et, -et/-a, -a›
Öffnungszeiten åpningstider [opniŋsti:dər]
oft ofte [ˇɔftə]
ohne uten [ˇʉ:tən]
Ohnmacht besvimelse [beˈsvi:melsə] ‹-en›
Ohr øre [ˇø:rə] ‹-et, -er›
Ohrentropfen øredråper *pl* [ˇø:rədro:pər]
Ohropax sov i ro [so:v i ˈru:]
Ohrringe ørering [ˇø:rəriŋ] ‹-en, -er›
Oktober oktober [ɔkˈto:bər]
Öl olje [ˇɔljə] ‹-en›
Oliven oliven [uˈli:vən] ‹-en›
Olivenöl olivenolje [uˈli:vənɔljə]
Ölmalerei oljemaleri [ˇɔljəmɑ:ləri:] ‹-et, -er›
Ölwechsel oljeskift [ˇɔljəʃift] ‹-et, -er›
Oper opera [ˈu:pərɑ] ‹-en, -er›
Operation operasjon [upərɑˈʃu:n] ‹-en, -er›
Operette operette [upəˇretə] ‹-en, -er›
Optiker optiker [ˈɔptikər] ‹-en, -e›
orange orange [ɔˈrɑŋʃə]
Orangensaft appelsinjuice [ɑpəlˈsi:njʉ:s] ‹-en›
Orchester orkester [ɔrˈkestər] ‹-et, -›
Orgel orgel [ˈɔrgəl] ‹-et, orgler›
Original original [ɔrigiˈnɑ:l]
Originalfassung originalversjon [ɔrigiˈnɑ:lveʃu:n] ‹-en, -er›
Ort sted [ste:(d)] ‹-et, -er›
Ortschaft landsby [ˈlɑnsby:] ‹-en, -er›
Ortsgespräch lokalsamtale [luˈkɑ:lsɑmtɑ:lə] ‹-en, -er›
Osten Østen [ˈøstən]
Ostermontag annen påskedag [ˇɑ:ən ˇpo:skədɑ:g]
Ostern påske [ˇpo:skə]
Österreich Østerrike [ˇøstəri:kə]
Österreicher/in østerriker [ˇøstəri:kər] ‹-en, -e›
östlich østlig [ˇøstli:]

P

Paar par [pɑ:r] ‹-et, -›; *(Ehe~)* ektepar [ˇektəpɑ:r] ‹-et, -›
paar, ein ~ et par [et pɑ:r], noen [ˇnuən]
Päckchen småpakke [ˇsmo:pɑkə] ‹-a/-en, -er›
Paddelboot kano [ˈkɑ:nu] ‹-en, -er›
paddeln paddle [ˇpɑdlə] ‹-et, -et›
Paket pakke [ˇpɑkə] ‹-a/-en, -er›
Palast palass [pɑˈlɑs] ‹-et, -er›

Panne uhell [ˇuːhel] ‹-et, -›
Pannendienst bergingsbil [ˇberginsbiːl]
‹-en, -er›
Pannenhilfe bergningstjeneste
[ˇberginstjenəstə] ‹-en, -er›
Papier papir [paˈpiːr] ‹-et, -›
Papiere papirer pl [paˈpiːrər]
Papierservietten papirserviett
[paˈpiːʃærvietər] ‹-en, -er›
Papiertaschentücher papirlommetørkle
[paˈpiːlumətørklæːr] ‹-et, -klær›
Paprika paprika [ˈpɑpriːka]
Paprika(schote) paprika [ˈpɑːprika]
‹-en›
Parfüm parfyme [parˇfyːmə] ‹-en, -er›
Parfümerie parfymeri [parfyməˈriː] ‹-et,
-er›
Park park [pɑrk] ‹-en, -er›
parken parkere [parˈkeːrə] ‹-te, -t›
Parkett parkett [parˈket] ‹-en, -er›
Parkplatz parkeringsplass
[parˈkeːriŋsplas] ‹-en, -er›
Parkuhr parkometer [parkuˈmeːtər] ‹-et,
-metre›
Party selskap [ˇselskɑp] ‹-et, -›
Partyservice catering [kæiteriŋ]
Pass pass [pas] ‹-et, -›
Passagier passasjer [pasaˈʃeːr] ‹-en, -er›
passen passe [ˇpasə] ‹-et, -et/-a, -a›
Passkontrolle passkontroll [ˈpaskuntrɔl]
‹-en, -er›
Pauschalpreis pakkepris [ˇpakəpriːs]
‹-en, -er›
Pause pause [ˇpæʉsə] ‹-en, -er›
Pension pensjonat [paŋʃuˈnɑːt] ‹-et, -er›
Perle perle [ˇpæːɭə] ‹-a/ en, -er›
Person person [peˈʃuːn] ‹-en, -er›
Personalausweis legitimasjonskort
[legitimaˈʃuːnskɔt] ‹-et, -›
Personalien personalia [persoˈnaliɑ]
persönlich personlig [perˈʃunliː]
Perücke parykk [paˈryk] ‹-en, -er›
Petersilie persille [peˇʃilə] ‹-en›
Petroleum petroleum [peˈtruːleum] ‹-en›
Pfand pant [pɑnt] ‹-et, -›
Pfanne stekepanne [ˇsteːkəpanə] ‹- en/-
a, -er›
Pfannengericht pannerett [ˇpanəret]
‹-en, -er›
Pfeffer pepper [ˈpepər] ‹-en›
Pfefferstreuer pepperbøsse
[ˇpepərbøsə] ‹-a/-en, -er›
Pferd hest [hest] ‹-en, -er›
Pfingsten pinse [ˇpinsə]
Pfingstmontag andre pinsedag [ˇandrə
ˇpinsədaːg]
Pfirsiche fersken [ˈfæʃkən] ‹-en, -er›
Pflanze plante [ˇplantə] ‹-a/-en, -er›
Pflaster plaster [ˈplastər] ‹-et, -›

Pflaumen plomme [ˇplumə] ‹-a/-en, -er›
pflegebedürftig pleietrengende
[ˇplæiətreŋəndə]
Pilot/in styrmann [ˈstyrmaːn] ‹-en›
Pilze sopp [sɔp] ‹-en, -er›
Pilzinfektion soppinfeksjon
[ˈsɔpinfekˈʃuːn] ‹- en, -er›
Pinzette pinsett [pinˈset] ‹-en, -er›
Plakat plakat [plaˈkɑːt] ‹-en, -er›
Planschbecken plaskebasseng
[ˇplaskəbaseŋ] ‹-et, -›
Plastik plast [ˈplast] ‹-en, -›
Plastikbeutel plastpose [ˈplastpuːsə]
‹-en, -er›
Platten punktert [ˈpuŋtet]
Plattenladen musikkforretning
[mʉˈsikfɔrætniŋ] ‹- en, -er›
Platz plass [plas] ‹-en, -er›
Platzkarte plassbillett [ˈplasbilet] ‹-en,
-er›
Plombe plombe [ˇplumbə] ‹-en, -er›
plötzlich plutselig [ˇplʉtsəli]
Polizei politi [puliˈtiː] ‹-et›
Polizeiwagen politibil [puliˈtiːbiːl] ‹-en,
-er›
Polizist/in politimann [puliˈtiːman] ‹-en,
-menn›
Portier portier [puˌtiˈeːr] ‹-en, -er›
Portion porsjon [puˈʃuːn] ‹-en, -er›
Porto porto [ˈpuːtu] ‹-en, -er›
Porträt portrett [puˈtret] ‹-et, -er›
Postamt postkontor [ˈpɔstkuntuːr] ‹-et,
-›
Postkarte postkort [ˈpɔstkɔt] ‹-et, -›
postlagernd poste restante [pɔstə
restantə]
Postleitzahl postnummer [ˈpɔstnumər]
‹-et, -›
Postsparbuch postsparebankbok
[ˈpɔstspɑːrəbaŋkbuːk] ‹-a/-en, -bøker›
praktisch praktisk [ˈpraktisk]
Präservativ kondom [kunˈduːm] ‹-en,
-er›
Preis pris [priːs] ‹-en, -er›
Prellung indre kvestelser pl [ˇindrə
ˇkvestelsər]
Premiere premiere [premiˇæːrə] ‹-en,
-er›
Priester prest [prest] ‹-en, -er›
privat privat [priˈvaːt]
Probe prøve [ˇprøːvə] ‹-en, -er›
Problem problem [ˈpruˈbleːm] ‹-et, -er›
Produkt produkt [pruˈdʉkt] ‹-et, -›
Programm program [pruˈgram] ‹-met, -›
Programmheft programhefte
[pruˈgramheftə] ‹-et, -er›
Promillegrenze promille [pruˇmilə] ‹-en,
-er›
Prospekt brosjyre [bruˈʃyːrə] ‹-en, -er›

Prothese protese [pruˈteːsə] ‹-en, -er›
provisorisch provisorisk [pruviˈsuːrisk]
Prozent prosent [pruˈsent] ‹-en, -er›
Puder pudder [ˈpʉdər] ‹-et›
Pullover genser [ˈɡensər] ‹-e›
Puls puls [pʉls] ‹-en›
Pulverschnee nysnø [ˈnyːsnø] ‹-en›
pünktlich punktlig [ˈpʉŋktli]
putzen pusse [ˈpʉsə] ‹-et, -et/-a, -a›, gjøre reint [jøːrə ˈræint] ‹gjorde, gjort›
Putzmittel rengjøringsmiddel [ˈreːnjöːriŋsmidəl] ‹- et, -›

Q

Quadratmeter kvadratmeter [kvaˈdrɑːtmeːtər]
Qualität kvalitet [kvaliˈteːt] ‹-en, -er›
Qualle manet [mɑˈneːt] ‹- en, -er›
Quark kvark [kvɑrk] ‹-en›
Quelle kilde [çildə] ‹-en, -er›
quer durch tvers gjennom [tvərs jənʉm]
querschnittsgelähmt tverrsnittlammet [ˈtverʃnitlɑmət]
Quittung kvittering [kviˈteːriŋ] ‹-en/-a, -er›

R

Rabatt rabatt [rɑˈbat] ‹-en, -er›
Rad hjul [jʉːl] ‹-›
Rad fahren sykle [ˈsyklə] ‹-et, -et/-a, -a›
Radarkontrolle radarkontroll [ˈrɑːdɑrkuntrɔl] ‹-en, -er›
Radierung radering [rɑˈdeːriŋ] ‹-en, -er›
Radio radio [ˈrɑːdiu] ‹-en, -er›
Radsport sykkelsport [ˈsykəlspuʈ] ‹-en›
Radtour sykkeltur [ˈsykəltʉːr] ‹-en, -er›
Rampe rampe [ˈrampə] ‹-a/-en, -er›
Rasen plen [pleːn] ‹-en›
Rasierapparat barbermaskin [barˈbeːrmɑʃiːn] ‹-en, -er›
Rasierklingen barberblad [barˈbeːrblɑː] ‹-et, -er›
Rasierpinsel barberkost [barˈbeːrkɔst] ‹-en, -er›
Rasierschaum barberskum [barˈbeːrskum] ‹-(m)en›
Rasierwasser barbervann [barˈbeːrvɑn] ‹-et›
Rastplatz rasteplass [ˈrɑstəplɑs] ‹-en, -er›
Raststätte veikro [ˈvæikru] ‹-en, -er›
Rathaus rådhus [ˈroːdhʉːs] ‹-et, -›
rauchen røyke/røke [ˈrøykə/ˈrøːkə] ‹-te, -t›
Raucher røyker [ˈrøykər] ‹-en, -e›

Raucherabteil røkekupé [ˈrøːkəkʉˈpeː] ‹-en, -er›
Raum rom [ruːm] ‹-(m)et, -›
Rechnung regning [ˈræniŋ] ‹-en/-a, -er›
rechte(r, -s) høyre [ˈhøyrə]
rechts til høyre [til ˈhøyrə]
Rechtsanwalt/anwältin advokat [ɑdvuˈkɑːt] ‹-en, -er›
rechtzeitig adv i rett tid [i ˈret ˈtiː]
reden tale [ˈtɑːlə] ‹-te, -t›
Reformhaus helsekostbutikk [ˈhelsəkɔstbʉtik] ‹-en, -er›
regelmäßig regelmessig [ˈreːɡəlmesi]
Regen regn [ræin] ‹-et›
Regenmantel regnfrakk [ˈræinfrɑk] ‹-en, -er›
Regenschauer (regn)skur [(ˈræin)skʉr] ‹-a/-en, -er›
Regie regi [reˈʃiː] ‹-en, -er›
Regierung regjering [reˈjeːriŋ] ‹-en/-a, -er›
Region område [ˈumrodə] ‹-t, -er›
regnerisch regnfullt [ˈræinfʉlt]
Reibe rivjern [ˈriːwjærn] ‹- et, -›
reich rik [riːk]
reif moden [ˈmuːdən]
Reifen dekk [dek] ‹-et, -›
reinigen rense [ˈrensə] ‹-et, -et›
Reinigung renseri [renseˈri] ‹-et›
Reis ris [riːs] ‹-en›
Reise reise [ˈræisə] ‹-a/-en, -er›
Reisebüro reisebyrå [ˈræisəbyro:] ‹-et, -er›
Reiseführer guide [ɡɑid] ‹-en, -er›; (Buch) reisehåndbok [ˈræisəhɔnbuːk] ‹-a/-en, -bøker›
Reisegesellschaft reiseselskap [ˈræisəsəlskɑp] ‹-et, -›
reisen reise [ˈræisə]
Reisepass pass [pas] ‹-et, -›
Reisescheck reisesjekk [ˈræisəʃek] ‹-en, -er›
Reisetasche reiseveske [ˈræisəveskə] ‹-a/-en, -er›
reiten ri(de), red, ridd [riː (ˈriːdə)]
Reitschule rideskole [ˈriːdeskuːlə] ‹-en›
reklamieren reklamere [reklɑˈmeːrə] ‹-te, -t›; klage [ˈklɑːɡə] ‹-et, -et/-a, -a›
Religion religion [religiˈuːn] ‹-en, -er›
Renaissance renessanse [reːneːsɑnsə] ‹-en›
Rennen løpe [ˈløːpə] ‹løp, løpt›
Rennrad racersykkel [ˈræːsersykəl] ‹-en›
reparieren reparere [repɑˈreːrə] ‹-te, -t›
reservieren reservere [resærˈveːrə] ‹-te, -t›
Reservierung reservering [reserˈveːriŋ] ‹-en, -er›
Rettungsboot redningsbåt [ˈredniŋsboːt] ‹-en, -er›

Rettungsring livbøye [ˈliːvbøyə] ‹-a/-en, -er›

Rezept resept [reˈsept] ‹-en, -er›

Rezeption resepsjon [resepˈʃuːn] ‹-en, -er›

R-Gespräch samtale med noteringsoverføring [ˇsɑmtɑlə me nuˈteːriŋsoːvərføːriŋ]

Rheuma rheumatisme [ræumaˈtismə] ‹-en›

Richter/in dommer [ˈdɔmər] ‹-en, -ne›

richtig (Gegensatz zu falsch) riktig [ˇrikti]; (geeignet) passende [ˇpasəndə]

Richtung retning [ˇretniŋ] ‹-en, -er›

riechen lukte [ˇluktə] ‹-et, -et›

Rindfleisch oksekjøtt [ˇuksəçøt] ‹-et›

Ring ring [riŋ] ‹-en, -er›

Rock skjørt [ʃøt] ‹-et, -›

roh rå [roː]

roher Schinken røkt skinke [røːkt ˇʃiŋkə], bacon [ˈbeikən] ‹-en›

Rohling tom CD/DVD [tum ˈceːdeː/ deːweː ˈdeː]

Roller scooter [ˈskuːtər] ‹-en, -e›

Rollschuh rulleskøyter [rʉləʃøitər]

Rollstuhl rullestol [ˇrʉləstuːl] ‹-en, -er›

Rollstuhlfahrer/in rullestolkjører [ˇrʉləstuːlçøːrər/bruːkər] ‹-bruker, -en, -e›

rollstuhlgängiger Wagen (Zug) togvogn med rullestoltilgjengelighet [ˇtuːgvɔŋn meːd ˇrʉləstuːltiljeŋəliheːt]

rollstuhlgerecht rullestolvennlig [ˇrʉləstuːlvenli]

Rollstuhlkabine (Schiff) rullestollugar [ˇrʉləstuːlʉˈgɑr] ‹-en, -er›

Roman roman [ruˈmɑːn] ‹-en, -er›

röntgen røntgen [ˈrøntkən]

Röntgenaufnahme røntgenbilde [ˈrøntkənbildə] ‹-et, -er›

rosa rosa [ˈrusa]

Rosé rosévin [ruˈseːviːn]

Rosmarin rosmarin [rusmaˈriːn] ‹-en›

rot rød [røː]

Röteln røde hunder [ˇrøːəˇhʉnər]

Rotwein rødvin [ˈrøːviːn]

Route rute [ˇrʉːtə] ‹-a/-en, -er›

Rücken rygg [ryg] ‹-en, -er›

Rückenschmerzen ryggsmerter pl [ˇrygsmæʈər]

Rückfahrkarte returbillett [reˈtʉːrbilet] ‹-en, -er›

Rückfahrt tilbakereise [tilˇbaːkəræise] ‹-a/-en, -er›

Rückholservice henteservice [padlə]

Rücklicht baklys [ˇbaːklyːs] ‹-et, -›

Rucksack ryggsekk [ˇrygsek] ‹-en, -er›

Rückspiegel sladrespeil [ˇʃladrəspæil] ‹-et, -›

rückwärts baklengs [ˇbaːkleŋs]

Rückwärtsgang revers [reˈvæʃ] ‹-en›

Ruder åre [ˇoːrə] ‹-a/-en›

Ruderboot robåt [ˈruːboːt] ‹-en, -er›

rudern ro [ruː] ‹-dde, -dd›

rufen rope [ˇruːpə] ‹-te, -t›

Ruhe hvile [ˇviːlə] ‹-en, -er›, ro ‹-en/-a›; (Stille) stillhet ‹-en›

ruhig rolig [ˇruːli]

Rührlöffel slikkepott [ˈʃlikəpɔt] ‹- en, -er›

Ruine ruin [rʉˈiːn] ‹-en, -er›

rund rund [rʉn]

Rundfahrt rundtur [ˇrʉntʉːr] ‹-en, -er›

S

Saal sal [sɑːl] ‹-en, -er›

Sache (Ding) ting [tiŋ] ‹-en, -›; (Angelegenheit) sak [sɑːk] ‹-a/-en, -er›

Safe safe [seif] ‹-en, -er›

Safran safran [saˈfran] ‹-en, -er›

saftig saftig [ˇsafti]

sagen si [siː] ‹sa, sagt›

Sahne fløte [ˇfløːtə] ‹-en›

Saison sesong [seˈsɔŋ] ‹-en, -er›

Salami salami [salaˈmi] ‹-en›

Salat salat [sɑˈlɑːt] ‹-en, -er›

Salatbüfett salatbuffet [sɑˈlɑːtbyfeː] ‹-en, -er›

Salbe salve [ˇsalvə] ‹-a/-en, -er›

Salbei salvie [salˇviə]

Salmonellen salmoneller [salmuˈnelər]

Salmonellenvergiftung salmonelleforgiftning [salmuˈnelə furˈjiftniŋ]

Salz salt [salt] ‹-et›

Salzstreuer saltbøsse [ˇsaltbøsə] ‹-a/-en, -er›

sammeln samle [ˇsamlə] ‹-et, -et/-a, -a›

Samstag lørdag [ˇløːdɑg]

Sandalen sandal [sanˈdɑːlər] ‹-en, -er›

Sandburg sandborg [ˇsanbɔrg] ‹-a/-en, -er›

Sandkasten sandkasse [ˇsankasə] ‹-a/-en, -er›

Sänger/in sanger [ˇsaŋər] ‹-en, -e›/sangerinne [saŋərˇinə] ‹-en/-a, -er›

Sanitäreinrichtungen sanitærinnretninger pl [saniˇtæːrinretniŋər]

satt mett [met]

Satz setning [ˇsetniŋ] ‹-en, -er›

sauber rein/ren [ræin/reːn]

sauer sur [sʉːr]

Sauerstoffgerät surstoffflaske [ˈsʉrstɔfflaskə]

Sauger tåtesmokk [ˇtoːtəsmɔk] ‹-en, -er›

Saugflasche tåteflaske [ˇtoːtəflaskə] ‹-a/-en, -er›

Säugling spebarn [ˇspeːbarŋ] ‹-et, -›

Säule søyle [ˇsøylə] ‹-a/-en, -er›

Sauna badstu [ˇbastu] ‹-a/-en, -er›

saure Sahne rømme [ˇrømə] ‹-en›

S-Bahn T-bane [ˈteːbɑːnə] ‹-a/-en, -er›

schade! så synd [sɔ ˈsyn]

Schaden skade [ˇskɑːdə] ‹-en, -er›

Schaffner/in Konduktør [kondʉktør]

Schafskäse saueost [ˇsæʉəust] ‹-en›

Schal skjerf [ʃerf] ‹-et, -›, sjal [ʃɑːl] ‹-et, -›

scharf skarp [skɑrp], sterk [stærk]

Schatten skygge [ˇʃyɡə] ‹-en, -er›

schauen kikke [ˇçikə] ‹-et, -et/-a, -a›

Schaufenster utstillingsvindu [ˈʉːtstiliŋsvindu] ‹-et, -er›

Schauspieler/in skuespiller [ˇskʉːəspilər] ‹-en, -e›/skuespillerinne [skʉːəspilərˈinə] ‹-en, -er›

Scheibe skive [ˇʃiːvə] ‹-a/-en, -er›

Scheibenwischer vindusvisker [ˇvindʉsviskər] ‹-en, -e›

Scheinwerfer lyskaster [ˇlyːskastər] ‹-en, -e›

Scheitel skill [ʃil] ‹-en, -er›

schenken skjenke [ˇʃeŋkə] ‹-et, -et›; gi(bort) [jiː(bʉt)] ‹ga, gitt›

Schere saks [saks] ‹-en/-a›

schicken sende [ˇsenə] ‹-te, -t›

Schiebedach takluke [ˇtɑːklʉːkə] ‹-a/-en, -er›

Schienbein skinnebein [ˇʃinbæin] ‹-et, -›

Schiene skinne [ˇʃinə] ‹-a/-en, -er›

Schild skilt [ʃilt] ‹-et, -›

Schinken skinke [ˇʃiŋkə] ‹-a/-en, -er›

Schirm paraply [parɑˈplyː] ‹-en, -er›

Schlafcouch sovesofa [ˇsoːvəsuːfɑ] ‹-en, -er›

schlafen sove [ˇsoːvə] ‹sov, sovet›

Schlaflosigkeit søvnløshet [ˇsøvnløːsheːt] ‹-en›

Schlaftabletten sovetablett [ˇsoːvətablet] ‹-en, -er›

Schlafwagen sovekupé [soːvəkʉpeː] ‹-et, -er›

Schlafzimmer soverom [ˇsoːvərum] ‹-met, -›

Schlaganfall slaganfall [ˈʃlɑːɡanfal] ‹-et, -›

Schläger racket [ˈrækət] ‹-en, -er›

Schlagsahne kremfløte [ˈkræmfløːtə] ‹-en›

Schlange slange [ˇʃlɑŋə] ‹-en, -er›, orm [ɔrm] ‹-en, -er›; (Menschen~) kø [køː] ‹-en, -er›; ~ stehen stå i kø [stoː i ˈkøː] ‹sto, stått›

schlank slank [ʃlaŋk]

Schlauch slange [ˇʃlɑŋə] ‹- en›

Schlauchboot gummibåt [ˈɡumibɔːt] ‹-en, -er›

schlecht dårlig [ˇdoːli]

Schlepplift skitrekk [ˈʃiːtrek] ‹-et, -›

Schließfach Oppbevaringsboks [ˈupbeːvɑriŋsbɔks]

Schlitten slede [ˇʃleːdə] ‹-n, -er›, kjelke [ˇçelkə] ‹-en, -er›

Schlittschuhe skøyter pl [ˇʃøytər]

Schloss slott [ʃlɔt] ‹-et, -›

Schlucht kløft [kløft] ‹-a/-en, -er›

Schlüssel nøkkel [ˇnøkəl] ‹-en, nøkler›

Schlüsselbein kragebein [ˈkrɑːɡəbæin] ‹-et, -›

Schlüsselübergabe overlevering av nøkler [ˈoːvəleveriŋ av ˇnøklər]

schmal smal [smɑːl]

schmecken smake [ˇsmɑːkə] ‹-te, -t›

Schmerzen smerte [ˇsmæʈə] ‹-et, -et›, gjøre vondt [jøːrə ˈvunt] ‹gjorde, gjort›

Schmerztabletten smertestillende tabletter pl [ˇsmæʈəstiləndə tabˈleʈar]

Schmuck smykke [ˇsmykə] ‹-et, -er›

Schmuggel smugling [ˇsmuɡliŋ] ‹-en›

schmutzig skitten [ˇʃitən]

Schnappschuss snapshot [ˈsnæpʃut] ‹-et›

schnarchen snorke [ˇsnɔrkə] ‹-et, -et›

Schnee snø [snøː] ‹-en›

Schneebesen visp [wisp] ‹- en, -›

Schneidebrett skjærebrett [ˈʃæːrebræt] ‹-et, -›

schneiden skjære [ˇʃæːrə] ‹skar, skåret›

Schneider/in skredder [ˈskredər] ‹-en, -e›

schnell adj rask [rask]; adv raskt [raskt]

Schnellstraße motorvei klasse B [ˈmuːturvæi klasə beː]

Schnittkäse oppskjært ost

Schnittwunde snittsår [ˈsnitsoːr] ‹-et, -›

Schnitzerei treskjærerarbeide [ˇtreːʃæːrərɑrbæidə] ‹-et, -er›

Schnorchel snorkel [ˈsnɔrkəl] ‹-en, snorkler›

Schnuller sutt [sʉt] ‹-en, -er›, smokk [smɔk] ‹-en, -er›

Schnupfen snue [ˇsnʉːə] ‹-en›

Schnurrbart bart [bɑʈ] ‹-en, -er›

Schnürsenkel skolisse [skuːlisə] ‹-n, -r›

Schokolade sjokolade [ʃukuˈlɑːdə] ‹-n›

Schokoriegel sjokoladekubbe [ʃuːkulɑːdəkʉbə]

schon alt/allerede [alt/aləˇreːdə]

schön pen [peːn]

Schonkost diettmat [diˈetmɑːt] ‹-en›

Schonzeiten fredningstid [ˇfreːdniŋstiː]

Schöpfkelle øse [ˈøːsə] ‹- en/-a, -er›

Schrank skap [skɑːp] ‹-et, -›

Schraube skrue [ˇskruːə] ‹-en, -er›
schrecklich skrekkelig [ˇskrekəli]
schreiben skrive [ˇskriːvə] ‹skrev/skreiv, skrevet›
Schreibwaren skrivesaker [ˇskriːvəsɑːkər] ‹pl›
Schreibwarengeschäft papirhandel [paˈpiːrhandəl] ‹-en, -dler›
schreien skrike [ˇskriːkə] ‹skrek/skreik, skreket›
Schrift skrift [skrift] ‹-en, -er›
schriftlich skriftlig [ˇskriftli]
schüchtern beskjeden [beˈʃeːdən]
Schuh sko [skuː] ‹-en, -›
Schuhbürste skobørste [ˈskuːbøʃtə] ‹-en, -er›
Schuhcreme skokrem [ˈskuːkreːm] ‹-en›
Schuhgeschäft skobutikk [ˈskuːbutik] ‹-en, -er›
Schuhmacher skomaker [ˈskumɑːkər] ‹-en, -e›
Schuld skyld [ʃyl], gjeld [jel] ‹-a/-en›
Schule skole [ˇskuːlə] ‹-en, -er›
Schulkinder skolebarn [ˇskuːləbaːn] ‹-et, -›
Schulter skulder [ˈskuldər] ‹-en, skuldrer›
Schuppen flass [flas] ‹-et›
Schüssel fat [fɑːt] ‹-et, -›
Schüttelfrost kuldegysninger pl [ˇkuldəjyːsniŋər]
Schutzhütte hytte [ˇhytə] ‹-en/-a›; bu [] ‹-a›
schwach svak [svɑːk]
Schwager svoger [ˈsvoːgər] ‹-en, -e›
Schwägerin svigerinne [sviˈgərˈinə] ‹-en/a, -(e)r›
Schwangerschaft svangerskap [ˈsvaŋəˌkɑːp] ‹-en›, graviditet [graviditeːt] ‹-en›
schwarz svart [svaʈ]
Schwarzbrot mørkt brød [mørkt brøː], rugbrød [ˇruˑgbrøː]
Schwarzweißfilm svarthvitfilm [svartviːtfilm] ‹-en›
Schwede/Schwedin svenske [ˇsvenskə] ‹-en, -er›
Schweden Sverige [ˈsverigə]
schwedisch svensk [svensk]
Schweinefleisch svinekjøtt [ˇsviːnəçøt] ‹-et›
Schweiz Sveits [svæits]
Schweizer Franken sveitsiske francs [ˈsvæitsiskə fraŋ]
Schweizer/in sveitser [ˈsvæitsər] ‹-en, -e›
Schwellung hevelse [ˈheːvelsə] ‹-en, -er›

schwer (Gewicht) tung [tuŋ]; (Krankheit) alvorlig [alˈvoːɭi]; (schwierig) vanskelig [ˇvanskəli]
Schwerbehinderte/r Funksjonshemmede [funkˈʃunshemədə]
Schwester søster [ˇsøstər] ‹-a/-en, -søstre›; (Kranken~) sjukesøster [ˇʃuːkəsøstər] ‹-a/-en, -søstre›
schwierig vanskelig [ˇvanskəli]
schwimmen svømme [ˇsvømə] ‹-te, -t›
Schwimmer/in svømmer [ˇsvømər] ‹-en›
Schwimmflossen svømmeføtter pl [ˇsvøməføtər]
Schwimmflügel armringer pl [ˇarmriŋər]
Schwimmkurs svømmekurs [ˇsvøməkuʃ] ‹-et, -›
Schwimmring badering [ˇbɑːdəriŋ] ‹-en, -er›
Schwimmweste redningsvest [ˇredniŋsvest] ‹-en, -er›
Schwindel svimmelhet [ˈsviməlheːt] ‹-en›
schwindlig svimmel [ˈsviməl]
schwitzen svette [ˇsvetə] ‹-et, -et/-a, -a›
schwül lummert [ˈluməʈ]
sechs seks [seks]
sechsundzwanzig tjueseks [çuːəˈseks]
sechzehn seksten [ˇsæistən]
sechzig seksti [ˈseksti]
See (inn)sjø [ʃøː] ‹-en, -er›
Seegang sjøgang [ˇʃøːgaŋ] ‹-en›
seekrank sein være sjøsyk [værə ˇʃøːʃuːk] ‹var , vært›
Seezunge sjøtunge [ˇʃøːtuŋə] ‹-a/-en, -er›
Segelboot seilbåt [ˇsæilboːt] ‹-en, -er›
Segelfliegen seilflyging [ˇsœilflyːgiŋ] ‹-en›
segeln seile [ˇsæilə] ‹-te, -t›
Segeltörn seiltur [sæiltur]
sehbehindert; Sehbehinderte/r synshemmet [ˈsyːnshemət]
sehen se [seː] ‹så, sett›
Sehenswürdigkeiten severdigheter pl [seˈværdiheːtər]
sehr svært [svæːʈ]
Seide silke [ˇsilkə] ‹-en›
Seidenmalerei silkemaleri [ˇsilkəmɑːleri] ‹-et›
Seife såpe [ˇsoːpə] ‹-a/-en, -er›
Seil tau [tæu] ‹-et, -›
Seilbahn taubane [ˇtæubɑːnə] ‹-a/-en, -er›
sein verb være [ˇvæːrə] ‹var, vært›
seit prp siden [ˇsiːdən]
Seite side [ˇsiːdə] ‹-en/-a, -er›
Sekunde sekund [seˈkun] ‹-et, -›

selbst selv [sel], sjøl [ʃøːl (ʃølvə)] ‹sjølvepl›

Selbstauslöser selvutløser [˅seluːtløːsər] ‹-en, -e›

Selbstbedienung selvbetjening [ˈselbetjeniŋ] ‹-en›

Sellerie selleri [seləˈriː] ‹-en›

selten sjelden [˅ʃeldən]

Senf sennep [ˈsenep] ‹-en›

September september [sepˈtembər]

servieren servere [særˈveːrə] ‹-te, -t›

Serviette serviett [serviˈet] ‹-en, -er›

Sessel lenestol [leːnestul] ‹-en, -er›

Sessellift stolheis [˅stuːlhæis] ‹-en, -er›

sexuelle Belästigung seskuell trakassering [sæksuel trakaːseːriŋ]

Shampoo sjampo [ˈʃampu] ‹-en, -er›

Shorts shorts [ʃoːʈs] ‹-en, -›

Show show [ʃɔu] ‹-et, -›

sicher sikker [ˈsikər]

Sicherheit sikkerhet [ˈsikərheːt] ‹-en›

Sicherheitsgurt bilbelte [˅biːlbeltə] ‹-et, -er›

Sicherheitskontrolle sikkerhetskontroll [ˈsikərheːtskuntrɔl] ‹-en, -er›

Sicherheitsnadel sikkerhetsnål [ˈsikərheːtsnɔːl] ‹-en/a›

Sicherung sikring [˅sikriŋ] ‹-en/-a, -er›

Sie prn sg f: hun [hʉn], pl: de [diː]; obj: henne [˅henə], pl: dem [dem]

sie prn sg f: hun [hʉn], pl: de [diː]; obj: henne [˅henə], pl: dem [dem]

sieben sju [ʃʉː] (syv [syːv])

siebenundzwanzig tjuesju [çʉːəˈʃʉː]

siebzehn sytten [˅søtən/˅sytən]

siebzig sytti [ˈsøti/˅syti]

Silber sølv [søl] ‹-et›

silberfarben sølv [søl]

Silvester nyttårsaften [ˈnytoːʃaftən]

Sinfoniekonzert symfonikonsert [symfʉˈniːkunsæt] ‹-en, -er›

singen synge [˅syŋə] ‹sang, sunget›

Sitz (sitte)plass [(˅sitə)plas] ‹-en, -er›

sitzen sitte [˅sitə] ‹satt, sittet›

Skateboard skateboard [ˈskeitboːd] ‹-et, -er›

Ski ski [ʃiː] ‹-a, -er›

Ski laufen gå på ski [goː poː ʃi]

Skibindung skibinding [ˈʃiːbiniŋ] ‹-a/-en, -er›

Skibrille skibriller pl [ˈʃiːbrilər]

Skihose skibukse [ˈʃiːbuksə] ‹-a/-en, -er›

Skikurs skikurs [ˈʃiːkʉːʃ] ‹-et, -›

Skilehrer/in skiinstruktør [ʃiinstruktør] ‹-en›

Skistiefel skistøvel [ˈʃiːstøvəl] ‹-en, -støvler›

Skistöcke skistav [ˈʃiːstaːv] ‹-en, -er›

Skulptur skulptur [skʉlpˈtʉːr] ‹-en, -er›

Slip truse [trʉːsə] ‹-a/-en, -er›

Slipeinlagen truseinnlegg [˅trʉːsəinleg] ‹-et, -›

Söckchen ankelsokk [aːnkəlsɔk] ‹-en, -er›

Socken sokk [ˈsɔk] ‹-en, -er›

Sodbrennen halsbrann [˅halsbran] ‹-en›

sofort straks [straks]

Sohle såle [˅soːlə] ‹-en, -er›

Sohn sønn [søn] ‹-en, -er›

Solarium solarium [suˈlaːriʉm] ‹-et, -rier›

Solist/in solist [suˈlist] ‹-en, -er›

sollen skulle [˅skʉlə] ‹skulle, skullet›

Sommer sommer [˅sɔmər] ‹-en›

Sondermarke jubileumsfrimerke [jʉbiˈleːʉmsfriːmærkə] ‹-et, -er›

Sonne sol [suːl] ‹-a/-en, -er›

Sonnenaufgang solppgang [˅suːlɔpgaŋ] ‹-en, -er›

Sonnenbrand solbrenthet [˅suːlbrentheːt] ‹-en›

Sonnencreme solkrem [˅suːlkreːm] ‹-en, -er›

Sonnenhut solhatt [˅suːlhat] ‹-en, -er›

Sonnenöl sololje [˅suːlɔljə] ‹-en›

Sonnenschutz solbeskyttelse [˅suːlbeʃytelsə] ‹-en›

Sonnenstich solstikke [˅suːlstik] ‹-et, -›

sonnig solrikt [˅suːlrikt]

Sonntag søndag [ˈsøndag]

sorgen, s. ~ um bekymre seg om [beˈçymrə sæi um] ‹-et, -et/-a, -a›

Sorte slag [ʃlaːg] ‹-et, -›; (Zigaretten) merke [˅mærkə]

Soße saus [sæʉs] ‹-en, -er›

Souvenirladen suvenirbutikk [sʉveniːrbʉtik] ‹-en›

Sozialstation hjelpesenter [˅jelpəsentər] ‹-et, -sentra›

Spargel asparges [aˈsparges] ‹-en›

Spaß (Scherz) spøk [spøːk] ‹-en, -›; (Vergnügen) fornøyelse [fɔˈnøyelsə] ‹-en, -er›

spät sent [seːnt]

später senere [seːnærə]

spazieren gehen gå tur [goː ˈtʉːr] ‹gikk, gått›

Spaziergang spasertur [spaˈseːʈʉːr] ‹-en, -er›

Speicherkarte minnekort [ˈminekɔrt] ‹-et, -›

Speisekarte spisekart [˅spiːsəkaʈ] ‹-et, -›, meny [meˈny] ‹-en›

Speiseröhre spiserør [˅spiːsərøːr] ‹-et, -›

Speisesaal spisesal [˅spiːsəsaːl] ‹-en, -er›

Speisewagen restaurantvogn [restaʉˈraŋvɔŋn] ‹-a/-en, -er›

Spezialität spesialitet [spesiali'te:t] ‹-en, -er›

speziell spesielt [spesi'elt]

Spiegel speil [spæil] ‹-et, -›

Spiel spill [spil] ‹-et, -›

spielen leke [le:kə] ‹-te, -t›

Spielkamerad lekekamerat [ˇle:kəkaməra:t] ‹-en, -er›

Spielplan sesongprogram [sæ:songprugam] ‹-(m)et›

Spielplatz lekeplass [ˇle:kəplas] ‹-en, -er›

Spielsachen leketøy [ˇle:kətøy] ‹-et, -›

Spielwarengeschäft leketøysbutikk [ˇle:kətøysbutik] ‹-en, -er›

Spinat spinat [spi'na:t] ‹-en›

Spirituosengeschäft Vinmonopolet [ˇvi:nmunupu:lə]

Spitzen schneiden stussing ['stusiŋ] ‹-en, -›

Sport sport [spuʈ] ‹-en›

Sportartikel sportsartikler *pl* ['spuʈsaʈiklər]

Sportler/in idrettsmann [ˇi:dretsman] ‹-en, -menn›/idrettskvinne [ˇi:dretskvinə] ‹-a/-en, -er›

Sportplatz idrettsplass [ˇi:dretsplas] ‹-en, -er›

Sprache språk [spro:k] ‹-et, -›

Sprachkurs språkkurs [ˇspro:kkurʃ] ‹-et›

sprechen snakke [ˇsnakə] ‹-et, -et/-a, -a›

Sprechstunde kontortid [kun'tu:ʈi:] ‹-a/-en, -er›

Spritze sprøyte [ˇsprøytə] ‹-a/-en, -er›

Spülbürste oppvaskbørste [ˇɔpvaskbøʃtə] ‹-en, -er›

Spülmittel oppvaskmiddel [ˇɔpvaskmidəl] ‹-et, -midler›

Spültuch oppvaskklut [ˇɔpvaskklut] ‹-en›

Staat stat [sta:t] ‹-en, -er›

Staatsangehörigkeit nasjonalitet [naʃunali'te:t] ‹-en, -er›

Stabkirche stavkirke [stavçirkə] ‹-en›

Stadion stadion ['sta:diun] ‹-et›

Stadt by [by:] ‹-en, -er›

Stadtbus bybuss ['by:bus] ‹-en, -er›

Stadtmauer bymur ['by:mu:r] ‹-en, -er›

Stadtplan bykart ['by:kaʈ] ‹-et, -›

Stadtrundfahrt sightseeing [ˇsaitsi:iŋ] ‹-en, -er›, byrundtur [ˇruntu:r] ‹-en, -er›

Stadtteil bydel ['by:de:l] ‹-en, -er›

Stadtzentrum bysentrum ['by:sentrum] ‹-et, -sentra›

stammen (aus) stamme (fra) [ˇstamə] ‹-et, -et›

Standlicht parkeringslys [par'ke:riŋsly:s] ‹-et, -›

stark sterk [stærk]

Starthilfekabel startkabel ['staʈka:bəl] ‹-en, -kabler›

Station stasjon [sta'ʃu:n] ‹-en, -er›

Stativ stativ [sta'ti:v] ‹-et, -er›

stattfinden finne sted [finə 'ste:(d)] ‹fant, funnet›

Statue statue ['sta:tuə] ‹-en, -er›

Stau kø [kø:] ‹-en, -er›

Staub støv [stø:v] ‹-et›

Staubsauger støvsuger ['støwsu:gər] ‹-en, -e›

stechen stikke [ˇstikə] ‹stakk, stukket›

Steckdose veggkontakt [ˇvegkuntakt] ‹-en, -er›

Stecker stikkontakt ['stikuntakt] ‹-en, -er›

Steg gangbru [ˇgaŋbru:] ‹-a, -er›/-bro ‹-en, -er›

stehen stå [sto:] ‹sto, stått›

Stehklosett pissoar [pisua:r] ‹-et›

stehlen stjele [ˇstje:lə] ‹stjal, stjålet›

Steigung stigning [ˇsti:gniŋ] ‹-en, -er›

steil bratt [brat]

Stein stein [stæin] ‹-en, -er›

steinig steinete [ˇstæinətə]

Stempel stempel [stəmpəl] ‹-et, stempler›

Stern stjerne [ˇstje:ɳə] ‹-a/-en, -er›

Steward/ess steward ['stju:əʈ] ‹-en, -er›/flyvertinne ['fly:væʈinə] ‹-en/-a, -er›

Stickerei broderi [brode'ri:] ‹-et, -er›

Stiefel støvel ['støvəl] ‹-en, støvler›

Stil stil [sti:l] ‹-en, -er›

still stille [ˇstilə]

Stillleben stilleben ['stile:bən] ‹-et, -›

stinken stinke [ˇstiŋkə] ‹-et, -et›

Stirnhöhlenentzündung bihulebetennelse ['bi:hu:ləbetenelsə] ‹-en›

Stockfisch tørrfisk ['tørfisk] ‹-en, -er›

Stockwerk etasje [e'ta:ʃə] ‹-en, -er›

Stoff stoff [stɔf] ‹-et, -er›

stören forstyrre [fɔ'ʃtyrə] ‹-et, -et›

stornieren avbestille ['a:vbestilə] ‹-te, -t›

Stoßstange støtfanger ['stø:tfaŋər] ‹-en, -e›

Strafe straff [straf] ‹-en, -er›; *(Geld-)* bot [bu:t] ‹-a/-en, bøter›

Strafraum 16-meter [sæistənme:tər] ‹-en›

Strähnchen striper [ˇstri:pər] ‹pl›

Strand strand [stran] ‹-a/-en, strender›

Strandschuhe strandsko [ˇstransku:] ‹-en, -›

Straße gate [ˇga:tə] ‹-a/-en, -er›; *(Land-)* (lande)vei/veg [(ˇlanə)væi] ‹-en, -er›

Straßenbahn trikk [trik]

Straßenkarte veikart [ˇvæikaʈ] ‹-et, -›

Strauß *(Blumen)* bukett [buˈket] ‹-en, -er›

Streichholz fyrstikk [ˈfyːʃtik] ‹-en, -er›

Strickjacke strikkejakke [ˈstrikəjakə] ‹-a/-en, -er›

Strohhalm sugerør [ˈsuːgərøːr] ‹-et, -›

Strom *(Fluss)* elv [elv] ‹-a/-en, -er›; *(el.)* strøm [strøm] ‹-men›

Stromanschluss stromuttak [ˈstrømuta:k] ‹-et, -›

Strompauschale strømavgift [ˈstrøma:vjift] ‹-en/-a, -er›

Stromspannung (strøm)spenning [(strøm)ˈspeniŋ] ‹-en›

Strömung strømning [ˈstrømniŋ] ‹-en, -er›

Strümpfe strømpe [ˈstrømpər] ‹-a/-en, -er›

Strumpfhose strømpebukse [ˈstrømpəbuksə] ‹-a/-en, -er›

Stück stykke [ˈstykə] ‹-et, -er›

studieren studere [stuˈdeːrə] ‹-te, -t›

Studio ettroms leilighet [ˈetrums ˈlæilihe:t]

Stufe trinn [trin] ‹-et, -›

Stufen gradering [graˈdeːriŋ] ‹- en, -er›

stufenloser Zugang trinnfri adgang [ˈtrinfriː ˈaːdgaŋ] ‹-en, -er›

Stuhl stol [stuːl] ‹-en, -er›

Stuhlgang avføring [ˈɑːvføːriŋ] ‹-en, -er›

stumm stum [stum]

Stunde time [ˈtiːmə] ‹-en, -er›

stündlich hver time [væ: ˈtiːmə]

Sturm storm [storm] ‹-en›

stürzen styrte [ˈstyʈə] ‹-et, -et›, falle [ˈfalə] ‹falt, falt›

Sturzhelm hjelm [jelm] ‹-en, -er›

suchen søke [ˈsøːkə] ‹-te, -t›, lete [ˈleːtə] ‹lette, lett›

Sucher søker [ˈsøːkər] ‹-en, -e›

Süden Syden [ˈsyːdən]

südlich von sør for [ˈsøːr fɔr]

Summe sum [sum] ‹-men, -mer›

Sumpf myr [myːr] ‹-a/-en, -er›

Supermarkt supermarked [ˈsupərmarked] ‹-et, -er›

Suppe suppe [ˈsupə] ‹-a/-en, -er›

Suppenteller suppetallerken [ˈsupətaˈlærkən] ‹-en›

Surfbrett surfbrett [sørfbret]

surfen surfe [ˈsørfə]

süß søt [søːt]

Süßigkeiten søtsaker *pl* [ˈsøːtsɑːkər], godteri [gɔtəˈriː] ‹-et, -er›

Süßstoff søtningsmiddel [ˈsøːtniŋsmidəl] ‹-et, -midler›

Süßwarengeschäft godteributikk [gɔtəˈriːbutik] ‹-en, -er›

Swimmingpool svømmehall [svøməhal] ‹-en, -er›

sympathisch sympatisk [symˈpaːtisk]

T

Tabak tobakk [ˈtubak] ‹-en›

Tabakladen tobakksforretning [ˈtubaksɔretniŋ] ‹-en, -er›

Tablette tablett [taˈblet] ‹-en, -er›

Tachometer fartsmåler [ˈfaʈsmoːlər] ‹-en, -e›

Tag dag [dɑːg] ‹-en, -er›

Tagesausflug dagstur [dagstur] ‹-en, -er›

Tagesgericht dagens rett [ˈdɑːgəns ret] ‹-en, -er›

Tageskarte dagskort [ˈdagskɔt] ‹-et, -›

Tagestour dagstur [ˈdakstur] ‹-en›

täglich daglig [ˈdaːgli]

tagsüber om dagen [ɔm ˈdɑːgən]

Tal dal [dɑːl] ‹-en, -er›

Tampons tampong [tamˈpɔŋər] ‹-en, -er›

Tank tank [taŋk] ‹-en, -er›

tanken tanke opp [taŋkə ˈop] ‹-et, -et/-a, -a›

tanzen danse [ˈdansə] ‹-et, -et/-a, -a›

Tänzer/in danser [ˈdansər] ‹-en, -e›/ danserinne [dansərˈinə] ‹-en, -er›

Tanzkapelle danseorkester [ˈdansəɔrkestər] ‹-et, -›

Tanztheater danseteater [ˈdanseteːatər] ‹-et›

Tasche veske [ˈveskə] ‹-a/-en, -er›

Taschenbuch pocketbok [ˈpɔketbuːk] ‹-a/-en, -bøker›

Taschendieb lommetjuv [ˈluməçuːv] ‹-en, -er›

Taschenmesser lommekniv [ˈluməkniːv] ‹-en, -er›

Taschenrechner lommekalkulator [luməkaːlkuːlaˈtur] ‹-en›

Tasse kopp [kɔp] ‹-en, -er›

Taststock blindestokk [ˈblindəstɔk] ‹-en, -er›

taub døv [døːv]

taubstumm, Taubstumme(r) , døvstum [ˈdøːvstum]

tauchen dykke [ˈdykə] ‹-et, -et/-a, -a›

Taucherausrüstung dykkerutrustning [ˈdykəruːtrusniŋ] ‹-en, -er›

Taucherbrille dykkerbriller *pl* [ˈdykərbrilər]

tauschen bytte [ˈbytə] ‹-et, -et/-a, -a›

täuschen, s. ~ ta feil [ta ˈfæil] ‹tok, tatt›

tausend tusen [ˈtuːsən]

Taxifahrer/in drosjesjåfør [ˈdrɔʃəʃɔføːr] ‹-en, -er›

281

Taxistand drosjeholdeplass [ˈdrɔʃəhɔldəplas] ‹-en, -er›

Tee te [teː] ‹-en›

Teebeutel tepose [ˈteːpuːsə] ‹-en, -er›

Teelöffel teskje [ˈteːʃeː] ‹-en/-a, -er›

Teil del [deːl] ‹-en, -er›

Teilkasko delkasko [ˈdeːlkasku] ‹-en, -er›

teilnehmen (an) delta (i) [ˈdeːltaː] ‹-tok, -tatt›

Telefon telefon [teleˈfuːn] ‹-en, -er›

Telefonbuch telefonkatalog [teleˈfuːnkatalɔːg] ‹-en, -er›

telefonieren telefonere [telefuˈneːrə] ‹-te, -t›, ringe [ˈriŋə] ‹-te, -t›

Telefonkarte telefonkort [teleˈfuːnkɔt] ‹-et, -›

Telefonnummer telefonnummer [teleˈfuːnumər] ‹-et, -›

Telefongespräch telefonsamtale [teleˈfuːnsamtaːlə] ‹-en, -er›

Telefonzelle telefonkiosk [teleˈfuːnçɔsk] ‹-en, -er›

telegrafische Überweisung telegrafisk overføring [teleˈgraːfisk ˈoːvərfœriŋ]

Telegramm telegram [teleˈgram] ‹-met, -›

Teleobjektiv teleobjektiv [ˈteːleubjektiːv] ‹-et, -er›

Telex teleks [ˈteːleks] ‹-en›

Teller tallerken [taˈlærkən] ‹-en, -er›

Tempel tempel [tɛmpəl] ‹-et, templer›

Temperatur temperatur [tempəraˈtuːr] ‹-en, -er›

Tennis tennis [ˈtenis] ‹-en›

Tennisschläger tennisracket [ˈtenisrækət] ‹-en, -er›

Termin time [tiːmə] ‹-en, -er›

Terminal terminal [termiˈnaːl] ‹-en, -er›

Terrasse terrasse [teˈrasə] ‹-en, -er›

Tetanus stivkrampe [ˈstiːvkrampə] ‹-en›

teuer dyr [dyːr]

Theater teater [teˈaːtər] ‹-et, -›

Theatergruppe teatergruppe [teˈaːtergrupə] ‹-en›

Theaterstück teaterstykke [teˈaːtəʃtykə] ‹-et, -er›

Therapie terapi [teˈraːpiː] ‹- en, -er›

Thermalbad termalbad [terˈmalbad] ‹-et, -›

Thermosflasche® termosflaske [ˈtærmusflaskə] ‹-a/-en, -er›

Thriller spenningsfilm [spæniŋsfilm] ‹-en›

Thunfisch tunfisk [ˈtuːnfisk] ‹-en, -er›

Thymian timian [ˈtimian] ‹-en›

tief djup/dyp [juːp/dyːp]

Tier dyr [dyːr] ‹-et, -›

Tintenfisch blekksprut [ˈblekspruːt] ‹-en, -er›

Tipp tips [tips] ‹-et, -›

Tisch bord [buːr] ‹-et, -›

Tischtennis bordtennis [ˈbuːʈenis] ‹-en›

Tischtuch duk [duːk] ‹-en, -er›

Toast toast [tɔust], ristet brød [ˈristət brøː]

Toaster brødrister [ˈbrøːristər] ‹-en, -e›

Tochter datter [ˈdatər] ‹-a/-en, døtre›

Toilette toalett [tuaˈlet] ‹-et, -er›

Toilettenpapier toalettpapir [tuaˈletpapiːr] ‹-et, -›

Tomaten tomat [tuˈmaːt] ‹-en, -er›

Ton tone [ˈtuːnə] ‹-en, -er›

tönen tone [ˈtuːnə] ‹-et, -et/-a, -a›

Töpferei pottemakerverksted [ˈpɔtəmaːkərværkstɛːd] ‹-et, -er›

Töpferwaren keramikk [çeraˈmik] ‹-en›

Tor port [puʈ] ‹-en, -er›

Torwart målmann [ˈmoːlman] ‹-en, -menn›

Tour tur [tuːr] ‹-en, -er›, reise [ˈræisə] ‹-a/-en, -er›

Tourist/in turist [tuˈrist] ‹-en, -er›

Tracht drakt [drakt] ‹-a/-en, -er›

tragbarer CD-Spieler bærbar CD-spiller [ˈbærbaː ˈceːdeːspilər]

tragen bære [ˈbæːre] ‹bar,båret›

Tragödie tragedie [traˈgeːdiə] ‹-en, -er›

trampen haike [ˈhaikə] ‹-et, -et/-a, -a›

Transferbus ekspressbuss [eksˈpresbus] ‹-en, -er›

Traubenzucker druesukker [ˈdruəsukər] ‹-et, -›

Traum drøm [drøm] ‹-(m)en, -er›

traurig trist [trist], sørgelig [ˈsørgəli]

treffen treffe [ˈtrefə] ‹traff, truffet›

Trekking turgåing [ˈturgoːiŋ] ‹-en›

Trekkingrad hybridsykkel [hyˈbriːdsykəl] ‹-en›

Treppe trapp [trap] ‹-a/-en, -er›

Tretboot pedalbåt [peˈdaːlbɔːt] ‹-en, -er›

trinken drikke [ˈdrikə] ‹drakk, drukket›

Trinkflasche tåteflaske [ˈtoːtəflaskə] ‹-a/-en, -er›

Trinkgeld drikkepenger *pl* [ˈdrikəpeŋər]

Trinkwasser drikkevann [ˈdrikəvan] ‹-et›

trocken tørr [tør]

trockenes Haar tørt hår [tøʈ ˈhoːr]

trocknen tørke [ˈtørkə] ‹-et, -et/-a, -a›

Trockner tørkeautomat [ˈtørkəautumat] ‹- en, -er›

Trödler brukthandel [ˈbrukthandəl] ‹-en, -dler›

Trommelfell trommehinne [ˈtruməhinə] ‹-a/-en, -er›

Tropfen dråpe [ˈdroːpə] ‹-en, -er›

trotzdem likevel [ᵛli:kəvel], til tross for [til ˈtrɔs fɔr]
T-Shirt t-skjorte [ˈte:ʃuʈə] ‹-a/-en, -er›
Tuch duk [dʉ:k] ‹-en, -er›
tun gjøre [ᵛjø:rə] ‹gjorde, gjort›
Tunnel tunnel [ˈtʉnəl] ‹-en, -er›
Tür dør [dø:r] ‹-a/-en, -er›
Türbreite dørbredde [dørbrədə] ‹-en, -er›
Türkis turkis [tʉrˈki:s]
türkis turkis [tʉrˈki:s]
Turm tårn [to:ɳ] ‹-et, -›
Turnschuhe turnsko [ˈtʉ:ɳsku:] ‹-en, -›
Türschwelle dørstokk [ᵛdø:ʃtɔk] ‹-en, -er›; terskel [ˈteʃkəl] ‹-en, terskler›
Tüte pose [ᵛpu:sə] ‹-en, -er›
Typhus tyfus [ˈty:fʉs] ‹-en›
typisch typisk [ˈty:pisk]

U

U-Bahn T-bane (tunnelbane) [ˈte:bɑ:nə (ˈtʉnəlbɑ:nə)]
Übelkeit kvalme [ᵛkvɑlmə] ‹-en›
üben øve [ᵛø:və] ‹-de, -d›, trene [ᵛtre:nə] ‹-te, -t›
über prp *(räumlich)* over [ˈo:vər]; *(von)* om [ɔm]
überall overalt [o:vəˈrɑlt]
überbacken gratinert [grɑtiˈne:ʈ]
Überfall overfall [ᵛo:vərfɑl] ‹-et, -›
Übergang overgang [ˈo:vərgɑŋ] ‹-en, -er›
überholen innhente [ˈinhentə] ‹-et, -et/-a, -a›; *(mit dem Auto)* kjøre forbi [çø:rə fɔrˈbi] ‹-te, -t›
Überlandbus ekspressbuss [eksˈpresbʉs] ‹-en, -er›
übermorgen i overmorgen [i ˈo:vərmo:ɳ]
übernachten overnatte [ˈo:vəɳɑtə] ‹-et, -et/-a, -a›
Übernachtung overnatting [ˈo:vəɳɑtiŋ] ‹-en, -er›
überqueren gå over [gɔ ˈo:vər] ‹gikk, gått›
überrascht overrasket [ᵛo:vərɑskət]
Überreste rest [rest] ‹-en, -er›
übersetzen oversette [ˈo:vəʃetə] ‹-satte, -satt›
Überweisung overføring [ˈo:vərfø:riŋ] ‹-en, -er›
üblich vanlig [ᵛvɑ:nli]
übrig bleiben være til overs [væ:rə til ˈo:vəʃ] ‹var, vært›
Ufer *(Fluss)* bredd [bred] ‹-en, -er›; *(Meer)* kyst [çyst] ‹-en, -er›
Uhrmacher urmaker [ˈʉ:rmɑ:kər] ‹-en, -e›
um prp *(räumlich)* omkring [ɔmˈkriŋ]; *(Zeitangabe)* ved [ve:(d)]; *(gegen)* ca. [ˈsirkɑ]
um diese Zeit på denne tiden [pɔ ᵛdenə ˈti:dən]
umbuchen ombestille [ˈɔmbestilə] ‹-te, -t›
Umgebung omgivelser [ᵛɔmji:velsər] ‹pl›
umgekehrt omvendt [ᵛɔmvənt]
Umhängetasche skulderveske [ˈskʉldərveskə] ‹-a/-en, -er›
umkehren snu [snʉ:] ‹-dde, -dd›
Umleitung omkjørsel [ᵛɔmçørsəl] ‹-en, omkjørsler›
umtauschen bytte [ᵛbytə] ‹-et, -et/-a, -a›
Umweg omvei/omveg [ᵛɔmvæi] ‹-en, -er›
Umwelt miljø [milˈjø:] ‹-et, -er›, omverden [ᵛumværdən] ‹-en›
umziehen, s. ~ kle seg om [kle: sæiˈum] ‹kledte, kledt›
Umzug tog [tog] ‹-et›
unangenehm ubehagelig [ᵛʉ:behɑ:gəli]
unbedingt ubetinget [ᵛʉ:betiŋət]
und og [o:]
unentschieden uavgjort [ᵛʉɑ:vjuʈ]
unerträglich utålelig [ʉˈto:ləli]
Unfall ulykke [ᵛʉ:lykə] ‹-a/-en, -er›
ungeeignet uegnet [ᵛʉ:æinət]
ungefähr omtrent [ɔmˈtrent]
ungewöhnlich uvanlig [ʉˈvɑ:nli]
unglaublich utrolig [ʉˈtru:li]
Unglück ulykke [ᵛʉ:lykə] ‹-a/-en, -er›
Universität universitet [ʉnivæʃiˈte:t] ‹-et, -er›
Unkosten omkostninger [ᵛɔmkɔstniŋər] ‹pl›
unmöglich umulig [ʉˈmʉ:li]
uns oss [ɔs]
unser, unsere vår [vo:r]
unten nede [ᵛne:də]
unter under [ˈʉnər]; *(zwischen)* blant [blɑnt]
unterbrechen avbryte [ˈɑ:vbry:tə] ‹-brøt, -brutt›
Unterführung tunnel [ˈtʉnəl] ‹-en, -er›, viadukt [viɑˈdʉkt] ‹-en, -er›
unterhalb nedenfor [ᵛne:dənfɔr]
unterhalten, s. ~ {k}*(reden)* snakke sammen [ᵛsnɑkə sɑmən] ‹-et, -et/-a, -a›; *(s. vergnügen)* more seg [ᵛmu:rə sæi] ‹-et, -et/-a, -a›
Unterhaltung *(Gespräch)* samtale [ᵛsɑmtɑ:lə] ‹-en, -er›; *(Vergnügen)* underholdning [ʉndərˈhɔlniŋ] ‹-en›
Unterhemd undertrøye [ᵛʉndəʈrøyə] ‹-a/-en, -er›

Unterhose (Damen) stilongs ['sti:lɔŋs] ‹-en›; (Herren) underbukse [ˇʉndərbʉksə] ‹-a/-en, -er›

Unterkunft husly [ˇhu:sly:] ‹-et›, overnattingssted [ˇo:vənʉatɪŋste(d)] ‹-et, -er›

Unterleib underliv [ˇʉnəᶅi:v] ‹-et›

unterrichten undervise [ˇʉnəvi:sə] ‹-te, -t›

unterschreiben underskrive [ˇʉnəʃkri:və] ‹-skrev/-skreiv, -skrevet›

Unterschrift underskrift [ˇʉnəʃkrift] ‹-a/-en, -er›

Untersuchung undersøkelse [ʉnəˈʃø:kelsə] ‹-en, -er›

Untersuchungshaft varetektsfengsel [ˇvɑːrətektsfeŋsəl] ‹-et, -›

Untertasse asjett [ɑːˈʃet] ‹-en›

Untertitel undertittel [ˇʉndəᶅitəl] ‹-en, -titler›

Unterwäsche undertøy [ˇʉndətøy] ‹-et›

Unterwasserkamera undervannskamera ['ʉnərvanskɑme:ra] ‹-et›

unterwegs underveis [ʉn(d)ərˈvæis]

unverbindlich uforpliktende [ʉfɔrpliktəndə]

unverschämt uforskammet [ˇʉːfɔʃkɑmət]

unwahrscheinlich usannsynlig [ˇʉːsansynli]

unwichtig uviktig [ˇʉːvikti]

Urin urin [ʉˈriːn] ‹-en›

Urlaub ferie ['fe:riə] ‹-en, -er›

V

Varietee variete [varieˈteː] ‹-en, -er›

Vase vase [ˇvaːsə] ‹-a/-en, -ar›

Vater far [fɑːr] ‹-en, fedre›

vegetarisch vegetarisk [vegeˈtaːrisk]

Ventilator vifte [ˇviftə] ‹-a/-en, -er›

Verabredung avtale [ˇɑ:vtɑːlə] ‹-en, -er›

verabschieden, s. ~ ta avskjed [ta: ˇɑ:vʃeːd] ‹tok, tatt›

Veranstaltung arrangement [aranʃəˈmaŋ] ‹-et, -›

verantwortlich ansvarlig [anˈsvaːᶅi]

Verband forbindingssaker pl [fɔrˈbiniŋsakər]

Verbandskasten førstehjelpsskrin ['førstəjælpskri:n] ‹-et, -›

verbinden forbinde, forbant, forbundet [fɔrˈbinə]

Verbindung (Zug, tele) forbindelse [fɔrˈbinelsə] ‹-en, -er›

verboten forbudt [fɔrˈbʉt]

Verbrechen forbrytelse [fɔrˈbry:telsə] ‹-n, -r›

Verbrennung forbrenning [fɔrˈbreniŋ] ‹-en, -er›

Verdauung fordøyelse [fɔˈdøyelsə] ‹-en›

Verdauungsstörung fordøyelsesvansker pl [fɔˈdøyelsəsvanskər]

verdorben ødelagt [ˇøːdəlakt]; (faul) råtten [ˇrɔtən]

vereinbaren bli enige om [bli ˇe:niə um], ['ɑ:vta:lə] ‹ble, blitt›

Vergangenheit fortid ['fɔᶅi:(d)] ‹-en/-a›

vergessen glemme [ˇglemə] ‹-te, -t›

Vergewaltigung voldtekt [ˇvɔltekt] ‹-en, -er›

Vergiftung forgiftning [fɔrˈjifniŋ] ‹-en, -er›

Vergnügen fornøyelse [fɔˈnøyelsə] ‹-en, -er›

Vergnügungspark fornøyelsespark [fɔˈnøyelsəspark] ‹-en, -er›

verhaften arrestere [areˈste:rə] ‹-te, -t›

verheiratet gift [jift]

Verhütungsmittel prevensjon [preˈvɛnˈʃu:n]

verirren, s. ~ gå seg vill [gɔ: sæi ˈvil] ‹gikk, gått›

verkaufen selge [ˇselgə] ‹solgte, solgt›

Verkehr trafikk [traˈfik] ‹-en›

Verkehrsamt turistkontor [tʉˈristkunˈtuːr] ‹-et, -›

verlängern forlenge [fɔˈleŋə] ‹-et, -et/-a, -a›

Verlängerungsschnur skjøteledning [ˇʃøːtəledniŋ] ‹-en, -er›

Verlängerungswoche ei uke til [æi ˇʉ:kə til]

verlassen forlate [fɔˈlɑːtə] ‹-lot, -latt›

verletzen skade [ˇskaːdə] ‹-et, -et/-a, -a›

Verletzte, der/die ~ den skadede [den ˇskaːdədə]

Verletzung skade [ˇskaːdə] ‹-en, -er›

verlieren tape [ˇtaːpə] ‹-te, -t›, miste [ˇmistə] ‹-et, -et/-a, -a›

Verlobte, der/die ~ forlovede [fɔrlovədə] ‹-en, -›

vermieten leie ut [læiə ˈʉ:t] ‹-de, -d›

Verpackung innpakning ['inpakniŋ] ‹-en, -er›

verpassen (Zug) miste [ˇmistə] ‹-et, -et›

Verpflegung forpleining [fɔrˈplæiniŋ] ‹-en, -er›

verrechnen, s. ~ ta feil [ta: ˈfæil] ‹-tok, tatt›, forregne seg [fɔˈræinə sæi] ‹-et, -et/-a, -a›

verreisen reise bort [ˇreisə burt] ‹-te, -t›

verrückt gal [gaːl]

verschieben (zeitlich) utsette [ˇʉ:tsetə] ‹-satte, -satt›

verschließen låse [ˇlo:sə] ‹-te, -t›

verschreiben skrive ut, skrev ut, skrevet ut [skriːvə ˈɵːt], forordne [fɔrˈɔrdnə] ‹-et, -et/-a, -a›

Versicherung forsikring [fɔˈʃikriŋ] ‹-en/-a, -er›

Verspätung forsinkelse [fɔˈʃiŋkelsə] ‹-en, -er›

verstaucht forstuet [fɔˈʃtʉːət]

verstehen forstå [fɔˈʃtoː] ‹-sto, -stått›

Verstopfung forstoppelse [fɔˈʃtɔpelsə] ‹-en, -er›

versuchen forsøke [fɔˈʃøːkə] ‹-te, -t›; *(Speisen)* smake [ᵛsmaːkə] ‹-te, -t›

Vertrag kontrakt [kunˈtrakt] ‹-en, -er›

Vertrauen tiltro [ᵛtiltruː] ‹-en›/tiltru [ᵛtiltrʉ] ‹-a›

Verdruck blankett [blaŋˈket] ‹-en, -er›

verunglücken komme til skade [kɔmə til ᵛskaːdə] ‹kom, kommet›

verursachen forårsake [ᵛfɔroːʃaːkə] ‹-et, -et/-a, -a›

Verwaltung administrasjon [administraˈʃuːn] ‹-en, -er›

verwandt i slekt [i ᵛʃlekt]

verwechseln forveksle [fɔrˈvekʃlə] ‹-et, -et/-a, -a›

verwitwet enke [ᵛeŋkə], enkemann [ᵛeŋkəman]

Videofilm videofilm [ᵛviːdeufilm] ‹-en, -er›

Videokamera videokamera [ᵛviːdeukaməra] ‹-et, -er›

Videokassette videokassett [ᵛviːdeukaset] ‹-en, -er›

Videorekorder videospiller [ᵛvideuspilər] ‹-en, -e›

viel mye [ᵛmyːə]

vielleicht kanskje [ᵛkanʃə]

vier fire [ᵛfiːrə]

vierundzwanzig tjuefire [çʉːəᵛfiːrə]

vierzehn fjorten [ᵛfjʉʈən]

vierzig førti [ᵛføʈi]

Villa villa [vila] ‹-en, -er›

violett fiolett [fiɔˈlet]

Virus virus [ᵛviːrʉs] ‹-et›

Visum visum [viːsʉm] ‹-et›

Vogel fugl [fʉːl] ‹-en, -›

Vogelschutzgebiet fuglereservat [ᵛfʉːlərəservaːt] ‹-et, -er›

Volk folk [fɔlk] ‹-et, -›

Volkskundemuseum etnologisk museum [etnʉˈluːgisk mʉsˈeʉm]

Volksmusik folkemusikk [fɔlkəmʉˈsik]

voll full [fʉl]; *(besetzt)* opptatt [ˈuptat]; *(ganz)* hel [heːl]

Volleyball volleyball [ᵛvɔlibal] ‹-en›

Vollkasko fullkasko [ᵛfʉlkaskʉ] ‹-en, -er›

Vollkornbrot fullkornbrød [ˈfʉlkurnbrøː]

Vollmacht fullmakt [ᵛfʉlmakt] ‹-en/-a, -er›

Vollpension helpensjon [ᵛheːlpaŋʃuːn] ‹-en, -er›

vom Fass tappet [ᵛtapət]

vom Grill grillet [ᵛgrilət]

von prp fra [fraː]; *(Passiv)* av [ɑːv]

von Zeit zu Zeit av og til [av ɔ til]

vor prp *(räumlich)* foran [ˈfɔran]; *(zeitlich)* før [føːr]

vor zehn Minuten for ti minutter siden [fɔ ˈtiː miˈnʉtə ʃiːdən]

Voranmeldung bestilling [beˈstiliŋ] ‹-en, -er›

Voraus, im ~ på forhånd [pɔ ˈforhɔn]

vorbereiten forberede [ˈforbereːdə] ‹-te, -t›

Vordruck blankett [blaŋˈket] ‹-en, -er›

vorgestern i forgårs [i ˈforgoːʃ]

vorher tidligere [ᵛtiːdliərə], før [føːr]

vorletzte(r, -s) nestsiste [ˈnestsistə]

Vormittag formiddag [ᵛformidag] ‹-en, -er›

vormittags om formiddagen [ɔm ᵛformidagən]

vorn foran [ˈfɔran], framme [ᵛframə]

Vorname fornavn [ᵛfɔnavn] ‹-et, -›

vornehm fin [fiːn]

Vorort forstad [ᵛfɔʃtaː] ‹-en, -steder›

Vorrat forråd [ᵛfɔroːd] ‹-et, -›

Vorsaison forsesong [ᵛfɔʃesɔŋ] ‹-en, -er›, lavsesong [ᵛlaːvsesɔŋ] ‹-en, -er›

Vorschlag forslag [ᵛfɔʃlaːg] ‹-et, -›

Vorschrift forskrift [ᵛfɔʃkrift] ‹-en/-a, -er›

Vorsicht! se opp! [ᵛseː ˈɔp], Forsikti! [fɔˈʃikti]

vorsichtig forsiktig [fɔˈʃikti]

Vorspeise forrett [ᵛfɔret] ‹-en, -er›

Vorstellung presentasjon [presaŋtaˈʃuːn] ‹-en, -er›; *(Begriff, Theater)* forestilling [ᵛfoːrəstiliŋ] ‹-en/-a, -er›

Vorteil fordel [ᵛfɔdeːl] ‹-et, -›

vorüber forbi [fɔrˈbiː]

Vorverkauf forsalg [ᵛfɔʃalg] ‹-et, -›

Vorwahlnummer retningsnummer [ᵛretniŋsnumər] ‹-et, -›

vorwärts framover [ᵛframoːvər]

Vulkan vulkan [vʉlˈkaːn] ‹-en, -er›

W

wach våken [ᵛvoːkən]

Wachablösung vaktskifte ,-et [vaktʃiftə]

Wagenheber biljekk [ᵛbiːljek] ‹-en, -er›

Wagennummer vognnummer [ᵛvɔŋnumər] ‹-et, -›

wählen velge [ᵛvelgə] ‹valgte, valgt›; *(pol)* stemme [ᵛstemə] ‹stemte, stemt›; *(tele)* slå [ʃloː]‹slo, slått›

wahr sann [san]

während prp under, i løpet av [ˈɛnər]; konj mens [mens]

wahrscheinlich sannsynlig [san'sy:nli]

Währung valuta [va'lu:ta] ‹-en, -er›

Wahrzeichen symbol [sym'bu:l] ‹-et, -er›, kjennemerke [ˇçenəmærkə] ‹-et, -er›

Wald skog [sku:g] ‹-en, -er›

Wallfahrtsort valfartssted [ˇvalfaʈste:d] ‹-et, -er›

Wand vegg [veg] ‹-en, -er›

Wander-/Trekkingschuh fjellsko/trekkingsko [ˈfjelsku/ˈtrækiŋsku] ‹- en, -›

Wanderkarte turkart [ˈtu:rkaʈ] ‹-et, -›

wandern vandre [ˇvandrə] ‹-et, -et/-a, -a›

Wanderweg tursti [ˈtu:ʃti:] ‹-en, -er›, vandresti [ˇvandrəsti:] ‹-en, -er›

warm varm [varm]

warmes Wasser varmt vann [varmt van]

Warnblinkanlage varsellys [ˈvarʃellys] ‹-et, -ene›

Warndreieck varseltrekant [ˈvaʃəltre:kant] ‹-en, -er›

warten vente [ˇventə] ‹-et, -et/-a, -a›

Wartesaal venterom [ˇventərum] ‹-met, -›

Wartezimmer venterom [ˇventərum] ‹-met, -›

was hva [va:]; ~ für ein/eine hva for en/ ei? [ˈva: fɔr e:n/æi]

Waschbecken vaskeservant [ˇvaskəsærvant] ‹-en, -er›

Wäsche tøy [tø:i] ‹-et›, klær ‹-ne›

Wäscheklammern klesklype [ˇkleskly:pər] ‹-a/-en, -er›

Wäscheleine klesnor [ˇklesnu:r] ‹-a/-en, -er›

waschen vaske [ˇvaskə] ‹-et, -et/-a, -a›

Wäscherei vaskeri [vaskə'ri:] ‹-et, -er›

Wäschetrockner tørketrommel [ˇtørkətruməl] ‹-en, -tromler›

Waschlappen vaskeklut [vaskəklʉt] ‹-en›

Waschmaschine vaskemaskin [ˇvaskəmaʃi:n] ‹-en, -er›

Waschmittel vaskemiddel [ˇvaskəmidəl] ‹-et, -midler›

Waschraum vaskerom [ˇvaskərum] ‹-met, -›

Waschsalon myntvaskeri [ˈmyntvaskəri:] ‹-et, -er›

Wasser vann [van] ‹-et›

wasserdicht vanntett [ˈvantæt]

Wasserfall foss [fɔs] ‹-en, -er›

Wasserglas vannglass [ˇvanglas] ‹-et, -›

Wasserhahn vannkran [ˇvankra:n] ‹-en, -er›

Wasserkanister vannkanne [ˇvankanə] ‹-a/-en, -er›

Wasserkocher vannkoker [ˈwanku:kər] ‹- en, -e›

Wasserski vannski [van'ʃi]

Wasserspülung vannskylling [ˈvanʃyliŋ] ‹-en›

Wasserverbrauch vannforbruk [ˇvanfɔrbrʉ:k] ‹-et›

Watte vatt [vat] ‹-en›

Wattestäbchen vattpinne [ˇvatpinə] ‹-en, -er›

Wechsel *(Kleidung, Rad)* skift [ʃiftə] ‹-et, -›

Wechselgeld vekslepenger [ˈvekʃləpəŋər] ‹pl›

wechselhaft skiftende [ˇʃiftəndə]

Wechselkurs vekselkurs [ˈveksəlku:ʃ] ‹-en, -er›, valutakurs [va'lu:taku:ʃ] ‹-en, -er›

wecken vekke [ˇvekə] ‹-et, -et/-a, -a›

Wecker vekkeklokke [ˇvækərklɔkə] ‹-en/-a›

Weg vei/veg [væi] ‹-en, -er›

weg vekk [vek]

wegen på grunn av [pɔ ˈgrʉn a:v]

weggehen gå vekk [go: ˈvek] ‹gikk, gått›

Wegweiser veiskilt [ˇvæivi:sər] ‹-et›

wehtun gjøre vondt, gjorde, gjort [jø:rə ˈvunt]

weich myk/mjuk [my:k]/[mju:k]; *(Ton, Farbe)* dempet [ˇdempət]

Weichkäse mykost [ˇmy:kust] ‹-en›

Weihnachten jul [ju:l]

weil fordi [fɔˈdi:]

Wein vin [vi:n] ‹-en, -er›

weinen gråte [ˇgro:tə] ‹grått, grått›

Weinglas vinglass [ˇvi:nglas] ‹-et, -›

Weinhandlung Vinmonopolet [ˇvi:nmunupu:lə]

Weintrauben vindrue [ˇvi:ndrʉ:ə] ‹-a/-en, -er›

Weisheitszahn visdomstann [vi:sdɔmstan] ‹-en/-a›

weiß hvit [vi:t]

Weißbrot *(mit Mohn)* franskbrød [ˈfranskbrø:]

Weißwein hvitvin [ˈvi:tvi:n]

weit *(Gegenteil von eng)* brei/bred, vid [bræi/bre:d]; *(Weg)* lang [laŋ]

Wellenbad bølgebad [ˈbø:lgebad] ‹- et, -›

Welt verden [ˈværdən] ‹-en, -er›

wenig lite [ˇli:tə]; ein ~ (von) litt (av) [lit]

wenigstens i det minste [i de ˇminstə]

wenn *(Bedingung)* hvis [vis]; *(zeitlich)* når [nɔr]

werden bli [bli:] ‹ble/blei, blitt›
Werkstatt verksted [ˈværkste:] ‹-et, -er›
Werktag virkedag [ˈvirkəda:g] ‹-en, -er›
Werkzeug verktøy [ˈværktøy] ‹-et›
Wertangabe verdiangivelse
    [væˈɖi:anji:velsə] ‹-en, -er›
wertlos verdiløs [væˈɖi:løs]
Wertsachen verdisaker [væˈɖi:sɑ:kər]
    ‹pl›
Wespe veps [veps] ‹-en, -er›
Weste vest [vest] ‹-en, -er›
Western westernfilm-, en [væsternfilm]
westlich vestlig [ˈvestli]
Wetterbericht, Wettervorhersage vær-
    melding [ˈvæ:rmeldiŋ] ‹-en/-a, -er›
Wettkampf konkurranse [kunkʉˈrɑnsə]
    ‹-en, -er›
wichtig viktig [ˈvikti]
Wickeltisch stellebord [ˈstelebu:r] ‹-et,
    -›
wie *(Frage)* hvordan [ˈvudɑn]
wieder igjen [iˈjen]; *(noch einmal)* en
    gang til [en ˈgɑŋ til]
wiederholen gjenta [ˈjentɑ:] ‹-tok, -tatt›
wiederkommen komme igjen [kɔmə
    iˈjen] ‹kom, kommet›
Wiese eng [eŋ] ‹-a/-en, -er›
wild vill [vil]
Wildreservat viltreservat [ˈviltreservɑ:t]
    ‹-et, -er›
willkommen! velkommen! [ˈvelkɔmən]
Wimperntusche mascara [mɑsˈkɑ:rɑ]
    ‹-en›
Wind vind [vin] ‹-en, -er›
Windeln bleie [ˈblæiər] ‹-a/-en, -er›
Windpocken vannkopper *pl* [ˈvɑnkɔpər]
Windrichtung vindretning [ˈvinretniŋ]
Windschutzscheibe frontrute
    [ˈfrɔntrʉ:tə] ‹-a, -r›
Windstärke vindstyrke [ˈvinstyrkə] ‹-en,
    -er›
windsurfen surfing [sørfiŋ]
Winter vinter [ˈvintər] ‹-en›
Winterreifen vinterdekk [ˈvintədek]
    ‹-et, -›
wir vi [vi:]
Wirbelsäule ryggrad [ˈrygrɑ:d] ‹-en, -er›
wirklich virkelig [ˈvirkəli]
Wischmopp golvklut [ˈgɔlwklʉt] ‹- en,
    -er›
wissen vite [ˈvi:tə] ‹visste, visst›
Witz vittighet [ˈvitihe:t] ‹-en, -er›
Woche uke [ˈʉ:kə] ‹-a/-en, -er›
Wochenendpauschale helgepris
    [ˈhælgəpri:s] ‹-en›
Wochenkarte ukekort [ˈʉ:kəkɔt] ‹-et, -›
wochentags på hverdager [po:
    ˈvædɑ:gər]
wöchentlich hver uke [væ:r ˈʉ:kə]

wohnen bo/bu [bu:/bʉ:] ‹-dde, -dd›
Wohnmobil bobil [ˈbu:bi:l] ‹-en, -er›
Wohnort bosted [ˈbu:ste:d] ‹-et, -er›
Wohnung leilighet [ˈlæilihe:t] ‹-en, -er›
Wohnwagen campingvogn
    [ˈkæmpiŋvɔŋn] ‹-a/-en, -er›
Wohnzimmer stue [ˈstʉ:ə] ‹-a/-en, -er›
Wolke sky [ʃy:] ‹-a/-en, -er›
Wolldecke ullteppe [ˈʉltepə] ‹-et, -er›
Wolle ull [ʉl] ‹-a/-en›
Wort ord [u:r] ‹-et, -›
Wunde sår [so:r] ‹-et, -›
wunderbar vidunderlig [vidˈʉndəli]
wundern, s. - (über) undre seg (over)
    [ˈʉndrə sæi o:vər] ‹-et, -et/-a, -a›
wünschen ønske [ˈønskə] ‹-et, -et/-a,
    -a›
Wurm mark [mɑrk] ‹-en, -er›
Wurst pølse [ˈpølsə] ‹-a/-en, -er›
Würstchen pølser *pl* [ˈpølsər]
würzen krydre [ˈkrydrə] ‹-et, -et/-a, -a›
wütend rasende [ˈrɑ:səndə]

Y

Yoga yoga [ˈjogɑ]

Z

zäh seig [sæig]
Zahl tall [tɑl] ‹-et, -›
zahlen betale [beˈtɑ:lə] ‹-te, -t›
zählen telle [ˈtelə] ‹-te, -t/talte, talt›
Zahlung betaling [beˈtɑ:liŋ] ‹-en›
Zahn tann [tɑn] ‹-a/-en, tenner›
Zahnbürste tannbørste [ˈtɑnbøʃtə] ‹-en,
    -er›
Zahnfleisch tannkjøtt [ˈtɑnçøt] ‹-et›
Zahnpasta tannkrem [ˈtɑnkrɑm] ‹-en›
Zahnradbahn tannhjulbane
    [ˈtɑnjʉ:lbɑnə] ‹-a/-en, -er›
Zahnschmerzen tannverk [ˈtɑnværk]
    ‹-en›
Zahnstocher tannpirker [ˈtɑnpirkər]
    ‹-en, -e›
Zäpfchen stikkpille [ˈstikpilə] ‹-a/-en,
    -er›
zart mør [mø:r]
zärtlich kjærlig [ˈçæ:li], øm [øm]
Zecke flått [flɔt]
Zehe tå [to:] ‹-a, tær›
zehn ti [ti:]
Zeichen tegn [tæin] ‹-et, -›
Zeichensprache tegnspråk [ˈteinsprɔ:k]
    ‹-et, -›
Zeichentrickfilm tegnefilm [teinəfilm]
    ‹-en›

zeichnen tegne [tæine]

Zeichnung tegning [ˇtæiniŋ] ‹-en, -er›

zeigen vise [ˇvi:sə] ‹-te, -t›; *(hinweisen)* peke [ˇpe:kə] ‹-te, -t›

Zeit tid [ti:d] ‹-en/-a, -er›

Zeitschrift tidsskrift [ˈtidskrift] ‹-et, -›

Zeitung avis [ɑˈvi:s] ‹-a/-en, -er›

Zeitungshändler aviskiosk [ɑviˈsçiɔsk]

Zelt telt [telt] ‹-et, -›

zelten telte [ˇteltə] ‹-et, -et/-a, -a›

Zeltschnur teltsnor [ˈteltsnu:r] ‹-a/-en, -er›

Zeltstange teltstang [ˈteltstaŋ] ‹-a/-en, -stenger›

Zentimeter centimeter [ˈsentime:tər]

zentral sentral [senˈtrɑ:l] ‹-en, -er›

Zentralheizung sentralvarme [senˈtrɑ:lvɑrmə] ‹-en›

Zentrum sentrum [ˈsentrʉm] ‹sentret, sentra›

Zerrung forstrekning [fɔˈʃtrekniŋ] ‹-en, -er›

Zeuge/Zeugin vitne [vitnə] ‹-et, -er›

Ziegenkäse geitost [ˇjæitust] ‹-en›

ziehen trekke [ˇtrekə] ‹trakk, trukket›

Ziel mål [mo:l] ‹-et, -›

ziemlich temmelig [ˇteməli(g)]

Zigarette sigarett [siːgɑˈret] ‹-en, -er›

Zigarillo sigarillo [siːgɑˈrilu]

Zigarre sigar [siːˈgɑ:r] ‹-en -er›

Zimmer rom [rum] ‹-met, -›, værelse [ˇvæ:relsə] ‹-et, -er›

Zimmermädchen værelsespike [ˇvæ:relsəspiːkə] ‹-en/-a, -er›

Zimmertelefon romtelefon [ˇrumtelefu:n] ‹-en, -er›

Zirkus sirkus [ˈsirkʉs] ‹-et, -›

Zitronen sitron [siˈtru:n] ‹-en, -er›

Zoll toll [tɔl] ‹-en›

Zollerklärung tolldeklarasjon [ˇtɔldeklarɑʃu:n] ‹-en, -er›

zollfrei tollfri [ˇtɔlfri:]

zollfreier Laden taxfree shop [ˈtæksfri:ʃɔp]

Zollgebühren tollavgift [ˇtɔlɑːvjift]

zollpflichtig tollpliktig [ˇtɔlplikti]

Zoo zoologisk hage [suuˈloːgisk ˇhɑːgə] ‹-en, -er›

zu *(Richtung)* til [til]; *(geschlossen)* stengt [steŋt]; *(mit adj.)* for [fɔr]; ~ sehr, ~ viel for mye [fɔr ˈmyːə]

zubereiten tilberede [ˈtilbere:də] ‹-te, -t›, lage [ˇlɑːgə] ‹-et, -et/-a, -a›

Zucchini squash [skwɔʃ] ‹- en, -›

Zucker sukker [ˈsukər] ‹-et›

zuerst først [føʃt]

zufällig tilfeldig [tilˈfeldi]

zufrieden tilfreds [tilˈfreds]

Zug tog [toːg] ‹-et, -›

Zugänglichkeit tilgjengelighet [tilˈjeŋəlihe:t] ‹-en›

zuhören, jdm ~ høre på en [ˇhøːrə pɔ eːn] ‹-te, -t›

Zukunft framtid [ˇframti:d] ‹-en/-a›

zukünftig framtidig [ˇframti:di]

zulässig tillatelig [tiˈlɑːtəli]

zuletzt til sist [til ˈsist]

Zündkerze tennplugg [ˈtenplʉg] ‹-en, -er›

Zündschlüssel tenningsnøkkel [ˇteniŋsnøkəl] ‹-en›

Zündung tenning [ˇteniŋ] ‹-en›

Zunge tunge [tuŋə] ‹-a/-en, -er›

zurück tilbake [tilˇbɑːkə]

zurückbringen bringe tilbake [briŋə tilˇbɑːkə] ‹brakte, brakt›

zurückfahren kjøre tilbake [çøːrə tilˇbɑːkə] ‹-te, -t›

zurückgeben gi tilbake [ji: tilˇbɑːkə] ‹ga, gitt›

zurückkehren vende tilbake [venə tilˇbɑːkə] ‹-te,-t›

zusagen *(Einladung)* si ja [si: jɑ:] ‹sa, sagt›

zusammen sammen [ˈsɑmən]

zusammenschlagen slå ned, slo, slått [slɔ: ˈne:]

Zusammenstoß sammenstøt [ˈsɑmənstøːt] ‹-et, -›

zusätzlich ekstra [ˈekstrɑ], i tillegg [i ˇtileg]

zuschauen kikke på [ˇçikə pɔ:] ‹-et, -et/-a, -a›

Zuschauer/in tilskuer [ˇtilskʉːər] ‹-en, -e›

Zuschlag tillegg [ˇtileg] ‹-et, -›

zuständig ansvarlig [ɑnˈsvɑːļi]

zwanzig tjue [ˇçʉːə] (tyve [ˇtyːvə])

zwei to [tu:]

zweihundert tohundre [tu:ˇhʉndrə]

zweite(r, -s) annen [ˇɑ:ən]

zweitens for det andre [fɔ dę ˇɑndrə]

zweiunddreißig trettito [treti'tu:]

zweiundzwanzig tjueto [çʉ:əˈtu]

Zwiebeln løk [løːk] ‹-en, -er›

zwischen mellom [ˈmelɔm]

Zwischenfall episode [epiˇsuːdə] ‹-en, -er›

Zwischenlandung mellomlanding [ˈmelɔmlaniŋ] ‹-en/-a, -er›

Zwischenstecker adaptēr [ɑˈdɑptər] ‹-en, -e›

zwölf tolv [tɔl]

Zyste syste [ˈsyːstə] ‹- en, -er›